教育部人文社会科学研究规划基金项目（11YJA740089）

教育部人文社会科学研究规划基金
(11YJA740089)

无著道忠禅语考释集录与研究

王闰吉◎著

中国社会科学出版社

图书在版编目(CIP)数据

无著道忠禅语考释集录与研究／王闰吉著．—北京：中国社会科学出版社，2016.9

ISBN 978-7-5161-9050-0

Ⅰ.①无… Ⅱ.①王… Ⅲ.①禅宗-研究-日本 Ⅳ.①B946.5

中国版本图书馆CIP数据核字(2016)第237602号

出 版 人　赵剑英
责任编辑　任　明
责任校对　董晓月
责任印制　何　艳

出　　版　中国社会科学出版社
社　　址　北京鼓楼西大街甲158号
邮　　编　100720
网　　址　http://www.csspw.cn
发 行 部　010-84083685
门 市 部　010-84029450
经　　销　新华书店及其他书店

印刷装订　北京市兴怀印刷厂
版　　次　2016年9月第1版
印　　次　2016年9月第1次印刷

开　　本　710×1000　1/16
印　　张　22.25
插　　页　2
字　　数　370千字
定　　价　80.00元

目　录

第一章

无著道忠简介

一　无著道忠生平事迹

无著道忠，承应2年7月25日（1653年9月16日）出生，延享元年12月23日（1745年1月25日）去世，日本江户时代临济宗妙心寺派僧人。法号道忠，道号无著，别号葆雨堂、照冰堂。俗姓熊田氏，但马国（领域大约为今日本兵库县的北部）人。生父名叫正利，母亲为大野氏，名叫法。无著生下第二年，母亲便带着他和姐姐改嫁到北村氏，养父邵竹野邑。

无著自幼就在出石（今日本兵库县东北部）的如来寺做僧童，1660年7岁时母亲带他到京都，本想拜博学多闻的丹后智恩寺伊昙首座为师，因伊昙首座刚刚收留了一个童子，而未能如愿。龙华院竺印和尚（1610—1677）得知此情况后，收留了无著。无著勤奋好学，记忆力惊人，深得竺印和尚喜爱。11岁时正式剃度，17岁时就开始外出行脚。行脚期间，到过纪伊国（今日本和歌山县和三重县南部），拜访吹上寺逸堂禅师；到过越前国（今日本福井县的大部分），跟大安寺默印禅师参禅修。

1677年，无著道忠24岁时，竺印和尚圆寂，无著接其衣钵，担任龙华院第二代住持。无著以龙华院作为长州侯的香华所，与江户以及周防国和长门国的香华所往来不绝。无著不以长期频繁的旅行为累，而是充分利用这些时间，广泛涉猎内外典籍，终成一代硕德。

1707年，无著道忠54岁时担任妙心寺住持。1714年，61岁时再次担任妙心寺住持。1722年，69岁时第三次任妙心寺住持。1723年，70岁时隐居龙华院。1745 年 1 月 25 日圆寂，享年 92 岁。

二　无著道忠个性品行

（一）天才

无著道忠是一位难得的旷世天才。据村田无道《无著道忠禅师》[①] 记载，无著自幼聪慧，5 岁时拿笔在纸上随意涂画，就能自成字形。6 岁时，有人教其读古诗，无著马上就能诵读。10 岁就写出了其人生的第一首诗："暖风吹起祝良辰，再过龙华会上春。回首朝来空十载，何时学道得光新?" 这首题为《岁旦》的格律诗，平仄和谐，合辙押韵，可见其少年诗才。无著现存的诗文集《葆雨堂虚凝集》十卷，都是其早年写就，其诗文用词典雅，笔力雄健，才思富赡。无著 22 岁，学习和歌，一学即会。但无著独具慧眼，看破时弊，怕影响正经的学问，不再写作和歌。

（二）勤奋

无著道忠的勤奋也特别令人敬佩。除了寺庙繁多的事务外，其读书之多，著书之多，都是前无古人。无著每读一本书，都精心地作了笔记，并逐项分类，做成术语汇编，其从 45 岁到 92 岁去世前，每年都有《逐年阅读记》保存下来。[②] 无著 46 岁那年，从别人那里借了一本《开福宁禅师语录》，他想尽快抄写下来。尽管每天都有繁多的杂务，但仍然没用六天，就全部抄完，其勤勉确实令人惊叹。[③] 宋初编纂的《太平广记》，是一部汇集所有小说而成的大部头书籍，总共有一千卷之多，无著大概全都读过，他把读不通和奇怪的地方都指出来了，有的还依据文献作了纠正。[④]

---

① 村田无道：《无著道忠禅师》，见《禅林象器笺·附录》，贝叶书院 1909 年版，第 1—34 页。

② 参见入矢义高《无著道忠的禅学》，邢东风译，《佛学研究》1998 年，第 100—105 页。

③ 村田无道：《无著道忠禅师》，见《禅林象器笺·附录》，贝叶书院 1909 年版，第 1—34 页。

④ 参见入矢义高《无著道忠的禅学》，邢东风译，《佛学研究》1998 年，第 100—105 页。

（三）严谨

无著道忠的严谨更是出名。无著曾担任藏经的抄写工作，他抄写的两百多卷经论，竟然没有一字脱误。[①] 无著著作的引文都附有出处，每一个出处，都详细地标注出具体的某一部书某一卷某本书某篇诗文某一页。有时卷目页码没有核实清楚，他在书中都留有空格，以备核实清楚后再补上。无著有些著作原来是没标出页码的，后来也逐渐补出页码，如《禅林象器笺》等书都在书名右旁用小字补出卷目页码。“道忠留下了大量的注释工作，但是他在注释有典据的词语时非常严密，一定不会忽略了核查原典。而且，有的词语是否有背景依据，根据他长时间大量读书的经验，凭直感也能明白，但是他也一定查明原典。假如是在原典本身也有异同的情况下，他就把这种异同的情况清楚地写出来，肯定作出‘何者为佳’‘何者为是’的判断，或者注明‘各本皆通’。”[②] 无著一生著述丰富，但其生前尽管出版之风盛行，而无著除了出版《小丛林略清规》外，没出版一部著作。他总是在不断地修改自己的意见。“无著到了晚年，仍孜孜不倦地在一生主要著作上加上改订文字，亲笔净写并附上序，留给身后。”[③] 他的著作里，至今还留有一些空白，有时只征引不评论，有时只引证不说明，有时仅写出词条，有时则直接标明“待考”“未详”等注记。“在他一生的著作中，常各附一册尚未解决的疑难问题，列举自己未有结论的课题，留待后贤解决。这种不妄下结论的态度，不能不说是出于真正科学家的襟怀。”[④]

（四）专一

“无著的特色在于他是一个纯粹的学问家。他不屑于做学问以外的事情，而是全心全意地为学问耗尽了九十二年的一生。”[⑤] 无著博闻强记，

---

① 村田无道：《无著道忠禅师》，见《禅林象器笺·附录》，贝叶书院 1909 年版，第 1—34 页。

② 入矢义高：《无著道忠的禅学》，邢东风译，《佛学研究》1998 年，第 100—105 页。

③ 柳田圣山：《无著道忠的学术贡献》，董志翘译，《俗语言研究》（日本）创刊号，1993 年，第 79—100 页。

④ 同上。

⑤ 同上。

涉猎广泛，多才多艺，在文学、音乐方面都有可能成就为大家，但为了不影响他视为正经的禅学佛学的研究，放弃了诗歌、和歌的写作。无著阅读广泛，但都为了研究禅学；著述丰富，但都集中在禅学研究上，对禅学的研究又主要集中在禅宗文献训诂研究上。无著还特意告诫出家人，不要因学习异学而虚抛光阴①。无著的专一还体现在他不愿任何杂事干扰自己工作。享保六年（1721）2月无著在丹波龙潭开《敕修清规》讲席时，约法四章，贴在寺门，不纳贽礼，不受檀施，不接客访，不许方来相看。②正可见无著潜心自己的事业，精纯专一，心无旁骛。

（五）博学

“无著的学问的特色，首先在于博学。”③ “在他读过的书中，包括中国的各种各样的随笔和小说。”④ 据妙卓和尚的《无著和尚自撰书目》所说，无著一生著述凡181种，661卷。妙卓和尚的统计并不完全，根据柳田圣山的统计，无著道忠留下了255部，873卷著作⑤；而据《俗语言研究》编辑部统计，共374部911卷巨著⑥。其中每一种著述都有大量的引书，如《禅林象器笺》所引书目包括内典489部，其中经疏95部，律9部，论13部，汉土撰述（和国附）56部，僧史（汉和）20部，禅史19部，传、行状19部，禅集56部，清规30部，禅录120部，禅文（教儒附）52部；外典288部，包括经12部，史37部，子5部，集234部。⑦笔者最近完成了无著道忠《葛藤语笺》点校，《葛藤语笺》引书1000余部，引用共7000多处。无著道忠时代检索资料远没有现代方便，他

① 柳田圣山：《无著道忠的学术贡献》，董志翘译，《俗语言研究》（日本）创刊号，1993年，第79—100页。

② 村田无道：《无著道忠禅师》，见《禅林象器笺·附录》，贝叶书院1909年版，第1—34页。

③ 柳田圣山：《无著道忠的学术贡献》，董志翘译，《俗语言研究》（日本）创刊号，1993年，第79—100页。

④ 入矢义高：《无著道忠的禅学》，邢东风译，《佛学研究》1998年，第100—105页。

⑤ 柳田圣山：《无著道忠的学术贡献》，董志翘译，《俗语言研究》（日本）创刊号，1993年，第79—100页。

⑥ 《俗语言研究》编辑部整理：《无著道忠撰〈盌云灵雨〉抄》，《俗语言研究》1997年第4期。

⑦ 无著道忠：《禅林象器笺·援书目录》，贝叶书院1909年版，第1—9页。

的引书大部分是凭记忆，再查找原书核对。《葛藤语笺》有多处引书章节页码处留有空白，等待其后查找到了再补上。所以他引用过的书，应该是其读过的书。可见，无著读书之多超乎想象。无著读过的书，都精心地作了笔记，他从45岁到去世的92岁之间每年都有《逐年阅读记》。

第二章

无著道忠研究综述

无著道忠是日本禅宗史上空前绝后、首屈一指的学问家。无著博学广闻，著述丰硕，留下了374部911卷巨著[①]。这些著作，特别是其晚年写成的代表著作《葛藤语笺》《禅林象器笺》《百丈清规左觿》《虚堂录犁耕》《五家正宗赞助桀》《临济慧照禅师语录疏瀹》《江湖风月集解》《金鞭指街》《盌云灵雨》等，主要是从禅学研究出发，涉及中国古代文献研究以及整个佛教史研究领域，其在古籍校勘学研究、传统训诂学研究、近代汉语虚词和方俗语研究、辞书研究以及汉学研究等方面都有着卓越的学术贡献。因为这些著作绝大部分都是手稿，又是用汉语文言写的，且无新式标点断句，再加上禅语中方语俗语特多，行业色彩浓厚，无著巨大的学术成果，即使在日本，也是长期以来未引起足够的重视。近年来，出版、介绍、评价以及专门研究无著学术成果的论文和著作越来越多。

一　成果出版

无著道忠尽管一生著述丰富，除了其作序的《丛林公论》《临济录》《敕修清规》这些并非其个人著述，生前被出版以外，其生前出版的个人著述只有《小丛林略清规》一部。《小丛林略清规》，贞享元年（1684），无著道忠31岁时成书并出版。无著作此书目的是“百城老宿，以其自上国来，为孰烂于威仪进止，遂折节下问”，无著“每恐所答谬漏，却益他伤焉，因欲作一小册，便于酬问也”。之所以叫此名，乃因“巨丛席之礼

---

① 《俗语言研究》编辑部整理：《无著道忠撰〈盌云灵雨〉抄》，《俗语言研究》1997年第4期。

乐，牛刀耳矣。割鸡者采之，则未识所以下手也”，“送折衷小刹所宜行者，名曰《小丛林略清规》”。[①] 全书共三卷，分四个部分：通用清规、日分清规、月分清规和临时清规，包括进退、起坐、每朝念经 、参禅、每日晚课、坐禅、献粥饭、每日午课、正月、礼问、转读般若、得度仪规、相看茶礼等九十多种具体的规矩和戒律。其时，无著道忠做龙华院住持已有六七年，作为清规戒律的《小丛林略清规》，无著自己肯定认为有刊行的必要。

无著圆寂后第四年，即延享 5 年（1748），其受灵云禅师所托，费时六年，八十多岁的高龄，亲自校订，并加上序文的《见桃录》出版了。《见桃录》，凡四卷，妙心寺住持大休宗休（1468—1549）撰，全称《圆满本光国师见桃录》，又作《本光国师语录》《灵云见桃录》，集录正法山妙心寺语录、大龙山临济寺语录、青龙山瑞泉寺语录、偈颂、像赞、道号颂、立地、拈香、秉炬、掩圹、预请秉炬等，并附录宸翰、同门疏等。应该说，无著为校雠《见桃录》付出很多心血。可当灵云的三司带着一领袈裟来表示谢意时，无著执意亲自回谢，并把袈裟供在本光国师像前，说：“《见桃录》是众多禅师所讲，历代法裔共同编定。”[②] 无著在序中也表达了这个意思，不愿意接受此功劳。

20 世纪中叶以后，无著的著作出版逐渐多起来。1909 年日本京都贝叶书院出版《禅林象器笺》[③]，1963 年日本诚信书房出版京都贝叶书院本复刻版[④]，1979 年收入《禅学丛书》，日本京都中文出版社出版[⑤]，1981 年日本东京三宝书院影印出版[⑥]，1981 年三宝出版会出版《禅林象器笺索引》[⑦]，1982 年收入蓝吉富主编的《现代佛学大系》，台湾弥勒出版社出版[⑧]，1990 年收入蓝吉富《禅宗全书・杂集部》，台湾文殊文化有限公司

① 无著道忠：《小丛林略清规・自叙》，《大正藏》第 81 册。

② 村田无道：《无著道忠禅师》，见《禅林象器笺・附录》，贝叶书院 1909 年版，第 1—34 页。

③ 无著道忠：《禅林象器笺》，贝叶书院 1909 年版。

④ 无著道忠：《禅林象器笺》，诚信书房 1963 年版。

⑤ 无著道忠：《禅林象器笺》，中文出版社 1979 年版。

⑥ 无著道忠：《禅林象器笺》，三宝出版会 1981 年版。

⑦ 无著道忠：《禅林象器笺索引》，三宝出版会 1981 年版。

⑧ 蓝吉富主编：《现代佛学大系》6《禅林象器笺》，弥勒出版社 1982 年版。

出版[①]，1994 年收入佛光大藏经编修委员会《佛光大藏经·禅藏·杂集部》，台湾佛光出版社出版[②]，1996 年中华全国图书馆文献缩微复制中心影印出版[③]，1996 年收入凡痴居士等主编《佛学辞书集成》，汕头大学出版社出版[④]，1997 年杜晓勤释译佛光文化事业有限公司初版，2012 年再版[⑤]，2009 年中国书店出版[⑥]。《禅林象器笺》，又称《禅宗辞典禅林象器笺》，共 20 卷，附目录 1 卷，应该是目前为止无著道忠著作中出版次数最多的一部。该书在元代重编的《百丈清规》的基础上，参照其他《清规》及各种内典外典图书，收集唐百丈怀海以来的各种古禅林规矩、机构、器物和行事等用语，并详加阐释其来源、沿革及意义。全书共分为区界、殿堂、座位、节时、灵像、称呼、职位、身肢、丛轨、礼则、垂说、参请、执务、杂行、罪责、报祷、讽唱、祭供、丧荐、言语、经录、文疏、簿券、图牌、饮啖、服章、呗器、器物、钱财 29 类，共 1724 条词条。引用佛教经疏、律、论、中国佛教著述、僧史、禅宗史、传与行状、禅集、清规、禅录、禅文等 484 部，并援引经史子集、杂书和日本文书等外典 286 部。是禅宗初学者工具书，对了解禅宗寺院的组织结构、日常生活和宗教活动仪规、各种禅门制度、职僧及寺院的各种法器、用品等，很有参考价值[⑦]。

日本大正 13 年（1924）由高楠顺次郎和渡边海旭发起，小野玄妙等人负责编辑校勘，1934 年印行的《大正新修大藏经》，收录新罗崔致远《新刊贤首国师碑传》，附录无著道忠《新刊贤首碑传正误》。2012 年凤凰出版社出版《和刻本中国古逸书丛刊》全 70 册，第 42 册亦附录有无著道忠《新刊贤首碑传正误》。《新刊贤首国师碑传》原秘藏于高山寺宝库宋刻折本，盖大藏函内物，齐云老师尝写得之。碑每行二十三字半纸面十行，传每行二十字半纸面七行。有人借得齐云禅师的本子，而自梓行，

---

① 蓝吉富：《禅宗全书·97·杂集部》14，文殊文化有限公司 1990 年版。

② 佛光大藏经编修委员会：《佛光大藏经·禅藏·杂集部·禅林象器笺》，佛光出版社 1994 年版。

③ 无著道忠编著，河北禅学研究所编辑：《禅林象器笺》，中华全国图书馆文献缩微复制中心 1996 年版。

④ 凡痴居士等主编：《佛学辞书集成》，汕头大学出版社 1996 年版。

⑤ 杜晓勤释译，星云大师总监修：《禅林象器笺》，佛光文化事业有限公司 2012 年版。

⑥ 无著道忠编著，河北禅学研究所编辑：《禅林象器笺》，中国书店 2009 年版。

⑦ 刘德有、马兴国主编：《中日文化交流事典》，辽宁教育出版社 1992 年版。

难解之处，私加字删文，而面目全非。无著道忠《新刊贤首碑传正误》对之一一加以正误。

1959 年驹泽大学禅宗辞典编纂所出版《葛藤语笺》[①]，1979 年收入柳田圣山主编《禅学丛书》，中文出版社出版[②]，1990 年日本中文出版社再版[③]，1992 年收入《禅语辞书类聚》，禅文化研究所出版[④]。《葛藤语笺》共 10 卷，与《禅林象器笺》并为日本禅语注释书之双璧。与《禅林象器笺》不同的是，《禅林象器笺》重点解释禅宗专业用语，而《葛藤语笺》重点解释禅宗语录及禅林史传中之口语、俗语、禅语、成语、谚语、典故等，按词条字数，分成一言、二言、三言、四言、五言、六言、七言、八言，依宗乘、师接、学修、人伦、名姓、心肢、性慧、愚滞、动作、乖戾、歌曲、言诠、数目、实词、虚词、天、时年、地、方处、器具、金宝、衣帛、食饵、禽畜之次序，一一考证解释其出处、用例、语源和意义。著作引例丰富，而且每个词条基本上都找到了最早的用例。对中国古代的字书韵书特别是新出的《康熙字典》引用颇多，对中国和日本的禅宗注释书、日僧及中国入日禅僧口耳相传的解释也都有引用，但都从实证出发，详加考证。《葛藤语笺》内容赅博，考释精当，是无著道忠晚年集大成的禅语考释书，颇为日本禅宗研究者推崇，至今仍是阅读禅宗文献不可或缺的禅语辞典。

1960 年驹泽大学禅宗辞典编纂所出版了《正法眼藏僭评·黄檗外记》（誊写版），将无著道忠《正法眼藏僭评》与《黄檗外记》合在一起出版[⑤]。《正法眼藏僭评》，全称《永平正法眼藏僭评》，外题《永平正法眼藏拈铧》。该书对日本镰仓时代入宋求法高僧道元禅师的《正法眼藏》进行了批判。《黄檗外记》则是专门攻击清顺治年间东渡日本而后成为日本黄檗宗的开山鼻祖的隐元禅师和黄檗宗的。书中甚至故意揭示隐元禅师亡国离乡的弱点，从而攻击隐元所代表的晚明禅风[⑥]。

---

① 无著道忠:《葛藤语笺》，驹泽大学禅宗辞典编纂所 1959 年版。

② 无著道忠:《葛藤语笺·禅林句集辨苗》，中文出版社 1979 年版。

③ 无著道忠:《葛藤语笺·禅林句集辨苗》，中文出版社 1990 年版。

④ 无著道忠:《葛藤语笺》，禅文化研究所 1992 年版。

⑤ 无著道忠:《正法眼藏僭评·黄檗外记》（誊写版），驹泽大学禅宗辞典编纂所 1960 年版。

⑥ 林观潮:《临济宗黄檗派与日本黄檗宗》，中国财富出版社 2013 年版，第 311 页。

无著道忠的著作原件基本上都保存在妙心寺龙华院和春光院。据日本南山大学梁晓虹教授告知，妙心寺以前还不知道无著著作的价值，所以日本花园大学禅文化研究所有幸曾经复印过一批。现在妙心寺也知道了无著道忠著作的价值，开始重视无著的遗著，因此一般人都见不到其原件。无著道忠是临济宗妙心寺派僧人，而花园大学是日本临济宗唯一的一所大学，且也是妙心寺派。所以无著道忠的著作，20 世纪禅文化研究所复印了很多，在禅文化研究所可以见到大部分无著道忠著作的复印件。驹泽大学虽然是曹洞宗的大学，但从学术来说，驹泽是最好的，所以也收藏很多无著的著作的复印件。下面这些书目，在驹泽大学图书馆都标注《无著道忠禅师撰述书·自笔写本关系集》，出版者禅文化研究所，出版时间从 20 世纪 60 年代到 90 年代不等。它们是：《葆雨语录》《剥妄录》《大慧禅师书栲栳珠》《愚庵及禅师语录》《开福宁禅师语录》《寂川辨》《正法山入寺法语》《副寺须知》《雪岩和尚语录》《天下南禅寺记·南禅寺记》《清拙和尚语录》《虚舟和尚语录》《愚中和尚草余集》《雅料》《断桥和尚语录》《东明和尚语录》《碧岩录节段》《缁苑雅称录》《大藏色目·四叠锦文》《大川和尚语录》《碧岩录钞》《即休和尚拾遗集》《北硐文集》《三住法语巡呈案》《古林和尚语录》《南堂和尚语录》《西岩和尚语录》《禅教四段锦·儒教名色》《读书辨音·字画辨讹》《正法山殿堂略记》《正灯传略》《鸠阴渔唱》《普庵和尚语录》《平石和尚语录》《寂室语录略解》《石室和尚语录》《北硐诗集》《痴绝和尚语录》《长灵和尚语录》《北硐和尚语录·北硐外集》《介石和尚语录》《物初誊语》《正法山列祖语录》《葆雨语录事考·同一部》《奉勅入院规：各种别规》《内隽》《正续古尊宿录目录》《连珠：双字·物品称坪录》《物初和尚语录》《助字品汇》《法语》《器之和尚天游集》《一山和尚语录》《禅林方语》《正宗赞钞》《禅仪外文附考》《虚堂语录犁耕》《林丘客话解》《经典正名》《石窓禅师唯独遗草》《景川和尚语录》《宝庆记并校讹》《空华录并空华集校阅》《左觽绪余》《丹照禅师别录》《灵杰捷考·名相笺》《翰苑四段锦》《葆雨语录事解》《藏山和尚语录》《月江和尚语录》《旧撰续古尊宿录校讹》《衔芦西来：传写记事·句语阙考》《大休和尚语录》《横川和尚语录》《橘洲文集》《石溪和尚语录》《中岩和尚语录》《白云和尚禅录》《见桃录校讹》《西源录校正·虎穴集事考》《兀庵和尚语录》《［ヒセイ］录目录》（内题《葆雨堂［ヒセイ］录》）《妙心派入寺二疏附本山入院式》《偃溪和尚语录》《禅蓝图》《慈受深和尚语录》《东山外集校讹》《国语普说》《葆雨内集：三住法语》《宝珠护国禅师太原和尚语录·宝珠护国禅师三十三回忌拈香·别传记》《东海一沤集·东海一沤集钞出》《竜源清禅师语录》《保宁勇和尚语录》《清拙和尚语录》《希叟和尚语录》《显诀耕云注种月攟摭藁》《黄竜晦堂心和尚语录》《元叟和尚语录》《梦岩和尚语录》《西山和尚语录》《犁耕拔考·传写记事·句语阙考》《宗门七种碧岩集续考》《妙心入寺记》《大灯国师语录》《六祖坛经备考：兴圣石梯·坛经备考·拔萃》《曹源和尚语录·东福了庵和尚语录》《来来禅子东度集·尚时集·来来禅子集》《正法山历代住持法语：正德四年甲午己下》《四沩真大注解》《宝觉真空禅师行道记》《居顶圆庵集》《雪峰和尚语录》《竺仙和尚天柱集·竺仙和尚语录》《诸回向》《南面百城三种证解》《诸师行录》《普觉丹光禅师行录并净因寺开山塔名》《南明泉禅师颂证道歌·灵岩和尚注证道歌·德最集》《梅城录·吃茶养生记·黄龙书尺·总见泰岩相公远忌语·大愚和尚和文》《二圣倭歌注》《天龙寺临幸记》《注佛祖三经把烛》等。这些书虽然标明了出版者是禅文化研究所，但其实不是正式出版物，应该也是禅文化研究所复印出来的。日本爱知学院大学也是一所曹洞宗大学，其图书馆也藏有一些无著道忠的著作，它标注“出版者不明”的著作，也是一些复印件，如《圆悟心要助览》《碧岩集考证续补》《古尊宿录校讹》《续古尊宿录校讹》《敕修百丈清规左觿》《〈虚堂和尚语录〉犁耕拔考》《虚堂录义事校讹》《（景德）传灯录校解》《虚堂语录犁耕》等。

1966 年禅文化研究所出版临济义玄著，无著道忠校订《临济禅师语录》。1967 年妙心寺小方丈出版临济著，无著道忠校订，平野宗净编《临济禅师语录》。1971 年春秋社出版了临济义玄著，无著道忠校订，平野宗净编《定本临济禅师语录》。《临济禅师语录》是唐代临济义玄禅师言行录，由其弟子慧然编集，分为上下两卷，有上堂、示众、勘辨、行录、塔记五篇。《临济禅师语录》未有单行本留存，无著道忠校订的《临济禅师语录》是从无著校订《古尊宿语要》抽出来而单独发行的。

1973 年无著校写、校订，宋代赜藏主编撰的《古尊宿语要》，收入柳田圣山主编《禅学丛书》，中文出版社出版。《古尊宿语要》，凡 4 卷，辑录唐、宋两代 20 位禅师之语要，每卷卷首附有宋淳熙五年（1178）鼓山德所撰祖师小传。无著道忠以日本鼓山所存宋本为底本，参照明版《大藏经》中的增订本，编成校写本《古尊宿语要》。1973年中文出版社出版该校写本时，将无著道忠撰写的《鼓山元撰古尊宿录校讹》也附录于后。《古尊宿语要》原书在中国本土业已失传，无著校写、校订的《古尊宿语要》，具有十分珍贵的资料价值。

1975年思文阁出版《正法山志》①。《正法山志》，京都妙心寺志。无著道忠撰记，全10卷，是妙心寺史的基本文献，收录妙心寺历来人物、伽蓝、塔头、主要分寺院、书画、诗文以及规章制度等。《正法山志》与川上孤山《妙心寺史》齐名，是了解妙心寺派全貌的基本资料。

1977年日本京都中文出版社出版无著道忠撰《敕修百丈清规左觿》，收入柳田圣山主编的《禅学丛书》，1986年台湾中文出版社再版。共20卷，目录1卷，纸数计1775张。“觿”是古代一种解结的锥子。“左觿”原为明邵宝所著书名，系其读《左传》作的杂论与注解。《敕修百丈清规左觿》是无著道忠对《敕修百丈清规》所作的注释。《敕修百丈清规》，共8卷，元元统3年（1335），百丈山大智寿圣禅寺住持释德辉奉元顺帝之敕，在唐朝的百丈的古清规基础上，综合后世《禅苑清规》等其他清规，重新编定，大龙翔集寺住持释大沂加以校正，成为当时最完善的禅宗清规。无著道忠于元禄12年（1699）10月被邀请讲授《敕修百丈清规》，故“先施钻研磨砻之功”②，10月1日开始作注释，次年元禄13年（1670）1月9日完成注释，1月17日开始讲授，4月2日讲授结束。又经过近20年的不断校订修正增补，于享保3年（1718）时年66岁完成。这是无著道忠禅学训诂重要代表著作。

1977年日本京都中文出版社出版的《庸峭余录》，是附在《百丈清规左觿》后面出版的。共有5卷，约80页，《庸峭绪余》1卷，只有七八页。它对出现在佛典中的73个重要术语作了系统的全面的讨论。这些术语涉及寺庙的建立和管理、重要的仪式、僧侣的功能和日常活动（工作、冥想、诵经、沐浴、仪式等）以及一些重要的物件（铃、鼓等）。之所以选择这些术语，因为无著道忠觉得，它们应该注释得更加全面、更详细，以弥补《百丈清规左觿》和《禅林象器笺》的不足。每个标题下，无著道忠都作了详细的引证，这些引证都来自寺志、注释或其他佛典。无著道

① 无著道忠：《正法山志》，思文阁1975年版。

② 无著道忠：《敕修百丈清规左觿·序言》，京都中文出版社1977年版。

忠常常添加评注、插图。其内容是对《百丈清规左觿》和《禅林象器笺》的补充。

1977年日本京都中文出版社出版《敕修百丈清规左觿》，1986年台湾中文出版社再版，皆附录无著道忠《大宋五山图说》。1990年蓝吉富主编《禅宗全书》杂集部收入无著道忠《大宋五山图说》[①]。《大宋五山图说》，原题名《无著道忠校写大宋名蓝图》，收录中国宋代一些著名寺院的佛殿、僧堂、法堂、方丈等建筑配置以及围炉、屏风、板头、天井、水磨、把针处、东司、澡堂等家具样式或生活空间配置的图示，对了解和研究宋代佛教建筑以及宋代僧人的生活方式具有十分重要的价值。该书附《纪写道元和尚将来名蓝图事》文，记载有校写原因与过程。元禄16年（1703）3月2日，天祐带潜心研究《百丈清规》的智则来向当时正撰写《百丈清规解义》的无著道忠请教，想借看道忠《百丈清规解义》手稿，无著道忠因考虑此书尚未定稿，不管智则如何再三请求，道忠始终婉拒。智则告知道忠，自己从良高禅师处借阅并摹写了难得一见的道元和尚在唐写来《名蓝堂宇图》副本，无著道忠于是答应将《百丈清规解义》与之交换阅读和摹写。3月8日摹写，17日完成。原本有63纸，遗憾的是，无著道忠见到的并加以摹写的仅46纸（烂脱1纸，另16纸，据智则说，其摹写完后被窃截，无著认为其语可疑），加上智则题跋，共计47纸。又附《纪东福开山将来名蓝图誊写事》记载，宝永6年（1709）春夏得到圣一国师将来的《大宋名蓝图》，但也非原本。又附《记补龙华写本阙略事》载，宝永7年（1710）冬季、享保元年（1716）9月两度访求，“再三校雠，至无遗脱”，亲自“摹补阙略，遂成全璧”。

1979年中文出版社出版无著道忠《禅林句集辨苗》，收入柳田圣山主编的《禅学丛书》[②]，1990年日本中文出版社再版[③]，1991年禅文化研究所又收入《禅语辞书类聚》出版。《禅林句集辨苗》撰于元文4年（1739），共7卷，按字数编排，从三言至十六言共收录方语815句。同一字数的方语词条，又按佛祖、图像（土木像附）、神鬼、人伦、偷贼、人名、肢体、性质、疾病、禅道、言语、仪则、人事、官政、罪恶、艺术、

① 无著道忠：《大宋五山图说》，见蓝吉富主编《禅宗全书》杂集部十一，文殊文化有限公司1990年版。

② 无著道忠：《葛藤语笺·禅林句集辨苗》，中文出版社1979年版。

③ 无著道忠：《葛藤语笺·禅林句集辨苗》，中文出版社1990年版。

鸟、兽、昆虫、鳞甲、鱼、天地、天文、时候、地理、方处、山、石、河海、水、火、宫宅、器物（器具）、乐器、武器、金宝（铜铁）、文书、服章、饮食、生殖、数目等分类，从“佛祖”类到“鱼”类，无著道忠在目录中归为“情”类，从“天地”类到“数目”类，归为“器”类。《禅林句集辨苗》引证丰富，解释浅显，溯源清晰，考证详尽，是研究禅录方俗语极为重要的资料。

1990年日本禅文化研究所出版无著道忠《虚堂录犁耕》2册，全30卷，目录2卷，并附禅文化研究所编制附索引1卷。《虚堂录》，共10卷。宋虚堂智愚撰，集录了虚堂智愚的法语、偈颂、诗文等，是临济宗的重要语录。无著道忠撰《虚堂录犁耕》是对《虚堂录》的注释与解说。享保12年（1727）3月1日动笔，享保14年（1729）8月28日完成，时年77岁。无著纵览历来的《虚堂录》抄本，对各种说解加以整理和评说，逐字逐句，追溯原典，博征文献，最终作出自己的解释，新见迭出，是解读禅文献、研究唐宋语言不可或缺的工具书。

1991年禅文化研究所出版了无著道忠撰写《五家正宗赞助桀》上下册，全20卷，另有目录和附录1卷，附录收录绪余、未决、阙解等内容。禅文化研究所在出版时编制了索引1卷。《五家正宗赞》共4卷，宋代希叟绍昙撰。内容叙述达摩祖师至雪峰大师12位祖师及临济、曹洞、云门、沩仰、法眼等五家74位禅师之师承、禅风，并加上四六骈偶赞语描绘其风貌，是探索南禅五家之宗旨入门著作。《五家正宗赞助桀》是对《五家正宗赞》加以详尽注释。助桀，本意是帮助夏桀行暴虐之事，比喻帮助坏人干坏事。禅宗不立文字，作如此详尽的解释，在禅家看来无疑就是助桀为虐。宝永2年（1705）10月，纪州吹上寺的大梅和尚的弟子东首座邀请无著道忠解说《五家正宗赞》，宝永3年（1706）造《正宗赞详解》，8月1日动笔，宝永4年（1707）9月7日完成20卷初稿，题为《五家正宗赞助桀》。同年9月2日开始讲课，11月20日结束。享保11年（1726）从5月1日到次年正月10日完成旧稿誊写。宽保元年（1741）6月1日开始校阅，每日20纸，同年8月11日完成校阅。时年88岁。在日本，自室町时代以来，《五家正宗赞》便在禅宗寺院间被广泛阅读，人们依此写诗作文，亦有人为其注释出书。《五家正宗赞助桀》既批判地继承了前人解释，又提出了许多新的独到见解。它与无著的毕生大作《虚堂录犁耕》合称为无著解释学双璧，是解读禅录不可或缺的工具书。它不仅可以帮助人们扫清《五家正宗赞》的阅读障碍，全面准确地理解其禅学思想，对阅读和研究其他禅宗文献也具有十分重要的参考价值。同《虚堂录犁耕》一样，《五家正宗赞助桀》材料丰富，引证详尽，考证严谨，是禅宗史、禅宗文献、唐宋语言研究的必备书。

1991 年日本禅文化研究所出版清僧雷音带到日本的无著道忠自笔写本《禅林方语》和无著道忠撰写的《禅林方语》以及无著道忠撰写的《禅林句集辨苗》，收入《禅语辞书类聚》，并附加索引①。《禅语辞书类聚》收录六种禅林方语注释书，其他三种是无名氏《宗门方语》、服部天游撰《碧岩集方语解》、无名氏《俗语解》（或名《禅学俗语解》）等。雷音将来本《禅林方语》收录方语 322 条，分成佛祖、神祇、人名、地名、器物、畜物、杂语等类，每条方语都附了简单的解释。此书与无名氏《宗门方语》多有雷同，《宗门方语》多有误字，致不少解释难以卒读，而此书文字精当，后附有器物、杂语疑误 2 条，明显看出无著道忠整理的痕迹。据无著道忠宝永 5 年（1708）简短的后记，知此书由来：妙心寺仙寿院东叔文公游长崎时，遇到清僧雷音，雷音给东叔文公看一本方语集，东叔文公抄写带回京都，无著借览重抄。无著道忠撰述的《禅林方语》收录方语 674 条，按一言至五言字数顺序排列，释义，且绝大部分注明了出典。虽然这些方语是道忠禅师作阅读笔记过程中整理起来的，但其指出的出典弥足珍贵。《禅林句集辨苗》前面已述。

1994 年大本山永源寺出版了佛顶撰，无著道忠编，禅文化研究所编集部训注、编集《百伽陀》。《百伽陀》记录了宽永 16 年（1639）佛顶国师每次为弟子们所说的偈颂，国师在其 32 岁时所撰写的自序里说，这些偈颂“大半古丛林腐熟文字，而泛滥列祖上堂小参、拈古、颂古之间也”，多来自禅林前贤上堂讲说、启悟学人的诗偈讽颂。《百伽陀》偈颂佳作颇多，可惜原都没有注明出处，元禄 3 年（1690），无著道忠对这些偈颂的出处做了详细说明，这为日后研究《百伽陀》提供了极大的方便。

1997 年禅文化研究所发行无著道忠撰《大慧普觉禅师书栲栳珠》。《大慧普觉禅师书》是大慧宗杲指导士大夫弟子学佛参禅的书信集，收录了大慧宗杲和上至丞相下至知县等 40 名士大夫及 2 名僧人的来往书信共 62 篇。中国、日本和朝鲜都多次出版，在中外禅林广为流传。《大慧普觉

① 《禅语辞书类聚·禅林方语》，日本花园大学禅文化研究所 1991 年版。

禅师书栲栳珠》是对《大慧普觉禅师书》的注释。延宝4年（1676），无著道忠时年24岁，听活堂禅师讲《大慧书》，应众僧侣的要求，无著将活堂禅师所讲重新讲了一遍。延宝8年（1680），为杂华院的春上座讲《大慧书》一遍，元禄7年（1694），应众僧之请，讲《大慧书》一遍。《栲栳珠》原名《大慧书解》。正德2年（1712）4月动笔，次年2月8日完成初稿。此时改题为《栲栳珠》。其间撰《三光国师碑铭》及患痢疾停了三个月。同年（1713）4月，再次讲说《大慧书》，补充注释了新检出的典故。享保7年（1722）8月，再次点检质正，次年5月结束，分原来10卷为15卷。这期间，同时又每月六度讲授《大慧书》，允许恭听的仅六禅客。享保14年（1729），无著77岁时，又补充修改《栲栳珠·绪余》。《大慧普觉禅师书栲栳珠》是无著道忠倾注五十多年心血，精心撰写的著作，其在对《大慧书抄》等旧解批判继承的基础上，阐发了许多新的独到的见解。这些注释，对禅录的理解也很有帮助。

2002年江苏古籍出版社出版《稀见本宋人诗话四种》[①]，收录日本五山版《冷斋夜话》、明钞本《西清诗话》、朝鲜版《唐宋分门名贤诗话》及明钞本《北山诗话》四种宋诗话，又附录日本江户时代无著道忠《冷斋夜话考》一种、日本宽文版《天厨禁脔》一种。无著道忠《冷斋夜话考》1卷，收录于无著道忠《对校录》贞之四。无著的《对校录》共8册，校考140多种内外典籍。《冷斋夜话考》对《冷斋夜话》的一些用语用典加以探源、校订、考证和注释，是现存唯一一部《冷斋夜话》考释著作。

二　无著道忠其他著作

（一）著作目录

无著道忠著述丰富，据妙卓和尚的《无著和尚自撰书目》统计181种，661卷。下面是其分类详目：

1. 注释类：《正字通发踪》1卷、《碧岩录考证续补》1卷、《虚堂录

① 张伯伟编校：《稀见本宋人诗话四种》，江苏古籍出版社2002年版。

犁耕》32卷、《正宗赞助桀》20卷、《禅仪外文附考》2卷、《六祖坛经生苔帚》3卷、《临济录疏瀹》1卷、《大慧书栲栳珠》16卷、《大慧广录事考》1卷、《正宗赞绪余》1卷、《佛祖三经把烛》10卷、《圆悟心要助览》1卷、《百丈清规左觿》（附《日用轨范补笺》）21卷、《梵网古迹讲述》1卷、《楞伽经傍注蠡测》1卷、《楞伽经智旭义疏考冀》8卷、《楞严长水疏决通》10卷、《圆觉经圭峰疏讲义》4卷、《心经显正记阙义》1卷、《金刚经纂要讲义》2卷、《金刚经永觉略疏义解》1卷、《智度论助览》1卷、《瑜伽论科》1卷、《成唯识论名相》1卷、《因明俗诠瓦注》1卷、《三十三遇惠晃讲录》1卷、《四教集解讲义》3卷、《华严疏钞助览》7卷、《法华要解事考》1卷、《楞伽经秀潭注解考翼》2卷、《入楞伽主义校疑》1卷、《维摩经切脉》10卷、《心经法藏赴输》5卷、《御注心经考证》1卷、《金刚经刊定记翼解》1卷、《起信论翼解》5卷、《瑜伽论名相》1卷、《成唯识论讲述》1卷、《俱舍颂疏讲录》6卷、《本作法要解》1卷、《百法问答讲义》3卷、《法苑珠林助览》1卷、《宗镜录助览》1卷、《原人论发微录考翼》2卷、《六物国默印讲录》1卷、《永平正法眼藏拈牌》1卷、《同校讹》2卷、《俱舍论名相》1卷、《宗镜录详约》4卷、《佛祖通载略释》8卷、《禅林句集辨苗》7卷、《同典证》1卷、《职原抄讲钞》1卷。

2. 考证类：《禅林象器笺》21卷、《涅槃经类事》1卷、《教乘异名》1卷、《性相异名》1卷、《读书辨音》1卷、《异同对奇》2卷、《和事始》1卷、《阅藏疑误》（附《经律论》）、《禅籍事类》8卷、《教乘异义》1卷、《分宗异义》1卷、《品物称呼录》1卷、《唱语故实》1卷、《日本物语义》6卷、《无音川辨》1卷、《新刊贤首传正误》1卷。

3. 杂纂类：《荐导语林》2卷、《盌云灵雨》20卷、《庸峭余录》5卷、《佛海异宝》1卷、《葛藤语笺》11卷、《帐中秘》3卷、《见知录》1卷、《载籍记事珠》15卷、《大藏摭华》1卷、《大藏色目》1卷、《数论外道宗计略图》1卷、《内外二典精要记事》2卷、《三国内外典籍评丛》1卷、《金鞭指街》20卷、《长汀布囊》20卷、《祖林堕薪》1卷、《正济使帆》3卷、《风流袋》30卷、《万里砂》15卷、《大藏记珠》28卷、《和典记珠》3卷、《涉释记珠》4卷、《教乘要语》2卷、《藏外和汉内典记珠》3卷、《禅苑名类》1卷、《经典要语》1卷。

4. 清规类：《正法山清规》2卷、《小丛林略清规》刊本3卷。

5. 史传：《正法山志》10卷、《龙安寺志》（附《普门寺志》）1卷、《华园流芳录》1卷、《日本禅林古德略传》1卷、《黄檗外记》1卷、《僧史料》3卷、《正法山诸堂略记》1卷、《正服寺志》（附《碧云山志》）同1卷、《华园遣奥录》1卷、《日本禅丛漫录》1卷、《日本释教通鉴稿》1卷、《照冰纪年录》1卷。

6. 语录类：《正法山列祖语录》1卷、《葆雨和尚语录》4卷。

7. 诗文类：《葆雨堂虚凝集》21卷、《葆雨堂诗集》9卷、《迭变秘诀》1卷、《禅录用语》1卷、《葆雨文集择省》3卷、《分氍录》1卷、《禅文格》6卷、《禅林句集续集》1卷、《缁苑藻言》11卷、《譬喻薮》1卷、《四迭锦文》1卷、《复跳》1卷、《反对双语》1卷、《翰苑名邑》1卷、《造语格》1卷、《助词格》2卷、《僧传排韵补遗》1卷、《翰苑四锦段》3卷、《双玉》1卷、《单珠》1卷、《翰苑比藻》1卷、《杂料》3卷、《助字品汇》2卷、《和歌拾穗》1卷。

8. 杂类：《国语音说》1卷、《阅心论》1卷、《救弊论》1卷、《见么轩谈余》1卷、《道学真忘图》1卷、《禅教合》1卷、《道聚家法》1卷、《点眼药》1卷、《拔舌泥梨》1卷、《曹洞宗旨》1卷、《贯道磋言》1卷、《梵伦学则》1卷、《禅净说》1卷、《施食法》1卷、《蒺梨苑》7卷、《灵杰捷考》1卷、《齐云纪谈》1卷、《梵语分韵》3卷、《内外检书捷径》8卷、《经典正名》2卷、《外腴》4卷、《题名书式》1卷、《方言》1卷、《幽兰掀芳》2卷、《奇话不泄》1卷、《授时历立成》1卷、《菅神感迹随手记》1卷、《训童迹步》1卷、《临终用心集》1卷、《绿语》1卷、《对山堂青未了》1卷、《禅籍事类》8卷、《禅苑名数》1卷、《禅教四锦段》1卷、《内隽》4卷、《字画辨讹》1卷、《支那俗语》2卷、《海珍扬辉》2卷、《不逾矩》1卷、《颐生录》1卷、《宣明历便术》2卷、《和事始》1卷、《扶木新条》2卷、《筑紫游记》1卷、《日本俗谚》1卷。

这些著作大部分都与禅语考释有关。注释类共53部都直接与禅语考释相关，它们分别都是某一部禅学或佛学经典的注释，是为讲授和阅读这些经典做的准备。考证类共16部，主要对禅录（部分不涉禅录）中的名物器用、典章制度、禅林规则、人文自然、书籍典故等加以辨音释义，综合考释。杂纂类26部，也是综合考释类，涉及的内容更多，是作者各种读书笔记的汇编，既有各种琐杂事物、逸事典故的辑述，也有前贤各种观点、解说的批判，还有禅林用语、俗语、口语及各种疑难词语、句子的解释和考证。清规类2部，是无著道忠为寺院僧徒制定并撰写禅林生活、仪式和信仰的种种规章和戒律。史传类12部，主要包括寺志、古德传、僧史、纪年录、僧堂记、禅林通鉴等内容。语录类2部，记录正法山历代祖师及作者自己的言行。诗文类24部，包括作者自己的诗文集以及为禅门初学者学习禅林偈颂、语句，练习写诗作文，入室参禅，而收集各种禅录口语、俗语、虚词、成语、谚语、诗句韵文、妙言警句，而编纂的一种实用的工具书。杂类45部，包括的内容更广，涉及历法、绘画等方面，但很大部分仍然是禅录典故、禅林方言俗语的收集与考释。

（二）部分未刊著作介绍

1.《江湖风月集解》

内题《江湖集训解》。龙华院藏。全2卷。南宋末元初禅僧的诗偈选集《江湖风月集》的注释书。《江湖风月集》，2卷，元代松坡宗憩（无准师范禅师的弟子）编。收录宋代咸淳（1265—1274）年间到至治（1321—1323）年间，总计79位禅僧（包括编者自己）所作的270首诗偈，是禅林中最为脍炙人口的诗作集，被称为“宗门七书”之一，称颂之作颇多，日本禅林广为流传，至少有28种以上注释书。《江湖风月集解》成书过程不详，无著迁化后，妙心寺衡梅院可山禅悦，在龙华院发现了无著未完成的原稿。之后，可山禅悦在基本忠实无著道忠《江湖风月集解》原文的基础上，补充资料，完备解释，编辑了至今为止集大成的注释书《江湖风月集训解添足》。

2.《风流袋》

30卷，鹿苑寺藏。无著道忠所撰的佛教和禅语词典。序写于宽保4年（1744）仲秋。书名“风流袋”，出自《五灯会元》第20卷《云居顽庵德升禅师章禅师》：“十字街头穷乞儿，腰间挂个风流袋。”无著序引细川幽斋《耳底记》云：“宗砌语云：‘学问须如乞食囊，凡人之所与物，途之所堕物，悉投之于囊，后时归静处，倾出之而择焉，可舍者舍，可餐者餐。学者亦如是，凡所见所闻悉记录，而后时择之。’”如书名所表示的那样，《风流袋》收录范围非常广泛，内容十分丰富，禅学、佛学、外典、民俗、传承，无所不包，可以说是一部大百科全书。遗憾的是，无著道忠亲自抄写的本子，没有留存下来，现在所见到本子，学术界认为是天龙寺湛元的抄本。

3.《临济慧照禅师语录疏瀹》

1卷，无著道忠撰写的《临济慧照禅师语录》注释书。《临济慧照禅师语录》，1卷，唐代临济宗的开宗祖师义玄（？—867）言行录，其弟子慧然编集，分为语录、勘辨、行录三部分。《临济慧照禅师疏瀹》，无著道忠于享保11年（1726）正月16日动笔，3月18日完稿。时年74岁。书名“疏瀹”，本义为“洗涤，沐浴”的意思。典出《庄子·知北游》：“孔子问于老聃曰：‘今日晏闲，敢问至道。’老聃曰：‘汝斋戒，疏瀹而心，澡雪而精神，掊击而知。夫道，窅然难言！将为汝言其崖略。’”宋郭若虚《图画见闻志·纪艺中》：“知微凡画圣像，必先斋戒疏瀹，方始援笔。”道忠是临济宗僧人，研究《临济录》是其晚年的一项重要工作，《临济慧照禅师语录疏瀹》是《临济慧照禅师语录》的详尽的权威的注释书。

4.《盌云灵雨》

20卷，分为《禅话拈教》《教帖》《禅籍》《僧史》《偈颂诗文》《经纶评释》《习学》《撰述》《儒崇释教》《谕惑》《谕儒》《评骘》《质正》《纠缪解》《订讹》《语解》《字解》17部分，是无著道忠晚年的代表作之一，主要是其对以往阅读的佛教禅宗典籍，也包括一些中国传统典籍中有疑问的内容作的注记和解说。最初曾题名为《录》，共7册35卷，享保八年（1723）完成初稿，享保二十年（1735）7月开始加以修订，并分成三部：《金鞭指街》20卷、《长汀布囊》20卷、《盌云灵雨》20卷，重新题名为《南面百城三种》，宽保壬戌年（1742）正月完成最后的修订。关于书名的来历，无著作于宽保壬戌年（1742）正月的序云：“世尊深夜行道，阿难随之，云出形如圆碗。世尊顾告：‘此碗云能作大雨，若人沐浴，则除众病。汝可以告诸比丘。’阿难如敕，明日果大雨。诸比丘露地起立，洗浴于是雨矣。而今灵者好也。除疾之雨，可言灵也。道忠每该览书典，凡遇其可益人者，可解惑者，则比比抄录之；又有宿说之可议论者，不揣捣昧，试论辨之。苟钵于后觉，如碗云之雨去众病，则千万幸甚。”可见，此书主要目的就是解决疑难问题，以益于后学。《盌云灵雨》内容丰富，考证详尽，新解迭出，在宗教学、文献学、训诂学、近代汉语等领域都有十分重要的价值。

5.《金鞭指街》

共20卷，是无著道忠的读书杂记，是由各种不同话题组成的一篇篇短文，每个话题列一个标题，然后展开阐述，如卷十三有“虚堂呵不依先圣语”“禁学为道障”等话题，下引先贤及自己的观点论述开来。主要内容如下：1—8 卷是佛教玄理，9—10 卷是禅教同归，10—11 卷是禅教离合，12—13 卷是禅谈，14—15 卷是教话，15—17 卷是条进，1—20 卷是警策，20 卷也包括一些关于禅或诗的短文①。“金鞭指街”或出自《道场普明琳禅师二首·北斗藏身》：“五凤楼前问洛阳，金鞭遥指御街长。春风是处华争发，游子年年忆故乡。”日本临济宗禅师西山禾山（1837—1917）著有同名著作。

6.《长汀布囊》

20 卷，也是无著道忠的读书杂记，内容广博复杂，有不少是非佛教的内容，主要包括以下主题：神灵（十二脸观音、幸运神毘沙门、女神妈祖等），特殊的佛教寺庙和塑像，书法作品，印章的用途和种类，某种固定数字的意义，许多著名的逸闻趣事、固定短语、奇异的事件（包括灵魂、魔鬼、人、兽、物等）的背景和意义，某种日子、时间、地点、景物、布匹、食物、物体、工具、武器、植物的表达等②。

7.《大藏记珠》

共 28 卷，是一个依主题排列的佛教经典语录引证表。《葜藜苑》《禅籍事类》注重禅文本往往只是提供一个参考，这项工作通常引用佛教经典的文本（显示无著道忠稿本的卷数和页码）。除了《大智度论》《法苑珠林》《宗镜录》的段落最频繁引用外，许多著作都被引用。主要内容如下：1）数目，包括各种有关数字的表达方式。2）果，包括僧尼、二乘、听众和声闻、佛弟子、菩萨及其行、佛、佛名、性和行。3）行，包括佛教习俗、仪式、转换其他；牲礼、自我修养、冥想、禅定等。4）情，包括亲戚、老师和朋友、名字、出生和死亡、身体部位、心理特征、性格，外表、梦想、轮回等，神的守护者、神圣和普通男人、国王、婆罗门、外道等；恶魔、飞禽走兽、昆虫和鱼。5）业，包括业力、行为、生活如邀请客人、睡眠、职业、艺术等。6）教，包括教学方式、三藏、魔术公式、异端、基本教学，错误的教义和信仰、恶业。7）器，包括火和水、

① Urs App: Chan/Zen's Greatest Encyclopaedist Mujaku Dōchū (1653 – 1744), Cahiers d'Extrême-Asie Année, 1987 (3): 155 – 174.

② Ibid..

元素、房屋、宫殿、寺庙、佛塔等，世界、天堂、地狱、国家、山脉、洞穴、道路等，声音、颜色、香水、名称、天气现象、时间等，雕塑、宗教物品、长袍、书写工具等，金属、木材、树木、植物、种子、医药、食品等，各种物体、工具、器皿、武器、乐器。8）理，包括真理、现实、道、智慧、非守法等观念。9）烦，包括妄想、痛苦、黑暗、连线、欲望、观点等①。

8.《禅籍事类》

共9卷，是一个依主题排列的禅宗文献引证的集子。引述或提及包含某个词语或与某些主题有关的文本。这些词和主题分为三类：情、器和数，细分为相应的三章：第一章情、第二章器和第三章数。从这里可以发现引证禅宗和一般佛教文献与“三种异端”“七步走”等有关。三章的内容有很多表达，如以下标题：“钱”“饮料”“油”“笛”“桥”“镜”和许多其他东西。情表五章，根据相关的条件又分成一些子类，例如“和尚”“异端”“强盗”“虎”“梦想”“协调”“怀疑”等。这项工作有助于理解禅宗文献背景和意义，并为寻找相关禅宗文献和禅宗艺术提供帮助。其做法参照了中国禅宗著作如《禅林类聚》等②。

9.《蒺藜苑》

共6卷，类似于禅宗文献术语和词语索引（大多2—5字符长）。分为20个主题，标以“学校”“禅病”“启示”等，下列同类的词语和术语。虽然远没有详尽禅宗文献，但对帮助阅读禅宗文献或禅宗文学艺术十分有益。1983年，西口芳男按日语发音为序编制了一个手写本索引，后被复印私下流通。禅文化研究所有这个索引的复印件③。

10.《禅录用语》《边字并助字附跃字》《助词格》《助字品汇》

《禅录用语》1卷，《边字并助字附跃字》1卷，《助词格》2卷，《助字品汇》2卷，是无著道忠虚词研究著作，其中《禅录用语》《边字并助字附跃字》是研究近代汉语后缀的重要参考资料，其收词分目以词语的末字为准，前者除“虚助”以外，共收“汉”“子”“儿”“地”“生”“着”等26个字，大部分是各种后缀。后者分为“边”字部、“助”字部

① Urs App: Chan/Zen's Greatest Encyclopaedist Mujaku Dōchū (1653 - 1744), Cahiers d'Extrême-Asie Année, 1987 (3): 155 - 174.

② Ibid..

③ Ibid..

和“跃”字部三部，其中“边”字、“助”字部包括方位名词“上”“中”“下”“内”“外”“里”“面”“边”“裔”等，名词后缀“头”“子”“家”“儿”等，形容词后缀“然”“尔”“而”“乎”“生”等，结构助词“地”“底”，动态助词“却”“得”“著”“取”等，介词“向”，语气助词“兮”“乎”等；“跃”字部包括迭字及双声、叠韵的联绵词。《助词格》收有单音、双音助词200多个以及少量的三音节以上的带有助词的短语，是有关古代汉语助词的一本颇有特色的专门工具书，其方法基本是广引书证而体现词义。① 《助词品汇》是无著道忠数十年积累起来的虚词研究成果，无著道忠自幼阅读典籍，每遇助词，则抄录之，历数十年，积而成卷。以汉字训读音五十音图顺序，分为乾坤2卷，阿部、贺部、佐部为乾卷，多部、那部为坤卷。所收大类词条共287条，其中乾卷135条，坤卷152条，每个大类词条下又包括同义近义词多条，如坤卷多部第2个词条“纵”下，又有“纵然”“纵使”“纵饶”“直饶”“假饶”“假”“假令”“假使”“设令”“政令”“就令”“借”“借令”“借使”“藉”“藉令”“藉使”“向”“向使”“乡使”“任”“任使”“如使”“就使”“虽使”“正使”“设”“饶”等词条，全部词条共1349条，大部分是副词，部分是助词、语气词、代词等。每个词条一般引一两个简短书证。

11. 《徽号录·禅教》

1卷，内题《汉和徽号录·禅教》，附记：“《续文献通考》一百五十二卷（廿三丈）《释家谥考》，《佛祖统纪》四十八卷（二丈）宋高宗建炎二年十一月敕卖，四字师号价二百千。”正文题《汉和禅教徽号录》，并注明“龙华道忠撰”。分国师、大师、导师、禅师、大士、大沙门、南禅寺徽号、天龙寺诸祖徽号、相国寺诸祖徽号、建仁寺诸祖徽号、东福寺诸祖徽号、万寿寺诸祖徽号、建长寺诸祖徽号、圆觉寺诸祖徽号、寿福寺诸祖徽号、净智寺诸祖徽、诸山诸祖徽号、大德寺诸祖徽号、妙心寺诸祖徽号、妙心寺前堂禅师师号、教苑徽号（又细分国师、三藏、尊者、大师、禅师、大德、法师等），从徽号、法名道号、法嗣、赐日、文献等方面记录汉和禅教徽号。文末附“质正”，注明时间为“正德二年壬辰八

① 梁晓虹：《试论无著道忠对近代汉语虚词研究的贡献》，《佛教与汉语史研究——以日本资料为中心》，上海古籍出版社2008年版，第279—298页。

月”，即1712年8月。

12.《徽号录·宸翰勅书》

1卷，封面有署名为“苗之箱”，扉页有“照冰识”：“正德二年秋八月，清冈宰相託人借此书，凡私录附记不可示人者，皆改写。书还并前写者，编收。今同文累书者是也。”抄录日本皇帝对日本和尚封号、建塔等文书。

13.《正济使帆》

分日集、月集、星集3卷。另附绪余1卷。序作于元文庚申年（1740）仲春。日集为自度篇，分自行和化他二品，自行品包括参法、锻炼、禅病、遍问、学术等内容，化他品包括接度、莅众、垂说、化仪等内容。月集为外应篇，包括身行、退养、言慎、辛勤、知足、养德、修善、成事、摄养等内容。星集为儒言篇，包括养德、行仪、藏舌、警箴、抑损等内容。每个内容下都有若干四言或五言的小标题，小标题下的内容都是作者读书笔记和心得。

14.《小丛林略清规证解》

3卷。《小丛林略清规》的注释著作。该书首先记录了《小丛林略清规》从贞享二年乙丑（1685）春初成，到宝历9年己卯（1759）4月25日近百次的刊行情况。接着从序、上中下三卷的通用清规、日分清规、月分清规和临时清规四个部分、图式分别加以注释。

15.《正法山清规》

2卷。汇录包括一回住持仪式入寺之规、法皇忌、佛成道、开山忌、入牌、初住、再住等多种具体的规矩和戒律。

16.《少林无孔笛校证》

1卷。《少林无孔笛》的校释书。扉页有注明“享保二十年”（1735）字样，应该是成书时间。该书从序、米山录、大德录、再住米山录、瑞泉录到最后的道号、小传、跋，依次对《少林无孔笛》疑难语词加以校释。并附录作者东阳和尚年谱。《少林无孔笛》，共6卷，全称《东阳和尚少林无孔笛》。又作《东阳和尚语录》。日本临济宗僧东阳英朝（1428—1504）撰。收录其于龙兴寺、大德寺、妙心寺、瑞泉寺、少林寺、定慧寺、大仙寺等处之上堂、小参、示众、佛事、偈颂、像赞、道号、杂著等。

17.《宗镜录助览》

1卷。《宗镜录》的注释书。成书于正德三年癸巳（1713）8月24

日。《宗镜录》，100 卷，五代吴越国延寿集。无著道忠往年读到 54 卷，后因事中断。1713 年 6 月 1 日开始继续读 55 卷以下，每日 10 纸，8 月 24 日读完。阅读过程中即对其疑难之处，加以考释而成《宗镜录助览》。

18. 《禅仪外文附考》

1 卷。《禅仪外文集》的注释书。成书于宝永元年（1704）仲夏下旬。《禅仪外文集》，2 卷，外题《禅仪外文》，内题《禅仪外文集》，日本临济宗僧虎关师炼编著。收录宋代禅僧入院开堂之疏、榜和尊宿圆寂的祭文。

19. 《禅教离合·佛儒》

1 卷。读书笔记。小标题包括教排禅、禅教异同、禅师接教者、禅教和同、教者自呵名相、教者学禅、教者更衣、禅教优劣等。

20. 《祖林堕薪》

1 卷。禅录读书笔记。小标题包括玄沙、慈明、崧溪小参、雪庭焚道藏伪经升座、禅变革比世变革、密奄普说、雪岩普说石溪普说、理致、无端话等。

21. 《对校录》

共 8 册。成书于享保 20 年（1735）4 月 28 日。是对《虎关录》《大应录》《大灯录》《纸衣謄》《卬余集》《琼华集》《常光路》《海藏纪年》《梦岩录》《旱霖集》《藏山录》《水拙文集》《默云诗集》《法山列祖录》《桃隐偈颂》《中岩录》《中正学》《东海一沤集》《西川十样锦》《见桃录》《一休年谱》《东海琼花集》等 140 多种内外典籍的考校与注释。

22. 《拔舌泥梨》

1 卷。是对禅宗公案或禅师话语以及禅录疑难问题的阐释或心得。都是以“关山派下是提婆宗”“淘米去沙”“真俗不二”“临济云入地狱如游园观”“疏山寿塔”“鼓峰不白”等类似的小标题加以展开。该写本书写颇为潦草，涂改颇多，阅读起来，难度颇大。

23. 《杂华录》

1 卷。佛教用语的图说与阐释。如对“五位百法图”“四念处”“六度万行”“ 我执法执图”“真如门生灭门图”“生住异灭图”“十二因缘并大乘小乘图说”“净佛国土”“毕竟净”“不坏信”“五智如来”“十六罗汉”“十六善神”“善财童子”等加以图说或阐释。

24. 《出三藏记集》

1 卷。梵名索引。按平水韵排列，每个梵名下或标明出处，或注释，或罗列异名，或兼而有之。前附有“《出三藏记集》第一卷（十六丈）前后出经异记”数条，后附录“名义集中非梵语者”数条。

25.《双冈齐云纪谈》

1卷。无著道忠和齐云禅师会话记录，记录了元禄十一年（1698）2月23日到正德三年（1713）3月13日为止的16年间38次谈话内容。有时只记录齐云说的话，有时前半部分是齐云的话，后半部分是无著的发言和感想、注解等，也有时前半为无著的疑问，后半为齐云的回答。

26.《翰苑雅言》

1卷。文言书面语词典。内容包括：天子、人伦、人名、才德、劣性、雅称、讥称、身体、年龄、疾病、孕产、贫富、朝廷、政治、官职、官职事、及第、仕进、致仕、刑黜、反逆、隐退、人事、学术、诗文、艺术、兵阵、色迷、杂戏、婚姻、抬言、丧殡、天文、时令、灾变、地理、处名、堂舍、典籍、画图、书字、书翰、器具、乐器、文具、武具、饮食、衣服、布帛、宝货、树木、草卉、花萼、禾谷、果实、蔬菜、飞禽、走兽、鳞介、昆虫等。每个词目都有解释和出处。

27.《万里砂》

1卷。收录各种题跋序引铭谱诗文杂记等。如独立请藏化缘引、独立聚分韵题、洛里大佛殿钟铭、法云上上诗、大成殿上梁文、维摩会记、谦光西游漫草序、道圆樱谱等。

三　对无著道忠的介绍、评价与研究

（一）日本的研究

较早全面介绍无著道忠的是1909年出版《禅林象器笺》附录的村田无道的《无著道忠禅师小传》[①]，分引言、姓氏、得度、性情、文学、遗著、终焉、年谱八个部分介绍了无著道忠，遗著部分又分注释类、考证类、杂纂类、清规类、史传、语录类、诗文类、杂类，几乎罗列了无著道

① 村田无道：《无著道忠禅师》，见《禅林象器笺·附录》，贝叶书院1909年版，第1—34页。

忠的全部著作。

1921年川上孤山出版《妙心寺史》[①]，该书下册第四编《德川中期》有专门一章（第二章《无著白隐时代》）介绍无著白隐时代妙心寺概况，其中第六节《无著与白隐的历程》介绍了无著在妙心寺的概况，第八节《无著时代江府的万庵禅师》介绍了与无著同时代的万庵禅师及万庵禅师与无著的交往。

1923年松本文三郎出版的《佛教艺术及其人物》，该书下篇第五章《无著道忠与禅宗文学》[②]，分九个部分介绍了无著道忠在禅学研究上的贡献，第一部分总体介绍无著道忠是非常伟大的著述家，第二部分介绍无著道忠生平事迹，第三部分从注疏类、考证类、史传类、语录类、诗文类、杂著类六个方面介绍无著道忠的学术成就，第四部分介绍无著道忠博学强记、勤勉严谨的治学态度，第五部分通过对无著同时代的大家评述，认为无著道忠是当时日本禅学界最伟大的学者，第六部分介绍禅宗宗旨与禅宗文学，第七部分介绍禅宗文学的历史地位，第八部分介绍禅宗语录的俗文学价值，第九部分探讨禅宗语录对儒家理学等的影响。

1931年南川宗谦在《禅学研究》发表《无著禅师的思想》一文[③]，结合《照冰文集》《照冰纪年录》《卢凝集》《大佑妄议百丈清规论》《葆雨堂虚凝集》等文献，系统地介绍了江户时代禅宗妙心派禅师无著道忠的思想。

1935年大本山妙心寺编辑出版《妙心寺六百年史》[④]，该书第四章《无著禅师与祖芳和尚》第一节介绍了无著禅师与祖芳和尚前后的思想界概况，第二节介绍了无著道忠禅师的生平和著述。

1942年饭田利行出版《学圣无著道忠》[⑤]，是迄今为止记录无著道忠生平事迹最详尽的传记，也是唯一一部有关无著道忠的传记著作，该书以年谱的形式，详细记录了宗门代表人物，学德兼备的高僧无著道忠的学术生涯，并附有无著道忠遗书374种911卷的全部著述，无著广泛的学术领域可以一览无余。

---

① 川上孤山：《妙心寺史》，妙心寺派教务本所，1921年，第276—334页。

② 松本文三郎：《佛教艺术及其人物》，同文馆1923年版，第353—385页。

③ 南川宗谦：《无著禅师的思想》，《禅学研究》1931年第16期，第87—136页。

④ 大本山妙心寺编：《妙心寺六百年史》，大法会局1935年版，第249—267页。

⑤ 饭田利行：《学圣无著道忠》，青梧堂1942年版。

1944 年松本文三郎出版的《先德的芳躅》[①]，其《无著道忠禅师》（附禅文学）章分九个部分介绍了无著道忠在禅学研究上的贡献，具体内容与《佛教艺术及其人物》下篇第五章《无著道忠与禅宗文学》同。

1954 年大石守雄发表《〈勅修百丈清规左觽〉研究》一文[②]，全文共 11 页，对无著道忠著作《勅修百丈清规左觽》做了较为详尽的研究。

1960 年镜岛元隆发表《无著道忠与洞门的交涉》一文[③]，根据无著道忠《正法眼藏僭评》《黄檗外记》等著述和史料，说明无著道忠虽然是临济宗禅师，但其与曹洞宗和黄檗宗也有关联，该文重点叙述了其与洞门的交往。

1964 年伊藤俊彦发表《〈永平正法眼藏〉对大慧的心性批判——与无著道忠〈正法眼藏僭评〉说心说性章的关系》[④]，将《永平正法眼藏》对大慧的心性批判与无著道忠《正法眼藏僭评》说心说性章加以比较，探讨其中关联。

1966 年柳田圣山发表《无著道忠的学问》[⑤]，从“问题所在”“博学的意义”“批判精神”“训诂的学问”“俗语研究”“教禅一致”“公案”“黑豆之法”8 个方面对无著道忠的学术做了最全面的分析，对无著道忠的学术成就做了最中肯的评价。

1973 年平野宗净在《禅文化》上发表《无著道忠——现代禅学的指标》[⑥]，对无著道忠在禅学研究的重大成就做了极高的评价。

1990 年片山晴贤发表《无著道忠编纂的语录辞书（1）》[⑦]，分类介绍了无著道忠编纂的语录辞书概要，重点探讨了无著道忠语录辞书编纂客观的文献学立场，批判的精神、严谨的态度，整理了龙华院所藏的无著道忠

① 松本文三郎：《先德的芳躅》，创元社 1944 年版，第 321—355 页。

② 大石守雄：《〈勅修百丈清规左觽〉研究》，《日本佛教学会年报》1958 年第 23 期，第 157—168 页。

③ 镜岛元隆：《无著道忠与洞门的交涉》，《印度学佛教学研究》1960 年第 16 期，第 198—201 页。

④ 伊藤俊彦：《〈永平正法眼藏〉对大慧的心性批判——与无著道忠〈正法眼藏僭评〉说心说性章的关系》，《曹洞宗研究》1964 年第 6 期。

⑤ 柳田圣山：《无著道忠的学问》，《禅学研究》1966 年第 55 卷，第 14—55 页。

⑥ 平野宗净：《无著道忠——现代禅学的指标》，《禅文化》1973 年第 70 卷。

⑦ 片山晴贤：《无著道忠编纂的语录辞书（1）》，《驹泽短期大学研究纪要》1990 年第 18 期，第 1—24 页。

撰述的辞书种类，重点介绍了《助字品汇》的成书、内容、编排、引书及其辞书价值。

1992年片山晴贤发表《无著道忠编纂的语录辞书（2）——龙华院藏〈助字品汇〉（翻字）》①，转写无著道忠《助字品汇》全文，词条旁注日语假名，表示这个汉字词条在日语中对应的词，词条解释句子里标注雁点（レ）等特殊符号和日语句子结构中的助词，以帮助日本人阅读。

1992年吉田道兴《无著道忠笔〈永平禅寺三祖行业记〉的翻刻·绍介》②，介绍《永平禅寺三祖行业记》。

1991年京都佛教各宗学校联合会出版《无著道忠禅学及其展开》③，全面介绍了无著道忠的禅学研究及其成就。

1992年入矢义高出版《空花集》，收录《无著道忠的禅学》一文④，该文对无著道忠的治学方法及批评精神做了高度的评价，并指出，无著博览群书，每本书都精心地作笔记，并逐项分类，做成术语汇编，重要的地方都做了校讹、考证、校正、补脱、弊脱等校订，认为无著道忠不只是禅学者，更是一个语言学者。

1995年梁晓虹参加第二届中国训诂学学术研讨会，提交《试论无著道忠对中国训诂学的贡献》一文，1997年刊载于《训诂论丛》第2辑⑤，全文分前言、从“教禅一致”到无著的训诂精神、从顺释疏解到无著的训诂实践、简短的结语四个部分，详尽论述了无著道忠训诂学贡献。

1996年竹贯元胜在《禅文化》上分两期发表《隐元和无著道忠》(1)⑥和《隐元和无著道忠》(2)⑦，研究了日本黄檗禅宗始祖隐元对无著道忠的影响以及无著道忠对隐元及其所代表的黄檗宗的批判。

---

① 片山晴贤：《无著道忠编纂的语录辞书（2）——龙华院藏〈助字品汇〉（翻字）》，《驹泽短期大学研究纪要》1992年第20期，第75—153页。

② 吉田道兴：《无著道忠笔〈永平禅寺三祖行业记〉的翻刻·绍介》，《曹洞宗研究》1992年第34卷，第100—106页。

③ 京都佛教各宗学校联合会：《无著道忠禅学及其展开》，京都佛教各宗学校联合会1991年版。

④ 入矢义高：《无著道忠的禅学》，《空花集》，思文阁1992年版。

⑤ 中国训诂学会主编：《训诂论丛》（第2辑），文史哲1997年版。

⑥ 竹贯元胜：《隐元和无著道忠》(1)，《禅文化》1996年第59卷。

⑦ 竹贯元胜：《隐元和无著道忠》(2)，《禅文化》1996年第59卷。

2007年《近思学报·史料与研究》第4辑收录近藤良一《无著道忠校讹〈释氏要览〉〈祖庭事苑〉〈名义集〉》①，整理并研究了无著道忠对《释氏要览》《祖庭事苑》《名义集》的校讹。

2007年冲本克己、奈良康明、丸山勇等出版了《禅的世界》②，该书第三编《日本编》第八章《近世社会与禅宗——江户文化的成立、统治与保护的局势》之第三节《江户时代中后期——稳定而缓慢的衰落》第六小节，介绍了标志着日本近代科学勃兴的无著道忠和临济禅学研究成就。

2008年日本南山大学梁晓虹教授出版《佛教与汉语史研究——以日本资料为中心》③，收录其近年有关无著道忠研究的多篇论文。如：

《试论无著道忠对近代汉语虚词研究的贡献》原为作者参加法国巴黎第三届国际古汉语语法学术研讨会提交论文，2001年刊载于R. Djamouri主编的《古汉语语法论文集》④，该文认为作为语法上之用的"虚词"，无著道忠《葛藤语笺》专辟"虚词"一栏，是最早明确用"虚词"一语，其《禅录用语》《禅林方语》《边字并助字附跃字》《助词格》《助字品汇》等书是其多年研究虚词的成果，从这些成果可以看出无著道忠在虚词研究方面所做出的巨大贡献。

《灵雨除病——读无著道忠〈盌云灵雨〉》原载于爱知县立大学外国语学部《纪要—言语·文学编》2001年第33卷⑤，该文认为《盌云灵雨》中的重要内容之一，是表达了无著道忠治学的原则及对学术的见解，用大量的实例总结了无著道忠在实事求是的朴学、训诂学与佛学、禅学研究以及佛语与俗语研究等方面的成就。

《"句双纸（禅林句集）"与日本近代禅学》，原载于《中国禅学》第

① 近藤良一：《无著道忠校讹〈释氏要览〉〈祖庭事苑〉〈名义集〉》，见《近思学报·史料与研究》2007年第4辑。

② 冲本克己、奈良康明、丸山勇：《禅的世界》，东京书籍出版社2007年版。

③ 梁晓虹：《佛教与汉语史研究——以日本资料为中心》，上海古籍出版社2008年版。

④ R. Djamouri编：《古汉语语法论文集》，Centre de Recherches Linguistiques sur l' Asie Orientale，Paris，2001年。

⑤ 梁晓虹：《灵雨除病——读无著道忠〈盌云灵雨〉》，《纪要——言语·文学编》2001年第33卷。

3卷[①]，该文以无著道忠《禅林句集》《禅林句集续编》《禅林句集辨苗》《句聚》《句聚引证》《四字连》及其他一些日本作者的“句双纸（禅林句集）”著作为例，详细论述了“句双纸（禅林句集）”的体例和内容、历史渊源以及与当时的日本禅学发展的密不可分的关系。

《日本中世禅语辞书与汉语熟语研究》原载于2007年佛光山文教基金会《禅与人间佛教学术研讨会论文集》[②]，该文以无著道忠《葛藤语笺》《禅录用语》《支那俗语》《边字并助字附跃字》《禅林方语》以及日本中世纪其他作者禅语辞书为例，对日本中世纪禅语辞书作了细致的分类，对日本“禅林句集”类辞书中成语、谚语、格言、歇后语、惯用语等许多内容作了详尽研究探讨，多角度研究了这些熟语的性质和作用，进一步探讨了语言与文化的深层关系，揭示了日本“禅林句集”类辞书对汉语熟语研究的重要价值。

《近代汉语后缀“子”考察之一——“子”附于量词后》，原载于南山大学2003年《アカデミア》文学・语学编[③]，该文以无著道忠《禅录用语》以及其他近代汉语部分语料为对象，对量词后带“子”的语言现象进行分析和探索，并进一步考察这一现象产生的语言背景，从而对“子”作为“量词后缀”的特性作出初步判定，进一步扩大“子”的研究范围。

《试论近代汉语中的三音节“子”尾词》，本文原为作者参加第四届国际古汉语语法研讨会发言稿，2004年载于《Meaning and Form：Essays in Pre-Modern Chinese Grammar/意义与形式——古代汉语语法论文集》[④]，利用了无著道忠的《禅录用语》《葛藤语笺》等资料，研究近代汉语中的

---

① 梁晓虹：《“句双纸（禅林句集）”与日本近代禅学》，《中国禅学》，中华书局2004年第3卷。

② 梁晓虹：《日本中世禅语辞书与汉语熟语研究》，《禅与人间佛教学术研讨会论文集》，佛光山文教基金会，2007年。

③ 梁晓虹：《近代汉语后缀“子”考察之一——“子”附于量词后》，《アカデミア》（文学・语学编），2003年第73号。

④ Ken-ichi Takashima & Jiang Shaoyu：《Meaning and Form：Essays in Pre-Modern Chinese Grammar/意义与形式——古代汉语语法论文集》，LINCOM Studies in Asian Lingui stics 55 Published by LINCOM GmbH，2004.

三音节“子”尾词。该书还收录有《论近代汉语中三音节副词》[①]《从名古屋七寺的两部古逸经资料探讨疑伪经在汉语史研究中的作用》[②]《佛经音义与汉语双音化研究》[③] 等都有利用无著道忠著作。

2010年梁晓虹发表《无著道忠虚词著作研究之一——〈助字品汇〉》一文[④]，该文对无著道忠《助字品汇》进行了全面研究，并结合中日汉语虚词研究史，阐述其内容，归纳其体例，指出其特色，肯定了其在汉语虚词研究史上的地位，认为《助字品汇》是无著道忠虚词代表作之一，作为早期为日本禅僧所撰写的虚词词典，自有其显著特色，应该引起汉语虚词研究者的重视。

2010年石井修道发表《关于〈正法眼藏僭评〉——以道元的大慧宗杲批判为中心》[⑤]，对无著道忠《正法眼藏僭评》作了介绍与研究。

2012年小林良幸发表《无著道忠撰述〈黄檗外记〉的翻刻》[⑥]，介绍《黄檗外记》的翻刻。

2014年堀祥岳发表《〈禅林象器笺〉写本调查事始》[⑦]，全文从五个方面介绍了《禅林象器笺》写本，序言介绍了《禅林象器笺》及其研究课题，第二部分介绍《禅林象器笺》写本所在，第三部分调查写本概要，分别介绍了京教大本（京都教育大学附属图书馆）、阪大本（大阪大学附属图书馆）、李花亭文库本（石川县立图书馆李花亭文库）、安国寺本（飞驒安国寺）、驹大本（驹泽大学图书馆）、东大史料本（东京大学史料编纂所）概况，第四部分诸本调查小结，第五部分为尾声，附《象器绪

① 原为作者参加2004年第五届国际古汉语语法研讨会·第四届海峡两岸语法史研讨会发言稿，载于《汉语史研究集刊》，巴蜀书社2005年第8辑。

② 原为参加2002年首届汉文佛典语言学国际学术会议发言稿，载《普门学报》2003年第17辑。

③ 原为参加2001年国际中国语言学学会第十届年会发言稿，载于南山大学《アカデミア》（文学·语学编），2002年第71号。

④ 中国社会科学院语言研究所《历史语言学研究》编辑部编：《历史语言学研究》（第3辑），商务印书馆2010年版。

⑤ 石井修道：《关于〈正法眼藏僭评〉——以道元的大慧宗杲批判为中心》，《印度学佛教学研究》2010年第58卷，第716—721页。

⑥ 小林良幸：《无著道忠撰述〈黄檗外记〉的翻刻》，《花园大学国际禅学研究所论丛》2012年第7期，第77—94页。

⑦ 堀祥岳：《〈禅林象器笺〉写本调查事始》，《教学研究纪要》2014年第12号。

余》所收《象器笺例言》之绍介。

无著道忠的《禅林象器笺》《葛藤语笺》等几本比较通行的本子，研究得更多。如1993年西村惠信著《禅林象器笺抄释》[①]，1995年冲本克己著《西村惠信〈禅林象器笺抄释〉》[②]，1997年山内舜雄发表《〈禅林象器笺〉与〈勅修百丈清规左觿〉有关坐禅术语的注释》[③]，2012年金子奈央发表《关于中国诸清规中的罚则》[④]；驹泽大学图书馆藏有《葛藤语笺抄解》（形态项：27cm，129页。作者及撰写时间不明），1956年饭田利行发表《葛藤语笺考》[⑤]，1960年篠原寿雄发表《关于无著道忠的学问——以〈葛藤语笺〉解题为主》[⑥] 等。

日本利用无著道忠著作材料的论文还有很多，如1951年篠原寿雄的《有关〈临济录〉的新见解——读〈临济录〉札记之一》[⑦]，1952年篠原寿雄的《〈临济录〉旧训批判——读〈临济录〉札记之二》[⑧]，1956年荻须纯道的《关山慧玄禅师的遗诫》[⑨]，1964年大石守雄的《清规研究》[⑩]，1976年椎名宏雄的《少室六门与达磨三论》[⑪]，1988年佐佐木章格的《日本曹洞宗与大权修理菩萨》[⑫]，1996年横山文纲的《近世禅林墨迹特

① 西村惠信：《禅林象器笺抄释》，梅荫禅寺，1993年。

② 冲本克己：《西村惠信〈禅林象器笺抄释〉》，《花园大学文学部研究纪要》1995年第27期，第165—167页。

③ 山内舜雄：《〈禅林象器笺〉与〈勅修百丈清规左觿〉有关坐禅术语的注释》，《驹泽大学佛教学部研究纪要》1997年第29号，第14—31页。

④ 金子奈央：《关于中国诸清规中的罚则》，《东京大学宗教学年报》2012年第30期，第167—192页。

⑤ 饭田利行：《葛藤语笺考》，《东洋学研究》1956年第12期，第26—44页。

⑥ 筱原寿雄：《关于无著道忠的学问——以〈葛藤语笺〉解题为主》，《宗学研究》1960年第2期。

⑦ 篠原寿雄：《有关〈临济录〉的新见解——读〈临济录〉札记之一》，《禅学研究》1951年第42期，第53—63页。

⑧ 篠原寿雄：《〈临济录〉旧训批判——读〈临济录〉札记之二》，《禅学研究》1952年第43期，第32—40页。

⑨ 荻须纯道：《关山慧玄禅师遗诫》，《禅学研究》1956年第46期，第72—94页。

⑩ 大石守雄：《清规研究》，《禅学研究》1964年第54期，第109—115页。

⑪ 椎名宏雄：《少室六门与达磨三论》，《宗教研究》1976年第230期，第158—159页。

⑫ 佐佐木章格：《日本曹洞宗与大权修理菩萨》，《曹洞宗宗学研究所纪要》1988年第1期，第32—45页。

色》[①]，黄绎勋的《〈雪窦和尚住洞庭语录〉之“拈古”略探》[②]，2005年吾妻重二的《国际研讨会——东亚世界与儒教》[③]，田中知佐子的《关于传入日本的中国神像——镰仓建长寺伽蓝神像》[④] 等。

日本利用无著道忠对唐宋禅宗典籍的禅语考释成果，将一批唐代禅宗语录用现代日语加以注释和翻译。在此方面，柳田先生本人和入矢义高功劳最大，1968—1976年他们编辑出版的《禅的语录》17册，由筑摩书房出版，包括荒木见悟的《辅教编》，入矢义高、梶谷宗忍、柳田圣山的《雪窦颂古》，中川孝的《六祖坛经》，秋月龙珉的《赵州录》，镰田茂雄的《禅源诸诠集都序》，藤吉慈海的《禅关策进》，平野宗净的《顿悟要门》，入谷仙介、松村昂的《寒山诗》，柳田圣山的《达摩语录：二入四行论》，平田高士的《无门关》，荒木见悟的《大慧书》，入矢义高的《伝心法要·宛陵录》，柳田圣山的《初期禅史》之一、之二，梶谷宗忍、柳田圣山、辻村公一的《信心铭·证道歌·十牛图·座禅仪》，秋月龙珉的《临济录》，入矢义高的《庞居士语录》等。此套丛书充分利用无著道忠对唐宋禅宗典籍的禅语考释成果，既对版本进行了严密的校订，又在语言翻译的正确性和可读性上下了很大功夫。1972年和1974年柳田圣山与大森曹玄、尾谷宗忍译注出版了《禅家语录》两卷。1991年入矢义高译注出版《临济录》[⑤] 等，在译注过程中，入矢还写下了《禅语散论——“干屎橛”“麻三斤”》[⑥]《禅语谈片》[⑦] 等禅宗疑难词语考释论文。这些都利用了无著道忠的禅语考释成果。

日本学者还充分利用无著禅语考释成果编撰《佛书解说大辞典》[⑧]

① 横山文纲：《近世禅林墨迹特色》，《禅学研究》1966年第54期，第171—177页。

② Huang，Yi-hsun：Chan Master Xuedou and His Remarks on Old Cases in the Record of Master Xuedou at Dongting：A Preliminary Study，Chung-Hwa Buddhist Journal，n. 22（2009. 07），pp. 69－96.

③ 吾妻重二：《国际研讨会——东亚世界与儒教》，东方书店2005年版。

④ 田中知佐子：《关于传入日本的中国神像——镰仓建长寺伽蓝神像》，见李淞主编《道教美术新论——第一届道教美术史国际研讨会论文集》，山东美术出版社2008年版。

⑤ 临济著，慧然编，入矢义高译注：《临济录》，岩波书店1991年版。

⑥ 入矢义高撰，蔡毅、刘建译：《禅语散论——“干屎橛”“麻三斤”》，《俗语言研究》1995年第2期，第7—13页。

⑦ 入矢义高撰，蔡毅译：《禅语谈片》，《俗语言研究》1996年第3期，第30—52页。

⑧ 小野玄妙：《佛书解说大辞典》，株式会社、大东出版社1933年版。

《国史大辞典》① 《禅宗辞典》② 《禅学大辞典》③ 《禅语辞典》④ 等禅宗辞书。还初步建立了无著学术著作数据库。花园大学国际禅学研究所建立了禅学综合资料库，设有“无著道忠撰述禅学丛书”专门板块，检索无著成果资料颇为方便。

（二）中国的研究

胡适是较早注意无著禅宗语言研究的中国学者，他在给入矢义高的书信里就讨论了无著对禅宗著作里“无事甲”一语的解释。1959 年 11 月 25 日夜半，入矢义高致胡适第七封书简，认同无著道忠“甲”本作“阁”，并附抄录无著道忠《葛藤语笺》“无事甲”条部分内容⑤。12 月 14 日夜，胡适复信，认为无著道忠解释不妥，“无事甲”可能为俗语，骂人如龟鳖那样把头缩在甲壳里，一切不管，故有“无事甲”之名词⑥。

1988 年由佛光山星云大师监修、慈怡法师主编的《佛光大辞典》大量地引用了无著《禅林象器笺》等著作的训释。20 世纪 90 年代日本禅文化研究所赠送了中国少数学者一些比较通行的无著著作的影印本，中日学者还合作创办了《俗语言研究》刊物（1994—1998 年共发行了 5 期），该刊第 1 期发表了董志翘翻译的柳田圣山的大作《无著道忠的学术贡献》，第 2 期发表了王锳的《读〈葛藤语笺〉随札》，第 4 期又介绍了无著的《盘云灵雨》，并整理了其中的部分内容发表。

近年来，国内学者在近代汉语研究过程中也开始注重无著的研究成果，蒋绍愚、项楚、王锳、朱庆之、董志翘、周裕锴、雷汉卿、徐时仪、张美兰、袁宾、卢烈红等学者在他们的著作和论文中都有对无著成果的引用。总的来说，国内对无著研究成果仍然主要是介绍和引用，专门研究的十分罕见，主要有以下几篇：

两篇翻译文章，一是 1993 年董志翘翻译的柳田圣山的大作《无著道

① 国史大辞典编集委员会编集：《国史大辞典》，吉川弘文馆 1987 年版。

② 山田孝道：《禅宗辞典》，国书刊行会 1974 年版。

③ 驹泽大学禅学大辞典编纂所编：新版《禅学大辞典》，大修馆书店 1985 年版。

④ 入矢义高监修，古贺英彦编著：《禅语辞典》，思文阁出版社 1999 年版。

⑤ 欧阳哲生、宋广波编：《胡适研究论丛》，黑龙江教育出版社 2009 年版，第 328—330 页。

⑥ 胡适：《胡适全集》（第 26 卷），安徽教育出版社 2003 年版，第 376—378 页。

忠的学术贡献》[①]，二是1998年邢东风在《佛学研究》翻译发表入矢义高的《无著道忠的禅学》[②]，使国内学者更详尽地了解无著道忠的严谨的治学方法及严格的批评精神。

1995年王锳《读〈葛藤语笺〉随札》一文[③]，对《葛藤语笺》在俗语词研究成就作了比较权威的总结归纳。

2006年林观潮用日语写的《无著道忠与檗僧齐云道栋的交往——以〈双冈齐云纪谈〉为中心》[④]，该文探讨了《双冈齐云纪谈》成书、《双冈齐云纪谈》所见的无著道忠与檗僧齐云道栋二人来往、《双冈齐云纪谈》的内容、齐云道栋其人、《双冈齐云纪谈》中登场的黄檗宗檗僧人们、无著与齐云往来的目的、无著如何看齐云以及无著的真正的黄檗观。

2013年雷汉卿《日本无著道忠禅学研究著作整理与研究刍议》[⑤]，对目前日本无著道忠禅学研究著作整理与研究状况作了综述，认为目前中日学者对无著学术著作的研究还仅仅停留在总结某一部或某几部著作学术价值的阶段，还未触及对文本的整理和校勘。

2013年王大伟、罗玉文发表《从无著道忠〈大宋五山图说〉之〈灵隐寺图〉看禅僧的生活空间》[⑥]、2015年王大伟发表《从〈大宋五山图说〉看南宋僧众生活方式》[⑦]。无著道忠《大宋五山图说》收录了许多南宋寺院空间配置及家具样式的图示，两篇论文通过研究南宋寺院中的把针处、东司、浴室等功能空间，佛堂、法堂、僧堂的配置，揭示了南宋僧人的生活方式和生活空间。

李铭敬有多篇论文涉及了无著道忠，如他研究《冥报记》的论文就

---

① 柳田圣山著，董志翘译：《无著道忠的学术贡献》，《俗语言研究》（日本）创刊号，1993年，第79—100页。

② 参见入矢义高《无著道忠的禅学》，邢东风译，《佛学研究》1998年，第100—105页。

③ 王锳：《读〈葛藤语笺〉随札》，《俗语言研究》1995年第2期，第1—6页。

④ 林观潮：《无著道忠与檗僧齐云道栋的交往——以〈双冈齐云纪谈〉为中心》，《花园大学国际禅学研究所论丛》2006年第1期，第1—50页。

⑤ 雷汉卿：《日本无著道忠禅学研究著作整理与研究刍议》，《汉语史研究集刊》2013年第16辑，第82—91页。

⑥ 王大伟、罗玉文：《从无著道忠〈大宋五山图说〉之〈灵隐寺图〉看禅僧的生活空间》，光泉主编：《灵隐寺与中国佛教——纪念松源崇岳禅师诞辰880周年》2013年。

⑦ 王大伟：《从〈大宋五山图说〉看南宋僧众生活方式》，《陕西师范大学学报》（哲学社会科学版）2015年第5期，第53—60页。

有多篇，如《日本知恩院藏〈冥报记〉古写本的传承与著录考略——兼谈台湾故宫博物院所藏杨守敬旧持本》[①]《〈冥报记〉的古抄本与传承》[②]《关于知恩院本〈冥报记〉传入》[③]《〈日本灵异记〉的现报重视之编纂与〈冥报记〉》[④]《〈冥报记〉与日本说话文学》[⑤]《无著道忠与〈冥报记校讹〉》[⑥]，前2篇为中文撰述，后4篇为日文撰述。

近年来，引用无著道忠成果的著作越来越多，其中以引无著道忠《禅林象器笺》为最多，其次是《葛藤语笺》。如：

1990年王锳著《唐宋笔记语辞汇释》[⑦]，引无著道忠《葛藤语笺》考释"领略"等词。

1992年王利器《〈金瓶梅词话〉与宝卷》[⑧] 引无著道忠《禅林象器笺》说明说法或说唱有打槌的程序。

1993年释祥云著《佛教常用呗器、器物、服装简述》[⑨]，引无著道忠《禅林象器笺》说明卧具四边贴边的作用。

1999年陈庆浩校点，王锳、吴书荫注释《型世言评注》[⑩]，引无著道忠《葛藤语笺》注释"案山"。

1999年杨琳著《七夕节的起源》一文[⑪]，引无著道忠《葛藤语笺》考释"罗睺罗儿"。

---

① 李铭敬：《日本知恩院藏〈冥报记〉古写本的传承与著录考略——兼谈台湾故宫博物院所藏杨守敬旧持本》，《文献》2006年第2期，第171—181页。

② 李铭敬：《冥报记的古抄本与传承》，《文献》2000年第3期，第80—91页。

③ 李铭敬：《关于知恩院本〈冥报记〉传入》，《国文学研究》2002年第137集，第23—32页。

④ 李铭敬：《〈日本灵异记〉的现报重视之编纂与〈冥报记〉》，《古代中世文学论考》2001年第6集。

⑤ 李铭敬：《〈冥报记〉与日本说话文学》，《早稻田大学文学研究科纪要》2000年2月。

⑥ 李铭敬：《无著道忠与〈冥报记校讹〉》，早稻田大学《中国古典研究》1999年第44辑。

⑦ 王锳：《唐宋笔记语辞汇释》，中华书局1990年版。

⑧ 王利器：《〈金瓶梅词话〉与宝卷》，中国金瓶梅学会编：《金瓶梅研究》第3辑，江苏古籍出版社1992年版。

⑨ 释祥云：《佛教常用呗器、器物、服装简述》，佛陀教育基金会，1993年。

⑩ 陆人龙：《型世言评注》，新华出版社1999年版。

⑪ 杨琳：《七夕节的起源》，见王元化主编《学术集林》卷15，上海远东出版社1999年版。

2000 年冯春田著《近代汉语语法研究》①，引无著道忠《葛藤语笺》《〈虚堂录〉犁耕》等释“呢”“那”“打头”等词，并认为无著道忠是对禅宗文献“呢”系有关字作出书面解释最早的一人。

2000 年张勇著《傅大士研究》②，引无著道忠《禅林方语》说明小小的释门法器鱼鼓产生了以它为主角的歇后语。

2000 年徐时仪著《古白话词汇研究论稿》③，介绍了无著道忠《禅林方语》《禅林句集辨苗》《禅林象器笺》《葛藤语笺》等在方言俗语研究方面的成就。

2001 年赖永海主编、杨维中等著《中国佛教百科全书·伍·仪轨卷》④，引无著道忠《禅林象器笺》说明“木鱼”的起源。

2001 年张美兰著《近代汉语语言研究》⑤，引无著道忠《葛藤语笺》考释“案山”等词。

2001 年张子开点校《赵州录》⑥ 引无著道忠《福州鼓山寺古尊宿语要全部目录》《今刊古尊宿语录目录》《续刊古尊宿语要目录》《续古尊宿录目录》《禅林象器笺》等说明《古尊宿语录》源流和驳斥“赵州八十行脚”观点。

2002 年袁宾著《二十世纪的近代汉语研究》⑦，介绍了无著道忠近代汉语研究成就。

2002 年袁宾著《禅宗语言“啰啰哩”考（外五题）》⑧，引无著道忠《葛藤语笺》《〈虚堂录〉犁耕》《〈五家正宗赞〉助桀》等考释禅宗语言“啰啰哩”等词。

2004 年曹春平著《中国建筑理论钩沉》⑨，引无著道忠《禅林象器

① 冯春田：《近代汉语语法研究》，山东教育出版社 2000 年版。

② 张勇：《傅大士研究》，巴蜀书社 2000 年版。

③ 徐时仪：《古白话词汇研究论稿》，上海教育出版社 2000 年版。

④ 赖永海主编，杨维中等著：《中国佛教百科全书·伍·仪轨卷》，上海古籍出版社 2001 年版。

⑤ 张美兰：《近代汉语语言研究》，天津教育出版社 2001 年版。

⑥ （唐）文远记录，张子开点校：《赵州录》，中州古籍出版社 2001 年版。

⑦ 袁宾：《二十世纪的近代汉语研究》，书海出版社 2002 年版。

⑧ 袁宾：《禅宗语言“啰啰哩”考（外五题）》，见吴言生主编《中国禅学》第 1 卷，中华书局 2002 年版。

⑨ 曹春平：《中国建筑理论钩沉》，湖北教育出版社 2004 年版。

笺》说明唐百丈禅师创立禅寺制度情况。

2004年林光明、蔡坤昌、林怡馨编译《杨校敦博本六祖坛经及其英译》①，介绍了无著道忠的旧藏高丽古刊本《六祖坛经》。

2005年梁晓虹、徐时仪、陈五云著《佛经音义与汉语词汇研究》②，引无著道忠《葛藤语笺》《虚堂录犁耕》考释“团圞”一词。

2005年刘长东著《宋代佛教政策论稿》③，引无著道忠《禅林象器笺》说明“五山十刹”的传承，敕差住持的文书“敕黄”性质，甲乙与十方寺制的区别。

2005年高小方编著《中国语言文字学史料学》④，将无著道忠《葛藤语笺》列为方言学史料海外资料。

2005年王锳《诗词曲语辞例释》⑤，引无著道忠《葛藤语笺》卷四“合杀”条考释“合杀、合煞、杀合、折合”。

2007年孙维张主编《佛源语词词典》⑥，大量引用无著道忠《禅林方语》等著作，解释近代汉语俗语谚语歇后语等。

2007年许金生著《日本园林与中国文化》⑦，引无著道忠《禅林象器笺》说明“雪隐”的概念。

2008年蒋绍愚著《唐诗语言研究》⑧，将无著道忠《葛藤语笺》作为研究唐诗用语和唐宋口语词著作之一。

2008年扬之水著《终朝采蓝：古名物寻微》⑨，引无著道忠《禅林象器笺》说明贺岁门状的装点。

2008年刘淑芬著《中古的佛教与社会》⑩，指出了无著道忠《禅林象器笺》引例《汤头颂》问题，还引《小丛林略清规》汤盏图与出土图像

---

① 林光明、蔡坤昌、林怡馨编译：《杨校敦博本六祖坛经及其英译》，嘉丰出版社2004年版。

② 梁晓虹、徐时仪、陈五云：《佛经音义与汉语词汇研究》，商务印书馆2005年版。

③ 刘长东：《宋代佛教政策论稿》，巴蜀书社2005年版。

④ 高小方编著：《中国语言文字学史料学》，南京大学出版社2005年版。

⑤ 王锳：《诗词曲语辞例释》，中华书局2005年版。

⑥ 孙维张主编：《佛源语词词典》，语文出版社2007年版。

⑦ 许金生：《日本园林与中国文化》，上海人民出版社2007年版。

⑧ 蒋绍愚：《唐诗语言研究》，语文出版社2008年版。

⑨ 扬之水：《终朝采蓝：古名物寻微》，三联书店2008年版。

⑩ 刘淑芬：《中古的佛教与社会》，上海古籍出版社2008年版。

印证。

2008年韩天雍著《中日禅宗墨迹研究及其相关文化之考察》[①]，引无著道忠《禅林象器笺》说明“顶相”的由来。

2008年王月清、管国兴主编《影响中国文化的十大经典》[②]，介绍《坛经》时，指出无著道忠《六祖坛经生苕帚》是其重要注疏本子。

2008年许威汉主编《汉语词汇学导论》[③]，介绍《禅林方语》《禅林句集辨苗》俗语研究的贡献。

2009年王仲尧著《南宋寺院敕差住持制度论略》一文[④]，引无著道忠《禅林象器笺》说明“两序勤旧”等概念。

2009年周裕锴著《禅宗语言研究入门》[⑤]，对无著道忠有较详细的介绍，认为他是日本对禅宗语言进行专门研究的第一人，特别突出了无著道忠《葛藤语笺》俗语言研究的贡献：第一，首次将训诂的重点放到中古乃至近代汉语阶段的新词汇上来，这改变了中国传统训诂学重在先秦两汉“雅诂旧义”的状况；第二，其诠释的一些口语词或某些义项，中国大型语文辞书和专门辞书迄今概未收录；第三，其对某些近代口语词的语源作了可贵的探索，其结论往往可纠正其他学者包括现代学者的缺失纰缪。

2009年李绍飞著《“杂家”话杂》[⑥]，引无著道忠《禅林象器笺》说明平民的拭秽之物。

2010年杨锋兵著《禅学研究径路初探》[⑦]，提到柳田圣山认为，日本青栾文库旧藏的无著道忠校订的四册手抄本《古尊宿语录》，就是南宋绍兴年间福州鼓山守赜僧挺第一次编集的二十家《古尊宿语要》。

2010年雷汉卿著《禅籍方俗词研究》[⑧]，较多地引用了无著道忠著作来研究禅籍方俗词，该书第六章《禅籍新词新义例释》引用无著对俗语

① 韩天雍：《中日禅宗墨迹研究及其相关文化之考察》，中国美术学院出版社2008年版。

② 王月清、管国兴主编：《影响中国文化的十大经典》，江苏人民出版社2008年版。

③ 许威汉主编：《汉语词汇学导论》（修订版），北京大学出版社2008年版。

④ 王仲尧：《南宋寺院敕差住持制度论略》，见《觉群》编辑委员会编《觉群佛学》，宗教文化出版社2009年版。

⑤ 周裕锴：《禅宗语言研究入门》，复旦大学出版社2009年版。

⑥ 李绍飞：《“杂家”话杂》，云南美术出版社2009年版。

⑦ 杨锋兵：《禅学研究径路初探》，线装书局2010年版。

⑧ 雷汉卿：《禅籍方俗词研究》，巴蜀书社2010年版。

词的考释成果揭示新词新义，凸显了其俗语研究方面的价值。

2010 年雷汉卿著《读〈唐五代语言词典〉〈宋语言词典〉》一文[①]，引无著道忠《葛藤语笺》考释“百盲”等词。

2010 年林观潮著《福建历代高僧评传·隐元隆琦禅师》[②]，引《黄檗外纪》说明隐元被软禁的原因和无著道忠对黄檗宗的抨击。

2011 年释惟添主编《千年古刹万福寺》[③]，引无著道忠《禅林象器笺》说明“禅板”的大小。

2011 年李利安等著《四大菩萨与民间信仰》[④]，引无著道忠《禅林象器笺》说明“行者”的概念。

2012 年张家成著《神圣与世俗——文化旅游视域中的东南佛国》[⑤]，引无著道忠《禅林象器笺》说明元代的茶礼。

2012 年王闰吉著《〈祖堂集〉语言问题研究》[⑥]，比较多地利用无著道忠的成果考释《祖堂集》的新词新义。

2012 年觉醒主编《觉群佛学》收录王大伟《刹柱与刹竿考论》一文[⑦]，无著道忠《禅林象器笺》证“刹竿”与“刹柱”同义。

2012 年扬之水著《桑奇三塔——西天佛国的世俗情味》[⑧]，引无著道忠《禅林象器笺》“禅带”的解释，证桑奇大塔降服毒龙图中的一条带子就是禅带。

2012 年李小荣著《佛教与中国文学散论》[⑨]，多处引无著道忠《禅林象器笺》证关羽使用的青龙偃月刀重量，关羽三目形象主要见于日本，关羽也是禅林供奉的神灵等。

---

① 雷汉卿：《读〈唐五代语言词典〉〈宋语言词典〉》，见北京师范大学辞书研究与编纂中心、山西皇城相府集团中华字典博物馆编《中华字典研究》（第 2 辑），中国社会科学出版社 2010 年版。

② 林观潮：《福建历代高僧评传·隐元隆琦禅师》，厦门大学出版社 2010 年版。

③ 释惟添主编：《千年古刹万福寺》，广东人民出版社 2011 年版。

④ 李利安等：《四大菩萨与民间信仰》，上海人民出版社 2011 年版。

⑤ 张家成：《神圣与世俗——文化旅游视域中的东南佛国》，浙江大学出版社 2012 年版。

⑥ 王闰吉：《〈祖堂集〉语言问题研究》，中国社会科学出版社 2012 年版。

⑦ 王大伟：《刹柱与刹竿考论》，见觉醒主编《觉群佛学》，宗教文化出版社 2012 年版。

⑧ 扬之水：《桑奇三塔——西天佛国的世俗情味》，三联书店 2012 年版。

⑨ 李小荣：《佛教与中国文学散论》，凤凰出版社 2012 年版。

2012 年赵福莲著《傅大士评传》[①]，多处引无著道忠《禅林象器笺》说明其天龙八部与中国的诸多典籍所说有异，在转轮藏前塑上两位童子的无据。

2012 年《中国佛学》编委会编《中国佛学》总第 33 期，收录邢东风《海云印简遗迹及相关历史文化之考察》一文[②]，引用无著道忠校订的《临济禅师语录》，说明禅师修复临济禅寺的贡献。

2012 年张伯伟著《域外汉籍研究入门》[③]，引禅林非常重要的人物无著道忠为《注石门文字禅》撰序，证无著道忠对《注石门文字禅》作者廓门的肯定，可见廓门交游很广，且能超越门派之见。又引无著道忠《〈禅林象器笺〉自序》和《金鞭指街》证廓门的为学为人不凡之处。

2012 年王仲尧出版《南宋佛教制度文化研究》[④]，有介绍无著道忠《禅林象器笺》，认为不拘宗派立场，向被誉为禅史佳著，多处引用该书，来说明日本五山十刹制度研究情况，唐代寺院三纲制度来由及名称，“住持”之名出现并通行，十方选贤制度与政府相关行政部门之领导、监督、管理机制紧密联系，甲乙徒弟传承制度及相关问题，六祖慧能是最早的一位行者，童行与行者区别，“两序勤旧”的概念，“卓拄杖”的概念等。

2013 年李清、杨和平、李敬民著《尘封的绝响——钟离国钟磬乐器研究》[⑤]，据《禅林象器笺》分别“僧磬”与“乐器磬”。

2013 年林观潮出版《临济宗黄檗派与日本黄檗宗》[⑥]，也对无著道忠著述作了介绍，多处引用无著道忠《黄檗外记》《黄檗外纪》对黄檗宗的攻击。关于隐元访问妙心寺的具体日程，以及隐元受到软禁的原因，隐元本人及其弟子都没有明言，《临济宗黄檗派与日本黄檗宗》都是引用无著道忠《黄檗外记》《黄檗外纪》中的记述。

2013 年王宝平主编《东亚视域中的汉文学研究》出版，收录黄启江

---

① 赵福莲：《傅大士评传》，上海人民出版社 2012 年版。

② 《中国佛学》编委会编：《中国佛学》总第 33 期，社会科学文献出版社 2013 年版。

③ 张伯伟：《域外汉籍研究入门》，复旦大学出版社 2012 年版。

④ 王仲尧：《南宋佛教制度文化研究》，商务印书馆 2012 年版。

⑤ 李清、杨和平、李敬民：《尘封的绝响——钟离国钟磬乐器研究》，苏州大学出版社 2013 年版。

⑥ 林观潮：《临济宗黄檗派与日本黄檗宗》，中国财富出版社 2013 年版。

《南宋禅文学的历史意义》一文[1]，提到无著道忠《禅仪外文集考》用道璨之《云太虚四六序》一文来解说“四六”之意义，并指出该书是解释词义之作。

2013 年卞东波出版《宋代诗话与诗学文献研究》[2]，对无著道忠（1653—1745）所著的《冷斋夜话考》作了评价，认为它是比较早的对《冷斋夜话》中出现的语词进行专门解释的著作。

2013 年张如安出版《南宋宁波文化史》[3]，引注无著道忠《禅林象器笺》“五山”和“十刹”条，指出无著道忠所记与明田汝成完全一致。

2014 年王闰吉著《〈北山录〉校释》[4]，引注无著道忠《禅林象器笺》《葛藤语笺》考释《北山录》的疑难词语。

论文引用无著道忠的更多，中国知网中全文提到无著道忠或引用无著道忠的共 201 篇。

从发表年代看，呈逐年上升趋势：1989 年共 2 篇，1990 年共 1 篇，1996 年共 2 篇，1997 年共 2 篇，1998 年共 5 篇，1999 年共 4 篇，2000 年共 6 篇，2001 年共 4 篇，2002 年共 5 篇，2003 年共 6 篇，2004 年共 6 篇，2005 年共 12 篇，2006 年共 9 篇，2007 年共 10 篇，2008 年共 3 篇，2009 年共 6 篇，2010 年共 10 篇，2011 年共 16 篇，2012 年共 30 篇，2013 年共 25 篇，2014 年共 18 篇，2015 年共 19 篇。比较早的是 1989 年 2 篇：萧萐父、吕有祥《〈古尊宿语录〉校点前言》，陈士强《〈罗湖野录〉摭言》；1990 年 1 篇：王利器《敦煌写本〈上大夫〉残卷跋尾》，最近几年，每年都有 20—30 篇。

从论文的学科来看：中国语言文字共 53 篇，宗教共 52 篇，中国文学共 27 篇，考古共 12 篇，建筑科学与工程共 10 篇，中国古代史共 9 篇，图书情报与数字图书馆共 9 篇，哲学共 8 篇，旅游共 4 篇，中国政治与国际政治共 4 篇，中国近现代史共 4 篇，美术书法雕塑与摄影共 4 篇，世界历史共 3 篇，宏观经济管理与可持续发展共 3 篇，音乐舞蹈共 2 篇，出版共 2 篇，宪法共 2 篇，人才学与劳动科学共 2 篇，文化共 2 篇，政党及群

---

① 黄启江：《南宋禅文学的历史意义》，见王宝平主编《东亚视域中的汉文学研究》，上海古籍出版社 2013 年版。

② 卞东波：《宋代诗话与诗学文献研究》，中华书局出版社 2013 年版。

③ 张如安：《南宋宁波文化史》，浙江大学出版社 2013 年版。

④ 王闰吉：《〈北山录〉校释》，中国社会科学出版社 2014 年版。

众组织共1篇，药学共1篇，民族学共1篇，高等教育共1篇，政治学共1篇，财政与税收共1篇，农业经济共1篇。以中国语言文字学科最多，其中王闰吉《唐宋禅录疑难语词考释四则》[①]《〈禅录词语释义商补〉商补》[②]，雷汉卿《试论禅籍方俗词的甄别——兼论汉语方俗词的甄别》[③]《禅籍俗成语浅论》[④]，王闰吉《〈祖堂集〉语法问题考辨数则》[⑤]，邱震强《〈五灯会元〉释词二则》[⑥]，张美兰《〈五灯会元〉词语二则》[⑦]等，引用的比较多。

从来源数据库看，期刊论文94篇，博士学位论文43篇，硕士学位论文35篇。博士论文詹绪左《〈祖堂集〉词语研究》[⑧]、王闰吉《〈祖堂集〉语言问题研究》[⑨]引用的比较多。

从引用无著道忠的具体著作来看，引用《禅林象器笺》最多，共170篇，如徐时仪《白话俗语词研究的百年历程》[⑩]、白化文《试释如意》[⑪]、方广锠《海外大藏经编辑及光电版大藏经的情况》[⑫]等；其次是《葛藤语笺》，共67篇，如詹绪左《禅籍疑难词语考》[⑬]、雷汉卿《禅语脞说》[⑭]等，其他如无著道忠《古尊宿语要》《续古尊宿语要》《五家正宗赞助桀》《禅林句集辨苗》《禅录用语》《禅林方语》《冷斋夜话考》《盌云灵雨》《虚堂录犁耕》《敕修百丈清规左觿》等也有或多或少的引用。

---

① 王闰吉：《唐宋禅录疑难语词考释四则》，《语言研究》2013年第3期，第12—14页。

② 王闰吉：《〈禅录词语释义商补〉商补》，《中国语文》2011年第5期，第472—475页。

③ 雷汉卿：《试论禅籍方俗词的甄别——兼论汉语方俗词的甄别》，《古汉语研究》2011年第3期，第52—62、95—96页。

④ 雷汉卿：《禅籍俗成语浅论》，《语文研究》2012年第1期，第40—45页。

⑤ 王闰吉：《〈祖堂集〉语法问题考辨数则》，《语言科学》2012年第4期，第432—435页。

⑥ 邱震强：《〈五灯会元〉释词二则》，《中国语文》2007年第1期，第68—71页。

⑦ 张美兰：《〈五灯会元〉词语二则》，《古汉语研究》1997年第4期，第30页。

⑧ 詹绪左：《〈祖堂集〉词语研究》，上海师范大学，2006年。

⑨ 王闰吉：《〈祖堂集〉语言问题研究》，上海师范大学，2010年。

⑩ 徐时仪：《白话俗语词研究的百年历程》，《文献》2000年第1期，第200—222页。

⑪ 白化文：《试释如意》，《中国文化》1996年第1期，第84—93页。

⑫ 方广锠：《海外大藏经编辑及光电版大藏经的情况》，《藏外佛教文献》1996年，第92—108页。

⑬ 詹绪左：《禅籍疑难词语考》，《汉语史研究集刊》2014年第18辑，第301—321页。

⑭ 雷汉卿：《禅语脞说》，《汉语史研究集刊》2011年第14辑，第316—327页。

（三）欧美研究

最早熟悉无著道忠的西方学者，应该是法国的汉学家戴密微。20 世纪 50 年代，戴密微正为阅读《临济录》碰到了许多疑难问题而发愁的时候，他有幸得到了无著道忠未曾出版的《临济录》的注释书《临济慧照禅师语录疏瀹》，他觉得它应该是《临济录》最好的注释书。[①] 在无著道忠的《临济录》的帮助下，1972 年戴密微译注出版了《临济录》，取名《中道》。

1987 年瑞士著名学者 Urs App 撰《伟大的禅宗辞书编撰家——无著道忠》[②]，对日本和西方学者对无著道忠的研究作了介绍，并介绍了无著道忠的生平和重要著述。Urs App 对禅宗研究情有独钟，他曾组织编写了一系列禅宗语录一字索引，如《雪峰语录一字索引》《历代法宝记一字索引》《楞伽师资记一字索引》《曹山录一字索引》《无门关一字索引》《马祖语录·南泉语要一字索引》《绝观论·宝藏论一字索引》《云门广录一字索引》《六祖坛经一字索引》《大慧书一字索引》《居士语录一字索引》《禅诗集传灯录卷三十一字索引》《赵州录一字索引》《临济录一字索引》《传心法要·宛陵录一字索引》《洞山录一字索引》《禅关策进一字索引》《金刚三昧经一字索引》《玄沙广录一字索引》《禅源诸诠集都序一字索引》等。

2004 年澳大利亚学者 Jorgensen John 发表《禅宗学术：无著道忠和他同时代的学者》[③]，2007 年发表《无著道忠与十七世纪中国禅学研究》[④]，2008 年发表《无著道忠和他的家庭》[⑤] 对无著道忠及其同时代的学术情况作了详尽的研究，认为无著道忠是禅学研究的创始人之一，其对禅宗历

---

① Annuaire du College de France, 59th year, 1959－60, p. 435. Reprinted in Paul Demiéville's Choix d'études sinologiques (1929－1970). Leiden: B. J. Brill, 1973.

② Urs App: Chan/Zen's Greatest Encyclopaedist Mujaku Dōchū (1653－1744), Cahiers d'Extrême-Asie Année, 1987 (3): 155－174.

③ John Jorgensen: Zen scholarship: Mujaku Dochu and His Contemporaries, Annual Report of the Institute for Zen Studies, 2004 (27): 1－60.

④ John Jorgensen: Mujaku Dochu (1653－1744) and Seventeenth-Century Chinese Buddhist Scholarship, East Asian History, 2006/2007 (32/33): 25－56.

⑤ John Jorgensen: Mujaku and his family, Annual Report of the Institute for Zen Studies, 2008 (29): 1－35.

史、禅宗习俗、禅宗制度、禅林规则、禅宗文学以及禅宗语言都作了系统的研究。

欧美引用无著道忠成果的著作和论文也比较多，如美国学者 Carl Bielefeldt《道元〈普劝坐禅仪〉研究》①、瑞士学者 Michel Mohr 发表《禅宗在德川时期：超越宗派意识的挑战》②《日本禅宗教育及明治时期的转型：第十九世纪的多元反应》③、美国学者 Diane E.《福田会：缝纫佛袍在当代日本佛教的实践》④ 等。

---

① Carl Bielefeldt: Dogen's manuals of Zen meditation, University of California Press, 1988.

② Michel Mohr: Zen Buddhism during the Tokugawa Period: The Challenge to Go beyond Sectarian Consciousness, Japanese Journal of Religious Studies, Vol. 21, No. 4 (Dec., 1994), pp. 341 – 372.

③ Michel Mohr: Japanese Zen Schools and the Transition to Meiji: A Plurality of Responses in the Nineteenth Century, Japanese Journal of Religious Studies, Vol. 25, No. 1/2 (Spring, 1998), pp. 167 – 213.

④ Diane E. Riggs: Fukudenkai: Sewing the Buddha's Robe in Contemporary Japanese Buddhist Practice, Japanese Journal of Religious Studies, Vol. 31, No. 2, (2004), pp. 311 – 356.

第三章

无著道忠禅语考释例说与集录

一　无著道忠几部禅语考释著作例说与集录

无著道忠禅语考释的著作颇多，我们主要从无著道忠《禅林象器笺》《〈虚堂录〉犁耕》《〈五家正宗赞〉助桀》《葛藤语笺》《〈大慧普觉禅师书〉栲栳珠》《江湖风月集解》《〈敕修百丈清规〉左觿》《风流袋》《禅林方语》《盌云灵雨》《庯峭余录》《禅林句集辨苗》等著作中，选取一些禅语考释加以简单地例说。下面我们通过先贴无著道忠著作写本的图片，再将图片中的文字过录为文本，并标点校注，来了解无著道忠禅语考释著作情况。

（一）《禅林象器笺》

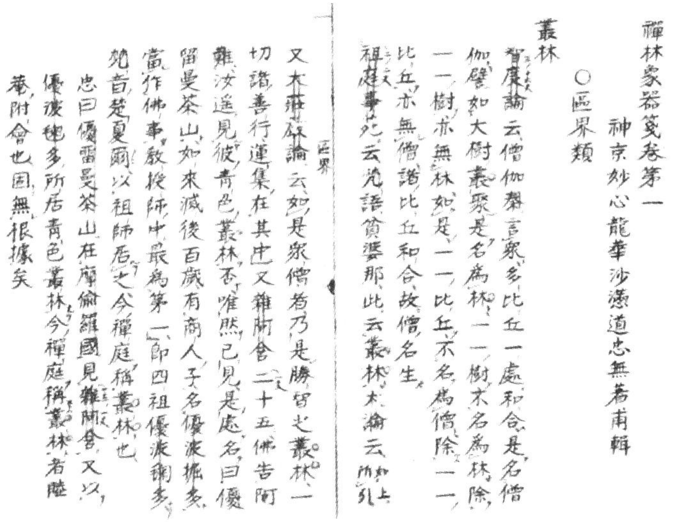
禪林象器箋卷第一
神京妙心龍華沙懣道忠無著甫輯
○區界類
叢林
智度論云僧伽秦言衆多比丘一處和合是名僧伽譬如大樹叢聚是名爲林一一樹不名爲林除一一樹亦無林如是一一比丘不名爲僧除一一比丘亦無僧諸比丘和合故僧名生
祖庭事苑云梵語貧婆那此云叢林大論云如上所引
又大莊嚴論云如是衆僧者乃是勝智之叢林一切諸善行運集在其中又雜阿含二十五佛告阿難汝遥見彼青色叢林否唯然已見是處名曰優留曼荼山如來滅後百歲有商人子名優波掘多當作佛事教授師中最爲第一即四祖優波毱多梵音楚夏爾以祖師居之今禪庭稱叢林也
忠曰優留曼荼山在摩偷羅國見雜阿含又以優波毱多所居青色叢林今禪庭稱叢林者臆說附會也固無根據矣

寶積經菩薩見實會云過去有王名曰尼彌了達
諸法如法爲王至三十三天欲得見彼尼彌王帝
釋天主即告御臣名摩多梨莊嚴千馬寶車往閻
浮提鞞提呵國迎尼彌王至爾時摩多梨又復將
王到須彌頂爾時尼彌王遙見青茂叢林告摩多
梨言彼林定是不顛倒眾生所居之處摩多梨言
大王此是忉利諸天善法之堂如廣說
宋高僧傳石霜諸禪師傳云諸得石霜山便議終
焉之志云堂中老宿長坐不臥屹若椔杌天下謂
之石霜枯木眾是也南方謂之叢林者翻禪那爲
功德叢林也
大乘義章云禪者是其中國之言此翻名爲思惟
修習亦云功德叢林乃至功德叢林者從果爲名智
慧神通四無量等是其功德眾德積聚說爲叢林
定能生之因從果目是故說爲功德叢林
中峯本禪師東語西話云世稱叢林者蓋取喻於
草木也法道之所寄材器之所從出焉然草木培
植則豐沾濡則榮霜雪則彫斧斤則敗叢林以無
上大道爲培植以慈悲喜捨爲沾濡以偷安利養
爲霜雪以貪欲瞋恚爲斧斤主叢林者不諳其培
植之道沾濡之理則草木病矣況偷安利養之霜
雪貪欲瞋恚之斧斤時時斫伐而殞穫之故其草
木區萌芽蘗猶不暇而欲望叢林之盛材器之萃
難矣哉
聯燈會要智門光祚禪師章云示眾云汝等諸人
橫擔拄杖出一叢林入一叢林你道叢林有幾種
或有栴檀叢林栴檀圍繞或有荊棘叢林荊棘圍
繞或有荊棘叢林栴檀圍繞或有栴檀叢林荊棘
圍繞只如四種叢林是汝諸人在阿那箇叢林裏
安身立命若無安身立命處虛踏破草鞋閻羅王
徵你草鞋錢有日在
忠按四種叢林出智度論說彼荊棘作伊蘭
智度論云如栴檀譬喻經中說有栴檀林伊蘭
圍之有伊蘭林栴檀圍之有栴檀以爲叢
林有伊蘭伊蘭自相圍遶佛諸阿羅漢亦復如
是佛住善法解脫中諸阿羅漢亦住善法解脫

中住法相應眷屬莊嚴佛以大衆圍遶如須彌
山王十寶山圍遶如白香象王白香象圍遶如
師子王師子衆圍遶佛亦如是佛爲世間無上
福田與諸弟子圍遶共住
華嚴經淨行品云若見叢林當願衆生諸天及人
所應敬禮
長阿含經世記經閻浮提洲品說閻浮樹邊空
地種種叢林名

4

一　區界

五山
支那五山者一徑山興聖萬壽寺在杭州臨安府　二阿育
王山鄮峯廣利寺在明州慶元府　三太白山天童景德寺
在明州慶元府　四北山景德靈隱寺在杭州臨安府　五南山淨慈
報恩光孝寺在杭州臨安府武林縣
宋濂護法錄覺原禪師遺衣塔銘序曰浮圖之爲
禪學者自隋唐以來初無定止惟借律院以居至
宋而樓觀方盛然猶不分等第惟推在京鉅刹爲
之首南渡後始定江南爲五山十刹俾其拾級而
升黃梅曹溪諸道場反不與其間則其去古也益
遠矣元氏有國文宗潛邸在金陵及至臨御詔建

一　區界

5

大龍翔集慶寺，獨冠五山，蓋矯其弊也。國朝因之錫以新額，就寺建官，總轄天下僧尼。

虎關鍊和尚曰：唐土五山起於大宋，已後，當時靈隱寺兄弟會于直指堂（左法堂傍）議定五山，非朝廷之制矣。一徑山，二靈隱等也。或問：靈隱何因得獨議定耶？答曰：靈隱之在京都內也，如日本平安城有北山。徑山則隔遠，如平安於東大寺，故靈隱兄弟得專定之。又徑山本小刹，至大慧，初為巨刹。此時王都在杭州也。

匡界

中峯本禪師山房夜話云：及達磨東邁，西來未生牛頭橫出一枝，南北宗分兩派，皆腰鎌荷鍤，火種刀耕，執爨負舂，鶉衣丐食，鐵石身心，氷霜懷抱，以佛祖大事因緣，一肩負荷，了無畏怯，蓋行處既親所到必的矣。彼時安有五山十刹之廣居，三玄五位之奇唱，放收殺活之異作，拈頌判別之殊音，不加雕琢，而玉本無瑕，安用規模，而眼元自正。自南宋建叢林已來，廣田大宅，指顧如意，其柰正因日隆，謬妄日滋，紀綱日紊，禮義日削。

敕修清規遊方參請云：住持遇名勝相看，就送客位回禮云云。而五山大方則不回禮。

匡界

日本皇都五山者，一靈龜山天龍資聖寺（五山第一）開山夢窓疎石（嗣高峯）號正覺心宗普濟玄猷佛統大圓國師。二萬年山相國承天寺，勸請夢窓為開山，春屋妙葩（嗣夢窓）為第二世，號智覺普明國師。三東山建仁寺開山明菴榮西（嗣虛菴）號千光祖師。四慧日山東福寺開山圓爾辯圓（嗣無準）號聖一國師。五京師山（又名九重山）萬壽寺，兩開山十地覺空上人及東山湛照寶覺禪師（同嗣聖一）。瑞龍山太平興國南禪寺（五山之上）開山無關普門（嗣聖一）號大明國師。此山為五山之冠矣。蓋準中華天界大龍翔集慶寺冠於五山也。

日本鎌倉五山者，一巨福山建長興國寺開山蘭溪道隆（嗣無明）號大覺禪師。二瑞鹿山圓覺興聖寺開山子元祖元（自號無學，嗣無準）號圓滿常照國師佛光禪師。三龜谷山金剛壽福寺開山明菴榮西（嗣虛菴）。四金峯山淨智寺開山大休正念（嗣石溪）號佛源禪

師準開山南洲宏海菴嗣兀號眞應禪師五稻荷山 8
淨妙寺開山退耕行勇菴嗣明
夢巖應和尚旱霖集云應子從容曰二三子欲聞
五山十刹之故乎五山之稱古無今有今有何貴
寺不貴人也古無何貴人不貴寺也古者雖窮鄉
遠地蟒巖虎穴有有道之人處則有志之士四方
萬里麼至王公大人望山而拜過者不敢唾其地
如佛之所住何寺院大小之問乎厥後檀信競進
大寺擇名德主之人以爲道德之所在而食之豐

匹界

約衆之多寡不較矣今者乃官差住持僧園加富
而貴用殷繁五山之稱由此而著彼方乃吳越錢
王置之后世沿焉不革此方乃關東平元帥置之
平氏亡南朝先皇陞南禪爲第一近代又加天龍
餘並如舊法運將季外衛者不視不擇由此妄庸
之徒垂涎聲利以機巧以狐媚濫膺竊據紛焉沓
然成風成俗也雖謂聚學者但以濡沫小惠羈縻
其心學者又貌敬腹非上下交相欺蓋牙儈屦豨
之不如也遂使古佛叢林忽詢于柳柳州鐵爐步

志者蓋斯輩歟不思五山位名之弊臻于此極嗚 9
呼堯舜如在井則以爲鼃黽乎鼃黽如在天則以
爲蛟龍乎果無此理則託物焉欲身之立名之揚
者不亦甚惑乎浮光幻影須臾變謝來報之說不
誣則吁可恐哉二三子一日意行出通衢偶見禪
衲有遠行之色者問之何往曰京師南禪或曰相
陽建長住持者誰歟曰不知或曰某人某人言可
爲法行可爲師否三種住持十科僧業具闕何如
曰不知且其人與子親舊而省覲耶又以富饒禮

匹界

好施予有所干求耶曰並無之若爾遠趨奚爲曰
天下之望刹也濫廁僧倫不一日掛錫於其間不
亦恨乎主人賢否何恤遂行余自語曰甚哉後生
之無識也假如肅此等之族千百闤闠鐘鼓闉豁
飲氣饋餡但是一閧之市而住持蓋其平也豈佛
祖建立永延慧命之本意也耶
忠曰天竺亦有五山名或言準之立支那五山
我未見其本說今且錄於茲
智度論云問曰佛何以多住王舍城答曰以坐

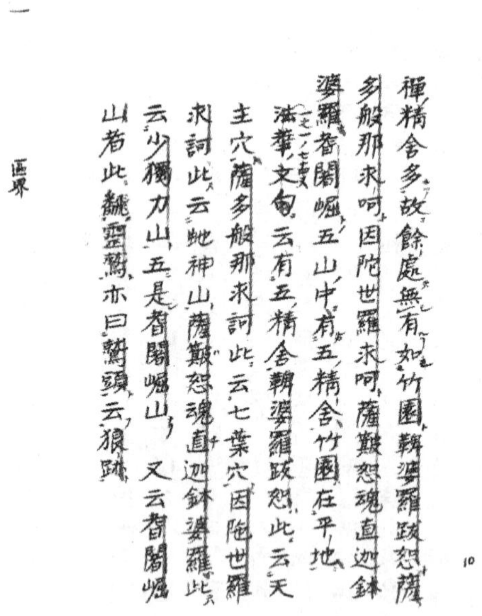

禅林象器笺卷第一

神京妙心龙华沙滤道忠无著甫辑

〇区界类

【丛林】

《智度论》云："僧伽，秦言众多比丘一处和合，是名僧伽。譬如大树丛聚，是名为林，一一树不名为林，除一一树亦无林。如是一一比丘不名为僧，除一一比丘亦无僧，诸比丘和合，故僧名生。"

《祖庭事苑》云："梵语贫婆那，此云丛林。《大论》云，如上所引。又《大庄严论》云：'如是众僧者，乃是胜智之丛林，一切诸善行，运集在其中。'又《杂阿含》二十五：'佛告阿难：汝遥见彼青色丛林否？唯然已见。是处名曰优留曼茶山，如来灭后百岁，有商人子名优波掘多，当作佛事，教授师中最为第一。'即四祖优波毱多，梵音楚夏尔。以祖师居之，今禅庭称丛林也。"

忠曰：优留曼荼山在摩偷罗国，见《杂阿含》。又以优波毱多所居青色丛林，今禅庭称丛林者，睦庵附会也，固无根据矣。

《宝积经·菩萨见实会》云："过去有王，名曰尼弥，了达诸法，如法为王。（乃至）三十三天欲得见彼尼弥王，帝释天主即告御臣，名摩多梨：‘庄严千马宝车，往阎浮提鞞提呵国迎尼弥王。’（乃至）尔时，摩多梨又复将王到须弥顶。尔时，尼弥王遥见青茂丛林，告摩多梨言：‘彼林定是不颠倒众生所居之处。’摩多梨云：‘大王！此是忉利诸天善法之堂。’”（广说如彼）

《宋高僧传·石霜诸禅师传》云：“诸得石霜山，便议终焉之志云云。堂中老宿长坐不卧，屹若椐杌，天下谓之石霜枯木众是也。南方谓之丛林者，翻禅那为功德丛林也。”

《大乘义章》云：“禅者，是其中国之言，此飜名为思惟修习，亦云功德丛林。（乃至）功德丛林者，从果为名，智慧、神通、四无量等是其功德，众德积聚，说为丛林。定能生之，因从果目，是故说为功德丛林。”

《中峰本禅师·东语西话》云：“世称丛林者，盖取喻于草木也，法道之所寄，材器之所从出焉。然草木培植则丰，沾濡则荣，霜雪则雕，斧斤则败。丛林以无上大道为培植，以慈悲喜舍为沾濡，以偷安利养为霜雪，以贪欲瞋恚为斧斤。主丛林者不谙其培植之道，沾濡之理，则草木病矣，况偷安利养之霜雪，贪欲瞋恚之斧斤，时时斫伐而殒获之，故其草木区萌芽蘖犹不暇，而欲望丛林之盛，材器之萃，难矣哉！”

《联灯会要·智门光祚禅师章》云：“示众云：‘汝等诸人横担拄杖，出一丛林，入一丛林，你道丛林有几种？或有旃檀丛林，旃檀围绕；或有荆棘丛林，荆棘围绕；或有荆棘丛林，旃檀围绕；或有旃檀丛林，荆棘围绕。只如四种丛林，是汝诸人在阿那个丛林里安身立命？若无安身立命处，虚踏破草鞋，阎罗王征你草鞋钱有日在。’”

忠按四种丛林出《智度论》说：“彼荆棘作伊兰。”《智度论》云：“如栴檀，《譬喻经》中说：有栴檀林，伊兰围之；有伊兰林，栴檀围之；有栴檀，栴檀以为丛林；有伊兰，伊兰自相围遶。佛、诸阿罗汉亦复如是，佛住善法解脱中，诸阿罗汉亦住善法解脱中，住法相应，眷属庄严。佛以大众围遶，如须弥山王，十宝山围遶；如白香象王，白香象围遶；如师子王，师子众围遶。佛亦如是，佛为世间无上福田，与诸弟子围遶共住。”

《华严经·净行品》云：“若见丛林，当愿众生、诸天及人，所应敬礼。”

《长阿含经·世记经·阎浮提洲品》说：“阎浮树边空地，种种丛林名。”

【五山】

支那五山者：一、径山兴圣万寿寺（在杭州临安府）。二、阿育王山鄮峰广利寺（在明州庆元府）。三、太白山天童景德寺（在明州庆元府）。四、北山景德灵隐寺（在杭州临安府）。五、南山净慈报恩光孝寺（在杭州临安府武林县）。

宋濂《护法录》一上（六丈）① 《觉原禅师遗衣塔铭序》曰："浮图之为禅学者，自隋唐以来，初无定止，惟借律院以居。至宋而楼观方盛，然犹不分等第，惟推在京巨刹为之首。南渡后，始定江南为五山十刹，俾其拾级而升。黄梅、曹溪诸道场反不与其间，则其去古也益远矣。元氏有国，文宗潜邸在金陵，及至临御，诏建大龙翔集庆寺，独冠五山，盖矫其弊也。国朝因之锡以新额，就寺建官，摠辖天下僧尼。"

虎关炼和尚曰："唐土五山起于大慧已后，当时灵隐寺兄弟会于直指堂（在法堂傍），议定五山，非朝廷之制矣，一径山，二灵隐等也。或问：灵隐何因得独议定耶？答曰：灵隐之在京都内也，如日本平安城有北山；径山则隔远，如平安于东大寺，故灵隐兄弟得专定之。又径山本小刹，至大慧，初为巨刹，此时王都在杭州也。"

《中峰本禅师》十一（卅二丈）② 《山房夜话》云："及达磨东迈，百丈未生，牛头横出一枝，南北宗分两派，皆腰镰荷锸，火种刀耕，执爨负舂，鹑衣丐食，铁石身心，冰霜怀抱，以佛祖大事因缘，一肩负荷，了无畏怯。盖行处既亲，所到必的矣，彼时安有五山十刹之广居，三玄五位之奇唱，放收杀活之异作，拈颂判别之殊音？不加雕琢而玉本无瑕，安用规模而眼元自正。自百丈建丛林已来，广田大宅，指顾如意，其柰正因日坠，谬妄日滋，纪纲日繁，礼义日削。"

《敕修清规》下一（卅三丈）③ 《游方参请》云："住持遇名胜相看，就送客位回礼。（云云）而五山大方则不回礼。"

日本皇都五山者：一、灵龟山天龙资圣寺（五山第一）。开山梦窗疏石（嗣高峰），号正觉心宗普济玄猷佛统大圆国师。二、万年山相国承天寺。劝请梦窗为开山，春屋妙葩（嗣梦窗），为第二世，号智觉普明国

① 一上（六丈）：原文小字补在"护法录"右边。

② 十一（卅二丈）：原文小字补在"中峰本禅师"右边。

③ 下一（卅三丈）：原文小字补在"敕修清规"右边。

师。三、东山建仁寺。开山明庵荣西（嗣虚庵），号千光祖师。四、慧日山东福寺。开山圆尔辩圆（嗣无准），号圣一国师。五、京师山（又名九重山）。万寿寺。两开山：十地觉空上人及东山湛照宝觉禅师（同嗣圣一）。瑞龙山太平兴国南禅寺（五山之上）。开山无关普门（嗣圣一），号大明国师。此山为五山之冠矣，盖准中华天界大龙翔集庆寺冠于五山也。

日本镰仓五山者：一、巨福山建长兴国寺。开山兰溪道隆（嗣无明），号大觉禅师。二瑞鹿山圆觉兴圣寺。开山子元祖元，自号无学（嗣无准），号圆满常照国师、佛光禅师。三、龟谷山金刚寿福寺。开山明庵荣西（嗣虚庵）。四、金峰山净智寺。开山大休正念（嗣石溪），号佛源禅师。准开山南洲宏海（嗣兀庵），号真应禅师。五、稻荷山净妙寺，开山退耕行勇（嗣明庵）。

梦岩应和尚《旱霖集》（六十八丈）《秀峰说》[①] 云："应子从容曰：二三子欲闻五山十刹之故乎？五山之称，古今有。今有何？贵寺不贵人也；古无何？贵人不贵寺也。古者虽穷乡远地，蟒岩虎穴，有有道之人处，则有志之士，四方万里麇至，王公大人望山而拜，过者不敢唾其地，如佛之所住，何寺院大小之问乎？厥后，檀信竞造大寺，择名德主之，人以为道德之所在，而食之丰约，众之多寡不较矣。今者乃官差住持，僧园加富，而费用殷繁，五山之称由此而著。彼方乃吴越钱王置之，后世沿焉不革；此方乃关东平元帅置之。平氏亡，南朝先皇升南禅为第一，近代又加天龙，余并如旧。法运将季，外卫者不视不择，由此妄庸之徒垂涎声利，以机巧，以狐媚，滥膺窃据，纷焉沓然成风成俗也。虽谓聚学者，但以濡沫小惠羁縻其心，学者又貌敬腹非，上下交相欺，盖牙侩履狶之不如也，遂使古佛丛林忍诟于柳柳州《铁炉步志》者，盖斯辈欤？不思五山位名之弊臻于此极。呜呼！尧舜如在井，则以为鼋黾乎？鼋黾如在天，则以为蛟龙乎？果无此理，则托物焉。欲身之立，名之扬者，不亦甚惑乎？浮光幻影，须臾变谢，来报之说不诬，则吁可恐哉！二三子一日意行出通衢，偶见禅衲有远行之色者，问之何往，曰京师南禅，或曰相阳建长。住持者谁欤？曰不知，或曰某人。某人言可为法，行可为师否？三种住持、十科僧业具阙何如？曰不知。且其人与子亲旧而省觐耶？又以富囊褚好施予，有所干求耶？曰并无之。若尔，远趋奚为？曰天下之望刹也。滥厕僧

① （六十八丈）《秀峰说》：原文小字补在"旱霖集"右边。

伦，不一日挂锡于其间，不亦恨乎？主人贤否何恤？遂行。余自语曰：甚哉后生之无识也！假如啸此等之族，千百围绕，钟鼓阛辂，饭气馈馏，但是一閧之市，而住持盖其平也，岂佛祖建立永延慧命之本意也耶?”

忠曰：天竺亦有五山名，或言准之立支那五山，我未见其本说，今且录于兹。

《智度论》三（七丈）① 云：“问曰：佛何以多住王舍城？答曰：以坐禅精舍多故，余处无有。如竹园鞞婆罗跋恕、萨多般那求呵、因陀世罗求呵、萨簸恕魂直迦钵婆罗、耆阇崛，五山中有五精舍，竹园在平地。”

《法华文句》一之一（七十四丈）② 云：“有五精舍：鞞婆罗跋恕，此云天主穴。萨多般那求诃，此云七叶穴。因陁世罗求诃，此云蚰神山。萨簸恕魂直迦钵婆罗，此云少独力山。五是耆阇崛山。”又云：“耆阇崛山者，此飜灵鹫，亦曰鹫头，云狼迹。”

（二）《〈虚堂录〉犁耕》

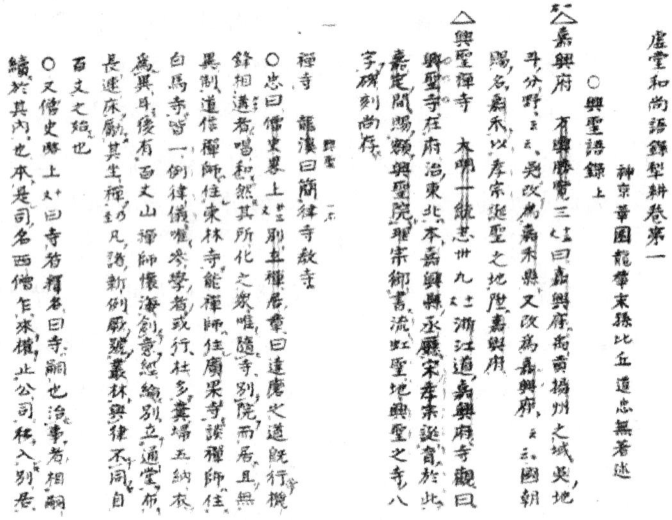

虛堂和尚語錄犁耕卷第一

神京華園龍華末孫比丘道忠無著述

○興聖語錄上

△嘉興府　方輿勝覽三十二曰：嘉興府，禹貢揚州之域，吳地斗分野。云云。吳改為嘉禾縣，又改為嘉興府。云云。國朝賜名嘉禾，以孝宗誕聖之地，陞嘉興府。

△興聖禪寺　大明一統志卅九之十二浙江道嘉興府寺觀曰：興聖寺在府治東北，本嘉興縣丞廳，宋孝宗誕育於此。嘉定間賜額興聖院，理宗御書流虹聖地興聖之寺八字，碑刻尚存。

禪寺　龍溪曰：簡律寺、教寺。

○忠曰：僧史畧上之廿二別立禪居章曰：達磨之道既行，機鋒相遘者，唱和然，其所化之眾，唯隨寺別院而居，且無異制。道信禪師住東林寺，能禪師住廣果寺，談禪師住白馬寺，皆一例律儀，唯參學者或行杜多，糞掃五納衣為異耳。後有百丈山禪師懷海，創意經綸，別立通堂，布長連床，勵其坐禪，坐乃凡，諸新例，厥號叢林，與律不同，自百丈之始也。

○又僧史畧上之十一曰：寺若稱者曰寺，嗣也，治事者相嗣續於其內也。本是司名，西僧乍來，權止公司，移入別居。

---

① 下一（卅三丈）：原文小字补在“敕修清规”右边。

② 一之一（七十四丈）：原文小字补在“法华文句”右边。

不忘其本還，標寺號僧寺之名始於此也

○釋氏要覽上十九丁

△虛堂　師名智愚　傳見增集續傳燈錄四四丁　佛祖綱目四十　續燈存稿四　五燈嚴統廿一　又此錄尾有行狀

○忠曰師肖像皆作有髮相，後六偈頌卅二丁剃剪林叢偈曰黑白已無殘，修治轉失眞，甚寒空少伐，未愧魯溪人。

又師自稱息耕，自賦息耕偈，在第六卷偈頌中

△和尚　要覽上卅丁　翻譯名義集一五十七丁

忠曰行事鈔上三之三十丁曰論傳云和尚者外國語此云知有罪知無罪，是名和尚，明了論正本云優波陀訶，翻爲依學，依此人學戒定慧，故即和尚是也，方土音異耳，相傳云和尚爲力生，由成道力生，闍梨爲正行，能糾正弟子行，未見經論，雜含中外道亦號師爲和尚　又業疏三上六丁

△語錄　曰，顧沸論述曰，語直書其事，曰錄

△參學　忠曰參其師學道，故云參學，蓋學徒所自稱也

△妙源　忠曰妙源號，嗣虛堂，後四法語十二丁有示妙源侍者病語，又真贊十三丁有妙源首座請，又六偈頌廿三丁有寄崇福源長老偈，又續輯廿丁有泉州崇福源長老到上

△朝請郎　忠曰杜氏通典廿九十五丁曰漢實嬰爲朝請，實太后除嬰門籍不得入朝請，漢律諸侯春朝天子曰朝，秋曰請，後漢並屬光祿勳，奉朝請無員本，不爲官，漢東京罷省三公外戚皇室諸侯，多奉朝請，奉朝請，奉朝會請名而已云云

○忠曰宋史志百廿二廿三丁職官志文散官曰朝請大夫從五朝請郎正七上

○又事物紀原四廿丁曰隋開皇中罷奉朝請，置朝請大夫，爲散官，取漢公卿年高德重者以列侯奉朝請之義也

○野客叢書五十六丁曰今呼朝請郎及奉朝請，並作上聲，漢書朝請其說有二，一說漢律諸侯春朝天子曰朝，秋曰請，此合從去聲，如實嬰不得朝請，王陵竟不朝請之類是也，師古注才姓反，又一說奉朝請無定員本不爲官位，東京罷省三公外戚皇室諸侯多奉朝請，奉朝請云者，奉朝會請召而已，故韓退之東坡詩並作上聲押是也

△知嘉興軍府　忠曰嘉興軍之知府也

忠曰漢以下主字屬上爲府主非也，蓋知已是主義，不可更言府主，固爲重言，與臨濟錄單言府主不同

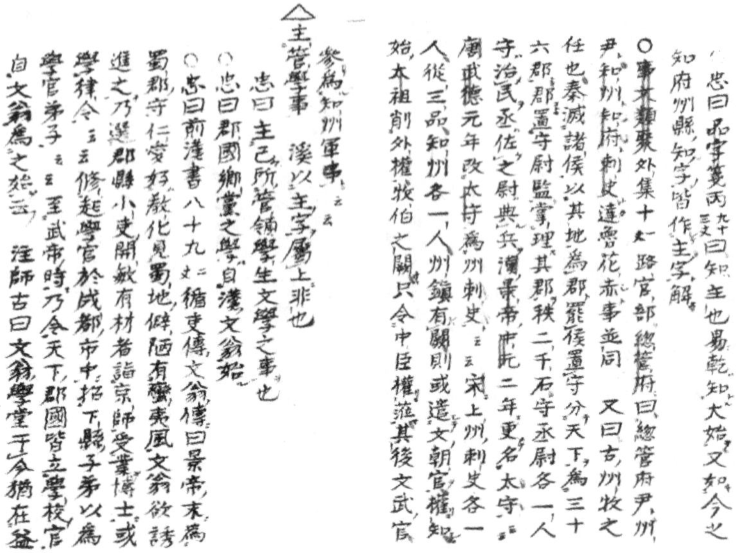
忠曰：品字箋丙九十葉曰：知，主也。易乾：知大始。又如今之
知府州縣，知字皆作主字解。
○事文類聚外集十一丈 路官部 總管府曰：總管府尹，州
尹，知州，知府，刺史，達魯花赤事並同。又曰：古州牧之
任也。秦滅諸侯，以其地為郡，罷侯置守，分天下為三十
六郡，郡置守尉監，掌理其郡，秩二千石，守丞尉各一人
守治民，丞佐之，尉典兵。漢景帝中元二年，更名太守。云云
唐武德元年改太守為州刺史。云云 宋上州刺史各一
人，從三品，知州各一人，州鎮有闕則或遣文朝官權知。
始，太祖削外權，牧伯之闕，只令中臣權蒞，其後文武官
參為知州軍事。云云
△主管學事 溪以主字屬上，非也。
忠曰：主己所管領學生文學之事也。
○忠曰：郡國鄉黨之學，自漢文翁始。
○忠曰：前漢書八十九丈二 循吏傳 文翁傳曰：景帝末，為
蜀郡守，仁愛好教化，見蜀地僻陋有蠻夷風，文翁欲誘
進之，乃選郡縣小吏開敏有材者詣京師受業博士，或
學律令。云云 修起學官於成都市中，招下縣子弟以為
學官弟子。云云 至武帝時，乃令天下郡國皆立學校官，
自文翁為之始云。 注師古曰：文翁學堂于今猶在益

《〈虚堂和尚语录〉犁耕》卷第一

神京华园龙华末孙比丘道忠无著述

○《兴圣语录》（上）

△嘉兴府：《方舆胜览》三（十五丈）曰："嘉兴府，《禹贡》：扬州之域，吴地，斗分野。云云。吴改为嘉禾县，又改为嘉兴府。云云。国朝赐名嘉禾，以孝宗诞圣之地，附嘉兴府。"

△兴圣禅寺：《大明一统志》卅九（十一丈）："浙江道嘉兴府，寺观曰兴圣寺，在府治东北，本嘉兴县。丞相宋孝宗诞育于此。嘉定间，赐额兴圣院。理宗御书'流虹圣地，兴圣之寺'八字，碑刻尚存。"

禅寺：龙溪曰："简律寺、教寺。"①

○忠曰：《僧史略》上（十三丈）《别立禅居》章曰："达磨之道既行，机锋相遘者唱和，然其所化之罘，唯隋寺别院而居，且无异制。道信禅师住东林寺，能禅师住广果寺，谈禅师住白马寺，皆一例律仪。唯参学者，或行杜多，粪埽五纳衣为异耳。后有百丈山禅师怀海，创意经编，别立通堂，布长连床，励其坐禅。（乃至）凡诸新例，厥号丛林，兴律不同，自百丈之始也。"

---

① 禅寺，通常指禅宗寺院而言，亦称禅林、丛林；律寺，着重研习及传持戒律的律宗修行寺；教寺，从事世俗教化之寺院。

○又《僧史略》上（十丈）曰："寺者，《释名》曰：'寺，嗣也，治事者相嗣续于其内也。'本是司名，西僧乍来，权止公司，移入别居，不忘其本，还标寺号僧寺之名，始于此也。"

○《释氏要览》上（十九丈）。

△虚堂：师名智愚。传见《增集续传灯录》四（四丈）、《佛祖纲目》四十、《续灯存稿》四、《五灯严统》廿一。又此录尾有行状。

○忠曰：师省像皆作有发相。后六《偈颂》卅二丈《剃剪林荣偈》曰："黑白已无岁，修治转失真。畏寒空少伐，未愧鱼溪人。"

又师自称息耕，自赋《息耕偈》，在第六卷《偈颂》（廿四丈）中。

△和尚：《要览》上（卅丈）、《翻译名义集》一（五十七丈）。

○忠曰：《行事钞》上三之（三二丈）曰："论传云：'和尚者，外国语，此云知有罪知无罪，是名和尚。'"《明了论》正本云："优波陁诃，翻为依学。依此人学戒定慧故，即和尚是也。方土音异耳。"相传云：和尚为力生（道力由成）。阇梨为正行（能纠正弟子行）。未见经论《杂含》中。外道亦号师为和尚。又《业疏》三上（十八丈）。

△语录：《典籍便览》曰："颇涉论述曰语，直书其事曰语。"

△参学：忠曰：参其师学道，故云参学。盖学徒所自称也。

△妙源：忠曰：妙源号晋芝，嗣虚堂。后四《法语》（二丈）有《示妙源侍者病》语。又《真赞》有《妙源首座请》。又六《偈颂》（廿三丈左）有《寄崇福源长老偈》。又《续辑》（十三丈左）有："泉州崇福源长老到，上堂。"

○忠曰：《宗派图》（百九丈）："虚堂下报恩晋芝妙源。"

○又后六《偈颂》（廿三丈左）笺："龙溪为宝叶道源，非也。"

△编：忠曰：《正字通·未·中》（廿九丈）曰："编，悲坚切，音边。"《说文》："次简也。"《字林》："以绳联物曰编。"又《谷梁传编年注》："纪事以年为次也。"忠曰：录语令有次第，故云编也。

○忠曰：《谷梁传》（注疏）三（四丈）《桓元年》曰："《春秋》编年，四时具而后为年。"注："编录。"

●嘉兴府请疏

△请疏：忠曰：《文体明辨》廿六（二丈）曰："疏者，布也。"

○又《正字通·午·上》曰："疏去声，暮韵，音数，条陈也。"

○忠曰：疏者，条畅布陈其所愿望事也。今此请疏，所谓官府疏也。

旧说曰：古者官府疏有祝圣寿之语，今则山门疏有祝语，盖无官疏时如此而已。若有官疏，则山门疏不必用祝圣语也。如此疏则为我祝延两宫寿。（止此）即是祝圣语也。

〇忠曰：请疏附录须低一字位而写之。揀本录而今与本录平头而书，非也。

△朝请郎：忠曰：《杜氏通典》廿九（十五丈）曰："汉窦婴为朝请（窦太后除婴门籍，不得入朝请。汉律，诸侯春朝天子曰朝，秋曰请）后汉并属光禄勋。奉朝请无员，本不为官，汉东京罢省三公、外戚、皇室、诸侯多奉朝请。奉朝请，奉朝会请召而已。"云云。

〇忠曰：《宋史·志》百廿二（廿三丈）《职官志》："文散官曰朝请大夫（从五）、朝请郎（正七上）。"

〇又《事物纪原》四（廿四丈）曰："隋开皇中，罢奉朝请，置朝请大夫为散官，取汉公卿年高德重者，以列侯奉朝请之义也。"

〇《野客丛书》五（十六丈）曰："今呼朝请郎及奉朝请，并作上声。《汉书》，朝请其说有二：一说汉律诸侯春朝天子曰朝，秋曰请，此合从去声，如'窦婴不得朝请''王陵竟不朝请'之类是也。师古注：才姓反。又一说奉朝请，无定员，本不为官位。东京罢省三公、外戚、皇室、诸侯多奉朝请。奉朝请云者，奉朝会请召而已。故韩退之、东坡诗，并作上声押是也。"

△知嘉兴军府：忠曰：嘉兴军之知府也。

〇忠曰：溪以下主字属上为府主。非也。盖知已是主义，不可更言府主，固为重言，与《临济录》单言府主不同。

〇忠曰：《品字笺》丙（九十三丈）曰：知，主也。《易》：乾知大始。又如今之知府州县，知字皆作主字解。

〇《事文类聚·外集》十（一丈）《路官部·总管府》曰："总管府尹、州尹、知州、知府、刺史、达鲁花赤事，并同。"又曰："古州牧之任也。秦灭诸侯，以其地为郡，罢侯置守，分天下为三十六郡，郡置守、尉、监，掌理其郡，秩二千石，守、丞、尉各一人。守治民，丞佐之，尉典兵。汉景帝中元二年，更名郡守为太守。云云。宋上州刺史各一人，从三品知州各一人，州镇有阙，则或遣文朝官权知，始太祖削外权，牧伯之阙，只令中臣权莅其后，文武官参为知州军事。"云云。

△主管学事：溪以主字属上。非也。

○忠曰：主己所管领学生文学之事也。

○忠曰：郡国乡党之学，自汉文翁始。

○忠曰：《前汉书》八十九（二丈）《循吏传·文翁传》曰："景帝末为蜀郡守。仁爱好教化，见蜀地辟陋，有蛮夷风。文翁欲诱进之，乃选郡县小史开敏有材者，诣京师，受业博士，或学律令。云云。修起学官于成都市中，招下县子弟以为学官弟子。云云。至武帝时，乃令天下郡国，皆立学校官，自文翁为之始云。"注："师古曰：文翁学堂于今犹在益州城内。"《文献通考》四十六（四丈）引用之。

○又《前汉书》廿八下（十七丈）《地理志》曰："景武间，文翁为蜀守，教民读书法令，繇文翁倡其教，相如为之师。"

○忠曰：《菊坡丛话》五（五丈）曰：汉蜀郡王追为太守，政化尤异，有神马四匹出滇池河中，甘露降，白乌见，始兴学校，渐变其俗。

忠曰：《汉书》不著文翁名，盖王追文翁姓名乎。

○又《文献通考》四十六（九丈）曰："仁宗庆历四年，参知政事范仲淹等建议精贡举，请兴学校，本行实。乃诏州县立学，本道使者选属部为教授，不足则取于乡里宿学之有道业者。"

○《一统志》卅九（八丈）曰："嘉兴府学在府治西北。宋绍兴中建，本朝正统八年重修。"

（三）《〈五家正宗赞〉助桀》

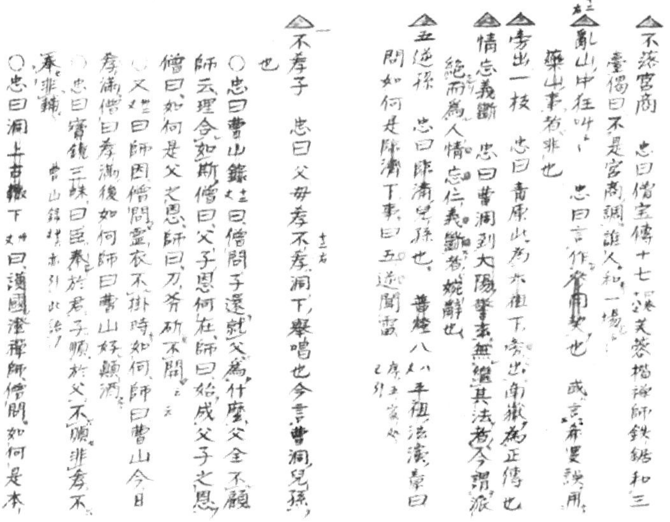
△不落宮商　忠曰僧寶傳十七芙蓉楷禪師鉄鎚和三
臺偈曰不是宮商調誰人和一場
△亂山中狂叫　忠曰言作聲而叫也　或言舜異誤用
藥山事若非也
△旁出一枝　忠曰青原此為不祖下旁出南嶽為正傳也
△情忘義斷　忠曰曹洞到大陽警玄無繼其法者今謂派
絕而為人情忘仁義斷者婉辭也
△五逆孫　忠曰臨濟兒孫也　普燈八平祖法濟章曰
問如何是臨濟下事曰五逆聞雷
△不孝子　忠曰父母孝不孝洞下擧唱也今言曹洞兒孫
也
○忠曰曹山錄曰僧問子還就父為什麼父全不顧
師云理合如斯僧曰父子恩何在師曰始成父子之恩
僧曰如何是父之恩師曰刀斧斫不開
○又曰師因僧問靈衣不掛時如何師曰曹山今日
孝滿僧曰孝滿後如何師曰曹山好顛酒
○忠曰寶鏡三昧曰臣奉於君子順於父不順非孝不
奉非輔　曹山錄撰亦引此語
○忠曰洞上古轍下曰護國澄禪師僧問如何是本

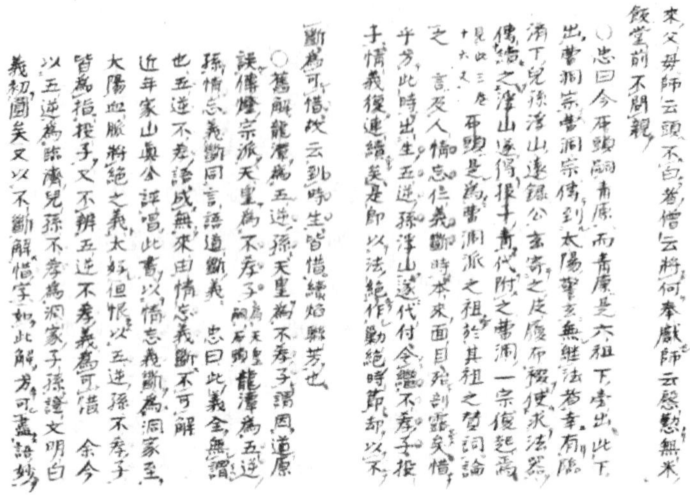

來父母師云頭不白者僧云將何奉獻師云慇懃無米
飯堂前不問親
○忠曰今按洞嗣青原而青原是六祖下旁出此下
出曹洞宗曹洞宗傳到太陽警玄無繼法者幸有臨
濟下兒孫浮山遠錄公玄寄之皮履布裰使求法器
傳續之浮山遂得投子青代附之曹洞一宗復起焉
見此三卷十六丈 而投子是為曹洞派之祖於其祖之贊詞論
之 言其人倫忘仁義斷時本來面目殆剖露矣惜
乎方此時出生五逆孫浮山遠代付令繼不孝子投
子情義復連續矣是即以法絕作斷絕時節却以不
斷為可惜故云到時生皆惜續焰聯芳也
○舊解龍潭為五逆孫天皇為不孝子謂因道原
誤傳燈宗派天皇為不孝子為天皇嗣石頭龍潭為五逆
孫情忘義斷同言語道斷義 忠曰此義全無謂
也五逆不孝語成無來由情忘義斷不可解
近年家山奥公評唱此書以情忘義斷為洞家至
大陽血脈將絕之義太好但恨以五逆孫不孝子
皆為指投子又不辨五逆不孝義為可惜 余今
以五逆為臨濟兒孫不孝為洞家子孫證文明白
義初圓矣又以不斷解惜字如此解方可盡語妙

△不落宫商：忠曰：《僧宝传》十七（四卷十八丈）《芙蓉楷禅师》："铁锯和三台偈曰：不是官商调，谁人和一场。"

△乱山中狂叫：忠曰：言作《参同契》也。或言希叟误用药山事者。非也。

△旁出一枝：忠曰：青原此为六祖下旁出南岳为正传也。

△情忘义断：忠曰：曹洞到大阳警玄，无继其法者，今谓派绝而为人情忘，仁义断者，婉辞也。

△五逆孙：忠曰：临济儿孙也。《普灯》八（八丈）《五祖法演章》曰："问：如何是临济下事？曰：五逆闻雷。"（序五家处已引）

△不孝子：忠曰：父母孝不孝，洞下举唱也。今言曹洞儿孙也。

忠曰：《曹山录》（十二丈）曰："僧问：'子还就父，为什么父全不顾？'师云：'理合如斯。'僧曰：'父子恩何在？'师曰：'始成父子之恩。'僧曰：'如何是父子之恩？'师曰：'刀斧砍不开。'"云云。

又（卅二丈）曰："师因僧问：'灵衣不挂时如何？'师曰：'曹山今日孝满。'僧曰：'孝满后如何？'师曰：'曹山好颠酒。'"

忠曰：《宝镜三昧》曰："臣奉于君，子顺于父。不顺非孝，不奉非辅。"

忠曰：《洞上古辙》下（卅丈）曰："护国澄禅师。僧问：'如何是本来父母？'师云：'头补白者。'僧云：'将何奉献。'师云：'殷懃无米饭，堂前不问亲。’”

忠曰：今石头嗣青原，而青原是六祖下旁出，此下出曹洞宗，传到大阳警玄，无寄法者，幸有险济下儿孙浮山还录公玄寄之皮履布缀，使求法器，传续之浮山，遂得青代附之，曹洞一宗复起焉（见此三卷十六丈）。石头是为曹洞派之祖，于其祖之赞词论之，言及人情忘，仁义断时本来面目，殆剖露矣。惜乎方此时出生五逆孙浮山，逐代付令继，不孝子投于情义复连续矣。是即以法绝作剿绝时节，却以不断为可惜，故云到时生皆惜续焰联芳也。

旧解龙潭为五逆孙，天皇为不孝子，谓因道原误《传灯》宗派，天皇为不孝子（为天皇嗣石头），龙潭为五逆孙，情忘义断，同言语道断义。忠曰：此义全无谓也。五逆不孝语，成无来由。情忘义断为义不可解。

近年家山真公评唱此书，以情忘义断为洞家至大阳血脉将绝之义太好，但恨以五逆孙不孝子皆为指投子，又不辨五逆不孝义为可惜，余今以五逆为临济儿孙，不孝为洞家子孙，证文明白义初圆矣。又以不断解惜字如此解，方可尽语妙。

（四）《葛藤语笺》

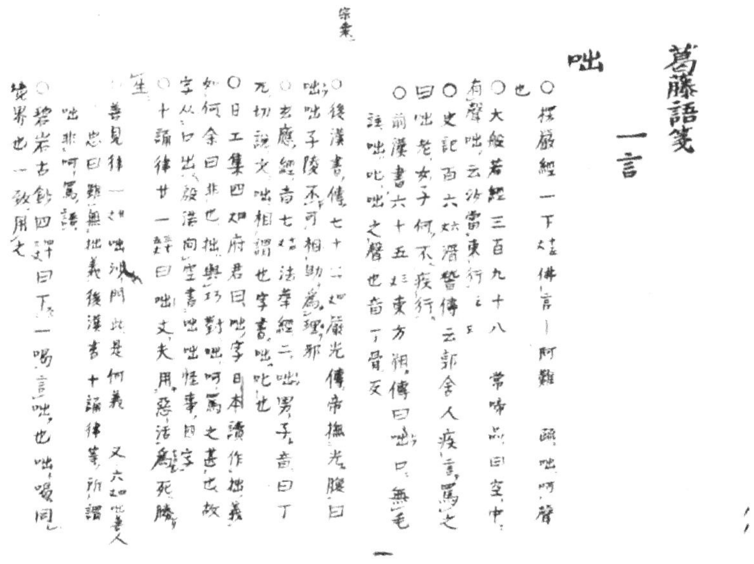
葛藤語箋
一言
咄
○楞嚴經一下 佛言阿難 疏咄呵聲也
○大般若經三百九十八 常啼品曰空中有聲咄云汝當東行云云
○史記百六十六滑稽傳云郭舍人疾言罵之曰咄老女子何不疾行
○前漢書六十五東方朔傳曰咄口無毛 注咄叱咄之聲也音丁骨反
○後漢書傳七十二嚴光傳帝撫光腹曰咄咄子陵不可相助為理耶
○玄應經音七法華經二咄男子音曰丁兀切說文咄相謂也字書咄叱也
○日工集四府君曰咄字日本讀作拙義如何余曰非也拙與巧對咄呵罵之甚也故字从口出殷浩向空書咄咄怪事四字
○十誦律廿一 曰咄丈夫用惡活為死勝生
善見律一 咄沙門此是何義 又六 咄善人
忠曰雖無拙義後漢書十誦律等所謂咄非呵罵語
○碧岩古鈔四 曰下一喝言咄也咄喝同境界也一致用之
宗乘

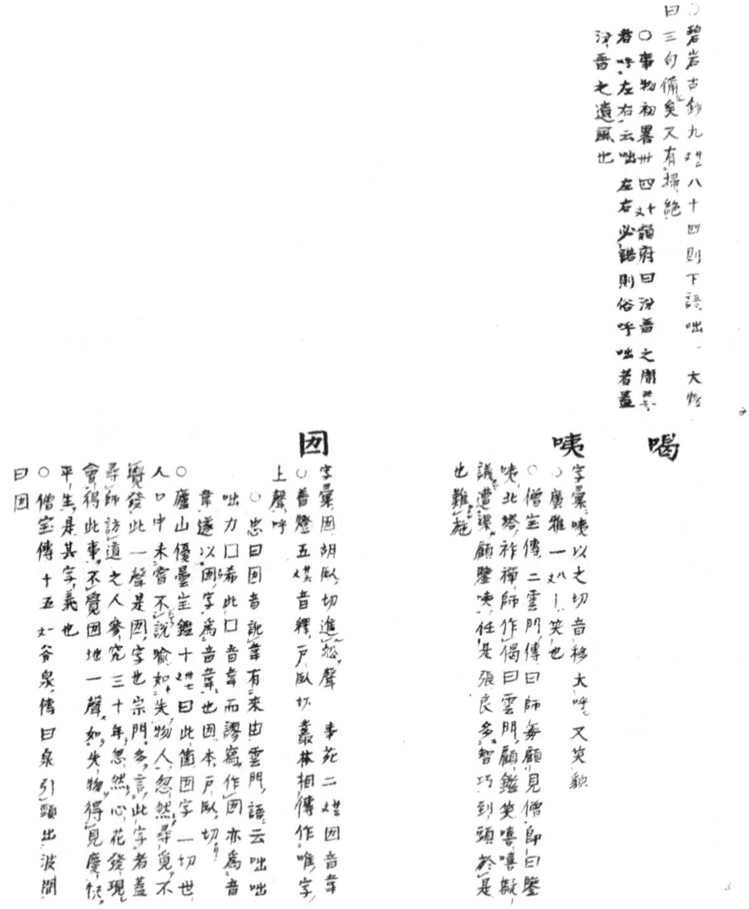
○碧岩古鈔九丈八十四則下語咄。大惊
曰三句備矣又有撮絶
○事物初畧卅四丈韻府曰咄音之闇
者呼左右云咄左右必諾則俗呼咄者蓋
咄音之遺風也

喝

唉
字彙唉以之切音移大呼又笑貌
○廣雅一八丈笑也
○僧宝傳二雲門傳曰師每顧見僧即曰鑒
唉北塔祚禪師作偈曰雲門顧鑒笑嘻嘻擬
議遭渠顧鑒唉任是張良多智巧到頭於是
也難施

囧
字彙囧胡臥切進聲　事苑二丈囧音韋
○普燈五丈音釋戶臥切　叢林相傳作唯字
上聲呼
○忠曰囧音說韋有來由雲門語云咄咄
咄力口希此口音韋而謬寫作囧亦爲音
韋遂以囧字爲音韋也囧本戶臥切
○廬山優曇宝鑑十丗七曰此箇囧字一切世
人口中未嘗不說喩如失物人忽然尋覓不
覺發此一聲是囧字也宗門多言此字者蓋
尋師訪道之人參究三十年忽然心花發現
會得此事不覺囧地一聲如失物得見慶快
平生是其字義也
○僧宝傳十五丈谷泉傳曰泉引頸出波間
曰囧

葛藤语笺

一言

【咄】

○《楞严经》一下（十五丈）："佛言：咄！阿难。"《疏》："咄，呵声也。"○《大般若经》三百九十八《常啼品》曰："空中有声：'咄！'云：'汝当东行。'"云云①。○《史记》百六（六丈）《滑稽传》云："郭舍人疾言骂之曰：'咄！老女子！何不疾行。'"○《前汉书》六十五

① 《大般若波罗蜜多经》卷三九八："闻有空中声曰：'咄！善男子！汝可东行。'"

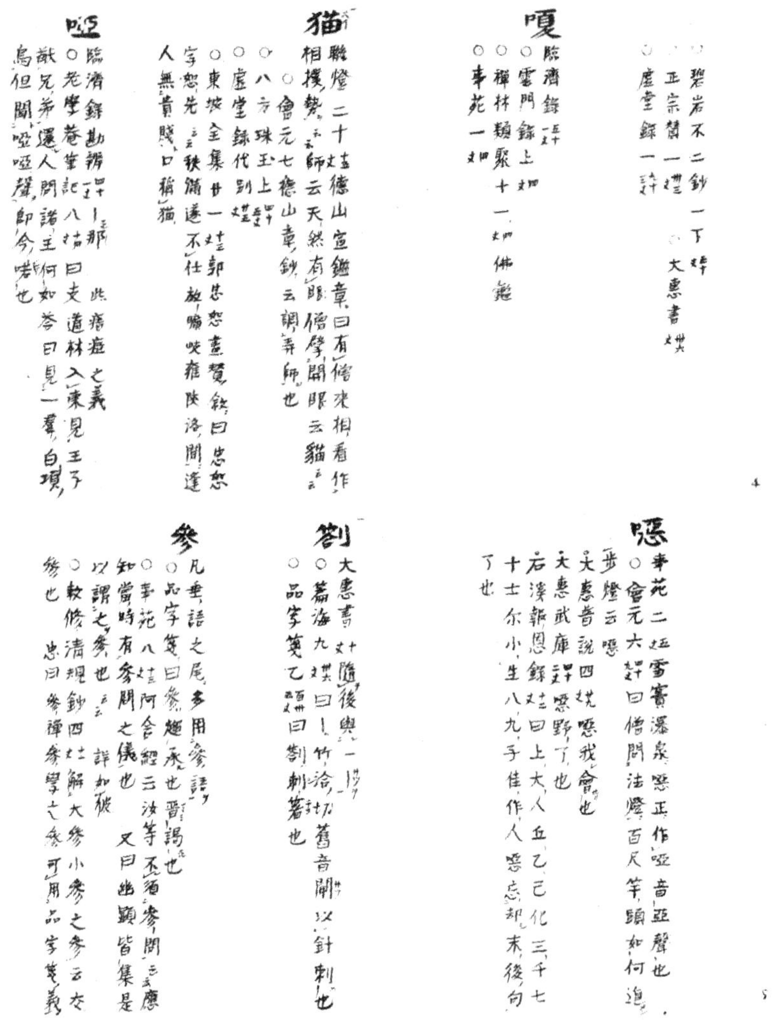

（三丈）《东方朔传》曰："咄！口无毛。"《注》："咄，叱咄之声也。音一骨反。"○《后汉书·传》七十一（四丈）《严光传》："帝抚光腹曰：咄咄子陵，不可相助为理邪？"○《玄应经音》七（十四丈）：《法华[①]经》二"咄男子"音曰："丁兀切。《说文》：'咄，相谓也。'《字书》：

---

① 华：原文作"苿"，"华"之异体。字见《偏类碑别字·艹部·华字》引《魏朱永隆造象记》。

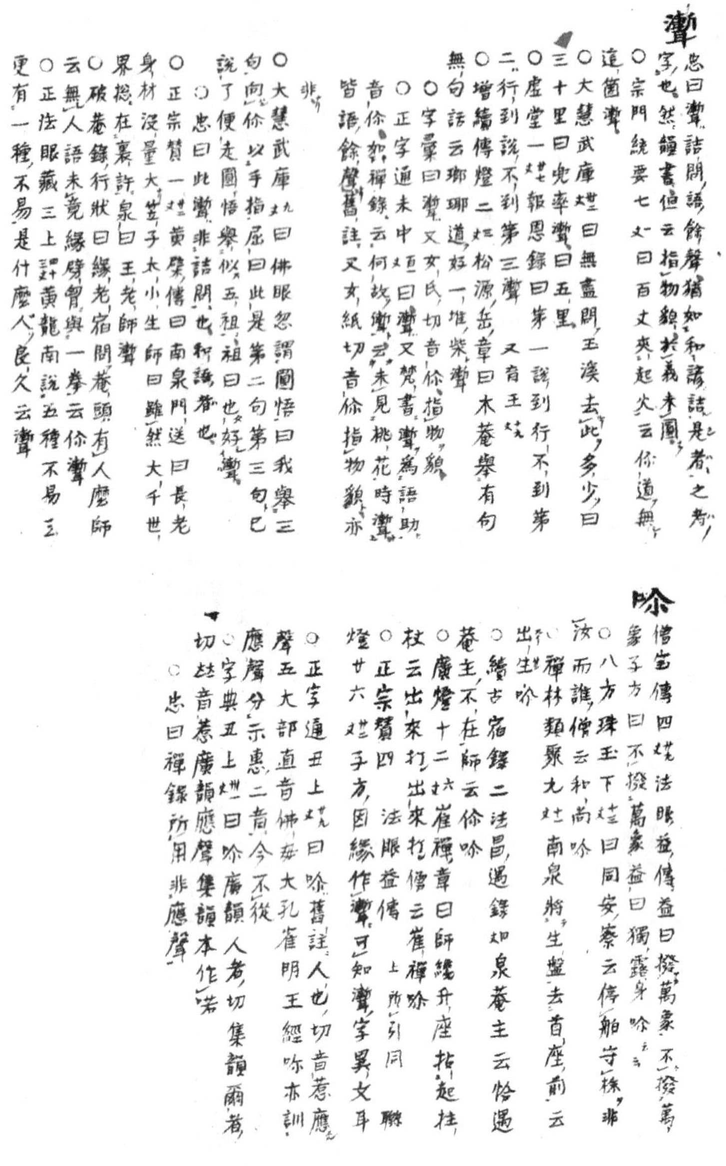

聻

忠曰聻語聞語餘聲猶如和語是者之者
字也然韻書但云指物貌於義未圓
○宗門統要七丈曰百丈爽起火云你道無
道箇聻
○大慧武庫廿丈曰無盡問玉溪去此多少曰
三十里曰兜率聻曰五里
○虛堂一廿七報恩錄曰第一說到行不到第
二行到說不到第三聻　又育王
○增續傳燈二丈二松源岳章曰木菴舉有句
無句話云瑯瑯道好一堆柴聻
○字彙曰聻又女氏切音你指物貌
○正字通未中五丈曰聻又梵書聻為語助
音你如禪錄云何故聻云未見桃花時聻
皆語餘聲舊註又女紙切音你指物貌亦
非
○大慧武庫九丈曰佛眼忽謂圓悟曰我舉三
句向你以手指屈曰此是第二句第三句已
說了便走圓悟舉似五祖祖曰也好聻
○忠曰此聻非語聞也和語者也
○正宗贊一廿二黃檗傳曰南泉門送曰長老
身材沒量大笠子太小生師曰雖然大千世
界總在裏許泉曰王老師聻
○破菴錄行狀曰緣老宿問菴頭有人麼師
云無人語未竟緣劈胸與一拳云你聻
○正法眼藏三上卅四黃龍南說五種不易三
更有一種不易是什麼人良久云聻

吩

僧寶傳四丈法眼益傳益曰撥萬象不撥萬
象子方曰不撥萬象益曰獨露身吩
○八方珠玉下廿三曰同安察云傳船守株非
汝而誰僧云和尚吩
○禪林類聚九丈南泉將生盤去首座前云
出生吩
○續古宿錄二法昌遇錄如泉菴主云恰遇
菴主不在師云你吩
○廣燈十二丈六崔禪章曰師纔升座拈起柱
杖云出來打出來打僧云崔禪吩
○正宗贊四　法眼益傳　上所引同　聯
燈廿六廿子方因緣作聻可知聻字異文耳
○正字通丑上廿九曰吩舊註人也切音惹應
聲五大部直音佛每大孔雀明王經吩亦訓
應聲分示惠二音今不從
○字典丑上卅曰吩廣韻人者切集韻爾者
切並音惹廣韻應聲集韻本作喏
○忠曰禪錄所用非應聲

‘咄，叱也。’”○《日工集》① 四（四丈）：“府君曰：‘咄’字日本读作‘拙’义如何？余曰：‘非也。’‘拙’与‘巧’对。咄，呵骂之甚也，故

① 《日工集》：全名《空华老师日用工夫略集》，或简称《空华集》《空华日工集》。日本禅宗临济宗僧人义堂周信（1325—1388）著。

字从口出。殷浩[1]向空书‘咄咄怪事’四字。”○《十诵律》廿一（三十五丈）曰：“咄！丈夫，用恶活为？死胜生。”○《善见律一》（廿丈）：“咄！沙门，此是何义？”又六（四丈）：“咄！善人。”○忠曰：虽无“拙”义，《后汉书》《十诵律》等所谓咄，非呵骂语。○《碧岩古钞》四（四十三丈）曰：“下一喝言‘咄’也。‘咄’‘喝’同境界也。一致用之。”○《碧岩古钞》九（廿二丈）八十四则：“下语‘咄’，大煊曰，三句备矣，又有扫绝。”○《事物初略》[2]卅四（十丈）：“鹘府约汾晋之间尊者呼左右云‘咄’，左右必诺。则俗呼‘咄’者，盖汾晋之遗风也。”

【喝】

【咦】

《字汇》：“咦，以之切，音移。大呼。又笑貌。”○《广雅》一（八丈）：“咦，笑也。”○《僧宝传》二《云门传》曰：“师每顾见僧，即曰‘鉴’‘咦’。北塔祚禅师作偈曰：‘云门顾鉴笑嘻嘻，拟议遭渠顾鉴咦。任是张良多智巧，到头于是也难施。’”

【囮】

《字汇》：“囮，胡卧切。进松声。”《事苑》二（廿二丈）：“囮，音韦。”○《普灯》五（廿六丈）《音释》：“户卧切。丛林相传作‘唯’字上声呼。”○忠曰：囮，音讹有来由。云门语云：“咄咄咄，力口希。”此“口”音“韦”，而谬写作“囮”，亦为音“韦”，遂以“囮”字为音“韦”也。囮，本户卧切。○《庐山优云宝鉴》十（卅七丈）曰：“此个‘囮’字，一切世人，口中未尝不说，喻如失物人，忽然寻觅，不觉发此一声，是囮字也。宗门多言此字者，盖寻师访道之人，参究三十年，忽然得见，广快平生，是其字义也。”○《僧宝传》十五（一丈）。○《谷泉传》曰：“泉引头出波间曰：‘囮！’”○《碧岩不二钞》一下（五十丈）。○《正宗赞》一（卅二丈）。○《大惠书》（卅六丈）。○《虚堂录》一（九十三丈）。

【嗄】

《临济录》（五十一丈）。○《云门录》上（四丈）。○《禅林类聚》

---

① 殷浩：（303 — 356），字渊源，陈郡长平（今河南西华）人，豫章太守、光禄勋殷羡之子，东晋时期大臣、将领，因会稽王司马昱提拔而一度与桓温于朝中抗衡，但后因北伐失败而被废为庶人。曾著文集五卷。

② 《事物初略》：34 卷。明吕毖辑，被称为“杂记事物俚俗语言之所自始”。吕毖，字贞九，吴县人。生平不详，明朝崇祯年间人，明亡后为道士，隐居灵岩山。

十一（四丈）《佛鉴》。○《事苑》一（四丈）。

【猫】

《联灯》二十（十五丈）《德山宣鉴章》曰：“有僧来相看，作相扑势。云云。师云：‘天然有眼。’僧擘开眼云：‘猫。’”云云。○《会元》七《德山章钞》云：“调弄师也。”○《八方珠玉》上（四十五丈）。○《虚堂录代别》（卅五丈）。○《东坡全集》廿一（十三丈）。○《郭忠恕赞叙》曰：“忠恕字恕先。云云。秩满，遂不仕。放旷岐、雍、陕、洛间，逢人无贵贱，口称猫。”

【哑】

《临济录勘辨》（四十一丈）：“哑，那。”此瘖症之义。○《老学庵记》八（十四丈）曰：“支道林入东见王见王子猷兄弟。还，人问：‘诸王何如?’答曰：‘见一群白项乌，但闻哑哑声。’”即今“喏”也。

【恶】

《事苑》二（五丈）《雪窦瀑泉》“恶”正作“哑”音，亚声也。○《会元》六（四十九丈）曰：“僧问法灯：‘百尺竿头如何进步?’灯云：‘恶。’”《大惠普说》四（廿九丈）：“恶。我会也。”《大惠武库》（四十二丈）：“恶。野了也。”《石溪报恩录》（十二丈）曰：“上大人，丘乙己，化三千，七十士，尔小生，八九子，佳作人。恶。忘却末后句了也。”

【札】

《大惠书》（十丈）：“随后与一札。”○《篇海》九菩（卅六丈）曰：“札，竹洽切。旧音闸。以针刺也。”○《品字笺》乙（百卅五丈）曰：“札，刺箸也。”

【参】

凡垂语之尾多用参语。○《品字笺》曰：“参，趋承也。晋谒也。”○《事苑》八（十三丈）：“《阿含经》云：‘汝等不须参问。’云云。应知当时有参问之仪也。”又曰：“幽显皆集，是以谓之参也。”云云。详如彼。○《敕修清规钞》四（十一丈），解“大参”“小参”之“参”云交参也。忠曰：“参禅”“参学”之“参”可用《品字笺》义。

【聻】

忠曰：聻，诘问语余声，犹如和谚“诘是者”之“者”字也。然《韵书》但云“指物貌”，于义未圆。○《宗门统要》七（一丈）曰：

“百丈夹起火云：‘你道无这个聻？’”〇《大慧武库》（卌二丈）曰：“无尽问：‘玉溪去此多少？’曰：‘三十里。’曰：‘兜率聻？’曰：‘五里。’”〇《虚堂》一（廿七丈）《报恩录》曰：“第一，说到行不到；第二，行到说不到；第三聻？”又《育王》（十九丈）。〇《增续传灯》二（三丈）《松源岳章》曰：“木庵举有句无句话，云：‘琅琊道：好一堆柴聻？’”〇《字汇》曰：“聻，又女氏切。音你。指物貌。”〇《正字通·未·中》（百一丈）曰：“聻，又梵书聻为语助，音你。如禅录云：‘何故聻？’云：‘未见桃花时聻？’皆语余声。”旧注：“又女纸切。音你。指物貌。”亦非。〇《大慧武库》（九丈）曰：“佛眼忽谓圆悟曰：‘我举三句向你。’以手指屈曰：‘此是第二句。第三句已说了。’便走。圆悟举似五祖，祖曰：‘也好聻。’”〇忠曰：此“聻”非诘问也。和语“者”也。〇《正宗赞》一（廿二丈）《黄檗传》曰：“南泉门送曰：‘长，身材没量大，笠子太小生。’师曰：‘虽然，大千世界揔在里许。’泉曰：‘王老师聻？’”〇《破庵录·行状》曰：“缘老宿问庵头：‘有人么？’师云：‘无人。’语未竟，缘劈胷与一拳，云：‘你聻？’”〇《正法眼藏》三上（四十三丈）：“黄龙南说五种不易，王更有一种不易，是什么人？良久云：‘聻。’”

【哈】

《僧宝传》四（廿九丈）《法眼益传》：“益曰：‘拨万象不拨万象？’子方曰：‘不拨万象。’益曰：‘独露身哈。’”云云。〇《八方珠玉》下（十三丈）曰：“同安察云：‘停舶守株，非汝而谁？’僧云：‘和尚哈。’”〇《禅林类聚》九（十一丈）：“南泉将生盘去首座前，云：‘出生哈。’”〇《续古宿录》二《法昌遇录》（四丈）：“泉庵主云：‘恰遇庵主不在。’师云：‘你哈？’”〇《广灯》十（廿六丈）《崔禅章》曰：“师才升座，拈起拄杖，云：‘出来打！出来打！’僧云：‘崔禅哈？’”〇《正宗赞》四《法眼益传》上所引同。《联灯》廿六（廿二丈）《子方因缘》作“聻”，可知“聻”字异文耳。〇《正字通·丑·上》（廿九丈）曰：“旧注人也切，音惹。应声。《五大部直[①]音》、《佛母大孔雀明王经》，哈亦训应声，分示惹二音，今不从。”〇《字典·丑·上》（卅一丈）曰：

① 直：原文作“直”，“直”之异体。直，《类篇·部》《字汇·目部》《正字通·目部》字并作“直”。

“唥，《广韵》：人者切。《集韵》：尔者切。音惹。《广韵》：应声。《集韵》本作喏。”〇忠曰：禅录所用非应声。

（五）《〈大慧普觉禅师书〉栲栳珠》

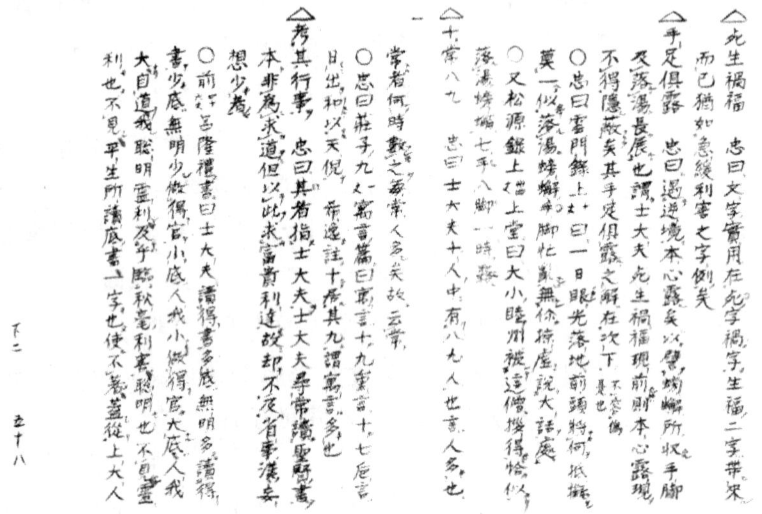
△死生禍福　忠曰文字實用在死字禍字生福二字帯来
而已猶如急緩利害之字例矣
△手足俱露　忠曰遇逆境本心露矣以譬蝸螂所収手脚
及落湯長展也謂士大夫死生禍福現前則本心露現
不得隱蔽矣其手足俱露之解在次下是也
○忠曰雲門録上曰一日眼光落地前頭將何抵擬
莫一似落湯螃蠏手脚忙亂無你掠虚說大話處
○又松源録上堂曰大小瞎州被這僧撈得恰似
落湯螃蠏七手八脚一時露
△十常八九　忠曰士大夫十人中有八九人也言人多也
常者何時數之每常人多矣故云常
○忠曰莊子九寓言篇曰寓言十九重言十七卮言
日出和以天倪　希逸註十居其九謂寓言多也
△考其行事　忠曰其者指士大夫士大夫學常讀聖賢書
本非為求道但以此求富貴利達故却不反省事漢妄
想少者
○前評呂隆禮書曰士大夫讀得書多底無明多讀得
書少底無明少做得官小底人我小做得官大底人我
大自道我聰明靈利及乎臨秋毫利害聰明也不見了靈
利也不見平生所讀底書一字也使不着蓋從上大人
下二　五十八

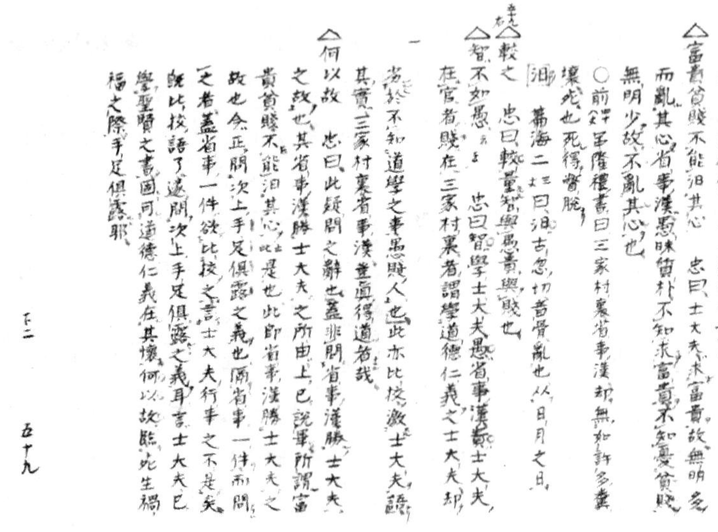
丘乙己時便錯了也只欲取富貴耳
△富貴貧賤不能汩其心　忠曰士大夫求富貴故無明多
而亂其心省事漢愚昧質朴不知求富貴不知憂貧賤
無明少故不亂其心也
○前評呂隆禮書曰三家村裏省事漢却無如許多蠹
壞我也死得瞥脫
汩　曰汩古忽切音骨亂也从日月之日
△較之　忠曰較量智與愚貴與賤也
△智不如愚　忠曰智學士大夫愚省事漢貴士大夫
在官者賤在三家村裏者謂學道德仁義之士大夫却
劣於不知道學之事愚賤人也此亦比校激士大夫語
其實三家村裏省事漢豈真得道者哉
△何以故　忠曰此疑問之辭也蓋非問省事漢勝士大夫
之故也其省事漢勝士大夫之所由上已說畢所謂富
貴貧賤不能汩其心此是也此即省事漢勝士大夫之
故也今正問次上手足俱露之義也兩省事一件而問
之者蓋省事一件欲比校之言士大夫行事之不是矣
既比校語了遂問次上手足俱露之義耳言士大夫已
學聖賢之書固可道德仁義在其懷何以故臨死生禍
福之際手足俱露耶
下二　五十九

△死生祸福：忠曰：文字实用在死，祸字生福，二字带来而已，犹如

急缓利害之字例矣。

△手足俱露：忠曰：遇逆境，本心露矣，以譬螃蟹所收手脚，及落汤长展也，谓士大夫死生祸福现前，则本心露现不得隐蔽矣，其手足俱露之。解在次下（不容伪是也）。

○忠曰：《云门录》上（十丈）曰："一日眼光落地，前头将何抵拟，莫一似落汤螃蟹，手脚忙乱，无你掠虚说大话处。"

○又《松源录》上（卅四丈）："上堂曰：'大小睦州被这僧拶得恰似落汤螃蟹，七手八脚一时露。'"

△十常八九：忠曰：士大夫十人中有八九人也。言人多也。常者，何时数之，每常人多矣，故云常。

○忠曰：《庄子》九（一丈）《寓言篇》曰："寓言十九，重言十七，卮言日出，和以天倪。"希逸注"：十居其九，谓寓言多也。"

△考其行事：忠曰：其者，指士大夫。士大夫寻常读圣贤书，本非为求道，但以此求富贵利达，故却不及省事汉，妄想少者。

○前（四十六丈）《吕隆礼书》曰："士大夫读得书多底无明多，读得书少底无明少，做得官小底人我小，做得官大底人我大。自道我聪明灵利，及乎临秋毫利害，聪明也不见，灵利也不见。平生所读底书一字也使不着。盖从上大人丘乙已，便错了也。只欲取富贵耳。"

△富贵贫贱不能汩其心：忠曰：士大夫求富贵，故无明多而乱其心。省事汉愚昧质朴，不知求富贵，不知忧贫贱，无明少，故不乱其心也。

○前（四十八丈）《吕隆礼书》曰："三家村里省事汉，却无如许多粪坏死也，死得瞥脱。"

汩《篇海》二（三丈）曰："汩：古忽切，音骨，乱也。从日月之日。"

（五十九右）△较之：忠曰：较量智与愚，贵与贱也。

△智不如愚（云云）：忠曰：智学士大夫，愚省事汉，贵士大夫，在官者贱，在三家村里者，谓学道德仁义之士大夫，却劣于不知道学之事，愚贱人也，此亦比挍激烈士大夫语，其实三家村里省事汉，岂真得道者哉。

△何以故：忠曰：此疑问之辞也，盖非问省事汉胜士大夫之故也，其省事汉胜士大夫之所由，上已说毕。所谓富贵贫贱不能汩其心（止此）是也。此即省事汉胜士大夫之故也，今正问次上手足俱露之义也，隔省事

一件而问之者，盖省事，一件欲比挍之，言士大夫行事之不是矣，既比挍语了，遂问次上手足俱露之义耳，言士大夫已学圣贤之书，固可道德仁义在其怀，何以故？临死生祸福之际，手足俱露耶也。

（六）《江湖风月集解》

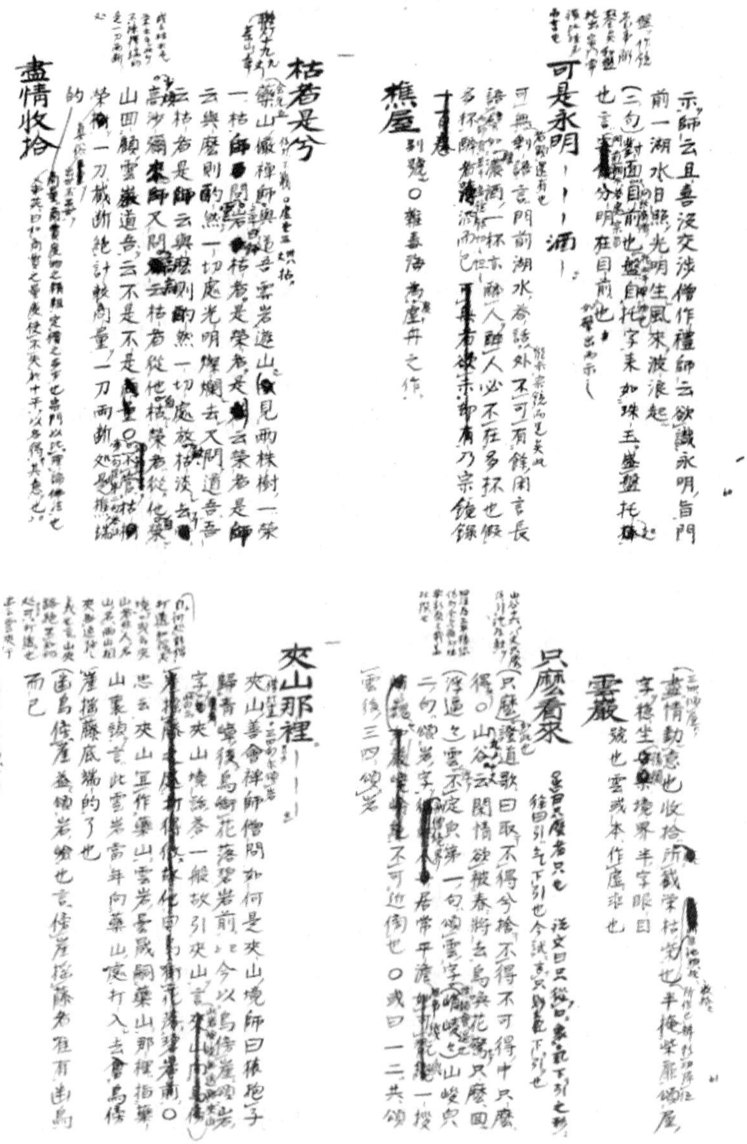
示師云且喜沒交涉僧作禮師云欲識永明旨門前一湖水日照光明生風來波浪起
可是永明｜｜酒｜
樵屋
別號○雅嘉海為塵舟之作
枯者是兮
藥山儼禪師與道吾雲岩遊山次見兩株樹一榮一枯[illegible]
盡情收拾
雲巖
只麼看來
夾山那裡
夾山善會禪師僧問如何是夾山境師曰猿抱子歸青嶂後鳥銜花落碧岩前[illegible]

（前略）

四明象潭泳和尚《樵屋》：枯者是兮荣者是，一刀两断没商量。尽情收得归家去，半掩柴扉春昼长。①

【樵屋】

别号。杂毒海为虚舟之作。

【枯者是兮】

《联灯》十九（九丈）《药山章》、《会元》五、《传灯》不载。《虚堂》三（卅八丈）拈："药山俨禅师与道吾云岩游山，见两株树，一荣一枯。师问云岩：'枯者是？荣者是？'云：'荣者是。'师云：'与么，则酌然一切处光明灿烂去。'又问道吾，吾云：'枯者是。'师云：'与么，则酌然一切处放教枯淡去。'高沙弥来，师又问高，高云：'枯者从他自枯，荣者从他自荣。'山回顾云岩道吾云：'不是不是。'"○第一句拶，第二句答话。不管荣枯、真俗、出世不出世，一刀截断，绝计较商量，一刀两断处是樵端的。商量：商贾定物之精粗、定价之多少也。宗门以比理论佛法也。又《事苑》："如商贾之量度，使不失于中平，以各得其意也。"（已上）

【尽情收拾】

三四颂屋。尽情，动意也。收拾，所截荣枯也。柴，非他物，所作已辨转功归位，半掩柴扉颂屋字，稳坐清闲境界，半字眼目。

四明象潭泳和尚《云岩》：只么看来浮逼逼，及乎拶着峭峻峻。夹山那里打得透，幽鸟傍崖摇翠藤。

云岩：号也，或本作虚，非也。

【只么看来】

忠曰：只么者，只也。《说文》曰："只，从口，像气下引之形。徐曰：引，气下引也。今试言只，则气下引也。"

只么：如此也。《证道歌》曰："取不得兮舍不得，不可得中只么得。"（《山谷》十六，八丈引《证道歌》）○《山谷》九（十丈）："闲情欲被春将去，鸟唤花惊只么回。"

浮逼逼：云不定貌。第一句颂云字。峭峻峻：山峻貌。二句颂岩字。居常平淡无事，才与一拶，不可近旁也。（旧注为三平机缘。《传灯》《会

① 全诗为笔者补。下同。

元》《联灯》《统要》《类聚》不载，盖杜撰也。）○或曰一二句共颂云，后四颂岩。

【夹山那里打得透】

三四句亦颂岩。《传灯》十五：“问：‘如何是夹山境?’师曰：‘猿抱子归青嶂里，鸟衔华落碧岩前。’”（已上）今以鸟傍崖颂岩字。此句与夹山境话答一般，故引夹山言。此岩崄峻无透路，夹山自何处能得打透，知得其境。○或云夹山者，非人名山名，两山相夹，无通路之义也。言山夹路绝，不知何处可打透也。忠云：云夹于山，无路也，若如是，则第三亦颂云。○忠云：夹山宜作药山。云岩昙晟嗣药山。那里，指药山里头，言此云岩当年向药山处打入去，会鸟傍崖摇藤底端的了也。

幽鸟傍崖：益颂岩崄也。言傍崖摇藤者，唯有幽鸟而已。

（七）《〈敕修百丈清规〉左觿》

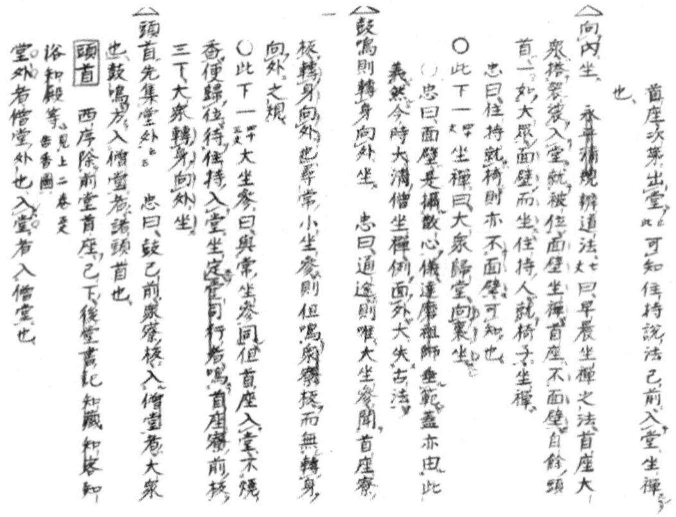
首座次第出堂，此可知住持說法已前入堂坐禪矣
也
△向内坐 永平清規辨道法七丈曰早晨坐禪之法首座大衆搭袈裟入堂就被位面壁坐禪首座不面壁自餘頭首一如大衆面壁而坐住持人就椅子坐禪
忠曰住持就椅則亦不面壁可知也
○此下一四十丈坐禪曰大衆歸堂向裏坐
○忠曰面壁是攝散心儀達磨祖師垂範蓋亦由此義然今時大清僧坐禪例面外大失古法
△鼓鳴則轉身向外坐 忠曰通途則唯大坐參聞首座寮板轉身向外也尋常小坐參則但鳴衆寮板而無轉身向外之規
○此下一四十五丈大坐參曰與常坐參同但首座入堂末燒香便歸位待住持入堂坐定行者鳴首座寮前板三下大衆轉身向外坐
△頭首先集堂外 忠曰鼓已前聞衆寮板入僧堂者大衆也鼓鳴方入僧堂者諸頭首也
頭首 西序除前堂首座已下後堂書記知藏知客知浴知殿等 見上二卷之西序圖
堂外者僧堂外也入堂者入僧堂也

△向内坐：《永平清规·辨道法》（七丈）曰：“早晨坐禅之法：首座大众搭袈裟入堂就被位面壁坐禅，首座不面壁，自余头首一如大众面壁而坐，住持人就椅子坐禅。”

忠曰：住持就椅则亦不面壁可知也。

○此下一（四十丈）《坐禅》曰：“大众归堂向里坐。”

○忠曰：面壁是摄散心仪。达磨祖师垂范，盖亦由此义，然今时大清

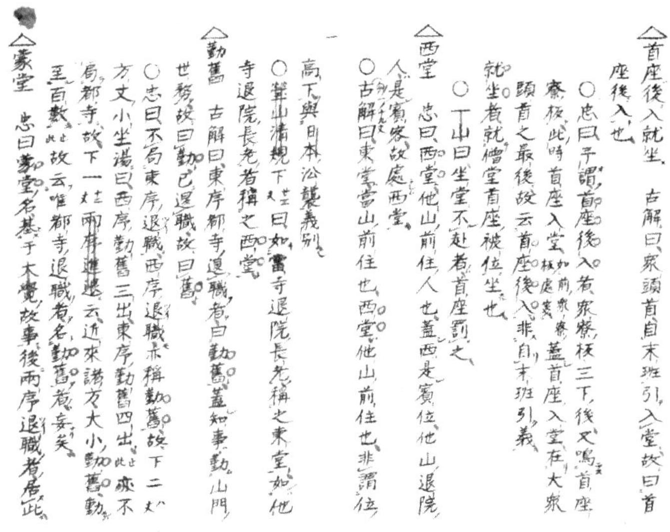
△首座後入就坐 古解曰衆頭首自末班引入堂故曰首
座後入也
○忠曰予謂首座後入者衆寮板三下後又鳴首座
寮板此時首座入堂如前衆寮蓋首座入堂在大衆
頭首之最後故云首座後入非自末班引義
就坐者就僧堂首座被位坐也
○丁山曰坐堂不赴者首座罰之
△西堂 忠曰西堂他山前住人也蓋西是賓位他山退院
人是賓客故處西堂
○古解曰東堂當山前住也西堂他山前住也非謂位
高下與日本沿襲義別
○華山清規下十三丈曰如當寺退院長老稱之東堂如他
寺退院長老者稱之西堂
△勤舊 古解曰東序都寺退職者曰勤舊蓋知事勤山門
世務故曰勤已退職故曰舊
○忠曰不局東序退職西序退職亦稱勤舊故下二丈八
方丈小坐湯曰西序勤舊三出東序勤舊四出此上亦不
局都寺故下一丈七兩序進退云近來諸方大小勤舊動
至百數此上故云唯都寺退職者名勤舊者妄矣
△蒙堂 忠曰蒙堂名基于木覺故事後兩序退職者居此

38

三ノ 卅五

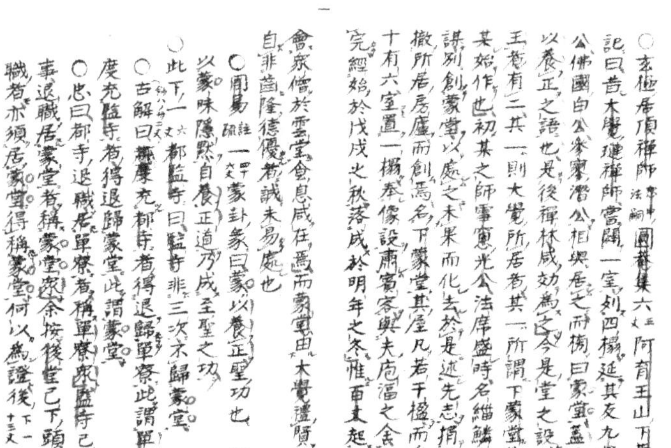
○玄極居頂禪師法嗣 圓菴集六十五丈阿育王山下蒙堂
記曰昔木覺璉禪師嘗闢一室列四楹延其友九峯韶
公佛國白公參寥潛公相與居之而揭曰蒙堂蓋取蒙
以養正之語也是後禪林咸効為之今是堂之設于育
王者有二其一則大覺所居者其一所謂下蒙堂者即
其始作也初某之師雪窗光公法席盛時名緇麟集乃
謀別創蒙堂以處之未果而化去於是述先志捐己貲
撤所居房廬而創焉名下蒙堂其屋凡若干楹而為室
十有六室置一榻奉像設肅賓客與夫庖湢之舍無不
完經始於戊戌之秋落成於明年之冬惟百丈起禪規
會衆僧於雲堂食息咸在焉而蒙堂由木覺璉賢增置
自非齒隆德優者誠未易處也
○周易疏註一四丁蒙卦彖曰蒙以養正聖功也 疏能
以蒙昧隱默自養正道乃成至聖之功
○此下一六丈都監寺曰監寺非三次不歸蒙堂
○古解曰都庫充都寺者得退歸單寮此謂單寮三
庚充監寺者得退歸蒙堂此謂蒙堂
○忠曰都寺退職居單寮者稱單寮東監寺已下知
事退職居蒙堂者稱蒙堂余按後世已下頭首退
職者亦須居蒙堂得稱蒙堂何以為證後下一十三丈兩序

39

三ノ 又卅五

僧坐禅例面外，大失古法。

△鼓鸣则转身向外坐：忠曰：通途则唯大坐参，闻首座寮板，转身向外也。寻常小坐参，则但鸣众板，而无转身向外之规。

○此下一（四十三丈）《大坐参》曰："与常坐参同，但首座入堂不烧香，便归位待住持入堂坐定，堂司行者鸣首座寮前板三下，大众转身向外坐。"

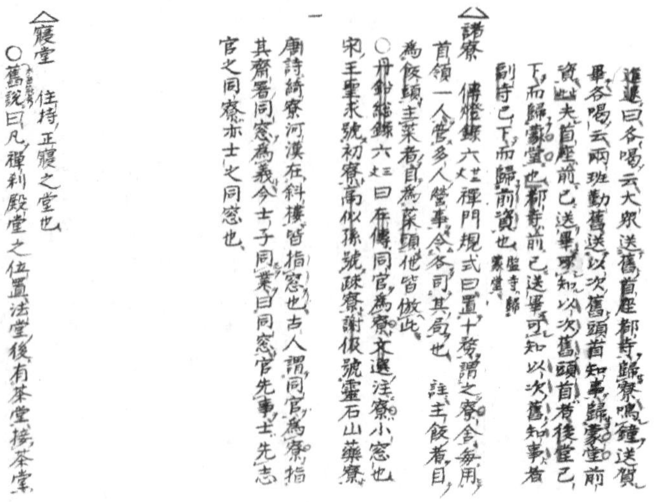
道曰各喝云大衆送舊首座都寺歸寮鳴鐘送貿
畢各喝云兩班勤舊送以次舊頭首知事歸衆堂前
資。此夫首座前已送畢可知以次舊頭首者後堂已
下而歸衆堂也。都寺前已送畢可知以次舊知事者
副寺已下而歸前資也。監寺歸衆堂
△諸寮　佛燈録六廿丈禪門規式曰置十務謂之寮舍每用
首領一人管多人營事令各司其局也　註主飯者目
為飯頭主菜者目為菜頭他皆倣此
○丹鉛総録六三丈曰在傳同官為寮文選注寮小窓也
宋王惠求號初寮高似孫號疎寮謝仮號靈石山藥寮
唐詩綺寮河漢在斜樓皆指窓也古人謂同官為寮指
其齋署同窓為義今士子同業曰同窓官先事士先志
官之同寮亦士之同窓也
△寢堂　住持正寢之堂也
○舊說曰凡禪刹殿堂之位置法堂後有茶堂接茶堂

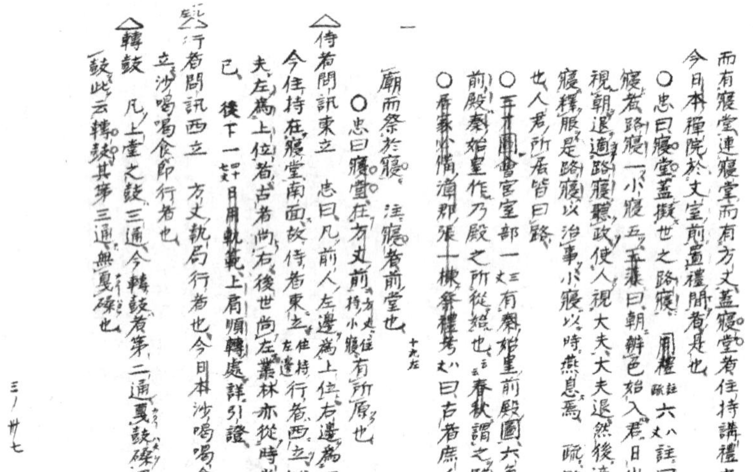
而有寢堂連寢堂而有方丈蓋寢堂者住持講禮之處
今日本禪院於丈室前置禮間者是也
○忠曰寢堂蓋擬世之路寢　周禮疏註六八丈註曰六
寢者路寢一小寢五。玉藻曰朝辨色始入君日出而
視朝退適路寢聽政使人視大夫大夫退然後適小
寢釋服是路寢以治事小寢以時燕息焉　疏路大
也人君所居皆曰路
○事物紀原宮室部一三丈有秦始皇前殿圖六角曰
前殿秦始皇作乃殿之所從始也云云春秋謂之路寢
○[illegible]濟郡張一棟祭禮考八丈曰古者庶人無
廟而祭於寢　注寢者前堂也
○忠曰寢堂在方丈前　方丈住持小寢有所原也
十九左
△侍者問訊東立　忠曰凡前人左邊為上位右邊為下位
今住持在寢堂南面故侍者東立住持左邊行者西立住持右邊而
夫左為上位者古者尚右後世尚左叢林亦從時尚而
已　後下一四十七丈日用軌範上肩順轉處詳引證
△行者問訊西立　方丈執局行者也今日本沙喝喝食西
立沙喝喝食即行者也
△轉鼓　凡上堂之鼓三通今轉鼓者第二通戛鼓磔畢鳴
鼓此云轉鼓其第三通無戛磔也
三ノ廿七

△头首先集堂外（云云）：忠曰：鼓已前众寮板入僧堂者，大众也；鼓鸣方入僧堂者，诸头首也。

头首 西序除前堂首座已下后堂、书记、知藏、知客、知浴、知殿等。（见上二卷五丈《告香图》）

堂外者，僧堂外也。入堂者，入僧堂也。

△首座后入就坐：古解曰：众头首自末班引入堂，故曰首座后入也。

〇忠曰：予谓首座后入者，众寮板三下后，又鸣首座寮板，此时首座入堂（如前众寮板处笺）。盖首座入堂，在大众头首之最后，故云首座后入，非自末班引义。

就坐者，就僧堂首座被位坐也。

〇一山曰："坐堂不赴者，首座罚之。"

△西堂：忠曰：西堂，他山前住人也。盖西是宾位，他山退院人是宾客，故处西堂。

〇古解曰：东堂，当山前住也。西堂，他山前住也。非谓位高下，与日本沿袭义别。

〇《莹山清规》下（廿三丈）曰："如当寺退院长老称之东堂，如他寺退院长老者称之西堂。"

△勤旧：古解曰：东序都寺退职者曰勤。旧盖知事勤山门世务，故曰勤。已退职者，故曰旧。

〇忠曰：不局东序退职，西序退职亦称勤旧。故下二（八丈）《方丈小座汤》曰："西序勤旧三出，东序勤旧四出（止此）。"亦不局都寺，故下一（十二丈）《两序进退》云："近来诸方大小勤旧，动至百数（止此）。"故云唯都寺退职者，名勤旧者，妄矣。

△蒙堂：忠曰：蒙堂名，基于大觉故事，后两序退职者居此。

〇玄极居顶禅师（恕中法嗣）《圆庵集》六（五丈）《阿育王山下蒙堂记》曰："昔大觉琏禅师尝辟一室，列四榻延其友。九峰韶公、佛国白公、参寥潜公相与居之。而榜曰蒙堂，盖取蒙以养正之语也。是后禅林咸効为之。今是堂之设于育王者，有二：其一则大觉所居者，其一所谓下蒙堂者，即某始作也。初某之师雪窻光公，法席盛时，名缁鳞集，乃谋别创蒙堂，以处之。未果，而化去。于是述先志，捐己资，撤所居房庐而创焉，名下蒙堂。其屋凡若干楹，而为室十有六室。置一榻，奉橡设肃，宾客与夫庖湢之舍，无不完经。始于戊戌之秋，落成于明年之冬。惟百丈起禅规，会众僧于云堂，食息咸在焉。而蒙堂由大觉礼贤增置。自非齿隆德优者，诚未易处也。"

〇《周易》（注疏）一（四十六丈）《蒙卦象》曰："蒙以养正圣功也。"疏："能以蒙昧隐然默自养正道，乃成至圣之功。"

〇此下一（六丈）《都监寺》曰："监寺非三次不归蒙堂。"

〇古解曰：都康充都寺者，得退归单寮。此谓单寮，三度充监寺者，得退归蒙堂，此谓蒙堂。

○忠曰：都寺退职居单寮者，称单寮众；监寺已下知事退职居蒙堂者，称蒙堂众。余按后堂已下，头首退职者，亦须居蒙堂，得称蒙堂，何以为证？后（下一十三丈）《两序进退》曰："各喝云：'大众送旧首座都寺归寮。'鸣钟送贺毕。各喝云：'两班勤旧送以次旧头首知事归蒙堂前资。'"（止此）夫首座前已送毕，可知以次旧头首者，后堂已下而归蒙堂也。都寺前已送毕，可知以次旧知事者，副寺已下，而归前资也。（监寺归蒙堂）

△诸寮：《传灯录》六（廿二丈）《禅门规式》曰："置十务谓之寮舍，每用首领一人管多人营事，令各司其局也（主饭者目为饭头，主菜者目为菜头，他皆仿此）。"

○《丹铅总》六（三丈）曰："《左传》同官为寮。《文选》注寮，小窗也。宋王圣求号初寮，高似孙号疏寮，谢伋号灵石山药寮，唐诗'绮寮河汉在斜楼'，皆指窗也。古人谓同官为寮，指其斋署同窗为义，今士子同业曰同窗，官先事，士先志，官之同寮，亦士之同窗也。"

△寝堂：住持正寝之堂也。

○旧说曰：凡禅刹殿堂之位置，法堂后有茶堂接茶堂，而今有寝堂连寝堂，而有方丈。盖寝堂者，住持讲礼之处。今日本禅院于丈室前置礼门者是也。

○忠曰：寝堂盖拟世之路寝。《周礼》（注疏）六（八丈）注曰："六寝者，路寝一，小寝五。《玉藻》曰：'朝辨色始入，君日出而视朝，退适路寝听政，使人视大夫，大夫退，然后适小寝释服。'是路寝以治事，小寝以时燕息焉。"疏："路，大也。人君所居皆曰路。"

○《三才图会·宫室部》一（三丈）："有秦始皇前殿图，六角曰前殿，秦始皇作，乃殿之所从始也。《春秋》谓之路寝。"

○《居家必备·漳郡张一栋祭礼考》（八丈）曰："右者庶人无庙而祭于寝。"注："寝者，前堂也。"（十九丈）

○忠曰：寝堂在方丈前。方丈住持小寝有所原也。

△侍者问询东立：忠曰：凡前人左边为上位，右边为下位。今住持在寝堂南面，故侍者东立（住持左边），行者西立（住持右边）。夫左为上位者，古者尚右，后世尚左，丛林亦从时尚而已。后下一（四十七丈）《日用轨范》："上肩顺转"处详引证。

△行者问询西立：方丈执局行者也，今日本沙喝喝食西立。沙喝喝食，即行者也。

△转鼓：凡上堂之鼓三通，今转鼓者第二通戛鼓磔毕鸣鼓，此云转鼓，其第三通无戛磔也。

（八）《风流袋》

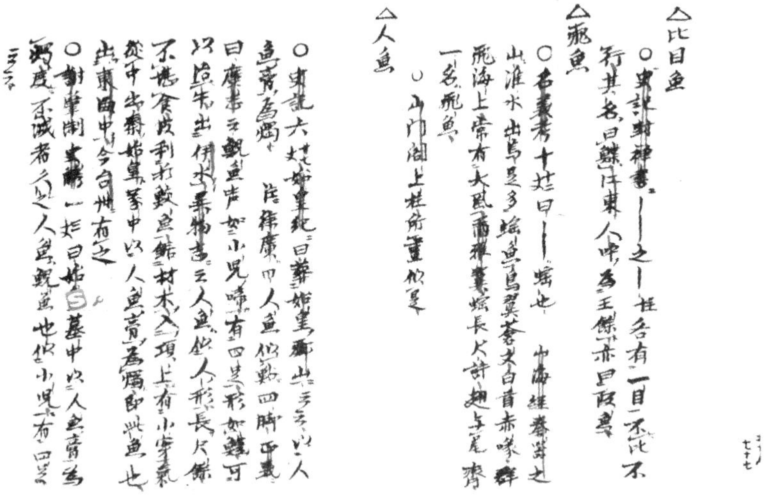

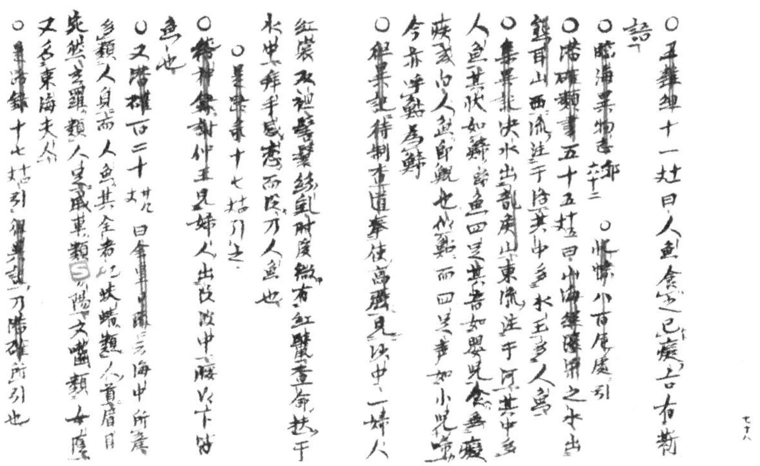

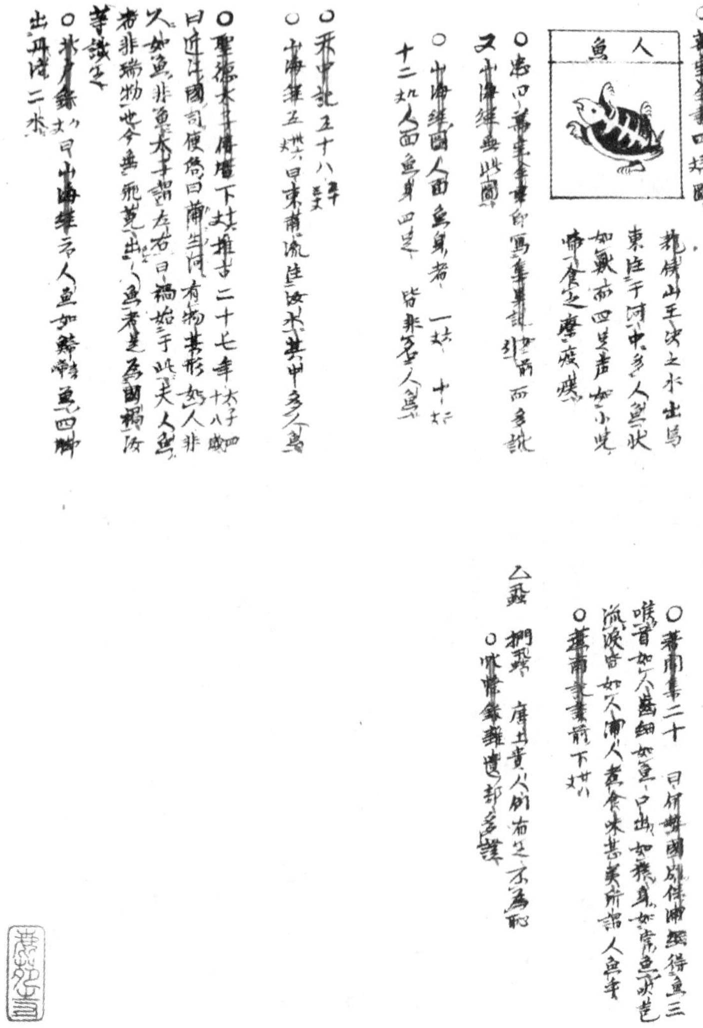

△比目鱼

○《史记·封禅书》：“‘比目之鱼’注：各有一目，不比不行，其名曰鲽。江东人中为王余，亦曰阪鱼。”

△鳐鱼

○《名义考》十（十二丈）曰：“鳐鱼，鳐也。《山海经》：‘泰器之山，观水出焉。是多鳐鱼，鸟翼、苍文、白首、赤喙，群飞海上，常有大风。’《尔雅翼》：‘鳐长尺许，翅与尾齐。一名飞鱼。’”

〇山门阁上柱所画似是。

△人鱼

〇《史记》六（二十七丈）《始皇纪》曰："葬如骊山。云云。以人鱼膏为烛。"注："徐 广曰：'人鱼似鲇，四脚。'"《正义》曰："《广志》云：'鲵鱼似鱼，声如小儿啼，有四足，形如鳢，可以治牛，出伊水。'《异物志》云：'人鱼似人形，长尺馀。不堪食。皮利于鲛鱼，锯材木入。项上有小穿，气从中出。秦始皇冢中，以人鱼膏为烛，即此鱼也。出东海中，今台州有之。'"

〇谢肇淛《史觽》一（三丈）曰："始皇墓中以人鱼膏为烛，度不灭者久之。人鱼，鲵鱼也。似小儿有四足。"云云。

〇《五杂俎》十一（十一丈）曰："人鱼，食之已痴；古有斯语。"

〇《临海异物志》（《郛》六十二）。〇《帐幨》"八百尼"处引。

〇《潜确类书》五十五（十五丈）曰："《山海经》：浮濠之水出熊耳山，西流注于洛，其中多水玉，多人鱼。"

〇《集异记》："决水出龙侯山，东流注于河。其中多人鱼，其状如鳑（蹄）鱼，四足，其音如婴儿，食无痴疾。或曰人鱼，即鲵也，似鲇而四足，声如小儿啼。今亦呼鲇为鳑。"

〇《徂异记》："待制查道奉使高丽，见沙中一妇人，红裳双袒，髻鬟乱，肘微有红鬣。查命扶于水中，拜手感恋而没——乃人鱼也。"

〇《是路录》十七（十四丈）引之。

〇《稽神录》："谢仲王见妇人出波中，腰以下皆鱼也。"

〇又《潜确》百二十（廿九丈）曰："《余皇日疏》云：'海中所产多类人身，而人鱼其全者也。蚨青类人首，眉目宛然，玄罗类人足，戚车类男阴，文啮类女阴。又名东海夫人。'"

〇《是路录》十七（十四丈）引《徂异记》乃《潜确》所引也。

〇《万圣全书》四（卅丈）图。

龙侯山王决之水出焉，东注于河，中多人鱼，状如兽而四足，声如小儿啼，食之疗疫疾。

〇忠曰：《万圣全书》即写《集异记》（如前引）而多讹。又《山海经》无此图。

〇《山海经》图人面鱼身者。一（六丈）、十（二丈）、十二（九丈）："人面鱼身四足。"皆非名人鱼。

○《天中记》五十八（五十三丈）。

○《山海经》五（卅六丈）曰："东南流注汝水，其中多人鱼。"

○《圣德太子转历》下（十六丈）《推古二十七年》（太子四十八岁）曰："近江国司便启曰：'蒲生河有物？其形如人非人，如鱼非鱼。'太子谓左右曰：'祸始于此。夫人鱼者瑞物也，今无飞免。出人鱼者，是为国祸。汝等识之。'"

○《北户录》曰："《山海经》云：'人鱼如鳑（音啼）鱼，四脚，出丹洛二水。'"

○《著闻集》二十曰："伊势国别保浦得鱼三，喉首如人，齿细如鱼，口出如猿，身如常鱼，吠巷流泪皆如人。浦人煮食，味甚美。所谓人鱼乎。"

○《燕南记谈》前下（廿八丈）。

△虱、扪虱：唐土贵人例有之，不为耻。

○《帓嚓录》难遗部多证。

（九）《禅林方语》

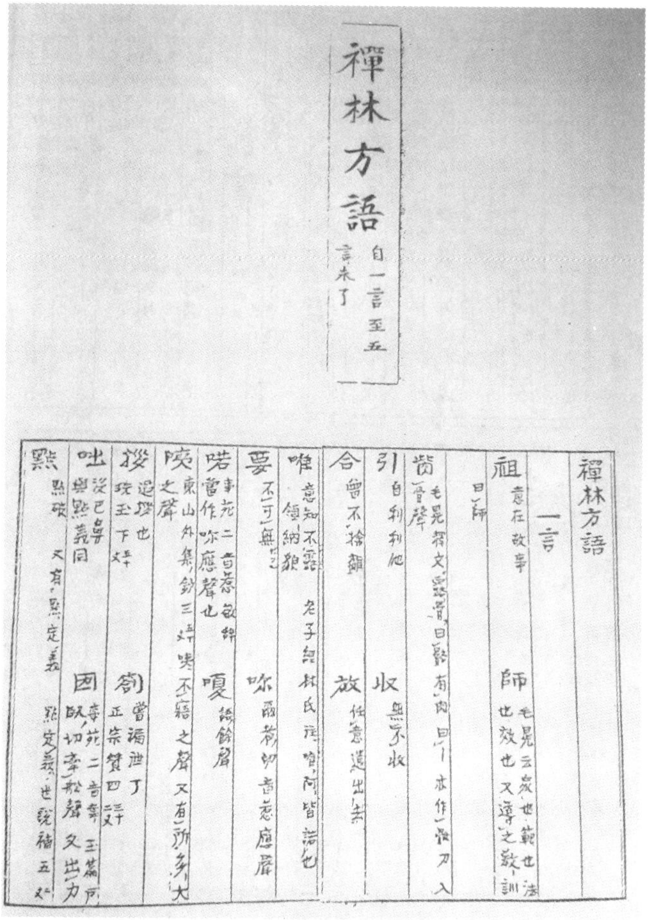
禪林方語
自一言至五言末了

禅林方语（自一言至五言末了）

禅林方语

一言

祖：意在故事。

师：毛晃云：众也，范也，法也，效也。又导之教训曰师。

啮：毛晃云：《释文》：露骨曰骼，有肉曰啮。亦作骴，刀入骨声。

收：无不收。

合：曾不舍离。

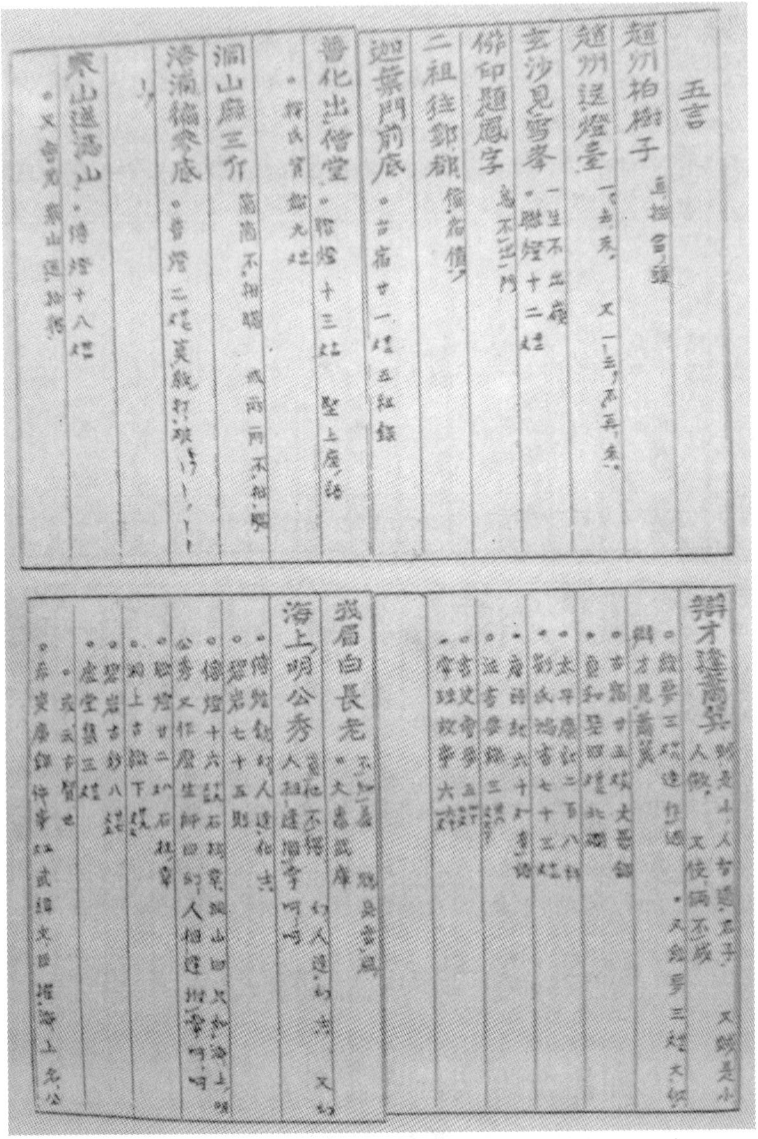

放：任意遣出去。

唯：意知不露。《老子经》林氏注：唯阿皆诺也。领纳貌。

要：不可无。

唥 ：尔者切，音惹，应声。

喏：《事苑》二："音惹。敬辞，当作唥，应声也。"

嗄：语余声。

咦：《东山外集》三（五十丈）：“咦，不瘖之声。又有所多大之声。”

拶：逼拶也。《珠玉》下（五十丈）。

劄：常漏泄也。《正宗赞》四（卅二丈）。

咄：没巴鼻。与“点”义同。

囝：音韦。《玉篇》户卧切，牵船声也。又出力。

点：点破。又有点定义。点定义，《世说补》五（二丈）。

五言

赵州柏树子：直指当头。

赵州送灯台：一去来。又一去不再来。

玄沙见雪峰：一生不出岭。○《联灯》十二（廿二丈）。

佛印题凤字：鸟不出门。

二祖往邓都：偿宿债。

迦叶门前底：○《古宿》廿一（廿二丈）《五祖录》。

普化出僧堂：○《联灯》十三（十四丈）坚上座语。○《释氏宝鉴》九（廿一丈）。

洞山麻三斤：个个不相瞒。或两两不相瞒。

洛浦偏参底：○《普灯》二（廿七丈）：“莫教打破洛浦偏参底。”

寒山送沩山：○《传灯》十八（卅四丈）。○又《会元》“寒山送拾得”。

辩才逢萧翼：贼是小人，智过君子，又贼是小人做。又伎俩不成。

○《统要》三（廿八丈）“逢”作“遇”。○又《统要》三（廿一丈）：“大似辩才见萧翼。”

○《古宿》廿五（十六丈）《大愚录》。

○《贞和集》四（廿五丈）《北硐》。

○《太平广记》二百八详。

○《刘氏鸿书》七十三（十二丈）。

○《唐诗记》六十（一丈）有诗。

○《法书要录》三（卅八丈已下）。

○《书史会要》四（四十二丈）。

○《掌珠故事》六（六十一丈）。

峨眉白长老：不知羞。鸦臭当风。

○《大惠武库》。

海上明公秀：觅他不得，幻人逢幻士。又幻人相逢，抚掌呵呵。

○《传灯钞》："幻人逢幻士。"

○《碧岩》七十五则。

○《传灯》十六（十九丈右）："'只如海上明公秀又作么生？'师曰：'幻人相逢，拊掌呵呵。'"

○《联灯》廿二（八丈）《石柱章》。

○《洞上古辙》下（廿九丈左）。

○《碧岩古钞》八（廿七丈右）。

○《虚堂集》三（廿二丈）。

○或云古贤也。

○《希叟广录·佛事》："武纬文臣擢海上明公之秀①。"

（十）《盌云灵雨》

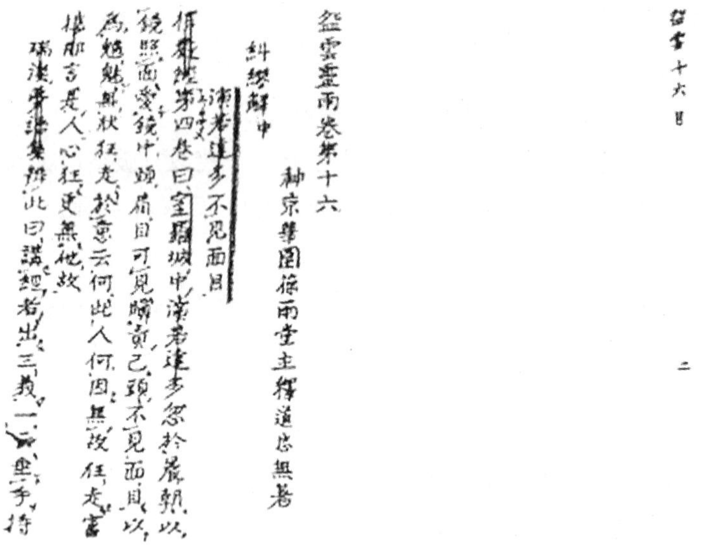
盤雲靈雨卷第十六
神京華園保雨堂主釋道忠無著
糾繆解中
演若達多不見面目
楞嚴經第四卷曰：室羅城中演若達多忽於晨朝以鏡照面，愛鏡中頭眉目可見，瞋責己頭不見面目，以為魑魅無狀狂走。於意云何？此人何因無故狂走？富樓那言：是人心狂，更無他故。

① "之秀"二字在下一页，图略。

《盌云灵雨》卷第十六
神京华园葆雨堂主释道忠无著
纠谬解（中）

演若达多不见面目

《楞严经》第四卷：“演若达多，忽于晨朝以镜照面，爱镜中头眉目可见，瞋责己头不见面目，以为魑魅无状狂走。于意云何，此人何因无故狂走？富楼那言：‘是人心狂，更无他故。’”

瑞溪《梦语集》辨此曰：“讲经者出三义，一云垂手持镜，镜在下，而面在上，不相对，故不见头，因发狂奔走。瑞溪驳云：纵不见头，尚可见面目。《矧经》曰：‘以镜照面，爱镜中头眉目可见，瞋责己头不见面目，盖以不见面目，故狂走也。’故镜在下，不见头义，未成。（忠曰：瑞溪驳不当讲者，意谓镜在下，头在上，唯照喉已下也。瑞溪以爱面目为不见面时事，故此难生，谓平生爱眉目，一朝不见眉目也。）二云瞋时看镜，故自惛迷不见头。（忠曰：此义非也。不可见，故瞋责也，非有瞋事，故看镜。）瑞溪驳云：瞋失本性，与狂失本性有何异也。此不足为狂走之由也。（忠曰：此驳非也。瞋责之极，故失本性而狂走，故瞋与失本性时异也。故今论不可见头之由，非求狂走之由也。）三云晨朝天尚暗，故不见头。瑞溪驳云：若暗中，非看镜时，演若为之，此亦狂耳，不可为狂走之因也。又晨朝，天明后也，不可言暗乎。（忠曰：此驳不是。暗中看镜者，可名拙愚，未可为狂也。及不见头，以为魑魅所作，方狂而走也。又今求不可见头之因，非求狂走之因。又晨朝昧爽洞明时，亦可言暗也。）瑞溪曰：熟思之经，既曰无故狂走，又曰此人心狂，更无他故。既曰狂矣，别有何由？惟狂乱，故以有为无，以不失自为失。经曰以镜照面，又曰眉目可见，又曰不见面目，然则狂则为失面及眉目也。”

（十一）《庯峭余录》

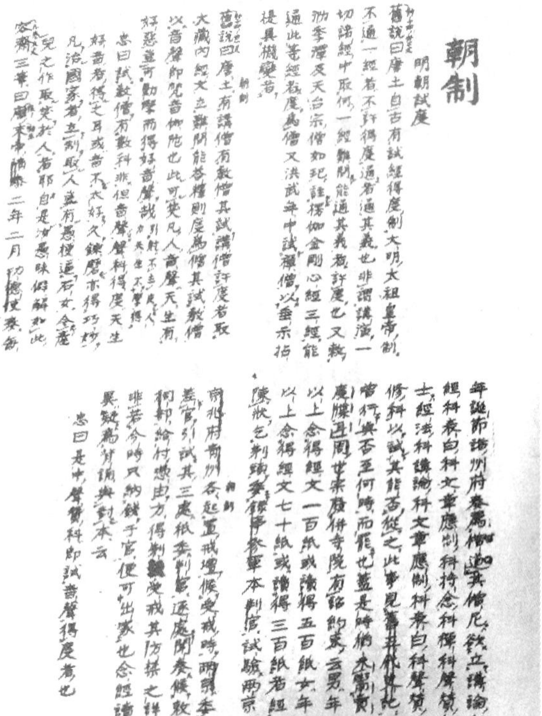
朝制
明朝試度
舊說曰：唐土自古有試經得度制。大明太祖皇帝制，不通一經者，不許得度。通者，通其義也，非謂講演。一切諸經中取何？一經難問，能通其義者，許度也。又勅[illegible]禪及天台宗僧，如般若、楞伽、金剛心經三經，能通此等經者，度爲僧。又洪武年中，試禪僧，以垂示拈提具機變者。
舊說曰：唐土有講僧、有教僧。其試講僧，許度者取大藏內經文，立難問，能答精則度爲僧。其試教僧，以音聲，即咒音、伽陀也。此可笑。凡人音聲天生有好惡，豈可勉學而得好音聲哉。
忠曰：試教僧有數科，非但音聲。聲贊科得度，天生好音者得之耳，或音不太好，久鍊磨亦得巧妙。凡治國家者，立制取人，並有[illegible]。咒之作取笑於人，若耶？自是[illegible]愚昧僻解如此。
[illegible]三章曰：[illegible]二年二月[illegible]
[illegible]年誕節，諸州府奏爲[illegible]僧尼，欽立講論科、講經科、表白科、文章應制科、持念科、禪科、聲贊科、道士經法科、講論科、文章應制科、表白科、聲贊科、焚修科，以試其能否，從之。此事見[illegible]，不知當時與否，至何時而罷也。蓋是時納[illegible]祠部度牒，因周世宗廢併寺院，有[illegible]約束，云男年十五以上，念得經文一百紙，或讀得五百紙；女年十三以上，念得經文七十紙，或讀得三百紙者，經本府陳狀，乞剃頭，委録事參軍本判官試驗，兩京大名府、兆府、[illegible]州各起置戒壇，候受戒時，兩京委祠部差官引試其三處，祇委判官逐處聞奏，候敕下，委祠部給付憑由，方得剃頭受戒，其防禁之詳如此。非若今時只納錢于官，便可出家也。念經、讀經之異，疑爲背誦與對本云。
忠曰：是中聲贊科，即試音聲得度者也。
1103

朝制

明朝试度

旧说曰[1]：唐土自古有试经得度制。大明太祖皇帝制：不通一经者，不许得度。通者，通其义也。非谓讲演。一切诸经中取何？一经难问，能

---

① 原文右旁补“《钞》十四（廿一丈）”数小字。

通其义者，许度也。又敕沕季潭及天台宗僧如玘注释《楞伽经》《金刚经》《心经》三经，能通此等经，度为僧。又洪武年中，试僧以垂示、拈提、机变者。

旧说曰①：唐土有讲僧、有教僧。其试讲僧许度者，取大藏内经文，立难问能答释则度为僧。其试教僧以音声，即梵音伽陀也，此可笑凡人音声天生有好恶，岂可勤学而得好音声哉？（引“射不主皮，人力天生不学得。”②）

忠曰：试教僧有数科，非。但音声声科得度天生好音者，得之耳。或音不太好，久錬磨，亦得巧妙。凡治国家者，立制取人，岂有愚梗逼石女，令产儿之作取笑于人者耶？自是汝愚昧僻解如此。

《容斋三笔》九卷（九丈）③：“唐末帝清泰二年二月，功德使奏：‘每年诞节，诸州府奏荐僧道，其僧尼欲立讲论科、讲经科、表白科、文章应制科、持念科、禅科、声赞科，道士经法科、讲论科、文章应制科、表白科、声赞科、焚修科，以试其能否。’从之，此事见《旧五代史记》，不知曾行与否，至何时而罢也。盖是时犹未鬻卖祠部度牒耳。周世宗废并寺院，有诏约束云：‘男年十五以上，念得经文一百纸，或读得五百纸，女年十三以上，念得经文七十纸，或读得三百纸者，经本府陈状，乞剃头，委录事参军、本判官试验。两京、大名、京兆府、青州各置戒坛，候受戒时，两京委祠部差官引试，其三处只委判官，逐处闻奏。候敕下委祠部给付凭由，方得剃头受戒。’其防禁之详如此，非若今时只纳钱于官，便可出家也。念经、读经之异，疑为背诵与对本云。”

① 原文右旁补“《钞》十四（廿一丈）”数小字。

② 《论语·八佾》：“射不主皮，为力不同科，古之道也。”

③ 原文“九卷（九丈）”为“容斋三笔”右旁补。

（十二）《禅林句集辨苗》

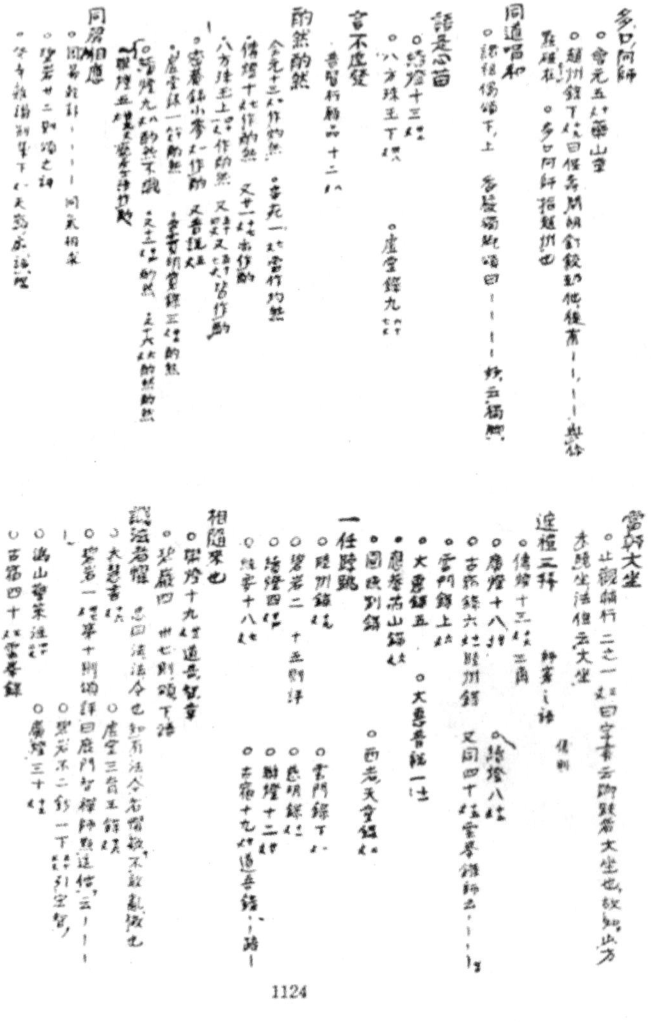

【多口阿师】

○《会元》五（十丈）《药山章》。

○《赵州录》下（十九丈）曰："保寿问胡钉铰。（乃至）他后有多口阿师，与你点破在。"多口阿师，指赵州也。

【同道唱和】

○《诸祖偈颂》下（上）《香严独脚颂》曰："同道唱和，妙云独脚。”

【语是心田】

○《续灯》十三（廿二丈）。

○《八方珠玉》下（卅八丈）。○《虚堂录》九（六十七丈）。

【言不虚发】

○《普贤行愿品》十八（八丈）。

【酌然酌然】

○《会元》三（二丈）作“灼然”。○《事苑》一（七丈）：“当作‘灼然’”。

○《八方珠玉》上（四十一丈）作“酌然”。又（五十四丈）皆作“酌”。

○《密庵录·小参》（一丈）作“酌”。又《普说》（五丈）。

○《虚堂录》一（八十六丈）：“酌然。”○《雪窦明觉录》三（廿五丈）：“酌然。”

○《续灯》九（八丈）：“酌然不识。”○又十二（廿四丈）：“酌然。”○又十六（六丈）：“酌然酌然。”

○《联灯》五（廿九丈右）庞居士语作“酌”。

【同声相应】

○《周易·乾卦》：“同声相应，同气相求。”

○《碧岩·廿二则颂》之词。

○《癸辛杂识·别集》（一丈）《天籁》处论理。

【当轩大坐】

○《止观辅行》二之一（三丈）曰：“字书云：加趺者，大坐也。故知此方未晓坐法，但云大坐。”

【速礼三拜】

师家之语。

○《传灯》十三（十六丈）《三角[1]》。

○《广灯》十八（廿丈）。○《续灯》八（十五丈）。

○《古宿录》六（十一丈）《睦州录》。又同四十（十五丈）《雪峰录》：“师云：‘速礼三拜。’”

---

[1] 三角：蕲州三角山志谦禅师。

○《云门录》上（六丈）。

○《大惠录》五。○《大惠普说》一（二丈）。

○《应庵・沩山录》（六丈）。

○《圆照别录》。○《西岩天童录》（二丈）。

【一任踍跳】

○《睦州录》（十九丈）。○《云门录》下（一丈）。

○《碧岩》二《十五则评》。○《慈明录》（十一丈）。

○《续灯》四（廿四丈）。○《联灯》十二（廿丈）。

○《统要》十八（七丈）。○《古宿》十九（廿丈）《道吾录》："一任踣跳。"

【相随来也】

○《联灯》十九（廿二丈）《道吾智章》。

《碧岩》四《卅七则颂・下语》。

【识法者懼】

忠曰：法，法令也。知有法令者，懼敬不敢乱做也。

○《大慧书》（十六丈）。○《虚堂・三育王录》（廿六丈）。

○《碧岩》一（卅七丈）《第十则颂・评》曰："鹿门智禅师，点这僧云：'识法者惧。'"○《碧岩不二钞》一下（五十三丈）引《宏智》。

○《沩山警策注》（四十二丈）。○《广灯》三十（十三丈）。

○《古宿》四十（三丈）《雪峰录》。

○《中峰录》（冠注十一上）（廿五丈左）。

（十三）《临济慧照禅师语录疏瀹》

△屎块子：忠曰：块子即干屎也。或谓涂屎之土块，非也。（止此）比意识度量所得句义也。

△向口里含（至）人：忠曰：自妄意安排已自污，又说向他人，是吐屎污，撒向于别人也。

△俗人打传口令：忠曰：如村里令事展转相传，无别掌者。

○《大慧普说》下（五十九丈）曰："问一段未了，又问一段，恰如村人打传口令相似。"

○《大慧法语》中（三丈）曰："如三家村里传口令，口耳传授。"

打《洪武正韵补笺・马韵》（廿六丈）曰："打，都瓦切。《项氏家

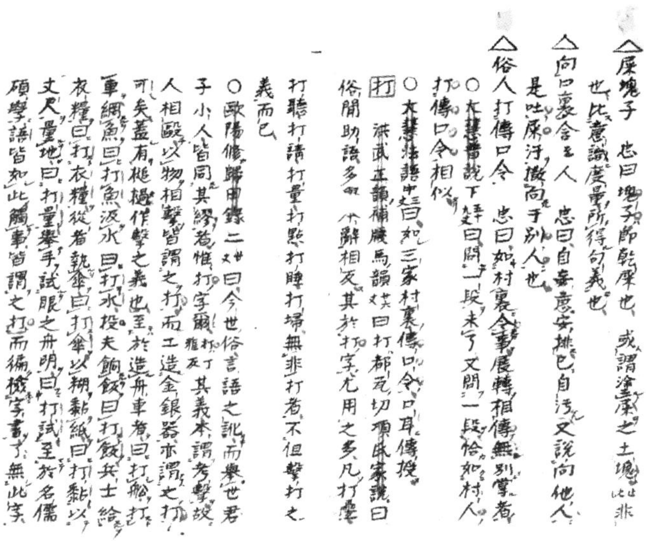
△屎塊子　忠曰：塊子即乾屎也。或謂塗廁之土塊，此非也。此意識度量所得的義也。
△向口裏含了人　忠曰：自無意安排，已自污，又說向他人，是吐屎汙，潑向于別人也。
△俗人打傳口令　忠曰：如村裏令事展轉相傳，無別掌者。
○大慧普說下（廿丈）曰：問一段，未了又問一段，恰如村人打傳口令相似。
○大慧普說中（二丈）曰：如三家村裏傳口令，口耳傳授。
打　洪武正韻補職馬韻（廿丈）曰：打，都瓦切，……
俗閒助語，多與本辭相反，其於打字尤用之多。凡打疊、打聽、打請、打量、打點、打睡、打掃，無非打者，不但擊打之義而已。
○歐陽修歸田錄二（廿丈）曰：今世俗言語之訛，而舉世君子小人皆同其繆者，惟打字爾（打，丁雅反）。其義本謂考擊，故人相毆，以物相擊，皆謂之打。而工造金銀器，亦謂之打，可矣，蓋有槌撾作擊之義也。至於造舟車者曰打船、打車，網魚曰打魚，汲水曰打水，役夫餉飯曰打飯，兵士給衣糧曰打衣糧，從者執傘曰打傘，以糊黏紙曰打黏，以丈尺量地曰打量，舉手試眼之昏明曰打試，至於名儒碩學語皆如此，觸事皆謂之打，而徧檢字書，了無此字
又百廿九

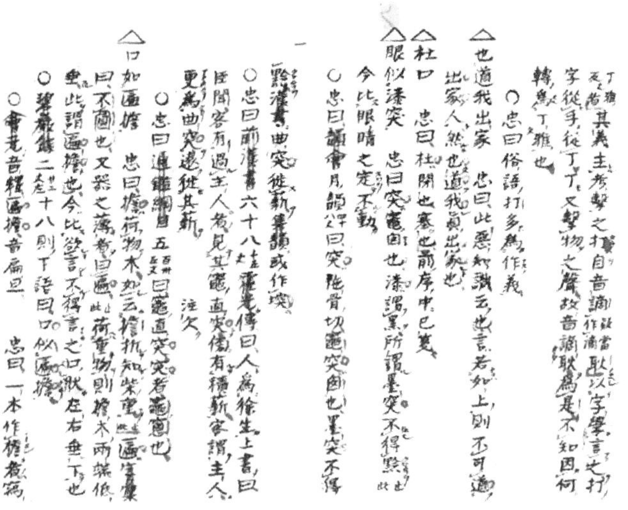
其義主於擊之打，自音謫。以字學言之，打字從手從丁，丁又擊物之聲，故音謫為是。不知因何轉為丁雅也。
○忠曰：俗語打多為作義。
△也適我出家　忠曰：此惡知識云也。言若如上則不可適出家人，然也適我負出家也。
△杜口　忠曰：杜，閉也，塞也。前序中已見。
△眼似漆突　忠曰：突，竈囪也。漆謂黑，所謂墨突不得黔。今比眼睛之定不動。
○忠曰：韻會月韻曰：突，陀骨切，竈突，囪也。墨突不得黔。淮南書：曲突徙薪。集韻：或作堗。
○忠曰：前漢書六十八霍光傳曰：人為徐生上書，曰臣聞客有過主人者，見其竈直突，傍有積薪。客謂主人更為曲突，遠徙其薪。　注欠。
○忠曰：通鑑綱目五曰：竈直突。突者，竈窗也。
△口如匾擔　忠曰：擔，荷物木。……曰：不圓也。又器之薄者曰匾。此荷重物則擔木兩端低垂，此謂匾擔也。今比欲言不得言之口，脗左右垂下也。
○碧巖錄二十八則下語曰：口似匾擔。
○會元音釋：匾擔，音扁旦。　忠曰：一本作……
百三十

说》曰：俗闲助语。多与本辞相反。其于打字，尤用之多。凡打叠、打听、打请、打量、打点、打睡、打埽，无非打者，不但击打之义而已。”

〇欧阳修《归田录》二（廿丈）曰：“今世俗言语之讹，而举世君子小人皆同其缪者，惟打字尔（打，丁雅反）。其义本谓考击，故人相殴，以物相击，皆谓之打。而工造金银器，亦谓之打可矣，盖有槌挝作击之

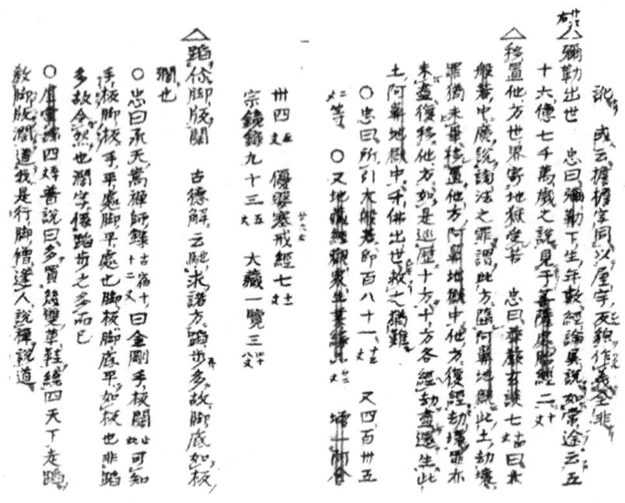
訛，或云擢榜字同，以屋宇死貌作義，全非。

△彌勒出世　忠曰：彌勒下生，年數經論異說，如常途云五十六億七千萬歲之說，見于菩薩處胎經二十丈。

△移置他方世界寄地獄受苦　忠曰：菩薩本業經七十二丈曰：末那般若中廣說謗法之罪，謂此方臨阿鼻地獄，此土劫壞罪猶未畢，移置他方阿鼻地獄中，他方復經劫壞，罪亦未盡，復移他方，如是巡歷十方，十方各經劫盡還生此土阿鼻地獄中，千佛出世救之猶難。

○忠曰：所引大般若，即百八十一卷，又四百卅五等。○又地藏經觀衆生業緣品……

卅四丈　優婆塞戒經七十

宗鏡錄九十三丈　大藏一覽三

△跆，依腳版闊　古德解云：跣，求諸方，跆步多，故腳底如板闊也。

○忠曰：承天嵩禪師錄……曰金剛手板闊，此可知手板、腳板，手平處、腳平處也。腳板、腳底平，如板也，非跆多故令然也。跆字，像跆步之多而已。

○虚堂錄四：頌普說曰：多買幾雙草鞋，繞四天下走跆，教腳版闊，道我是行腳僧，逢人說禪說道。

百三十一

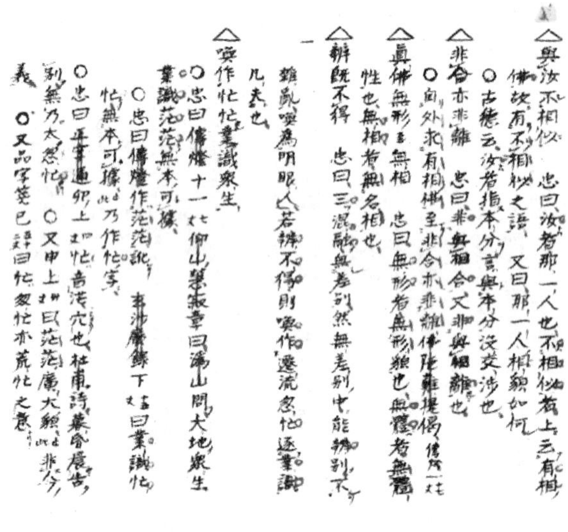
△與汝不相似　忠曰：汝者那一人也，不相似者，上云有相佛故，有不相似之語。又曰：那一人相貌如何。

○古德云：汝者指本分，言與本分沒交涉也。

△非合亦非離　忠曰：非與相合，又非與相離也。

○向外求有相佛，至非合亦非離，傅大士偈，傳燈一十七。

△真佛無形，無相　忠曰：無形者無形貌也，無體者無體性也，無相者無名相也。

△辨既不得　忠曰：三混融無差別，然無差別中能辨別，不雖亂嗅為明眼人，若辨不得則嗅作邊流忽也，逐業識凡夫也。

△嗅作忙忙業識衆生

○忠曰：傳燈十一，仰山慧寂章曰：潙山問大地衆生業識茫茫，無本可據。

○忠曰：傳燈作茫茫，訛。　東沙廣錄下丈曰：業識忙忙無本可據，此乃作忙字。

○忠曰：韋道卯上：忙，音茫，穴也。杜甫詩：蒸命農告別，無乃太怱忙。○又申上曰：茫茫，廣大貌，此非今義。○又品字箋巳集曰：忙，忽忙亦荒忙之意。

百三十二

义。也至于造舟车者曰打船、打车，网鱼曰打鱼，汲水曰打水，投夫饷饭曰打饭，兵士给衣粮曰打衣粮，从者执伞曰打伞，以糊黏纸曰打黏，以丈尺量地曰打量，举手试眼之舟明曰打试。至于名儒硕学，语皆如此，触事皆谓之打，而偏检字书，了无此字。（丁雅反者）其义主考击之打，自音谪（疑当作滴）耿。以字学言之，打字从手从丁。丁，又击物之声，故音谪耿为是，不知因何转为丁雅也。”

○忠曰：俗语打多为作义。

△也道我出家：忠曰：此恶知识云也。言若如上则，不可道出家人然也，道我真出家也。

△杜口：忠曰：杜，闭也，塞也。前序中已笺。

△眼似漆突：忠曰：突，灶囱也。漆，谓黑。所谓墨突不得黔。（止此）今比眼睛之定不动。

○忠曰：《韵会·月韵》（四十八丈）曰："突，陁骨切，灶突囱也。墨突不得黔。《汉书》：'曲突徙薪。'《集韵》：或作堗。"

○忠曰：《前汉书》六十八（十五丈）《霍光传》曰："人为徐生上书曰：臣闻客有过主人者，见其灶直突，旁有积薪，客谓主人，更为曲突，远徙其薪。"注欠。

○忠曰：《通鉴纲目》五（百卅五丈）曰："灶直突。突者，灶窻也。"

△口如匾担：忠曰：担荷物木，如云担折知柴重。（止此）匾，《字汇》曰：不圆也。又器之薄者，曰匾。（止此）荷重物则担木两端低垂，此谓匾担也。今比欲言不得言之口状，左右垂下也。

○《碧岩录》二（廿二丈左）《十八则·下语》曰："口似匾担。"

○《会元音释》："匾担，音扁旦。"忠曰：一本作檐者写，讹。或云担檐字同，以屋宇反貎作义，全非。

（廿六右）△弥勒出世：忠曰：弥勒下生年，数经论异说，如常途云五十六亿七千万岁之说，见于《菩萨处胎经》二（十丈）。

△移置他方世界寄地狱受苦：忠曰：《华严玄谈》七（十四丈）曰："《大般若》中广说法之罪，谓此方随阿鼻地狱，此土劫坏，罪犹未毕，移置他方阿鼻地狱中，他方复经劫坏，罪亦未尽，复移他方。如是巡历十方，十方各经劫尽，还生此土阿鼻地狱中，千佛出世，救之犹难。"

○忠曰：所引《大般若》即百八十一（十二丈）。又四百卅五（二丈）等。○又《地藏经·观众生业缘品》（廿二丈）。《增一阿含》卅四（五丈）。《优婆塞戒经》七（十一丈）。《宗镜录》九十三（五丈）。《大藏一览》三（四十八丈）。

△蹈你脚版阔：古德解云：驰求诸方，蹈步多，故脚底如板阔也。

○忠曰：《承天嵩禅师录》（《古宿》十，十二丈）曰："金刚手板阔。"（止此）可知手板、脚板，手平处、脚平处也。脚板，脚底平如板也，非蹈多故令然也。阔字，系蹈步之多而已。

○《虚堂录》四（五十丈）《普说》曰：“多买几双草鞋，绕四天下走蹈，教脚版阔，道我是行脚僧，逢人说禅说道。”

△与汝不相似：忠曰：汝者，那一人也。不相似者，上云有相佛，故有不相似之语。又曰那一人相貌如何。

○古德云：汝者指本分，言与本分没交涉也。

△非合亦非离：忠曰：非与相合，又非相与相离也。

○自外求有相佛，至非合亦非离，佛陁难提偈。《传灯》一（十七丈）。

△真佛无形（至）无相：忠曰：无形者，无形貌也。无体者，无体性也。无相者，无名相也。

△辨既不得：忠曰：三混融无差别，然无差别中，能辨别不杂乱，唤为明眼人。若辨不得，则唤作迁流忽忙逐业识凡夫也。

△唤作忙忙业识众生

○忠曰：《传灯》十一（七丈）《仰山慧寂章》曰：“沩山问：大地众生业识茫茫，无本可据。”

○忠曰：《传灯》作“茫茫”，讹。《玄沙广录》下（十五丈）曰：“业识忙忙，无本可据。”（止此）乃作“忙”字。

○忠曰：《正字通·卯·上》（四丈）：“忙，音茫，穴也。杜甫诗：‘暮昏晨告别，无乃太忽忙。’”○又《申·上》（卅丈）曰：“茫茫，广大貌。”（止此）非今义。○又《品字笺》巳（五十二丈）曰：“忙，匆忙，亦荒忙之意。”

（十四）小丛林略清规证解

小丛林略清规

序

△滥厕：《沩山警策》（卅七丈右）：“滥厕僧伦。”

△蕃芜：《书经》（《集注》四卷廿四丈）《周书·洪范》曰：“庶草蕃庑。”《集注》：“庑，丰貌。”《文选》一（五十二丈）张衡《东都赋·灵台诗》：“百谷蓁蓁，庶草蕃庑。”

△目击：《庄子》。

△贫婆：《事苑》二（二丈）：“梵语贫婆那，此云丛林。”云云。

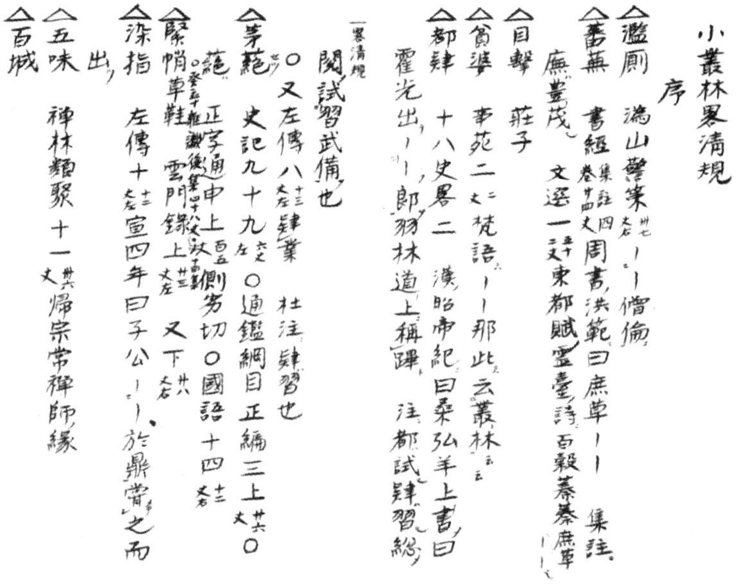

△都肆：《十八史略》二《汉昭帝纪》曰："桑弘羊上书曰：'霍光出都肆羽林，道上称跸。'"注："都试肆习，总阅试习武备也。"

○又《左传》八（十三丈左）："肆业。"杜注："肆，习也。"

△茅蕝：《史记》九十九（六丈左）。○《通鉴纲目正编》三上（廿六丈）。○《正字通·申·上》（百五丈）："侧劣切。"《国语》十四（十二丈右）。

○《癸辛杂识·后集》（四十八丈）。

△紧峭草鞋：《云门录》上（廿三丈左）。又（廿八丈右）。

△染指：《左传》十（十二丈左）《宣四年》曰："子公染指于鼎，尝之而出。"

△五味：《禅林类聚》十一（卅六丈）《归宗常禅师缘》。

（十五）《少林无孔笛校证》

少林无孔笛 第一卷

米山录

（三左）△明招放去太迟（云云）：此已下语，元本解于前（二丈左）"天地不仁"至"扇子诸仁还构得么"下。然"天地不仁"等非明

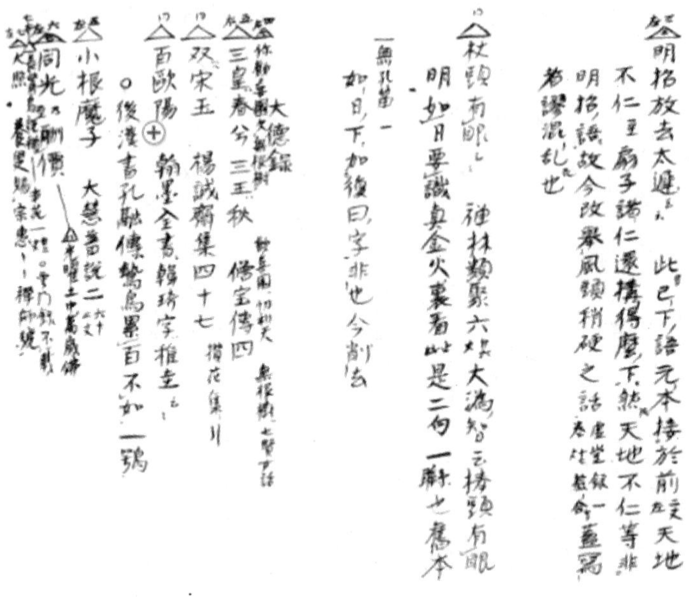
少林無孔笛　第一卷
米山錄
△明招放去太遲云云　此已下語元本接於前之天地不仁至扇子諸仁還構得麼下然天地不仁等非明招語故今改舉風頭稍硬之話虛堂錄一卷十七丈檢合蓋寫者謬混乱也
△杖頭有眼云云　禪林類聚六大潙智云棒頭有眼明如日要識真金火裏看此是二句一聯也舊本
一無孔笛一
如日下加復曰字非也今削去
大德録
△你歡喜園欠無根樹
△三皇春兮三王秋　僧宝傳四
△双宋玉　楊誠齋集四十七　攢花集
△百欧陽　翰墨全書韓琦字稚圭云云
○後漢書孔融傳鷙鳥累百不如一鶚
△小根魔子　大慧普說二
△同光乃至酬價

招语，故今改举风头稍硬之话（《虚堂录》一卷十七丈《检合》），盖写者谬混乱也。

（同）△杖头有眼（云云）：《禅林类聚》六（廿六丈）："棒头有眼明如日，要识真金火里看。"①（止此）是二句一联也。旧本"如日"下，加"复曰"字，非也。今削去。

大德录

（四左）△你欢喜园欠无根树：欢喜园，忉利天。无根树：七贤女话。

（五右）△三皇春兮三王秋：《僧宝传》四。

（同）△双宋玉：《杨成斋集》四十七（《攒花集》）。

（同）△百欧阳：《翰墨全书》："韩琦，字稚圭。"云云。

○《后汉书·孔融传》："鸷鸟累百不如一鹗。"

（五左）小根魔子：《大慧普说》二（六十丈）。

（六左）△同光（乃至）酬价

△光曜土中万岁佛

① 《卍新续藏》第 67 册《禅林类聚》无"要识真金火里看"。

（七右）△长觜鸟说禅：《事苑》（廿三丈）。○《云门录》不载。

（七左）△大照：养叟赐宗惠大照禅师号。

（十六）《宗镜录助览》

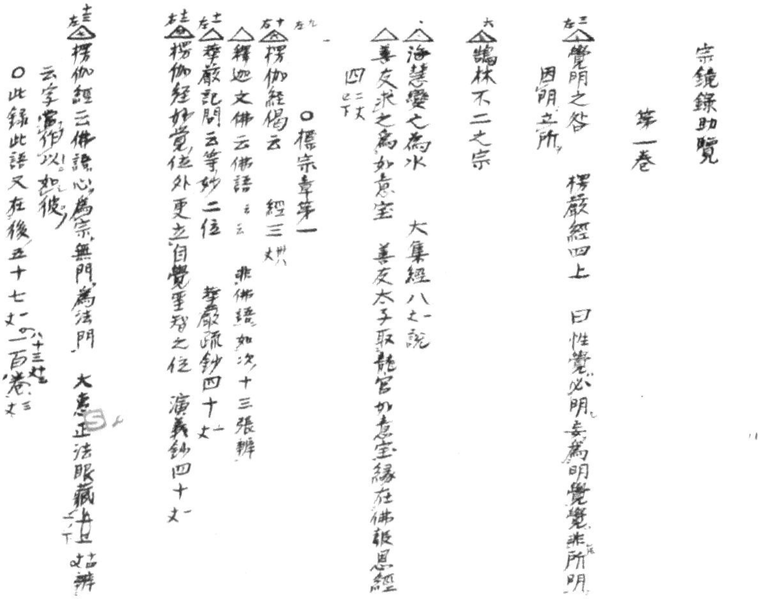

《宗镜录》助览

第一卷

（三左）△觉明之咎：《楞严经》四上曰："性觉必明，妄为明觉，觉非所明，因明立所。"

（六）△鹄林不二之宗

△海慧变之为水：《大集经》八（一丈）说。

△善友求之为如意宝：善友太子取龙宫如意宝缘在《佛报恩经》四（二丈已下）。

（九左）○《标宗章》第一。

（十右）△《楞严经》偈云。《经》三（卅八丈）。

△释迦文佛云佛语（云云）：非佛语如次十三张辨。

△（十一左）《华严记》问云等妙二位：《演义疏钞》四十（一丈）。

（十二右）△《楞伽经》妙觉位外，更立自觉圣智之位：《演义钞》四十（一丈）。

（十三左）△《楞伽经》云佛语心为宗，无门为法门：《大惠正法眼藏》一下（十四丈）辨。“云”字当作“以”，如彼。

○此录此语又在后五十七（一丈）、八十七（十三丈）、一百卷（三丈）。

（十七）《〈禅仪外文〉附考》

禪儀外文上卷附考 并傳授書等所一考者
○圓悟住雲居　道忠　纂
△疏　爲僧製請疏從論則沈休文發講疏爲始如此
集序言之禪門請疏韶州防禦使何希範等製請
疏令雲門偃禪師住靈樹爲始其疏附于雲門錄
後
△法幢　又祖庭事苑五曰｜｜喻菩薩人高出建立
見香歸向降伏魔軍自無怖畏如世幢幟
△耆年　維摩經觀衆生品曰舍利弗言 問天女語 天止此
一外文上　五
室其已久如荅曰我止此室如耆年解脫○禮記
曲禮上曰六十曰耆指使　鄭玄注耆渠夷反賀
楊云至也至老境也
△轄　字彙｜｜車軸頭鐵
△英　小補韻會戰國策注才出萬人曰｜爾雅序注
疏德過千人曰英
△竪亞　字彙亞稱去聲相依也
△語言三昧　緇門警訓下佛鑑與佛果勤和尚書曰
近有禪客至此傳聞夾山禪師適來爲兄弟請益

雪竇其洪機使辨出沒淵奥頗異諸方自古今未
有也○時圓悟住夾山
△遊戲　大論七曰菩薩心生諸三昧欣樂出入自在
名之爲戲非結愛戲也戲名自在如師子在鹿中
自在無畏故名爲戲
△巧便　淨名疏三曰方是智所詣之偏法便是善權
巧用之能巧用諸法隨機利物故云方便
○璞老住東禪
△挺　小補韻會迥韻｜｜特也
一
△祖印　碧岩三十八則曰風穴云祖師心印狀似鐵　六
牛之機
△東山法道　大惠武庫曰雲居悟和尚在昔門時有
僧被蛇傷佛眼問曰既是龍門爲什麼被蛇咬悟
即應曰果然現大人相後傳此語到昭覺圓悟云
龍門有此僧耶｜｜｜｜未寂寥爾
△覺苑之光華　淨名經佛道品偈覺意淨妙華 注 生
曰七覺以開悟爲道無染爲淨華之法者也
△種性　四教集解下曰種即能生性名不改 云 能生

《禅仪外文》上卷附考（省传疑盲象所考者）
道忠纂

○圆悟住云居

△疏：为僧制请疏泛论，则沈休文①发讲疏为始，如此集序，言之禅门请疏。韶州防御使喝希范等制请疏令，云门偃禅师住灵树为始，其疏附于《云门录》后。

△法幢：又《祖庭事苑》五曰："法幢，喻菩萨、人高出建立，见者归向，降伏魔军，自无怖畏，如世幢帜。"

△耆年：《维摩经观·众生品》："舍利弗言（问天女语）：'天止此室，其已久如？'答曰：'至止此室，如耆年解脱。'"○《礼记·曲礼》："六十曰耆；耆，指使。"郑玄注："耆，渠夷反，贺杨云：'至也，至老境也。'"

△辖：《字汇》："辖，车轴头铁。"

△英：《小补韵会》："《战国策》注：才出万人曰英。《尔雅·序》注疏：德过千人曰英。"

△竖亚：《字汇》："亚，鸦去声。相依也。"

△语言三昧：《缁门警训》下《佛鉴与佛果勤和尚书》曰："近有禅客至此，传闻夹山禅师迩来为兄弟请益雪窦。其洪机捷辨出没渊奥，颇异诸方，自古今未有也。"○（时圆悟住夾山）

△游戏：《大论》七曰："菩萨心生诸三昧，欣乐出入自在，名之为戏，非结爱戏也。戏名自在；如师子在鹿中自在无畏故，名为戏。"

△巧使：《净名疏》三曰："方是智所诣之偏法，便是善权巧用之能。巧用诸法，随机利手，故云方便。"

○璞老住东禅。

△挺：《小补韵会·回韵》："挺，特也。"

△祖印：《碧岩·三十八则》曰："风穴云：'祖印心印状似铁牛之机。'"

△东山法道：《大惠武库》曰："云居悟和尚在龙门时，有僧被蛇伤。佛眼问曰：'既是龙门，为什么被蛇咬？'悟即应曰：'果然现大人相。'

① 沈休文：沈约（441—513），字休文，吴兴武康（今浙江德清）人，南朝史学家、文学家。

后传此语到昭觉。圆悟云：‘龙门有此僧耶。东山法道未寂寥尔。’”

△觉苑之光华：《净名经・佛道品偈》：“觉意净妙华，解脱智慧果。”（注）：“生曰：七觉以开悟为道，无染为净华之法者也。”

△种性：《四教集解》下曰：“种即能生，性名不改。”云云。能生，无有改变①。

（十八）《对校录》

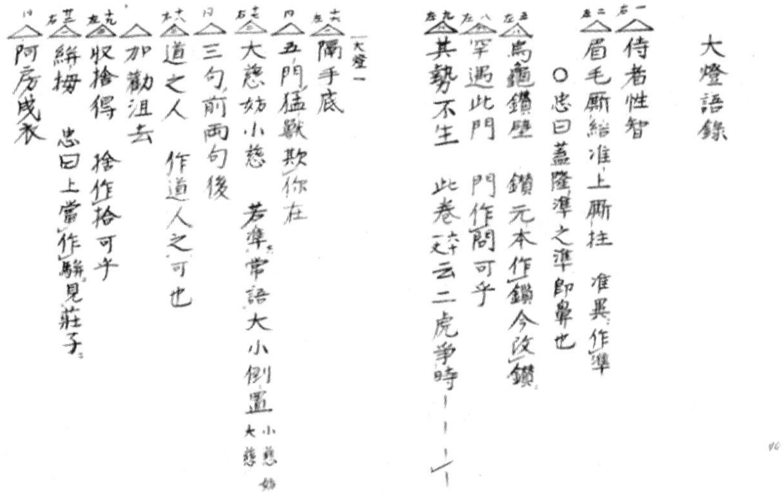
大燈語錄
右一 △侍者性智
左二 △眉毛厮結准上厮拄 准異作準 ○忠曰蓋隆準之準即鼻也
左五 △烏龜鑽壁 鑽元本作鎖今改鑽
左八 △罕遇此門 門作問可乎
左九 △其勢不生 此卷六十一中云二虎争時――
大燈一
左十六 △隔手底
同 △五門猛獸欺你在
右十七 △大慈姑小慈 若準常語大小倒置 小慈大姑慈
同 △三句前兩句後
右十八 △道之人 作道人之可也
△加勸沮去
左十九 △收拾得 拾作拾可乎
右廿 △絣𢱢 忠曰上當作騈見莊子
同 △阿房成衣

《大灯语录》

（一右）△侍者性智

（二左）△眉毛厮结准上厮拄：准异作準。○忠曰：盖隆准之准，即鼻也。

（五左）△乌龟钻壁：钻元本作锁，今改钻。

（八左）△罕遇此门：门作问，可乎？

（九左）△其势不生：此卷（六十一中）：“二虎争时，其势不生。”

（十六左）△隔手的

（同）△五门萌死欺你在

（十七左）△大慈姑小慈：若准常语大小倒置（小慈大姑慈）。

① 无有改变：四学在次页，图略。

（同）△三句前两句后

（十八左）△道之人：作“道人之”，可乎？

（同）△加劝沮去

（十七左）△收舍得：舍作拾，可乎？

（廿二右）△缾拇：忠曰：上常作骈，见《庄子》。

（同）△阿房成衣

（十九）《翰苑雅言》

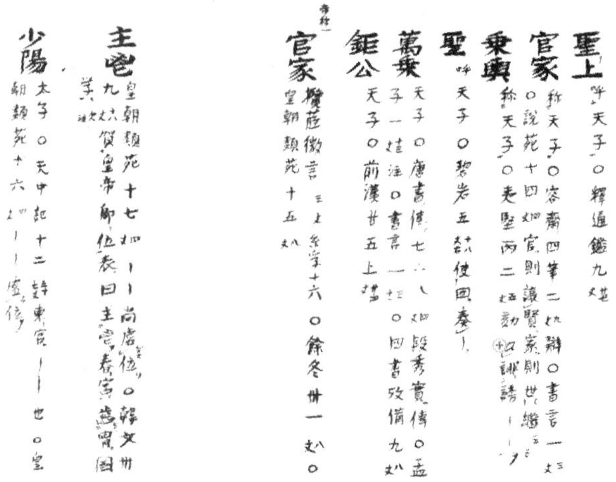

圣上：呼天子。○《释通鉴》九（廿七丈）。

官家：称天子。○《容斋四笔》二（九丈）辩。○《书言》一（二丈）。○《说苑》十四（四丈）：“官则让贤，家则世继。”云云。

乘舆：天子。○《夷坚》丙二（五丈）：“劾以诽谤乘舆。”

圣：呼天子。○《碧岩》五（十八丈右）：“使回奏圣。”

万乘：天子。○《唐书·传》七十八（四丈）《段秀实传》。○《孟子》一（十三丈）注。○《书言》一（卅一丈）。○《四书考备》九（八丈）。

钜公：天子。○《前汉》廿五上（廿四丈）。

官家：○《揽茝微言①》（三丈）。○《糸乎②》十六。○《余冬》

---

① 揽茝微言：明顾其志著。

② 糸乎：疑为“续郛”。

卅一（八丈）。○《皇朝类苑》十五（八丈）。

主鬯：○《皇朝类苑》十七（四丈）："主鬯尚虚位。"《韩文[①]》卅九（十八丈）《贺皇帝即位表》曰："主鬯春宫，齿胄国学。"（欠注）

少阳：天子。○《天中记》十二（五十七丈）："东宫少阳也。"○《皇朝类苑》十六（四丈）："少阳虚位。"

二　无著道忠禅语考释体例

（一）格式

1. 辞书释义类

辞书释义类的，如《葛藤语笺》《禅林象器笺》《禅林句集辨苗》《风流袋》《助字品汇》《禅林方语》等，其格式主要如下：

1）词条：一般都用粗体，一字占两竖格，或单独成行在一二行首字位置，或不单独成行，在释义行一二行首字位置。前者如《禅林象器笺》（见前图），后者如《葛藤语笺》（见前图），只有"咄""汉""打""靠""工夫"等词条单独成行例外。

2）释义：一般通过广引书证而体现词义，而且每个词条基本上都找到了其最早的书证，并常引《说文解字》《广韵》《集韵》《字汇》《正字通》，甚至中国才出版的《康熙字典》等中国古代各类字书、韵书、辞书证义，也引用日本的释义书，还引用入日禅僧的说解，很多地方指出前人错误和不足，并表达自己的看法。

2. 随文注释类

随文注释类的，如《虚堂录犁耕》《五家正宗赞助桀》《大慧普觉禅师书栲栳珠》《〈敕修百丈清规〉左觿》等，其主要格式如下：

1）所释词、短语与句段：首字前一般加△突出，文字比释文字体稍大，占一个竖格，一般不单独成行，跟释文之间留 1—2 字空格，所释短语与句段中，有时还有专门提出来解释的词和术语，另段空两格开始，不加△突出，有时词条或加文字框，与释文之间仍留 1—2 字空格，所释短

① 韩文：即《韩愈文集》。

语与句段较长时，常用“至”“云云”省略（见前图）。

2）释文：一般先是道忠的释义，以“忠曰”开始，接着广引书证，以及入日禅僧的说解，中间仍有夹入“忠曰”，表达自己的看法。

（二）术语与符号

1. 术语

1）丈

书籍的页码。用小字书写，一行分成两行书写。无著道忠所引书证一般都标出卷目章节页码，日文“丈”读音如“张”，一本书抄录或刻录多少张纸，一般说多少“张”或多少“纸”，“张”或作“丈”。“欧阳修《归田录》二（十八丈）”，是指“欧阳修《归田录》卷二第18页”。

2）乃至、至

引用文字省略中间部分，相当于省略号。用小字书写，一行分成两行书写。如《葛藤语笺》“热大”条：“《联灯》十七（卅三丈）《开善谦章》曰：‘雪峰辊球，禾山打鼓（乃至）是小儿戏剧，自余之辈，故是热大不紧。’”原文应是：“雪峰辊球，禾山打鼓，秘魔擎杈，道吾作舞，尽是小儿戏剧，自余之辈，故是热大不紧。”中间省略了“秘魔擎杈，道吾作舞”等字。《虚堂录犁耕》“克期取证（至）生”条，应为“克期取证又作么生”，省略了“又作么”等字。

3）云云

引用文字省略中间或后面部分，相当于省略号。用小字书写，一行分成两行书写。《葛藤语笺》“靠”字条引《正法眼藏》三上（二丈）曰：“清原和尚问石头。云云。曰：‘和尚也须道取一半，莫全靠其甲。’”原文应为：“清原和尚问石头：‘汝从甚么处来?’曰：‘曹溪。’原乃拈拂子曰：‘曹溪还有遮个么?’曰：‘非但曹溪，西天亦无。’曰：‘子莫曾到西天否?’曰：‘若到即有也。’曰：‘未在更道。’曰：‘和尚也须道取一半，莫全靠某甲。’”中间省略了一大段文字：“‘汝从甚么处来?’曰：‘曹溪。’原乃拈拂子曰：‘曹溪还有遮个么?’曰：‘非但曹溪，西天亦无。’曰：‘子莫曾到西天否?’曰：‘若到即有也。’曰：‘未在更道。’”《葛藤语笺》“东村王大翁”字条引《僧宝传》四（廿九丈）《法眼益传》曰：“益曰：‘拨万象不拨万象?’子方曰：‘不拨万象。’益曰：‘独露身哧。’云云。”“云云”表示后面还有问答，没有引完。

4）和语、和辩

用汉字标记日语原本使用的固有词汇读音。《葛藤语笺》“打叠”条：“和语物远志麻宇也。如言打迭行脚，亦办得一切也。”《葛藤语笺》“打叠”条：“和辩弓矩陁利。”

5）见、又见

参见。如《葛藤语笺》“九百”字条：“见四言‘过头九百’处。”《葛藤语笺》“浑仑”字条：“又见‘昆仑’。”《葛藤语笺》“迷麻”字条：“又见四言愚滞部‘迷黎麻罗’。”

6）忠曰

无著道忠发表自己观点。如《葛藤语笺》“人事”字条：“《临济录》（卅三丈）曰：‘有一老宿参师，未曾人事，便问：礼拜即是，不礼拜即是?’忠曰：‘凡三义：一见人行礼曰人事，此《临济录》人事是也；二馈赠物；三姓氏生缘。’”

7）山云

一山一宁说。一山一宁（1247—1317）宋代临济宗杨岐派僧，台州人，俗姓胡。号一山。元成宗大德三年（1299），敕使日本，先后住持建长、圆觉、南禅等寺，日本文保元年（1317）示寂，赐号“一山国师”。著有《一山国师语录》二卷行世。所引一山一宁语，保存了宋元时候不少口语资料，十分珍贵。

8）又

一是意为“又作”。如《葛藤语笺》“东村王大翁”条：“又‘王大叔’”“又‘王大姐’”“又‘王大老’”“又‘王小大’”，意思分别是“又作‘东村王大叔’”“又作‘东村王大姐’”“又作‘东村王大老’”“又作‘东村王小大’”。二是意为“又见”。如《葛藤语笺》“辊”条：“《正宗赞》一《雪峯传》、同二《五祖赞》：‘辊入瞎驴行伍。’又《应庵赞》：‘草窠里辊。’”“又《应庵赞》”意思是“又见《应庵赞》”。三是意为“参见”。如《葛藤语笺》“觑”条：“又二言‘觑得’处。”意思是：“参见二言‘觑得’处。”也写作“又见”，如《葛藤语笺》“崖”条：“《正字通·寅·中》（十六丈）曰：‘崖，宜才切，音涯。山水边地有坦有堨也。’又见‘捱得’处。”四是意为“同书”“同书同卷”。如《葛藤语笺》“返照”条：“《临济录》（七丈）曰：‘你祇有一个父母，更求何物，你自返照看。’又（廿六丈）曰：‘回光返照，更不别求。’”

“又（廿六丈）”意思是“同书二十六页”。《葛藤语笺》“番将”条：“《古宿录》廿六（十三丈）《法萃举和尚语要颂》云：‘收番猛将彼方奇，势劣翻思握剑归。’又（十四丈）云：‘番手把马笼。’”“又（十四丈）”意思是“同书同卷十四页”。

9）同

一是意为“义同”或“参见”。如《葛藤语笺》“定当”条：“同‘承当’。”二是意为“同书”“同书同卷”。如《葛藤语笺》“胡道”条：“胡挥：《希叟开善录》（四丈）：‘佛生日上堂，指天指地胡挥揎。’同《颂》（三十丈）：‘扫荡家私无一窖，胡挥白棒到平人。’”“同《颂》（三十丈）”意思是“同书《颂》篇三十页”。多作“又同”。如《葛藤语笺》“东村王大翁”条：“《续古宿》四《佛心才录》（五丈）曰：‘将谓是文殊大士，元来知是东村王大叔。’又同三《白云端录》（七丈）曰：‘今年雨水非常足，管取秋来天下熟。牧童齐唱太平歌，笑杀东村王大叔。’”三是几个词条前后罗列，前一词条前已标页码，后面的几个若也是同一页码，即标写“同”，如《少林无孔笛》第一卷《米山录》：

> （三左）△明招放去太迟（云云）：此已下语，元本解于前（二丈左）“天地不仁”至“扇子诸仁还构得么”下。然“天地不仁”等非明招语，故今改举风头稍硬之话（《虚堂录》一卷十七丈《检合》），盖写者谬混乱也。
>
> （同）△杖头有眼（云云）：《禅林类聚》六（廿六丈）：“棒头有眼明如日，要识真金火里看。”（止此）是二句一联也。旧本“如日”下，加“复曰”字，非也。今削去。

这里“同”表示，“明招放去太迟”出现在《米山录》三页左栏，“杖头有眼”也是在《米山录》三页左栏。

10）前

指在所引书前面也有出现。一般用于随书释义的著作中，表示该所释义的著作前面。

> △考其行事：忠曰：其者，指士大夫。士大夫寻常读圣贤书，本非为求道，但以此求富贵利达，故却不及省事汉，妄想少者。

○前（四十六丈）《吕隆礼书》曰："士大夫读得书多底无明多，读得书少底无明少，做得官小底人我小，做得官大底人我大。自道我聪明灵利，及乎临秋毫利害，聪明也不见，灵利也不见。平生所读底书一字也使不着。盖从上大人丘乙己，便错了也。只欲取富贵耳。"

△富贵贫贱不能汩其心：忠曰：士大夫求富贵，故无明多而乱其心。省事汉愚昧质朴，不知求富贵，不知忧贫贱，无明少，故不乱其心也。

○前（四十八丈）《吕隆礼书》曰："三家村里省事汉，却无如许多粪坏死也，死得瞥脱。"

以上引自《〈大慧普觉禅师书〉栲栳珠》，是《大慧普觉禅师书》的释义书，"前（四十六丈）《吕隆礼书》""前（四十八丈）《吕隆礼书》"都指《大慧普觉禅师书》前面。

11）后

指在所引书后面也有出现。一般用于随书释义的著作中，表示该所释义的著作后面。

△侍者问询东立：忠曰：凡前人左边为上位，右边为下位。今住持在寝堂南面，故侍者东立（住持左边），行者西立（住持右边）。夫左为上位者，古者尚右，后世尚左，丛林亦从时尚而已。后下一（四十七丈）《日用轨范》："上肩顺转"处详引证。

以上引自《〈敕修百丈清规〉左觿》，是《敕修百丈清规》的释义书，"后下一（四十七丈）"指《敕修百丈清规》前面。

12）止此

表示引用结束或断句处。

（同）△杖头有眼（云云）：《禅林类聚》六（廿六丈）："棒头有眼明如日，要识真金火里看。"（止此）是二句一联也。旧本"如日"下，加"复曰"字，非也。今削去。

△何以故：忠曰：此疑问之辞也，盖非问省事汉胜士大夫之故

也，其省事汉胜士大夫之所由，上已说毕。所谓“富贵贫贱不能汩其心”（止此）是也。此即省事汉胜士大夫之故也，今正问次上手足俱露之义也，隔省事一件而问之者，盖省事，一件欲比挍之，言士大夫行事之不是矣，既比挍语了，遂问次上手足俱露之义耳，言士大夫已学圣贤之书，固可道德仁义在其怀，何以故？临死生祸福之际，手足俱露耶也。

以上两例分别引自《少林无孔笛》和《〈大慧普觉禅师书〉栲栳珠》，前例“止此”表示《禅林类聚》的引用结束，后一例“止此”表示“富贵贫贱不能汩其心”的引用结束。

13）此

一般用于随书释义著作中，指所释义的著作。

△向内坐：《永平清规·辨道法》（七丈）曰：“早晨坐禅之法：首座大众搭袈裟入堂就被位面壁坐禅，首座不面壁，自余头首一如大众面壁而坐，住持人就椅子坐禅。”

忠曰：住持就椅则亦不面壁可知也。

〇此下一（四十丈）《坐禅》曰：“大众归堂向里坐。”

〇忠曰：面壁是摄散心仪。达磨祖师垂范，盖亦由此义，然今时大清僧坐禅例面外，大失古法。

△鼓鸣则转身向外坐：忠曰：通途则唯大坐参，闻首座寮板，转身向外也。寻常小坐参，则但鸣众板，而无转身向外之规。

〇此下一（四十三丈）《大坐参》曰：“与常坐参同，但首座入堂不烧香，便归位待住持入堂坐定，堂司行者鸣首座寮前板三下，大众转身向外坐。”

以上两例都引自《〈敕修百丈清规〉左觿》，“此下一（四十丈）《坐禅》”“此下一（四十三丈）《大坐参》”中的“此”都指《敕修百丈清规》。

14）已上

表示引用结束，起断句或分段的作用。如：

【夹山那里打得透】

三四句亦颂岩。《传灯》十五："问：'如何是夹山境?'师曰：'猿抱子归青嶂里，鸟衔华落碧岩前。'"（已上）今以鸟傍崖颂岩字。此句与夹山境话答一般，故引夹山言。此岩崄峻无透路，夹山自何处能得打透，知得其境。○或云夹山者，非人名山名，两山相夹，无通路之义也。言山夹路绝，不知何处可打透也。忠云：云夹于山，无路也，若如是，则第三亦颂云。○忠云：夹山宜作药山。云岩昙晟嗣药山。那里，指药山里头，言此云岩当年向药山处打入去，会鸟傍崖摇藤底端的了也。

以上引自《江湖风月集解》。"已上"表示《传灯录》引用结束。

2. 符号

1）○

段落标记，一般用于每段开头，词条单独成行，首段也加此符号，词条不单独成行，首段不加此符号。前者如《葛藤语笺》"合杀"：

【合杀】《传灯》十八（卅五丈）《翠岩令参章》曰："问：'僧繇为什么写志公真不得?'师曰：'作么生合杀?'"

○《碧岩》八（五丈）《藏头白海头黑评》曰："看他雪窦，后面合杀得好。"

○《八方珠玉》上（四十四丈）曰："拟做什么合杀?"

○《虚堂录续辑》（四十丈）："结夏小参曰：'蓦然打个无合杀，便乃见佛杀佛，见祖杀祖。'"

○唐崔令钦《教坊记》曰："宜春院亦有工拙，必择尤者为首尾。首既引队，群所属目，故须能者。乐将阕，稍稍失队，余二十许人。舞曲终谓之合杀。尤要快健。所以更须能者也。"

后者如《葛藤语笺》"击节"条：

【击节】

○《虚堂录·颂古》（廿八丈）《百则跋》曰："相与击节。"

○《智者别传昙照注》上（十六丈）曰："击节，即乐府中拍也。”

〇《类书纂要》九（十七丈）曰：“击节，叹赏击器物为节，以称赏其贤也。”

〇《文心雕龙》下（六十四丈）《知音篇》曰：“慷慨者，逆声而击节。”

〇《禅林宝训》上（六十二丈）曰：“扣关击节，彻证源底。”

〇《宝训音义》上二（卅一丈）曰：“扣关，紧要处，难过而能过；击节，阻隔处，不通而能通也。谓扣其机关，击其节要，提持祖印，显露真机，于节要处敲击，使其庆快也。”忠曰：此义与前义大异。

偶尔也有未另起一行，如《葛藤语笺》“话在”条：

【话在】忠曰：某甲犹有可话说事也。

〇《碧岩录》六（十丈）《本则》曰：“云门云：‘西禅近日有何言句?’僧展两手，门打一掌。僧云：‘某甲话在。’门却展两手。”云云。〇《虚堂·净慈后录·拈》。

在《禅林象器笺》中又作为章节标记，如：

2）△

多用无著道忠随文释义著作中被释词、短语和句段前，起突出醒目的作用。如《〈大慧普觉禅师书〉栲栳珠》：

△死生祸福：忠曰：文字实用在死，祸字生福，二字带来而已，犹如急缓利害之字例矣。

△手足俱露：忠曰：遇逆境，本心露矣，以譬螃蟹所收手脚，及落汤长展也，谓士大夫死生祸福现前，则本心露现不得隐蔽矣，其手足俱露之。解在次下（不容伪是也）。

〇忠曰：《云门录》上（十丈）曰：“一日眼光落地，前头将何抵拟，莫一似落汤螃蟹，手脚忙乱，无伱掠虚说大话处。”

〇又《松源录》上（卅四丈）：“上堂曰：‘大小睦州被这僧拶得恰似落汤螃蟹，七手八脚一时露。’”

△十常八九：忠曰：士大夫十人中有八九人也。言人多也。常者，何时数之，每常人多矣，故云常。

○忠曰：《庄子》九（一丈）《寓言篇》曰："寓言十九，重言十七，卮言日出，和以天倪。"希逸注："十居其九，谓寓言多也。"

3）—

用于代替书证中词条，一个"—"代替词条中一个汉字，一字词条则直接写出词条本字，两个以上的汉字词条一般用此代替符号，有时也不要。如《葛藤语笺》：

【絮】《南堂录》四《题跋》（五丈）《题应庵送中峯偈》曰："云云。所谓吾有末后着，待归要汝遵，元来老子得与么絮，拜观此卷，不觉凛然。"

○《云卧纪谈》上（九丈）曰："径山明禅师侍大慧，求大慧像。讃曰：'饶画得十分，犹是真常流注。云云。有个末后句，当机难禁制。咄！且不要絮。'"

○元·史浩《两钞摘腴》（二丈）曰："方言以濡滞不决绝为絮。犹絮之柔韧牵连无边幅也。富韩并相时，偶有一事，富公疑之，久不决。韩谓富曰：'公又絮。'富变色曰：'絮是何言也？'刘夷叔尝用为《如梦令》云：'休休絮絮我，自明朝归去。'"

以上一字词条直接写出词条本字"絮"。

【老子】《大慧书》（十二丈）："黄面老子。"又（十丈）："阎家老子。"

○《老学庵笔记》一（十六丈）曰："余在南郑见西邮俚俗谓父曰'老子'，虽年十七八，有子，亦称'老子'。乃悟西人所谓大范——、小范——，盖尊之以为父也。建延初，宗汝霖留守东京，群盗降附者百余万，皆谓汝霖曰宗爷爷，盖此比也。"

○《正字通·巳·中》（卅九丈）"父"注曰："今吴下称父曰老相，自江北至北方曰老子。"

○《常珠故事》一（五丈）："晋庾亮镇武昌。殷浩之徒乘月登楼欢饮，不觉亮至，将避之。亮曰：‘老子兴亦不浅。’据胡床与浩等谈咏，其坦率如此。”注：“老子”亮自称。

以上二字词条，用了两个“—”代替词条本字“老子”。

【十八问】《碧岩》一（卅二丈）《第九则评》曰：“汾阳— — —中，此问谓之验主问，亦谓之探拔问。”

〇僧问赵州：“如何是赵州?”（此止）此问也。

〇《人天眼目》二（三丈）载：“请教、呈解、察辨、投机、偏僻、心行、探拔、不会、擎担、置、故、借、实、假、审、征、明、默。”详如彼。

以上三字词条，用了三个“—”代替词条本字“十八问”。

【百二十斤重担】《大慧书》（八十七丈）《荅鼓山逮长老书》曰：“以平昔实证实悟底一着子，端居丈室，如担— — — —担子，从独木桥上过，脚蹉手跌，则和自家性命不可保，况复与人抽钉拔楔，救济他人耶?”

〇《史记》五十五（一丈）《留侯（张良）世家》曰：“东见仓海君，得力士，为铁椎重百二十斤。”

〇《孔丛子》上（三十九丈）《小尔雅》曰：“四两谓之斤，斤十谓之衡，衡有半谓之秤，秤二谓之钧，钧四谓之石。”

〇忠按：“衡，十斤也。秤，十五斤也。钧，三十斤也。石，百二十斤也。然则百二十斤，乃一石也。”

〇《传灯》九（十四丈）《长庆大安禅师章》曰：“如人负重担，从独木桥上过，亦不教失脚。”

〇忠曰：与大惠所用意趣迥别。

〇《淮南子》三（十六丈）《天文训》曰：“三十日为一月，故三十斤为一钧。四时而为一岁，故四钧为一石。”

以上六字词条，用了四个“—”代替词条本字中的“百二十斤”，词条中另两字“重担”，引例是“担子”，不用代替符号。

【铜公塘铁奉化】《无准录》五（四丈）《颂古部·清税孤贫乞师赈济颂》曰："——————，得人憎，得人怕，不是明州人，定说苏州话。"

○《日工集》四（九丈）曰："东陵和尚尝说奉化县人坚如铁，公塘坊人稍坚如铜，故俗有'——————'之称。"

以上六字词条，用了六个"—"代替词条本字中的"铜公塘铁奉化"。

4）文字框

词目下的子词目或对比词目。

【护鹅雪守腊冰】

○《虚堂·延福录》（四丈）："解制上堂曰：'护鹅之戒如雪，守腊之行若冰。'"

护鹅 鹅，吞珠比丘护鹅命因缘。出《大庄严论》十一（九丈）。《珠林》九十九（七丈）。《华严疏钞》卅五上（五丈）。

守腊《事苑》六曰："蜡人冰：蜡当作腊，谓年腊也。按《增辉记》：腊，接也。谓新故之交接。俗谓腊之明日为初岁也。盖腊尽而岁来，故释式以解制受腊之日谓之法岁是矣。天竺以腊人为验者，且其人腊有长幼，又验其行有染净。言腊人冰者，是言其行之冰洁也。今众中妄谓西天立制，唯观蜡人之冰融，然后知其行之染净。佛经无文，律范无制，未详得是说于何邪?"

○《敕修清规》下二（一丈）《节腊章》曰："如言验蜡人冰，以坐腊之人验其行犹氷洁。或谓埋蜡人于地，以验所修之成亏者，类淫巫俚语庸非相传之讹耶。"

○《清拙录·小参》（十七丈）《结制小参》曰："天竺坐夏，比丘以蜡作人形，函置坛下。若一夏功行无缺，则蜡人冰凝。若功行有亏，则遇盛暑，蜡人皆消镕矣。每至夏满取以视验。"

○忠曰：蜡人冰，虽是谬说，及见《清拙》语，方得详知其状矣。又予谓此谬说流传已久矣，后贤方觉其无据，强改腊而作义，然于文字不稳帖耳。

○《说郛》廿三《同话录》（八丈）（宋曾三异撰）曰："僧家

所谓伏蜡者，谓削髪之后，即受戒，若或断酒色等若干件，每岁禁足结夏，自四月十五日至七月十五日终。西方之教，结夏之时，随其身之轻重，以蜡为其人。解夏之后，以蜡人为验。轻重无差，即为验定而无妄想。其有妄想者，气血耗散，必轻于腊人矣。汤朝美作《本然僧塔铭》，写作伏腊之腊，盖未详此也。”

〇忠曰：曾三异衔己之谬说，却嘲汤朝美。又以轻重说改冰语益可笑。

“护鹅”“守腊”是“护鹅雪守腊冰”的子词目。

【触忤】《碧岩》四（六丈）三十二则评曰：“这新戒不诚识好恶，触忤上座，望慈悲且放过。”

〇《篇海》十二（卌九丈）曰：“触，抵也，犯也，突也。”又五（十九丈）曰：“忤，音误，逆也，违戾也。”

〇《虚堂·报恩录》（十六丈）：“举。兴化见同参来。云云。侍者云：‘适来者僧有甚触忤。”云云。《正宗赞》二（六丈）。

〇《联灯》廿四（卌四丈）《太原孚章》曰：“师初到雪峰，才上法堂，顾视雪峰，便下去，见知事。明日却上方丈，作礼云：‘昨日触忤和尚。’峰云：‘知是般事便休。’后有僧问云门：‘作么生是触忤处？’门便打。”《虚堂·宝林录》（廿三丈）举之。

〇《大慧书》（八十二丈）《孙知县书》曰：“不觉忉忉怛怛相触忤。”

触悮 《广灯》十三（十六丈）《定上座章》曰：“岩头雪峰云：‘者个新戒不识好恶，触悮上座，且望慈悲。’”〇作“悮”。

“触悮”是与“触忤”对比的子词目。

5）单竖线、双竖线

专名符号，书名用双竖线，人名地名用单竖线。如下图。

画双竖红线的都是书名、题名、章节名，如《月令广义》《老子》《天地不仁章》《宝典》《僧宝传》等，单竖红线是人名，如希逸、云居、道膺等。地名、朝代名也用单竖红线，下图画单竖红线的，除了“云门”“项羽”“蔺相如”为人名外，“河阳”为地名，“汉”为朝代名。

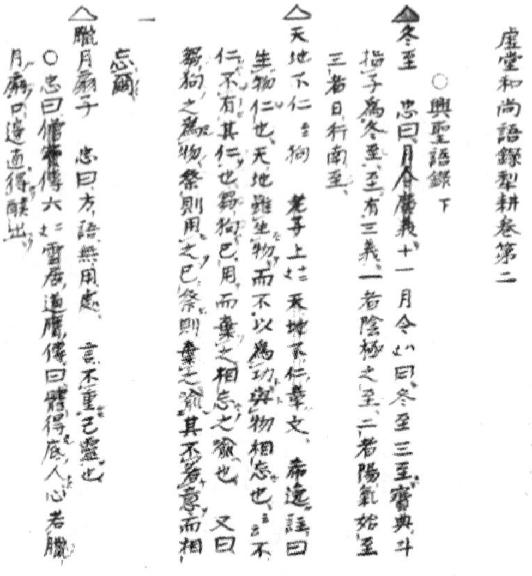
虛堂和尚語錄犁耕卷第二
○興聖語錄 下
▲冬至　忠曰，月令廣義十一月令曰，冬至三至，齊輿斗
指子爲冬至，至有三義，一者陰極之至，二者陽氣始至，
三者日行南至。
△天地不仁芻狗　老子上曰，天地不仁章文，希逸注曰，
生物仁也，天地雖生物，而不以爲功，與物相忘也，不
仁不有其仁也，芻狗已用而棄之，相忘之喻也　又曰，
芻狗之爲物，祭則用之，已祭則棄之，喻其不着意而相
一
忘爾
△臘月扇子　忠曰，方語無用處，言不重己盡也
○忠曰，僧寶傳六曰，雲居道膺傳曰，體得底人心若臘
月扇子，直得口邊醭出

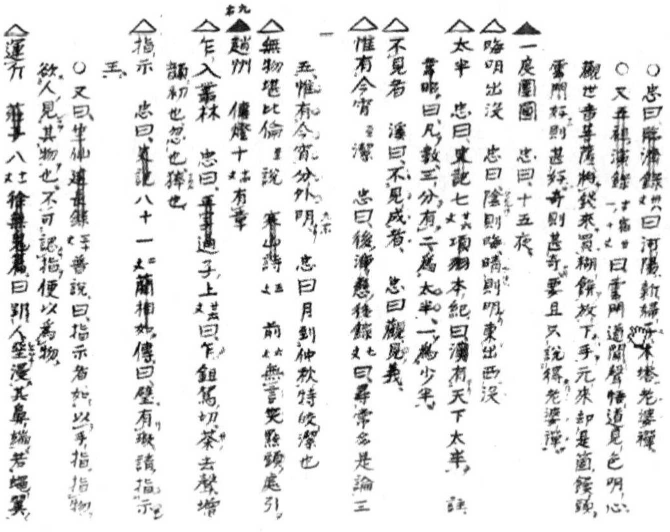
○忠曰，臨濟錄曰，河陽新婦子，木塔老婆禪
○又希叟和尚錄曰，雲門道聞聲悟道見色明心，
觀世音菩薩將錢來買糊餅，放下手元來卻是箇饅頭，
雲門好則甚好，奇則甚奇，要且只說得老婆禪。
▲一度團圓　忠曰，十五夜
△晦明出沒　忠曰，陰則晦，晴則明，東出西沒
△太半　忠曰，史記七項羽本紀曰，漢有天下太半，注
韋昭曰，凡數三分有二爲太半，一爲少半
△不見者　演曰，不見成者　忠曰，顯見義
△惟有今宵潔　忠曰，後清慈錄曰，尋常多是論三
五，惟有今宵分外明　忠曰，月到仲秋特皎潔也
一
△無物堪比倫說　寒山詩　前曰，無言笑點頭，處引
▲趙州　傳燈十有章
△乍入叢林　忠曰，子上曰，乍鉏駕切，茶去聲，增
韻初也忽也猝也
△指示　忠曰，八十一曰，蘭柏婦傳曰，壁有微識，指示
王
○又曰，普說曰，指示者如以手指，指物
欲人見其物也，不可認指便以爲物
△運斤　莊子八曰，徐無鬼篇曰，郢人堊漫其鼻端若蠅翼

6）留空

书名后留几个字的空白，是一时未查到卷目页码，留待以后补上。如《葛藤语笺》：

【咄哉】《临济录》（廿六丈）：“咄哉！不识好恶。”又见“咄”字。

〇《僧宝传》　　《首山传》：“咄哉巧女儿。”

〇《宝积经》九十五（一丈）曰：“咄哉！善顺。”云云。《音释》：“咄，当没切。咄哉，相谓也，又嗟咨语也。”

〇《僧祇律》二（廿五丈左）。又九，上（十五丈左）。

〇《善见律》六（四丈）：“咄！善人。”是非呵语。

〇《善见律》十二（十二丈）曰：“咄哉者，叹其苦也。”

〇《云卧纪谈》（廿四丈）：“咄哉！顽石头。”

〇《法华经》四（十三丈）《授记品》：“咄哉！丈夫。”《要解》：“咄叱警戒。”

〇《玄应经音》廿五（六丈）曰：“都杌切。《字林》：咄，相呵也。字书咄叱音齿逸切。”

“僧宝传”跟“首山传”之间有三四字空格，应该是留出来标卷目页码的。

【则剧】忠曰：一则杂剧也，弄傀儡之类也。（《暖姝由笔》六丈）

〇一则，言则字例。《圆镜堂录》曰：“火炉头有则无宾主话。”

〇《大慧录》　　：“今朝正月半，有则旧公案。”

〇《条活路转因缘语例》。《应庵录》（五丈）：“妙严有条活路。”一条也。《广灯》八（十丈）《百丈章》曰：“祖云：‘适来要举转因缘。’”一转也。

〇《正法眼藏》二上（卅九丈）曰：“妙喜曰：沩山晚年好则剧，教得遮一棚肉傀儡，是可爱。且作么生是可爱处？面面相看手脚动，争知语话在他人。”

〇《朱子语录》八（三丈）曰：“把造物世事都做则剧看。”

〇《密庵天童录》（一丈）曰：“似小儿则剧。”

“大慧录”原文书名跟引文之间有三四字空格，应该也是留出来标卷目页码的。

7）字右小红圈

改错更正符号，一般在错字右旁画一小红圈，在错字行首写出正确的字，也在其右旁画一小红圈。如《葛藤语笺》“波斯”条“佛祖统纪”中的“纪”写作“记”，“记”字右旁画一小红圈，行首改为“纪”，右旁亦画一小红圈。

（三）详略体例

无著道忠禅语考释词条有的详尽，有的简略，我们以《葛藤语笺》为例加以说明。

1. 详尽考释

【打】

○《大慧武库》（十丈）：“被热病打。”又（二十丈左）：“打银。”《补释》二（卅二丈）。

○欧阳修《归田录》二（十八丈）曰：“今世俗言语之讹，而举世君子小人皆同其缪者，惟打字尔。（打，丁雅反。）其义本谓考击，故人相殴，以物相击，皆谓之打。而工造金银器，亦谓之打可矣，盖有捶挝作击之义也。至于造舟车者曰打船打车，网鱼曰打鱼，汲水曰打水，役夫饷饭曰打饭，兵士给衣粮曰打衣粮，从者执伞曰打伞，以糊黏纸曰打黏，以丈尺量地曰打量，举手试眼之昏明曰打试。至于名儒硕学，语皆如此，触事皆谓之打，而遍检字书，了无此字。（丁雅反者。）其义主考击之打，自音谪（疑当作滴）耿，以字学言之，打字从手从丁，丁又击物之声，故音谪耿为是，不知因何转为丁雅也。”《说郛》十本“役夫”作“投夫”，“昏明”作“舟阴”。讹。

○《避暑录话》下（八十八丈）曰：“欧阳文忠记打音本谪耿切，而举世讹为丁雅切，不知今吴越俚人，正以相殴声为谪耿者也。”

○《遯斋闲览》曰：“今土俗同讹者，岂唯‘打’字，‘不’如字，本方鸠切，人皆以逋骨反呼之，遍捡诸韵并无此音。”类说节要。

○《洪武正韵·上声·马韵》（廿丈）曰：“打，都瓦切。击也。《北史·张彝传》：‘击打其门。’杜甫有《观打鱼歌》。又《诗》云：

‘枣熟从人打。’《补笺》：‘《项氏家说》曰：俗间助语多与本辞相反，其于打字尤用之多。凡打叠、打听、打请、打量、打点、打睡、打扫，无非打者，不但击打之义而已’”。

〇《韵会·迥韵》（二丈）全同。

〇《俗呼小录》[①] 曰：“俗牵连之辞，如指其人至某人物及其物皆曰打。注：丁晋公诗所谓赤洪厓打白洪厓是也。”

〇《正字通·卯·中》（十六丈）。

【成褫】《虚堂·宝林录》（廿八丈）曰：“僧云：‘和尚多是成褫学人。’”

〇《事苑》七（十八丈）曰：“成褫，音池藉，褥也。”

〇忠曰：成褫，扶助人成其事，如藉褥承物也。

〇忠又按：褫有助义，然韵书欠训。《听雨纪谈》（九丈）曰：“伥褫，字书谓伥为虎伤。盖人或不幸而罹于虎口，其神魂不散，必被虎所役，为之前导。今之人凡毙于虎者，其衣服巾履皆别置于地，此伥之所为也。伥可谓鬼之畏者。”或曰虎捕人已死，能步绕咒祷，使死人自去衣服而后食。褫字从衣从一虎者，以此更考之。

〇《正字通》：“褫，褫字之讹。旧注同褫，误。”

〇《正字通》：“褫，注曰：旧注引《听雨纪谈》云云，诞妄不足信。”

〇忠曰：《东坡渔樵闲话》下（七丈）：“叙伥鬼事，岂渠为诞妄削之耶？伥鬼为虎脱衣者，助虎也。成褫字得之而义通，必是唐时俗语也。”

〇《正宗赞》一（卅丈）《德山传》曰：“师一日同瓦官入山斫木。云云。师曰：‘何不成褫取不会底？’”

〇《字典·申·下》（卅六丈）：“褫，《韵会》直吏切。值去声。解也，脱也。”

【放慕顾】《碧岩不二钞》六（九丈）曰：“西岩浴佛上堂尾书曰：‘景定（宋理宗）庚申（元年）九月末，琏藏主放慕顾，以此纸乞书，西岩老汉亦从，而不识羞也。时寓芝峯。’”

〇忠曰：西岩浴佛上堂，七步周行，行不到。云云。《西岩开善

---

① 《俗呼小录》：一卷。明李翊著。

录》（六丈）载此跋语，盖不二观其真笔而写而已，此尾语《西岩录》不载。

〇《希叟正宗赞·白云赞》曰："抛金钩九江曲，可怜生认鳖为鲸。开饭店白云深，放慕顾和麸粜面。"

〇《空谷集》五（四丈）《第七十一则·评》曰："可惜这僧慕顾茅广逼拶。"云云。忠曰：茅广，迂阔义。

〇《退庵奇录》（三丈）曰："百丈踞坐，黄檗慕顾。"

〇又作"放暮顾"。〇《希叟录·法语·示希革侍者省亲语》曰："岂不思大义渡，放慕顾一着子，日月星辰，为之扑落。"又作"暮故"。

〇《从容录》四《第五十七则》曰："僧问报慈：'情生智隔，相变体殊，情未生时如何？'慈云：'隔。暮故底。道情也未生，隔个甚么？'"

〇《万松请教录》上"花药栏"天童拈云："切忌撞头磕额。"下语曰："暮故瞎茅广。"又作"慕固"。〇《云卧纪谈》下《书》（六丈）曰："云盖古和尚，丛林谓'古慕固'者。"

〇《碧岩》六《第五十三则》下语曰："蓦顾作什么？"〇《不二钞》六作"暮故"曰："上或作蓦，或作慕。下或作顾。"

〇忠曰：慕顾讹作蓦顾耳。

〇忠曰：放慕顾，自古无解释者，予窃谓放从也。慕顾或作暮顾、暮故、慕固，盖与模糊音近借用。模糊，漫貌（句会），分晓也。

【本分草料】《大惠书》（四丈）《曾侍郎书》曰："乍闻知识，向聪明意识思量计较外，示以本分草料，多是当面蹉过。"

〇《碧岩》四（卄七丈）《卅九则·颂·评》曰："雪窦下本分草料，便道莫颟顸。"

〇忠曰：右皆言言句。

〇《碧岩》（廿二丈）《第十八则》："下语曰：'何不与他本分草料。'"

〇又同九（廿三丈）《八十九则》："下语曰：'当时好与本分草料。'"又云："何不用本分草料？"

〇《虚堂·宝林录》（四十九丈）《天童启和尚因缘》曰："师

云：‘者僧唤既近前，何不便与本分草料，只因下刃不严，返被暗窥墙壁。’”

○忠曰：右皆言棒喝。

○忠曰：本分者，本来当已之分量也。草料者，马所唆物料。其一日所啖豆麦等，当已定分，是马之本分草料也。禅录凡称与棒言与本分草料（如上所引），又有称言句（又如上引），盖棒喝或言句，学人本分有可吃此之道理，而师家敢与之以棒喝言句，故云本分草料，以比马之本分草料也。

○《楞伽椿庭和尚》曰：“草者，稻稾也。料，禄料也。曰豆麦也。中华之法，三品已上，许骑马民每年斩稾长一二寸，以贡于官，充餧马料官，即以此颁于三品已上者。其餧马法，以水浇稾煮熟豆麦等雜和之，令吃之。是即马本分合吃之食物也。此谓本分草料也。”见《碧岩不二钞》二（六十一丈）、九（卄七丈）。

本分 《困学纪闻》十九（七丈）曰：“俗语皆有所本。本分，出《荀子》：‘见端不如见本分。’”

○《唐书·列传》九十二（二丈）《裴延龄传》曰：“陛下本分钱，用之亡窮。”云云。

草料 《经国大典批注·后集》下（五十二丈）曰：“草料，马刍也。料，米在斗也。”

○《说郛》十九《云麓漫录》（七丈）曰：“本朝有粮料院，按《韵略》：‘料字平声，解云量也。’乃是量度每月合支粮食之处，作侧声呼非是。盖俚俗以马食为马料，误矣。”

○《释常谈》上（十一丈）曰：“马料谓之刍栗。后汉第五伦①为会稽太守，躳②自斩刍爤粟以饲马。”

○《事物纪原》一（四十三丈）曰：“《唐书·食货志》曰：‘正③观中，始税草以给诸闲，则税草起自唐太宗也。’”

○《百丈清规》下一（七丈）《两序章》：“物料调和处，解官

① 第五伦：字伯鱼，东汉京兆长陵（今陕西咸阳东北）人。先世为战国田氏，迁移西汉园陵，以迁移次第为氏。

② 躳：“躬”之异体。《干禄字书·平声》收“躬躳”二字注云：“并正。”

③ 正：应为“贞”，宋避庙讳作“正”。

府料物。”

【东村王大翁】

○《古尊宿》廿一（廿丈）《五祖演录》中曰：“僧问：‘天下舌头尽被白云（法演）坐断，秖如白云舌头，未审是什么人坐断?’师云：‘东村王大翁。’”

○《续灯》二十（六丈）《五祖章》。

○又王大叔。○《续古宿》四《佛心才录》（五丈）曰：“将谓是文殊大士，元来知是东村王大叔。”

○又同三《白云端录》（七丈）曰：“今年雨水非常足，管取秋来天下熟。牧童齐唱太平歌，笑杀东村王大叔。”

○又王大姐。○《大慧武库》（六丈）曰：“《湛堂准洗钵颂》云：‘之乎者也，衲僧鼻孔，大头向下，若也不会，问取东村王大姐。’”○《禅类》十八（十三丈左）举。

○又王大老。○《永明山居诗》（廿一丈）《无见覩和》曰：“寄语东村王大老，今年贫胜去年贫。”

○又王小大。○《中峯录》九（七丈）曰：“丈二眉毛颔下生，笑倒东村王小大。”与“坐”“过”同押。

○又同九（八丈）：“三十年后忽展开，笑倒东村王大伯。”

○又同十二中（十七丈）曰：“争似无生国里王太博，也不善也不恶，取性饱食高眠，任意逍遥快乐。”云云。

【护鹅雪守腊冰】

○《虚堂·延福录》（四丈）：“解制上堂曰：‘护鹅之戒如雪，守腊之行若冰。’”

护鹅 鹅，吞珠比丘护鹅命因缘。出《大庄严论》十一（九丈）。《珠林》九十九（七丈）。《华严疏钞》卅五上（五丈）。

守腊 《事苑》六曰：“蜡人冰：蜡当作腊，谓年腊也。按《增辉记》：腊，接也。谓新故之交接。俗谓腊之明日为初岁也。盖腊尽而岁来，故释式以解制受腊之日谓之法岁是矣。天竺以腊人为验者，且其人腊有长幼，又验其行有染净。言腊人冰者，是言其行之冰洁也。今众中妄谓西天立制，唯观蜡人之冰融，然后知其行之染净。佛经无文，律范无制，未详得是说于何邪?”

○《敕修清规》下二（一丈）《节腊章》曰：“如言验蜡人冰，

以坐腊之人验其行犹冰洁。或谓埋蜡人于地，以验所修之成亏者，类淫巫俚语庸非相传之讹耶。”

〇《清拙录·小参》（十七丈）《结制小参》曰：“天竺坐夏，比丘以蜡作人形，函置坛下。若一夏功行无缺，则蜡人冰凝。若功行有亏，则遇盛暑，蜡人皆消镕矣。每至夏满取以视验。”

〇忠曰：蜡人冰，虽是谬说，及见《清拙》语，方得详知其状矣。又予谓此谬说流传已久矣，后贤方觉其无据，强改腊而作义，然于文字不稳帖耳。

〇《说郛》廿三《同话录》（八丈）（宋曾三异撰）曰：“僧家所谓伏蜡者，谓削髮之后，即受戒，若或断酒色等若干件，每岁禁足结夏，自四月十五日至七月十五日终。西方之教，结夏之时，随其身之轻重，以蜡为其人。解夏之后，以蜡人为验。轻重无差，即为验定而无妄想。其有妄想者，气血耗散，必轻于蜡人矣。汤朝美作《本然僧塔铭》，写作伏腊之腊，盖未详此也。”

〇忠曰：曾三异衔己之谬说，却嘲汤朝美。又以轻重说改冰语益可笑。

【回途石马出纱笼】《传灯》廿九（廿四丈）《同安察十玄谈祖意偈》曰：“透纲金鳞犹滞水，回涂石马出纱笼。”

〇《诸祖偈颂》上上（十四丈）载。

〇《人天眼目》三（廿丈）《明安三句·体明无尽句》云：“手指空时天地转，回途石马出纱笼。”

〇《洞上古辙》上（四十四丈）《十玄谈梅峯冠注》曰：“或曰渡宋古尊宿相传云，有处于路傍置石马，分四方之岐，覆以纱笼。日在中，则马影不出；日西，则出在东。午时过者不见之，晚归人必见之，故云回途。未知典据何在。石马，欧阳《黄牛庙诗》：‘大川虽有神，淫祀亦其俗。石马系祀门山，山鸦噪丛木。’本朝之俗，所谓驹狗居神祠佛寺门头者也，今一句藏身露影之谓乎。”

〇忠曰：唐土路旁置石马，影出纱笼之说，在《人天眼目钞》四（十一丈）。〇《会元》十四（廿丈）《大阳警玄章》曰：“‘如何是体明无尽句？’师曰：‘手指空时天地转’回途石马出纱笼。”

〇《人天眼目》所载也。《传灯》《僧宝传》《大阳传》不収。

〇《正宗赞》三（十六丈）《大阳玄传》载。

回途 《虚堂集》六（十三丈）本则曰："僧问：'石门彻禅师云光作牛，意旨如何?'门云：'陋巷不骑金色马，回途却着破襕衫。'"

〇《宏智·小参》下（廿八丈）曰："还从实际，建立化门，撒手回途，通身无滞。"

〇《清拙录》小佛事（十一丈）《独照和尚入塔语》曰："去来如幻，生死如电，陋巷不骑金色马，去来生死，打成一片，回途却着旧襕衫。"

〇忠曰：回途石马出纱笼，正是却来底语。石马出纱笼，家常机语，然强作路旁石马日西则影出纱笼之说，有甚巴鼻矣？又曰：石马是空劫主也，出出世出。纱笼，所谓金锁纲鞔鞔（《金锁玄路偈句古辙》上，卅三丈）也。

2. 仅有征引

【你】《虚堂录》三（十二丈）："谁肯受你者般祭鬼饭食?"此俗语用"你"字例。

【靠】《正法眼藏》三上（二丈）曰："清原和尚问石头。云云。曰：'和尚也须道取一半，莫全靠其甲。'"

〇《东坡问答录》（十七丈）。

【拦】《碧岩》三，廿一则："拦问一荅。"又八，七十七则："拦缝塞定。"皆蓦道筑向义。

〇《虚堂录》二五（十丈）："阑胸一蹈。"

【什】《月江录·拈古》（十六丈）："者里是什所在?"《雪窦录》三（十丈）："作甚?"

【着实】《大慧书》（卅八丈）《张提刑书》曰："士大夫学道，多不着实。"忠曰：着犹落着之着，不轻浮也。

【热大】《联灯》十七（卅三丈）《开善谦章》曰："雪峯辊球，禾山打鼓。（乃至）是小儿戏剧，自余之辈，故是热大不紧。"

〇《大慧普说》上（四十九丈）曰："只管理会宗旨，热太不紧。"

〇《大慧普说》一（八十三丈）曰："却更理会非心非佛等，唤作差别异旨，好热大不紧。"又二（卅三丈）："岂可曹洞禅，不许临济下会？（乃至）云门禅，不许法眼下会？这个尽是热大不紧。”

〇《大慧年谱》（六十二丈）曰：“师临行，了贤等请偈。不得已书云：‘生也只恁么，死也只恁么。有偈与无偈，是什么热大？投笔而逝。’”

〇《月庵光录》下（十六丈）《开炉颂》曰：“昔日法昌甚热太，无端打鼓弄泥团？”

3. 仅有引证书名

【嗄】《临济录》（五十一丈）。〇《云门录》上（四丈）。〇《禅林类聚》十一（四丈）《佛鉴》。

〇《师苑》一（四丈）。

【可瞰】

《广灯》廿三（九丈）。

4. 仅有释义

【以至】忠曰：略中间语，同“乃至”。

【且置】《事苑》一（十三丈）：“置，犹致也。”

【措大家】《祖庭事苑》卷六（廿三丈）曰：“措，仓故切，置也，言措置天下之大者。”

5. 仅有参见

【过头】四言数目“过头九百”处。又《盘云·语解》。

【构】见次“构”注。

【随】余《正宗赞助桀》十四《大阳玄传》考。又“蒺藜苑”“三门庭”“曹山三种堕”处。

6. 仅存词条

【喝】

【甚】

【安山】

三　《葛藤语笺》部分二言禅语考释集录

A

【阿堵】

《晋书·列传》六十二（廿五丈）《顾恺之传》云："传神写照正在阿堵中。"忠曰："指眼睛也。"〇《山堂肆考征》廿三（一丈）引《顾恺之》曰："阿堵，犹言那个也。"〇《容斋一笔》（七丈）引《顾长康》曰："犹言此处也。"〇《事文别集》六（卄六丈）引《容斋随笔》。〇《东斋纪事》（十三丈）曰："《懒真子》录：'古今之语大都相同，但其字各别耳。'古所语阿堵，乃今所语兀底也。王衍口不言钱，家人欲试之，以钱绕床不能，行因曰：'去阿堵物。'谓口不言去却钱，但云去却兀底耳。后人遂以为阿堵物，眼为阿堵中，皆非是。盖此阿堵同一意也。予按晋人所称不止此两事而已，殷浩见佛经云：'理亦应在阿堵上。'桓温止新亭，大陈兵衙，呼谢安及王坦之，欲于坐害之。安举目徧历温左右卫士，谓温曰：'安闻诸侯有守在四邻，明公何须壁间着阿堵辈？'温笑曰：'正自不能不尔。'若更以二者为证，其义尤见分明。"《说郛》十八。〇《野客丛书》四（七丈）曰："阿堵，晋人方言，犹言这介耳。"〇《说类》二十（二丈）。同《东斋》引《懒真子》。〇《焦氏续笔乘》五（十四丈）云："云阿堵，自是当时谚语，如今所谓此物云耳。"〇《文海披沙》五（十二丈）。

【阿谁】

又见一言"阿"处。〇《孔氏杂说》（九丈）曰："俗所谓阿谁，三国时已有此语。《庞统传》：'向者之论，阿谁为是。'"《辍耕》八全引。〇《正字通·戌·中》："阿，又曷韵，音遏。借为发语辞。古诗：'家中有阿谁？'今读阿如渥。"

【阿爷】

《说郛》廿七《鸡肋编》（十一丈）："呼父为爷，谓母为妈，以兄为哥，举世皆然。”又曰：“荆楚方言谓父为爹，乃音徒我切。又与世人所呼之音不同也。”〇《鼠璞》（二丈）曰：“梁萧憺刺荆州还。人歌曰：‘始与王，人之爹。赴急如水火，何时来哺乳我。传谓：爹，徒我反，荆土方言。今浙人以父为爹，字同音异，亦随土声而变。《广韵》：爹；陟斜切。注：羌呼父，徒可切。注北方呼父，其说甚明。爷，正奢切，注：吴人呼父。爷，以遮切，注俗为父。声音大率相似，隋《回纥传》以父为多，亦此类。”

【鼇头】

《圆悟录》二十（十丈）曰：“生平直说鼇头禅，撞着鼇头如铁壁。”〇《罗湖野录》上曰：“台州護国元禅师执侍圆悟，机辩逸发。圆悟操蜀语，目为鼇头元侍者。”忠曰：“刊本作瞥，非也。字书无瞥字，鼇字党音敖，语不入也。”〇《古宿》四十八（三丈）《佛照奏封录》曰：“师举云：‘罚钱出院揭家丑，与化鼇头遇克宾。父子不传真秘诀，棒头敲出玉麒麟。’”〇《明极·宝林录》（二丈）《拈保寿开堂因缘》曰：“三圣推出一僧。好采！不撞着鼇头。”〇忠曰：“皆为不随人语之义。”〇又有“遨头”字义别。《老学庵笔记》八（十五丈）曰：“四月十九日，成都谓之浣花。遨头宴于杜子美草堂沧浪亭。倾城皆出，锦绣夹道。自开岁宴遊至是而止，故最盛于他时。”〇《山谷诗集》九（十四丈）曰：“还作遨头惊俗眼，间流文物属苏仙。”注：“蜀人喜游乐，谓成都师为遨头。”

B

【巴鼻】

〇《禅蒙求》[①] 下《谷泉六巴鼻颂》。《续灯》廿九（十六丈）。〇《大慧书》（五丈）《拷栳珠》。〇《正宗赞》一（廿六丈）《睦州赞助桀》。〇《后山诗话》（五丈）。〇《类书纂要》十二（七丈）：“没巴臂，作事无根据也。”忠按：“臂讹鼻也。”〇《篇海》三（廿六丈）：“巴，邦加切，音芭，尾也。”〇《明僧独立》曰：“巴鼻，唐人常谈。巴者，如鼻端之可拿撮也。此可把之物。”〇《〈碧岩〉古钞》[②] 一（一丈

① 禅蒙求：即《禅苑蒙求》，又名《禅苑瑶林》《禅苑瑶林注》《禅苑蒙求瑶林》《雪堂和尚注释禅苑瑶林》，3 卷，金代错庵志明撰，元代雪堂德谏注。

② 碧严古钞：日本早期的《碧岩录》注释书。

左）曰："巴鼻，来由义。登利惠。"○或曰："巴，《篇海》：尾也，鼻。《篇海》（七卷一丈）：始也。然则巴鼻者，终始之谓也。"忠曰："非也。巴，中华俗语，何得妄取韵书捏合作义耶？况又如言'祖师巴鼻''衲僧巴鼻''向上巴鼻'岂是始终之义耶？故非也。"○忠曰："《篇海》'尾也'训亦通。《独立》义'尾'，亦'可拿撮'者也。《〈碧岩〉古钞》说合纂要根据义，是也。予窃谓如兽之有尾有鼻，是体形之可把捉者，故事有根据言巴鼻，无根据言没巴鼻也。"○《道吾录·颂》："手提巴鼻，脚踏尾。"直言鼻也。

【拔本】

《古宿录》二十（十八丈）《五祖演录》曰："昨日那里落节，今日者里拔本。"《正法眼藏》二下（十七丈）举。《虚堂·径山录》（七丈）曰："还有为国师拔本底么？"忠曰："用商贾语。落节，失利也。拔本，拔得财本也。"

【罢参】

《碧岩》十（十三丈）《赵州三转语》评曰："你若透得此三颂，便许你罢参。"

【保任】

《僧宝传》二（十七丈）《南塔光涌传》曰："石亭（仰山寂）曰：'噫！子真利根，当自保任，吾不能尽。'"云云。○忠曰："能全保悟处，令不永失也。"○《小补韵会·皓韵》（四十七丈）"保"注："《增韵》：'全之也。'"又《沁韵》（廿三丈）"任"注："侵韵，如林切，《说文》：保也。"

【鼻孔】

《白云录》（十一丈）："敲落鼻孔，露出眼睛。"○《普灯》九（十二丈）："捩转鼻孔，捺下云头。"○《普灯》廿七（十一丈）："衲僧鼻孔大头向下。"○《赵州录》上（七丈）："大耳三藏。云云。师云：'在三藏鼻孔里。'"忠云："盖鼻孔语初见于此。"○《珠玉》下（廿丈）："佛果云：'云云。直直得眼不见鼻孔。云云。及至下梢桶底脱，始知鼻孔元在面上。'"忠曰："自鼻孔虽实有，自眼不可见，故禅语比那事。"○《大慧录》十（廿丈）："直饶救得眼睛，当下失却鼻孔。"

【便了】

《传灯》六（廿丈）《百丈海章》："莫言有少分戒善，将为便了。"

○《临济录》（册一）。○《碧岩》二（廿四丈右）。又三（十五丈右）。○《白云禅录·法华录》（三丈）。○《虚堂·宝林》（四十九丈）。○《大慧武库》（廿四丈）。○《大慧书》（廿三丈右）《与陈少卿书》。○《人天宝鉴》（五十六丈）。○《唐高僧传》二（十六丈）《彦琮传》。○《宋高僧传》十一（四丈左）。○《梁书》卅八（二丈右）。○《太平广记》三百四十（四丈）："李章武生而敏博，遇事便了。"○《尧山外纪》五（六丈）："王子渊买杨惠奴便了。"忠按："本俗谚能了事，故以为名。"○《白眉故事》二（卅五丈）载杨惠奴事。注云："便了干事，方便了当也，故名便了。"○《春渚纪闻》五（十丈左）。○《水浒传》廿一（一丈）。○《三国演义》七（三丈）："既不见归去便了。"○《梁书》五十一（九丈）："陶弘景等心如明镜，遇物便了。"○《醉菩提》十四（三丈）："愿得如此便了。"○《史鉴故事》三（卅四丈）。○《却扫编》中（五丈）："义祖书每幅不过数十字便了。"

【波斯】

《虚堂录》九《径山后录》（五十六丈）："叵栗斯吃个青橄榄。"波斯也。○《西域记》十一（廿一丈）："波剌斯国。注：旧曰波斯，略也。"○《后周书》五十（九丈）《异域传》。○《杜氏通典》百九十三（十六丈）。○《玄应音义》廿五（十六丈）。

【勃塑】

《传灯》九（六丈）《沩山佑章》曰："师忽问仰山：'汝春间有话未圆，今试道看？'仰山云：'正恁么时，切忌周遮。'"《钞》无解。

【不迭】

《续灯录》二（卅五丈）曰："道得东遮西掩，囊藏不迭。"○《正字通·酉·下》（卅九丈）："迭，他列切，音经，更迭也。又互也，遽也，代也。"《品字笺·庚颉》（廿六丈）："迭，又与逸同。《家语》：'马将迭。'"

【不敢】

忠曰："二义。一曰谦逊言不敢而实有之，然言不敢有之，反言也；二曰不敢有之，言不敢乃如字。"○谦逊不敢，古德辩：左毛楚宇奴。○《传灯》八（十四丈）《亮座主章》曰："马祖问曰：'见说座主大讲得经论，是否？'亮云：'不敢。'"○《联灯》二十（四丈）《韩愈章》曰："公问：'僧承闻讲得《肇论》，是否？'云：'不敢。'"○《传灯》

五（卅五丈）："忠国师问：'大耳三藏，汝得通耶？'对曰：'不敢。'"○《永平眼藏》二十（廿八丈）："宋土问：'在己能欲言能？'亦云：'不敢。'"

【不合】

忠曰："本不欲如此，而遽如此也。"○《敕修清规钞》五（十九丈）《东渐》曰："世话不谓之义。《湖心》曰：'不可也。'"○《碧岩》二（八丈）："长庆闻云：'大夫合笑不合哭。'"○《大慧武库》（五丈）："是某不合承受，为渠请偶[①]忘记。"○《虚堂录》一（廿五丈）："只是不合蹈步向前。"○《杜诗千家》二（卅八丈）："堂上不合生枫树。"忠曰："点'不合生'，非也。"○《春渚纪闻》五（十丈）："添不合字。"忠曰："此时不可义也。"○《北齐书·列传》卅一（七丈左）《祖珽传》。○《横川录·拈古》（二丈）："无端不合与么道。"

【不快】

《联灯》廿一（九丈）："投子曰：'不快漆桶。'"○《辍耕录》十一（十丈）曰："世谓有疾曰不快，陈寿作《华陀传》亦然。"

C

【草贼】

《临济录》（五丈）："草贼大败。"忠曰："草贼，草野之贼也。古解为小贼，非也。"○《正宗赞》一（十二丈左）。○《尚书注疏》十（二十丈）《微子篇》曰："殷罔不小大好草窃奸宄。"孔传云："草野窃盗，又为奸宄于内外。"余草野义取于此。○《酉阳杂俎》一（一丈）《忠志篇》曰："高祖少神勇，隋末尝以十二人破草贼，号无端儿数万。"余谓已称草贼数万，岂可以小贼，解哉。高祖者，唐高祖也。○《旧唐书·本纪》十九下（五丈）《僖宗纪》曰："干符三年七月，草贼王仙芝寇掠河南。"○《北梦琐言》[②]曰："徐彦若谓成汭曰：'雷满偏州，一火草贼尔，令公不能加兵。'"《太平广记》贰佰五十七（三丈）引。雷满，人名。

【策开】

《明极录·拈古》曰："阿育王问：'尊者亲见佛否？'宾头卢策开眉

① 偶：原文漫漶不清，此据《大正藏》第47册《大慧普觉禅师宗门武库》补。

② 北梦琐言：原帙30卷，今本仅存20卷。宋代孙光宪撰。

曰：'会么?'" ○《元叟录》[1] 六（十九丈）《宾头卢赞》曰："手策眉毛不曾放。" ○忠曰："盖以手揭开眉毛也。宾头卢眉毛长故。然策字义未详，予考有'扶'义。" ○《楞严长水疏》一上（廿三丈）曰："宫禁策掖者。" ○《水浒传》五十九（七丈）曰："左右人等扶策太尉上轿。" ○《医方大成论》（卅五丈）《救溺水法》曰："令溺水之人，将肚横覆在牛背上，雨旁用人扶策，徐徐牵牛而行，以出腹内之水。"依此等义，策开，扶起，排开也。

【搽胡】

《碧岩》一（三丈）曰："何不一棒打杀？免见搽胡。"《不二钞》中（卅丈）曰："搽胡，当作涂糊，模糊之义。" ○《字汇》《正字通》无搽字。《篇海》八（十七丈）："搽音茶。"

【呈似】

《大惠书》（一丈）《曾侍郎书》曰："一生败阙已一一呈似。"

【承当】

《传灯》十（廾二丈）《子湖利踪章》曰："是即是，即[2]是不肯承当。" ○《类书纂要》九（十六丈）曰："承当：承者，下载上之谓；当，抵也，犹抵当。承任其事也。"

【吃攧】

《枯崖漫录》中（三丈）《北硐・简禅师赞》："茶陵郁云：'进步竿头攧断桥，太虚凸处水天凹。古今吃攧人多少？不似阇梨这一交。'"

【吃交】

《希叟和尚・题痒和子颂》曰："好手手中呈好手，偏寻痒处为人抓。从渠痒处亲抓着，未免依然自吃交。"《贞和集》八（十四丈）载《希叟》，《广录》不载。○《普灯》六（十八丈）《慧圆上座章》（嗣晦堂祖心）曰："一日行殿庭中，忽足颠而仆，了然开悟。作偈，俾行者书于壁曰：'这一交，这二交，万两黄金也合消。'"云云。○忠曰："两足分进，忽跌时足相交，故言吃交而已。" ○《醉菩提》十二（八丈）曰："身体醉软了，樽不住脚，一滑，早一跤跌倒。"《字典》："《玉篇》：跤，

---

① 元叟录：即《元叟行端禅师语录》，又称《径山元叟端禅师语录》《慧文正辩佛日普照元叟端禅师语录》，8卷，宋元叟行端撰，门人法林等编。

② 原文行首注："即作只，古刊。"

胫也。”

【赤脚】

《无门关》（十二丈）《国师三唤颂》曰：“欲得掌门拄户，更须上刀山。”○《敕修清规日用軌范》（五十丈）曰：“不得赤脚着僧鞋。”忠曰：“脚不着褥也。”○《徐氏笔精》六（四十九丈）曰：“古人谓空尽无物曰赤，如‘赤地千里’‘其家赤贫’是也。今人言不着衣曰‘赤条条’，‘赤’字本此。”○《佛光真如录》（四丈）。○《杜律・七言》上（十六丈）《早秋苦热》诗曰：“安得赤脚踏层冰。”

【赤䯊】

《山房杂录》二（廿三丈）曰：“堂外之身赤䯊眠。”○《竹窗随笔》一（十六丈）曰：“轻绡俱去，方是本体赤䯊自身也。”○忠曰：“赤骲䯊也。见三言‘赤骨力’处。”

【歡瞎】

○《正宗赞》二（卅一丈）《宝觉心赞》曰：“通方眼歡瞎又重明。”忠曰：“痛瞎也。”○《字典・辰・下》（十八丈）曰：“歡，《玉篇》并丑历切，音禘。痛也。又竹力切，音陟。义同。”○《广灯》十五（四丈）《风穴章》曰：“问：‘如何是正法眼?’师云：‘即便歡瞎。’”○《古宿》十（七丈）《汾阳昭录》曰：“问：‘如何是法眼?’师云：‘已曾歡瞎。’”○《古宿》十九（十二丈）《道吾真语要》曰：“若论玄微，见与不见一时歡瞎。”○《枯崖漫录》上（九丈）曰：“破庵先禅师归蜀，密庵袖中出语饯之曰：‘万里南来川藞苴，奔流度刃扣玄关。顶门歡瞎摩酰眼，去住还同珠走盘。’”《密庵录・偈颂》（三丈）载。

【虫豸】

出头之义。《梦语集》亦引《圆悟》《大慧》。○《大慧普说》二（十七丈）：“问荅云云。师云：‘今年春气早，虫豸出头来。’”○《大慧年谱》（卅五丈）曰：“师赴径山。云云。少卿冯公楫问曰：‘和尚常言不做这虫豸，为什么今日败阙?’对曰：‘尽大地是个杲上座，伱作么生见?’”云云。○《禅林宝训》下（卅一丈）曰：“圆悟言，今时禅和子，少节义勿廉耻，士大夫多薄之。尔异时倘不免做这般虫豸，常常在绳墨上行，勿趋势利佞人颜色。”○《尔雅》九（廿四丈）《释虫》曰：“有足谓之虫，无足谓之豸。”疏：“此对文尔，散言则无足亦曰虫。《月令》春日‘其虫鳞’。郑注云‘龙蛇之属’是也。”

【搊住】

《传灯》十八（廿八丈）《鼓山神晏章》曰："雪峯搊住曰：'是什么？'"○忠曰："搊住者，撮持前人胸前襟也。"○《正字通·卯·中》（五十九丈）曰："搊，楚搜切，音篘。《六书故》：五指抠擸也。俗作搊，非。"又曰："抠，曲指抠擸也。"又曰："擸同擥，撮持也。"

【出气】

《大慧录》九（十一丈）曰："黄檗与三日耳聋出气。"忠曰："言气屈不得伸，依所行出他气息也。"○《千百年眼①》三（十二丈）："此论可为二子出气。"

【出袖】

《广灯》十五（八丈）《风穴章》曰："出袖拂开。"○《传灯》十三（十丈）《风穴章》作"出岫"。○旧刊《传灯》十三（七丈右）注："袖当作就。"○《事苑》："当作就。"

【处分】

《大慧普说》二（四十一丈）《方敷文请语》曰："三世诸佛、诸代祖师，古往今来，一切知识，目瞪口呿，伏听处分。"○《碧岩》二（十二丈）《评》曰："若荐不得，且伏听处分。"○《十诵律》六十五（二十丈）曰："居士言我家自多事，处分不遍。"○《居家必用·辛集》（十六丈）曰："《通鉴》注曰：区分曰处，分别曰分。又处者，至也，定也。分者，所当然也。"○《十八史畧》五（十九丈）注曰："《通鉴》注：处，制也，定也。分，所当然也。"○《贞观政要》五（廿八丈）曰："秦府旧，左右未得官者，并怨前宫及齐府左右处分之先己。"注："处，上声。分，去声。"旁训："区处曰处，分别曰分。"○《字典·申·中》（三丈）"处"注曰："又分别处置曰区处，曰处分。"○《字典·申·中》（二丈）"处"注曰："又分别也。《晋书·杜预传》：'处分既定，乃启请伐吴之期。'"○《杜子美·雷》诗曰："请先偃甲兵，处分听人主。"○《释氏鉴》六（廿丈）《唐高宗诏》曰："今以处分。"○《统纪》四十一（十六丈）"处分"注："音问处置得所。"○《类书纂要》十一（三十六丈）曰："处分，区处分别也。"又："处，制也。分，所当然也。"

【处置】

《敕修清规》下（二丈右）曰："覆住持处置。"○《正字通》："分

① 千百年眼：晚明张燧的读书札记。

别处置曰区处。”云云。“处分”处。

【触目】

《虚堂录·偈颂》（九丈）《溥禅者西还颂》曰：“荒田触目无人拣，款款归来带月耕。”〇忠曰：“触目，谓一切处也。”

【触忤】

《碧岩》四（六丈）三十二则评曰：“这新戒不诚识好恶，触忤上座，望慈悲且放过。”〇《篇海》十二（卅九丈）曰：“触，抵也，犯也，突也。”又五（十九丈）曰：“忤，音误，逆也，违戾也。”〇《虚堂·报恩录》（十六丈）：“举。兴化见同参来。云云。侍者云：‘适来者僧有甚触忤。’”云云。《正宗赞》二（六丈）。〇《联灯》廿四（三十四丈）《太原孚章》曰：“师初到雪峰，才上法堂，顾视雪峰，便下去，见知事。明日却上方丈，作礼云：‘昨日触忤和尚。’峰云：‘知是般事便休。’后有僧问云门：‘作么生是触忤处？’门便打。”《虚堂·宝林录》（廿三丈）举之。〇《大慧书》（八十二丈）《孙知县书》曰：“不觉忉忉怛怛相触忤。”触悮《广灯》十三（十六丈）《定上座章》曰：“岩头雪峰云：‘者个新戒不识好恶，触悮上座，且望慈悲。’”〇作“悮”。

【撺掇】

《虚堂录·佛祖赞》（十四丈）《石鼓赞》曰：“撺掇翁木大，颠倒上树。”逸堂曰：“撺掇，鼓弄之义。”〇《正字通·卯·中》（八十八丈）曰：“撺，方言，撮安切，窜平声，俗谓诱人为恶曰撺掇。”

【错怪】

《普灯》廿六（十六丈）《拈古部》：“佛鉴拈曰：‘元来是错怪人。’”

D

【打底】

盖与头底义别。打头义，最初也。〇《广灯》十九（十二丈）：“打底不遇作家参堂去。”

〇《续古宿·白云录》（十七丈）：“打底不遇作家参堂去。”〇《续古宿·白云录》（十七丈）：“打底不遇作家，到了翻成骨董。”《白云·海会录》（十四丈）：“到了作到底。”〇《圆悟心要》上（四十八丈）：“打底不遇作家，到老只成骨董。”

【打起】

《品字笺》壬（四丈）：“打，又惊动也。唐诗：‘打起黄莺儿。’又振作也，俗以抖擞振作谓之打起精神。”

【打头】

《大川录·举古》（一丈）：“打头不遇作家，到底翻成骨董。”〇《偃溪录[①]·法语》（八丈）：“打头不遇作家。”〇《虚堂录·纳牌普说》（二卄丈）曰：“亦有打头不遇恶辣手段底宗匠。”解曰：“最初义。”

【大抵】

《事言要玄·人》十（七十六丈）曰：“大氐，抵同，《唐书》作大底。”

【但管】

同“只管”。〇《联灯》廿二（五丈）《涌泉欣章》曰：“浑仑底但管取信乱动舌头。”〇《南堂·本觉录》（卄五丈）曰：“本觉者里但管饥来吃饭，困来打眠。”

【啖啄】

《古宿录》十四（卄二丈）《赵州录》曰：“师因到临济，方始洗脚，临济便问：‘如何是祖师西来意？’师云：‘正值洗脚。’临济乃近前侧聆，师云：‘若会，便会，更莫啖啄作么？’临济拂袖去。”〇《会元》十一（七丈）作“会即便会，啖啄作什么？”〇《传灯》十七（卄二丈）《白水本仁章》曰：“镜清行脚到。云云。曰：‘不落意此人那？’师曰：‘高山顶上无可与道者啖啄。’”〇《传灯钞》曰：“《玉篇》：啖，徒滥反，食也。啄，丁角反，鸟食。又丁木反。”

【忉怛】

《大慧书》（四丈）《曾侍郎书》曰：“信意信手不觉忉怛如许。”〇又《大慧年谱》（四十八丈）：“庄彦质请自赞云：‘只此便是妙喜真，何用画工更忉怛。’”〇忠曰：“忉怛，字书义不合此禅录。忉怛可为烦碎义而解俗语也。”〇《类书纂要》十一（四十五丈）曰：“唠叨，言语太多。”又曰：“絮絮叨叨，言语太多。”由此本作“叨”乎？〇《文选》十一（四丈）《登楼赋》曰：“意忉怛而憯恻。”注：“忉怛，犹凄怆也。”〇又《文选》四十一（三丈）《李少卿荅苏武书》曰：“祇令人悲，增忉怛耳。”注：“忉怛，内悲也。”〇又《文选》五十六（五十一丈）《潘安仁

① 偃溪录：即《偃溪广闻禅师语录》，2 卷，宋偃溪广闻撰，侍者如珠、道隆等编。

杨荆州诔》曰："承读忉怛。"注："忉怛，悲伤也。"○《古诗纪前集》四（十三丈）《古逸诗·穷刼[①]之曲》曰："吴王哀痛助忉怛，垂涕举兵将西伐。"○皆不涉禅录所用义。○《正宗赞》四《云门宗》（卅一丈）《雪峰慧传》曰："每日鸣钟升堂，忉忉怛怛地。"

【都大】

《古宿录》二十（卄二丈）《五祖录》曰："却为老僧忘事，都大一时思量不出。"○又同（十丈）《五祖录》："昨宵年暮夜，今朝是岁旦。都大寻常日，世人生异见。"

【都卢】

《放光般若经》七（九丈）曰："我都卢不见有菩萨。"《音释》："卢，落胡切。都卢，犹緫也。"又廿一（三丈）。○《般若钞经》一（十九丈）："都卢，不可议计。"又四（十一丈）曰："今我观视其法都卢皆空。"○《传灯》廿八（卄七丈）："无业上堂曰：'从前记持忆想见解智慧，都卢一时失却。'"○《游仙窟》（卅四丈右）曰："遮三不得一觅两都卢失。"注："都，大也。卢，空也。一云都卢者，緫尽意也，是俗语也。"○《文选》十二（十六丈）《海赋》曰："商榷涓浍。"注："良曰：商榷，犹都卢也，言都卢摄而纳之。"

【抖擞】

《大惠书》（四十四丈）《汪内翰书》曰："抖擞得藏识中许多恩爱习气尽。"○《品字笺·癸》（百卅五丈）曰："抖（斗）擞，犹言振作语。云抖擞精神，即俗所谓打起精神也。"○《正字通·卯·中》（五十八丈）曰："擞，苏偶切，音叟，振动也。"王维诗："抖擞辞贫里。"宋文天祥《答谢教授》："寒檐积雨，抖擞无悰。"《释氏要览》："梵语杜多，汉言抖擞。三毒如尘，能坌污真心，此人抖擞毒尘除之。"云云。孟郊诗："抖擞尘埃衣，谒师见真宗。"注：禅宗也。亦作"斗薮"，义同。

【毒手】

○《天中记》廿二（六十一丈）曰："初，石勒与李阳邻居，岁常争麻池，迭相欧击。至是，谓父老曰：'李阳，壮士也，何以不来？沤麻是布衣之恨，孤方崇信于天下，宁雠匹夫乎！'乃使召阳。既至，勒与酣

---

① 刼："劫"之异体。《增广字学举隅》卷二云："刼刧均非。"又《中文大辞典·刀部》引《正字通》云："刼，俗刧字。"

谑，引阳臂笑曰：‘孤往日厌卿老拳，卿亦饱孤毒手。’因赐甲第一区，拜参军都尉。”《上载记》。〇又曰：“晋王与梁有隙，交兵累年，后晋王数困，欲与梁通和，使李袭吉为书谕梁。辞甚辨丽。梁太祖使人读之，至于‘毒手尊拳，交相于暮夜，金戈铁马，蹂践于明时’，叹曰：‘李公僻处一隅，有士如此。使吾得之，傅虎以翼也！’顾其从事敬翔曰：‘善为我答之。’”①《五代史》。

【端的】

《品字笺》丁（六十六丈）“的”注曰：“白也，明也。又端的，言其事之端倪的然可见也。”

【对扬】

《碧岩录》二（廿九丈）《第十九则颂》：“对扬深爱老俱胝。”〇《虚堂·育王录》（七丈）：“对扬有准。”〇忠曰：“宝主相对，而扬耀此事也。”〇《书经》（集注）六（廿四丈）《君牙篇》曰：“对扬文武之光命。”〇《诗经》（集注）七（廿二丈）《大雅·江汉篇》曰：“虎拜稽首，对扬王休。”注：“对答扬称休美。”〇《文选》卅五（四十九丈）《潘元茂册魏公九锡文》曰：“对扬我高祖之休命。”注：“向曰对，当扬明。”

【钝置】

《云门录》下（十五丈）曰：“钝置杀人。”〇《事苑》一（七丈）：“钝置，下当作踬，音致。碍不行也。”

【顿放】

《大惠书》（四丈）《曾侍郎书》曰：“以有所得心在前顿放，故不能于古人直截径要处，一刀两段，直下休歇。”〇忠曰：“于前抛出而置也。”〇《虚堂录·善说》（八丈）曰：“觉范不知雪窦顿放处。”〇《敕修清规》下一（七丈）曰：“一切物色顿放。”〇《战国策》三上（卅六丈）曰：“齐举兵而为之顿剑。”注：“顿，下也。”〇《梁书》十三（十一丈）《沈约传》曰：“约及还，未至床，而凭空顿于户下，因病。”〇《辍耕录》四（一丈）曰：“大惊，顿足起立曰：‘异哉！’”〇《大惠普说》上（二丈）曰：“面前顿却一千五百人，善知识为你确证。”〇《密庵·干明录》（五丈）：“因雪上堂曰：‘文殊无处顿浑身，善贤失却真妙诀。’”〇忠曰：“此等顿字，皆可用下也，训顿放也。”

---

① 原文此处留有两字空格。

【亸避】

《大慧书》（卄五丈）《陈少卿书》曰："每遇闹中亸避不得处，常自点检。"〇《篇海》十八（卅一丈）曰："亸，丁可切，声同朵，垂下貌。又厚也，广也。又亸避也。"〇忠曰："或解亸避用垂下训，非也。《篇海》既垂下外，言又亸避，则亸有避义也。又按亸，或讹作軃，又讹作躲。"〇《俗呼小录》曰："藏避谓之躲。"〇《篇海》五（十七丈）曰："躲，躲果切，音朵，躲身也。《大明律》：躲避差役。"〇《普灯》三（八丈）《杨岐章》曰："侪且亸避。"〇《会元》十一（卅八丈）《风穴章》曰："问：'生死到来时如何?'师曰：'青布裁衫招犬吠。'曰：'如何得不吠去?'师曰：'自宜亸避寂无声。'"〇《正字通·酉·中》（八十八丈）曰："躲，俗字。旧注丁可切，多上声。躲避泥。"又（八十九）："軃，亸字讹，旧注同躲，误。"

E

【恶发】

〇《老学庵笔记》八（十六丈）曰："恶发，犹云怒也。"

【耳朵】

《大慧武库》（廿二丈）曰："耳朵两片皮，牙齿一具骨。"〇《续灯》十八（十二丈）《普满明章》曰："牙齿一把骨，耳朵两片皮。"〇《事苑》二（二丈）作"椯"曰："丁果切。小崖也。或止作朵。"〇《古宿》卅八（十二丈）《洞山初录》曰："三脚铛子无耳垛。"作"垛"。〇忠曰："耳，旁出如木有朵，山有垛，故言耳朵。"〇《正宗赞》一《百丈赞》曰："三日耳朵聋。"

F

【发机】

忠曰："机所发，无对待，无障碍也。"〇《楞严》九（八丈）："机括独行。"《释要》六（卅八丈）曰："机括是弩矢要，欲发矢，以机括为要。"〇《艺文类聚》六十（廿丈）曰："《释名》曰：'弩，怒也，有势怒之。钩弦者牙，似齿牙也。牙外曰郭，为牙郭也。含括之口曰机，机之巧也。'"〇《释名》七（五丈）文少异，今故引《艺文》。

【番将】

《碧岩录》一（十六丈）《评》曰："李广被捉后设计，一箭射杀一个番将，得出虏庭。”〇《虚堂录·颂古》（十一丈）：“捷呼获下真番将。”〇忠曰：“北胡总称番也，以对汉。只字书阙无训，予《犁耕》中详证。”〇《古宿录》廿六（十三丈）《法萃举和尚语要颂》云：“收番猛将彼方奇，势劣翻思握剑归。”又（十四丈）云：“番手把马笼。”〇《古宿》四十（十五丈）《云峰录》曰：“李广陷番。”〇《普灯》廿七（三丈）《法昌遇法身颂》：“螺蛳吞大象，石虎敹番马。”

【翻款】

《碧岩》一（四丈）第一则《颂》：“下语曰：‘你待翻款那。’”〇《虚堂录·偈颂》（五丈）《送僧见不庵颂》曰：“入得门来翻死款，不庵未必肯饶伊。”〇忠曰：“翻改前来妄言，再科列诚实之语也。”

【返照】

《六祖坛经》（七丈）曰：“慧能云：‘汝若返照，密在汝边。’”〇《临济录》（七丈）曰：“伱祇有一个父母，更求何物，伱自返照看。”又（廿六丈）曰：“回光返照，更不别求。”〇《圆覔[①]经略钞》六（廿二丈）曰：“禅家返照者，即是以他始覔照我本觉，故云反也。”〇《大觉坐禅论》（九丈）曰：“问曰：‘回光返照者如何答？’曰：‘照外诸法自已光明回返照内自己也。’”〇《止观辅行》二之二（廿五丈）曰：“不住九界，却观九界，乃名‘反照’。”忠曰：“此非禅家‘反照’义。”

【放憨】

《虚堂录·佛祖赞》（五丈）《丰干赞》曰：“只知拊掌放憨，不觉山青水绿。”忠曰：“示愚骇于人也。”〇《正字通·卯·上》（五十六丈）曰：“憨，呼山切，汉平声，痴貌。《广韵》：愚也。”

【放屁】

《大慧普说》二（四十四丈）曰：“若一向理会古人言语，这个公案又如何，那个因缘又怎生，山僧敢道他放屁，何不去紧要处用工夫？”〇忠曰：“此以乱言语比点矢气也。”〇又同二（八十七丈）曰：“湛堂云：‘是法平等，无有高下，因甚么云居山高，宝峰山低？’对云：‘（大惠）不见道：是法平等，无有高下？’官人问：‘个上座祇对得是否？’堂云：‘放屁合着大石调。’”〇又《普说》一（卄四丈）。〇大石调：《郛》百《乐府杂录》（廿丈）。〇《普灯》卄一（八丈）《穷谷琏章》曰：

① 覔：“觉”之异体。字见《宋元以来俗字谱·见部》引《列女传》《取经诗话》等。

“云云。‘罔明为其么却出得?’曰：‘放屁合着大石调。’”

【分外】

出分量之外也，谓胜绝也。〇《虚堂录·偈颂》（十八丈）曰：“年来索性恶情悰。”又（卅丈）曰：“见说年来索性霊。”〇《困孝纪闻》十九（六丈）曰：“索性，出魏程晓上疏。”

G

【高茆】

《宗镜录》四十五（十四丈）曰：“但孝成现高茆之语，名标众圣之前，都无正念修行之门。”〇《汾阳录》上（卅一丈）曰：“不得一向高茅，点胁点肋，道我知我解。”又下（廿三丈）《颂》曰：“一向高茅又不通，须明春夏及秋冬。”〇《恕中录》三（十二丈）《德山入门便棒颂》曰：“棒下传心印，森罗尽罢参。高茅村座主，曾是见龙潭。”〇《破庵录》[①]（卅二丈）《普说》曰：“不似今时人，一向高茆阔行大步禅将去，脚根下殊无着实。”新刊作“高傲”，非也。不知“高茆”字，漫改古版也。〇《石溪录·普说》（十一丈）曰：“惟久参自是之病，是为膏肓，却最难医。盖其未得谓得，未证谓证，一向高茆。”〇《大休寿福禄》（廿一丈）上堂曰：“去圣时遥懈怠者，多往往循于近习，不根其本，口里水漉漉地，脚下黑漫漫地，一味高茆葛将去。”

【孤负】

《传灯》五（卅五丈）《光宅慧忠章》曰：“一日唤侍者，侍者应诺。如是三召，皆应诺。师曰：‘将谓吾孤负汝，却是汝孤负吾。’”〇《字典·寅·上》（五丈）：“孤，音姑。《集韵》：负也。李陵《答苏武书》：陵虽孤恩，汉亦负德。毛曰：凡孤负之孤，当作孤。俗作辜，非。”〇《篇海》十五（廿四丈）曰：“负，读如妇，背恩亾德曰负。”〇《联灯》三（廿八丈）《忠国师章》曰：“云云。将谓吾辜负汝，谁知如辜负吾。”

【辜负】

《佛祖三经·德异序》曰：“辜负佛祖。”〇“辜”当作“孤”，“辜”但有“皋也”训。见“孤负”注。

① 破庵录：即《破庵祖先禅师语录》，又作《破庵和尚语录》，1卷，南宋僧破庵祖先撰，圆照等编。

【淈滀】

《五祖太平录》（《古宿》廿卷十五丈）："太平淈滀汉，事事书经偏。"○《虚堂录》五（五十二丈）《颂古》云："生来淈滀眼如眉。"○《正宗赞》四（九丈）《智门赞》云："卢行者惺惺成淈滀。"○《松源录》上（四十二丈）云："大家斯淈滀。"○按：滀字，《字汇》同续及《篇海》《正字通》《海篇》不收。淈滀，古来为鹘突音，盖糊涂通用。○《碧岩》三（廿四丈）："两个淈淈滀滀。"

【怪底】

《空华集》五（十六丈）。又八（卅丈）。《天柱集》（廿二丈）。○《杜工部集·千家》二（卅八丈）《画山水障歌》云："堂上不合生枫树，怪底江山起烟雾。"○《简斋诗》二（四丈）："怪底吾庐有林谷。"○《律体》二十（卅三丈）《杨诚斋诗》："怪底空山见早梅[①]。"

【光靴】

《传灯》十一（十四丈）《径山洪谭章》曰："全明上座问一毫穿众穴时，如何？"师曰："光靴，任汝光靴；结果，任汝结果。"○《钞》："一山曰：'光靴，修治完美也。'"

【果然】

《圆悟录》十九（十六丈）《文殊普贤佛见法见话》："师云：崇宁哙？只向他道：果然果然。"○《碧岩录·第四则》："圆悟下语错，果然点。"

H

【含胡】

或作"含糊"。字义未详。○《虚堂录·颂古》（廿七丈）：《开口不在舌头上颂》曰："含糊一世无分晓，开口何尝在舌头。"○《唐书·列传》百十七（二丈）《颜杲卿传》曰："禄山不胜忿，缚之天津桥柱，节解以肉啖之，骂不绝，贼钩断其舌，曰：'复能骂否？'杲卿含糊而绝。"○《林间录》上（四十三丈）曰："神鼎諲禅师以箸挟菜置口，含胡而言曰：'何谓相入耶？'"○忠曰："'含胡''含糊'未见字义。杲卿'含胡'，盖如口含物也。或胡糊音近。《字汇》：'糊，粘也。'又煮米及麫为粥。（止此）然则含糊者，口里胶生（《统要》三，八丈）之类乎？不得

① 见早梅：原文"早"字漫漶不清，《四库全书·集部·诚斋集》作"早见梅"。

言说也。”○郑思肖《心史》下《大义略》（四丈）曰：“理宗数问郝经入使之由，似道每含糊其对。”○《东坡诗集》：“藏否两含胡。”

【好生】

生。助语。又三言“好生观”。○《传灯》廿三（卅二丈）《慧广章》曰：“‘如何是凤山境？’归晓曰：‘好生看取。’”○《续古宿录·复庵封录》曰：“好生听取。”○《介石录[1]·小参》曰：“诸人好生听取。”○又同《崇恩录》曰：“好生谛听。”○《百丈清规》上一（七丈）：“圣旨曰：‘好生校正。’”

【好手】

《庞居士录》上（二丈）曰：“拈一放一，未为好手。”○《碧岩》一（十丈）“马大师不安话”下语曰：“三日后不送，亡僧是好手。”○《虚堂·宝林录》（六丈）：“大士生日上堂曰：‘一自嵩头陀道破之后，不出来是好手。’”

【号令】

《虚堂》：“号令人天。”见“指呼”处。○《字典·子·中》（七丈）曰：“令，力正切，零去声。律也，法也，告戒也。《书·冏命》发号施令，罔有不臧。”○《书经大全》十（十七丈）《冏命大全》曰：“吕氏曰：文武动容周旋何尝不中礼？号令何尝不善？”

【合下】

盖直下之义。○《圆悟心要》上（七十五丈）曰：“达磨到梁，见武帝，合下只用顶𩕳上一着子。”又同下（四十九丈）。○《碧岩录》八（廿丈）《第七十九则·评》曰：“这僧知投子实头，合下做个圈缋子，教投子入来。”

【狐疑】

○《朱子语录》十八（廿五丈）曰：“狐性多疑，每渡河，须冰尽合，乃渡。若闻冰下有水声，则疑不敢渡，恐冰解也。故黄河边人每视冰上有狐迹，乃敢渡河。又狐每走数步，则必起而人立，四望，立行数步，乃复走。走数步，复人立四望而行，故人性之多疑虑者，谓之狐疑。”○《大慧书》上（八丈左）。○《正宗赞》一（十五丈）。○《虚堂录》一（卅一

① 介石录：即《介石智朋禅师语录》，1卷，宋代禅师介石智朋语录，参学正贤、宗坦、延辉，侍者智瑾、志谌、净球编。

丈)。○《后汉书・列传》十四（二丈）注。○《通鉴正编》二下（百十二丈)。○《楚辞》一（卅丈）注。○《事苑》二（十八丈)。○《止观》四之二（四十六丈）《辅行》○《标指钞》[①] 中三（廿七丈)。○《楞严经璇疏》二上（二丈)。○《金刚经刊定记》五（廿八丈)。

【胡道】

《圆悟心要》上（廿丈）曰："信口胡道。"又录十二（六丈)。○《尧山堂外纪》五十五（一丈）《谑词》曰："当初亲下求言诏，引得胡道。"胡乱道着也。○诸书单用胡字，为胡乱义者，录于此。胡言《普庵录》上（廿一丈）曰："了法身之大事，岂敢胡言。"胡应又《普庵录》上（四十四丈）曰："人问道如何？胡应全无性。"胡诤又《普庵录》上（五十八丈)："梦寐胡诤梦道人。"胡喧：又《普庵录》上（八十五丈)："更莫听胡喧。"胡吹又《普庵录》下（四十六丈)："沩山应不胡吹。"胡参又《普庵录》下（五十一丈)："盲辈胡参。"胡写《北硇文集》七（卄一丈)："顺情胡写。"胡挥《希叟・开善录》(四丈)："佛生日上堂，指天指地胡挥揎。"同《颂》(卅丈)："扫荡家私无一窖，胡挥白棒到平人。"胡说：《猥谭》（二丈）曰："书坊有解胡说耳。"胡撞《群谈采余》四《矜急》(十一丈）曰："此必胡撞。"○《尧山》八十七（十九丈)。胡凿：《同话录》(十八丈)："村人胡凿。"胡乱凿石成字也。胡奏《三国演义》十八（卄二丈)。胡钻《颂古联珠》卅五（卄五丈)："休要胡钻。"胡说《朱子语录》八（卄一丈)："一向胡说。"○《醉菩提》[②] 五（十一丈)："要你这般胡说。"

【胡汉】

《宋高僧传》三（十四丈）曰："雪山之北是胡，山之南名婆罗门，国与胡绝。云云。羯霜那国、吐货罗国、迦试国，已上杂类为胡也。"

【胡乱】

《古宿录》一（三丈）《南岩怀让语》曰："马祖云：'自从胡乱后，三十年不曾少盐酱。'"○《大慧书》(十五丈）《江给事书》曰："不可将古人垂示言教胡乱穿凿。"○《虚堂录・颂古》（七丈）《让和尚道一

---

① 标指钞：即《天台四教集解标指钞》，上中下 3 卷，宋顺、谛観、从义编撰，日本伊藤次郎兵卫 1675 年刊行。

② 醉菩提：31 出，明末清初张大复撰。

消息话颂》曰："消息得来胡乱后，江西宗派好流通。"〇《小补韵会·虞韵》（六十丈）曰："《仪礼·士冠礼》：'眉寿万年，永受胡福。'注：'胡犹遐也，远也。远无穷。'"又曰："北狄曰胡。"〇明吕毖《事物初略》曰："五胡乱华之日，汉人之避兵者，凡事皆仓卒为之，不能完备，即相率曰胡乱且罢。谓备一时之急也，今人凡事苟且者称胡乱，始此。"

【胡说】

胡乱言说也。〇《无怨公案》五（卅八丈）。

【鹘仑】

〇《僧宝传》六（卅二丈）《灵源清传·赞》曰："生死鹘仑谁擘破？"〇又作"骨硙"。《慈受录·偈颂》（卅丈）："伴我林间骨硙眠。"〇《代醉编》十二（卅八丈）引《学林》曰："有即音切而知字之义。云云。鹘仑为浑，鹘卢为壶，忒煞为大。"〇又作囫囵。《字汇》："囵，龙春切，音伦，囫囵。"〇《诚斋朝天集·食蒸饼诗》曰："老夫饥来不可那，只要鹘仑吞一个。"

【鹘突】

《碧岩》三（十六丈）："鹘鹘突突有什么限？"福本作"淈淈淯淯"。又九："担一担莽卤，换一担鹘突。"〇《类书纂要》十二（十三丈）："鹘突，不明晓其事，即糊涂也。"〇《朱子语录》十二（十七丈）："官司鹘突无理会。"

【糊涂】

〇《十八史略》六（廿六丈）《宋纪》云："吕端人谓作事糊涂。"注："音鹘突。"〇《言行录》云；'吕端为人糊涂。"注："鹘突。"〇《宋史·列传》四十（二丈）《吕端传》云："太宗欲相端。或曰：'端为人糊涂。'太宗曰：'端小事糊涂，大事不糊涂。'"《丹鈆》十二（一丈）引。〇《论语大全》八（百五丈）《季氏篇·九思章》："朱子曰：'视听糊涂，是非不辨。'"〇《正字通·丑·中》（卅三丈）引吕端事曰："《孙奕示儿编》：'糊涂，读为鹘突。或曰：糊涂，不分晓也，鹘隼也。突，起卤莽之状也。'"〇涂，或作荼音。《白云禅录[1]·颂古》（六丈）云："闭户携锄已太赊，更来当面受糊涂。"注："音荼，盖叶音也。"〇涂，虞韵押。《尧山外

① 白云禅录：即《白云守端禅师广录》，4卷。又作《白云守端和尚广录》。宋代僧白云守端（1025—1072）撰，处凝等编。

纪》九十八（五丈）曰："有业缝衣者，以贿得奖冠带，顾霞山（名明）嘲曰：'近来仕路太糊涂，强把裁缝作士夫。软翅一朝风荡破，分明两个剪刀箍。'"又《诚斋南海集》一（一丈）《晓雾诗》曰："不知香雾湿人须，日照须端细有珠。政是春山眉样翠，被渠淡粉作糊涂。"〇《江湖纪闻·前集》十二（二丈）："簿上糊涂不可辨。"

【话欛】

《古宿录》四十（十六丈）《云峰悦录》曰："上堂：摩竭掩室，已不及初；毗耶杜词，至今话欛。"〇《正字通·辰·中》（百卅二丈）曰："欛，欛字之讹。又（百卅三丈）曰：'欛，必架切，音霸，欛柄。释宗杲谓张无垢云：阁下既得此欛柄。'"〇《玉露》（十四丈）："成一话靶。"作"靶"。《字典·戌·中》（九十四丈）："必驾切，辔革也。《字汇》：辔革御人所把处。"

【话堕】

堕者，负堕之堕也。自吐词，自负堕也。家山辩言论时承刀那利弖负口奈留远云。〇《云门录》中（十七丈）曰："举，光明寂照。云云。师云：'话堕也。'"〇《联灯》廿四（十一丈）《云门章》："话堕了也。"又廿六（十丈右）。〇《虚堂录》四（四十丈）《普说》："弄到极处，终成话堕也。"〇《雪岩录》上（二丈）曰："切忌话堕。"〇《竺仙录·法语》（八丈）。〇《传心法要》（十六丈）曰："问：'才向和尚处发言，为什么便言话堕？'师云：'汝自是不解语人，有什么堕负？'"〇《古宿》卅九（五丈）《智门录》曰："问：'既是诸法寂灭相，为什么却有真说？'师云：'话堕也。'"〇《慈受资福录》（四丈）曰："有问有答，周遮无言，无说话随。"

【话在】

忠曰："某甲犹有可话说事也。"〇《碧岩录》六（十丈）《本则》曰："云门云：'西禅近日有何言句？'僧展两手，门打一掌。僧云：'某甲话在。'门却展两手。"云云。〇《卢堂·净慈后录·拈》。

J

【伎俩】

《六祖坛经》（四十二丈）《卧轮偈》曰："卧轮有伎俩，能断百思想。"〇《字汇》曰："伎俩，巧也。"〇《书言故事》十二（卅六丈）

曰："人智计曰伎俩。"〇《类书纂要》十二（卅六丈）曰："伎俩，智谋也。"〇《品字笺》乙（五十丈）曰："伎能也。又伎俩，言伎能也。"〇《篇海》四（十四丈）曰："伎，奇寄切。音忌。伎俩，能解也，巧也，艺也。"又曰："俩，良奖切，音两。"〇《事苑》四（十九丈）曰："技俩，上渠倚切，下良蒋切。艺也，巧也。"〇《大慧书》（十丈）《曾侍郎书》曰："更不得别生异解，别求道理，别作伎俩也。"又（廿九丈）《刘宝李书》曰："有般杜撰长老，根本自无所悟。云云。无实头伎俩，收摄学者。"忠曰："此谓无方便善巧也。"〇《正宗赞》二（卅一丈）《宝觉赞》曰："猫捕鼠巧尽拙生，穷伎俩谁能捏目。"〇《虚堂·兴圣录》（九丈）："结夏上堂。天下禅和今朝尽入野狐窟里做伎俩。"

【见在】

《困李[1]》十九（七丈）："见在出槀[2]人注。"

【交辊】

〇《虚堂录·佛祖赞》四文《布袋赞》曰："业风交辊笑[3]嘻嘻。"忠曰："为业风所交转也。"〇《字汇》曰："辊，古本切，音滚，车轮动也。"〇《正字通·酉·下》（十五丈）曰："辊，《六书故》：转之速也。"〇《希叟广录[4]·三赞》（十一丈）《布袋靠袋睡赞》曰："自与虚劳交辊，肚里千机万变。"

【教坏】

〇《大慧书》（十九丈）《刘宝学书》曰："杜撰长老。云云。彦冲被此辈教坏了。"忠曰："教坏，误道人也。"〇《宗门统要》三（卅二丈）曰："昔有老宿，畜一童子，并不知轨则。有一行脚僧到此庵，乃教示童子朝昏礼仪。其童晚见老宿外归，遂去问讯。老宿俄然怪见，遂问：'阿谁教汝童子？'云：'堂中上座。'老宿寻唤其僧来。问：'上座傍[5]家行脚，是甚么心行？这个童子养来二三年，幸自可怜生，谁教上座教坏

---

① 李："学"之异体。《宋元以来俗字谱》引《烈女传》作"李"。

② 槀："槁"之异体。《字汇·木部》："槀，苦老切，音考，木枯；又鱼干曰鱼。"又云："槁：同上。"

③ 笑："笑"之异体。字见《玉篇·竹部》《广韵·去声·笑韵》等。

④ 希叟广录：即《希叟绍昙禅师广录》，又作《希叟和尚广录》，7卷，宋代僧希叟绍昙撰，侍者法澄等编。

⑤ 傍："傍"之异体。《正字通·人部》"傍"下曰："本作'傍'。"

伊？快俶装去。'黄昏雨淋淋地被他趁出。"《禅林频聚》九（五十六丈）同此。○《辍耕录》七（十丈）曰："司马温公家一仆，三十年，止称'君实秀才'。苏子瞻学士来谒，闻而教之，明日改称'大参相公'。公惊问，以实告。公曰：'好一仆被苏东坡教坏了。'"

【脚版】

《临济录》（卅六丈）曰："你波波地往诸方觅什么物？踏你脚版阔。"○忠曰："脚版只是脚底平如板也。蹈步多，故令阔也。"○《虚堂录·普说》（十八丈）曰："教脚板阔。"

【剿绝】

○《尚书》（注疏）七（二丈）《甘誓》曰："天用剿绝其命。孔安国曰：剿，截也。截绝，谓灭之。"○《小补韵会·筱韵》（廿八丈）曰："剿，子小切。《说文》：绝也。或作剿。"○《正宗赞》二（卅四丈）《白云赞》曰："剿除魔垒。"

【节文】

《松源录》上（五丈）《澄照录》曰："澄照恁么告报，且道节文在什么处？"云云。○《虚堂·宝林录》（卅九）曰："五祖因僧问：'如何是道？'祖云：'始平郡。'僧又问：'如何是道中人？'祖云：'赤心为主。'师云：'五祖恐者僧信根未深，嘱之又嘱。且道节文在甚么处？'"云云。○忠曰："节文，谓殽讹也。如木有节有文理也。又此语在《虚堂·径山后录》（廿五丈）。"

【杰斗】

竭斗又作杰斗。○《南堂欲录·偈颂》（四十丈）曰："为而不为终杰斗。"○《恕中录》三（十八丈）《玄沙三种病颂》曰："只此未为真杰斗，霊云犹且被他瞒。"又四（十七丈）《示杰上人颂》曰："杰斗禅和真猛利，不着惺惺与无记。"○《愚巷交录·小参》（十五丈）曰："老沩山真杰斗，肯一不肯一？"[磔斗]《无门关录》下（廿五丈）《真赞法孙思贤请赞》曰："咄！这村僧百拙千丑，用处颟预，举止磔斗。"

【竭斗】

《传灯》廿三（十三丈）《大梵圆章》曰："师因见圣僧，便问僧：'此个圣僧年多少？'僧曰：'恰共和尚同年。'师喝之曰：'这竭斗不易道得。'"《钞》："一山曰：'竭斗，黠慧禅和子也。'"○《道宣净心诫观法》下（十七丈）曰："夫晚出家者有十种罪过：一者健鬪，世言竭斗，俗气成性，我心自在。”○《自镜录》[①]（十丈）曰：“释僧范学行兼富，为时所尚。尝讲《法华经》。辄有一僧，毁云：‘竭斗何所解？’”○《正字通·午·下》（八十三丈）曰：“竭，音杰。《说文》：负举也。”○《北硐外集》（六丈）《送潜兄颂》曰：“阿潜竭斗不如是。”又（八丈）《送晖上人颂》曰：“退栏老牯饶竭斗。”碣斗《虚堂录·佛事》（二丈）《碣上座起龛》曰：“碣斗禅和。”忠曰：“碣斗者，俗话已见于唐世道宣，盖黠慧争鬬，碣柱斗立也。”○《正宗赞》三（十九丈）《投子青赞》曰：“岳降英灵，天生碣斗。”古解曰：“特立险绝曰碣斗。”

【筋斗】

《传灯》七（八丈）《盘山宝积章》曰：“师将顺世，告众曰：‘有人邈得吾真否？’云云。普化出曰：‘某甲邈得。’师曰：‘何不呈似老僧。’普化乃打筋斗而出。”○《碧岩》四（十八丈）《评》举之。○《事苑》七（七丈）作“斤斗”：“斤，斫木具也。头重而柯轻，用之则斗转，为此技者似之。”○斗转义未详。《传灯钞》不载。○《虚堂·宝林录》（卅五丈）曰：“针锋头上翻筋斗。”○《教坊记》曰：“上于天津桥南设帐殿，酺三日。教坊一小儿，筋斗绝伦。乃衣以缯彩，梳洗，杂于内妓中。少顷，缘长竿上，倒立，寻复去乎。久之，垂手抱竿，翻身而下。乐人等皆舍所执，宛转于地，大呼万岁。百官拜庆。中使宣旨云：‘此技尤难，近方教成。’欲以矜异，其实乃小儿也。”《类说》。○筋或作巾。《因师集贤录；荐师巫偈》云：“巾斗打翻神世界，灵符镇断鬼门关。”○《永平眼藏·遍参章》（一丈）：“点翻巾斗。”

【九百】

《镜堂·圆觉录》（八丈）曰：“只要诸人饮泉水，识地脉，不是山僧偏九百。”见四言“过头九百”处。

【举似】

忠曰：“似字，相承训示也，然字书无此训，但梦弼注杜诗云：‘呈也。’《品字笺》云：‘奉也。’可用。”○《杜律·五言》一（廿七丈）《对雪诗》：“炉存火似红。”邵梦弼注云：“‘似’字训作‘呈’字，如‘今日把似君’之‘似’，非‘肖似’之‘似’也。”○《品字笺》癸（百十一丈）曰：“似，又奉也。唐诗：‘只可自怡悦，不堪把似君。’又

---

① 自镜录：即《释门自镜录》，唐蓝谷沙门怀信述。

'今日把似君，谁有不平事？'今书篚头曰似，本此。"〇忠曰："只可云云，陶弘景诗：'今日把似君。'贾岛《剑客》诗也。"〇《临济录》（卅五丈）："师闻第二代德山。云云。乐普回举似师。云云。"〇《诗林广记[1]》后五（四丈）《山谷诗》："阆风安在哉？要君相指似。"〇《三体诗（备参）绝句》五卷（三十丈）《刘言史过春秋峡诗》："腊月开华似北人。"注："似者，呈似之似，犹言向也。"

【巨灵】

〇《刘氏鸿书[2]》五（廿一丈）曰："《太华仙掌辨》云：'昔河自积石出而东流，既越龙门，遂南驰者千数百里。折波左旋，将走东溟，连山塞之，壅不得去。河神巨灵以手擘开其上，以足蹈离其下，中分为两，以通河流。今观手迹于华岳上指掌之形具在，脚迹在首阳山下亦在焉。"（《述征记》）华山、首阳本一山，巨灵擘开面北者为首阳，面南者为太华。（《志语》）〇《说郛》五。《遁甲开山图》。

K

【靠倒】

《碧岩录》九（十丈）《维摩不二法门颂》曰："请问不二门，当时便靠倒。"〇《正字通·戌·中》（七十二丈）曰："靠，口到切，音犒。《说文》：理相违也。今俗依附曰倚靠。"〇忠曰："今用依附义。靠倒者，譬如大柱依附于小柱，则小柱为之倒也。小理为大理所屈，此靠倒也。"〇《虚堂·宝林录》（卄八丈）曰："师云：'老僧被伱靠倒。'"〇又同《佛祖赞》（五丈）《寒山赞》曰："靠倒维摩记得无，至今一默喧天地。"〇《事苑》三（卄丈）曰："靠，苦到切，相违也。"忠曰："此训今不用。"

【瞌睡】

《正字通·午·中》（七十丈）曰："瞌，克盍切，堪，入声。人劳倦合眼坐睐曰瞌睐。旧注泛训眼瞌，非。"

【可煞】

《虚堂》一（七十八丈）《瑞岩录》："可煞性燥。"〇又十（廿一丈）

① 诗林广记：又名《精选诗林广记》《精选古今名贤丛话诗林广记》等。宋末元初蔡正孙所撰。

② 刘氏鸿书：明万历年间，安徽宣城刘仲达纂辑的一套类书。

《雪岩录》上（十四丈）。〇《普灯》二（廿五丈）："法序可煞兴盛。"〇《传灯》十四（廿六丈）："可杀湿。"又二十（十五丈）。〇《南堂·开福录》（卅丈）："可杀惊人。"〇字义见一言"煞"处。

【可噘】

《广灯》廿三（九丈）。

【昆仑】

又三言"铁昆仑"。又"昆仑奴"。〇忠曰："昆仑、昆仑混。沦音同。义异者四：一昆仑山名，二昆仑人伦名，三混沦或作浑囵、鹘沦等浑淆无分之义，四头曰昆仑。然前三禅录交用，文字不定。"山名《虚堂·育王》（廿四丈）云："金轮水际昆仑山椒。"〇又作"昆仑"。《月江录·佛祖赞》（十二丈）云："黄河九曲兮水出昆仑。"〇《通鉴纲目》前编二（廿八丈）云："昆仑无定名。地之高山之所聚，江河诸源之所出。即昆仑尔。"人伦名所谓昆仑儿也。若言铁昆仑。作昆仑可也，非谓山。〇《传灯》廿五（十二丈）："昆仑奴着铁裤。"又："黑漆昆仑夜里走。"昆仑儿肤黑，其着铁裤夜里走，皆取深黑义。〇《月江何山录》（一丈）："昆仑奴着铁裤得之。"〇《中峰录》一下（卅四丈）："昆仑骑象舞三台。"〇《代醉编》三（廿八丈）曰："南荒有黑溪水，其水以涂古象，至不去。昆仑儿以涂身，即能乘象如家蓄。古所谓黑昆仑，今之象奴也。"〇《甘泽谣》（五丈）《陶岘传》曰："海舶昆仑奴，名摩诃，善泅水而勇健。"《尧山外纪》廿五（十四丈）载之作"昆仑"。〇《尧山外纪》廿五（三丈）《咏昆仑奴诗》。〇《说郛》三十五《可谈》（十七丈）。〇《事文前集》二十（十六丈）："李后形长而色黑，皆谓之昆仑。"〇《求法高僧传》上（十二丈）："运期师旋回南海十有余年，善昆仑音。"又作"骨仑"。〇《广灯》十九："骨仑。"〇《白云录[①]·颂古》（十丈）："天生碧眼昆仑儿。"〇《传灯》十二（卅六丈）："金香炉下铁昆仑。"〇《普灯》八（十八丈）："金刚脚下铁昆仑。"〇《普灯》廿八（五丈）："生铁昆仑云外走。"或谓铁昆仑是浑沦无缝罅义，非也。浑淆无分义"混沦""浑囵""鹘沦""昆仑"皆相通。〇《临济录》（四十二丈）："浑仑擘不开。"〇《增续传灯》（廿一丈）："昆仑无缝罅。"当作"浑沦"。〇《虚堂录》一（五丈）："切忌浑沦吞。"〇《列子·天瑞

---

① 白云录：即《白云守端禅师广录》，4卷。又作《白云守端和尚广录》。宋代僧白云守端（1025—1072）撰，处凝等编。

篇》云：“浑沦者，万物相混沦而未相离也。”〇《太玄经》：“中首昆仑旁礴幽。”〇《韵会·药韵》（十六丈）：“昆仑，天之气旁礴地之形。”又《真韵》（六十三丈）：“浑沦未相离。”头曰昆仑《天中记》廿二（六丈）。《续文献通考》贰佰四十一（一丈）《道家名义》。

L

【拦胸】

《古宿》十二（廿四丈）《紫湖神力录》曰：“师于僧堂前见一僧，拦胸把住，叫云：‘捉得也。’”又曰：“胜光便问：‘如何是事？’被师拦胸踏倒，从此省悟。”〇《虚堂·宝林录》（卅一丈）曰：“便与阑胸一踏。”〇《正字通·卯·中》（八十七丈）：“拦，音兰，遮遏，通作兰。”〇忠曰：“拦胸，蓦直捉胸或蹈胸也。”〇“拦”字例[①]：《碧岩》三（二丈）：“拦问一答。”拦苔，早苔也。又八（十七丈）：“将糊饼拦缝塞定。”见有缝急塞之也。

【郎当】

《无门关》（十七丈）“不是心佛话”曰：“南泉被者一问，直得揣尽家私，郎当不少。”〇《正宗赞》二（十五丈）《首山赞》曰：“泼家风郎当不少。”〇《大慧·普说》上（廿四丈）曰：“问：‘嘉州大像，鼻孔长多少？’师云：‘长二百来丈。’进云：‘得恁么郎当。’”〇《鹤林玉露》二（七丈）曰：“小说载明皇自蜀还京，闻驰马所带铃声，谓黄幡倬曰：‘铃声颇似人言语。’幡倬对曰：‘似言三郎郎当，三郎郎当也。’明皇媿且笑。”〇《俗呼小录》（三丈）曰：“人之颓败及身病擸靡者云郎当。注：唐明皇闻驼铃声颇似人言语，黄幡绰对曰：‘似言三郎郎当。’”〇《保宁勇录》[②]（五十七丈）《颂》曰：“面门出入大狼当。”作“狼当”。

【劳攘】

《大慧书》（卅一丈）《刘宝学书》曰：“彦冲却无许多劳攘，只是中得毒深。”〇《大慧武库》（二丈）曰：“言法华大呼曰：‘吕老子伱好劳攘！快出来拜也好，不拜也好。’”〇《韵会·豪韵》（廿五丈）曰：“劳，郎刀切。《说文》：剧也。《集韵》：勤也。”又《阳韵》（廿三丈）

---

① 行首作者自注“苔恐问”三字。

② 保宁勇录：即《保宁仁勇禅师语录》，宋保宁仁勇撰。道胜、圆净编。一卷。又名《保宁勇禅师语录》《金陵保宁禅院勇禅师语录》。

曰："攘，奴当切，烦扰也。"○忠曰："劳攘，繁冗义。" 捞攘 《大慧普说》二（四十二丈）曰："佛照老杲和尚说，迷底人与迷底人说话，固有限剂；悟底人与悟底人说话，更不着捞攘。"作"捞"。

【劳生】

忠曰："劳生者，在尘劳众生也。"《僧宝传》十九（卅五丈）《政黄牛传》曰："劳生扰扰。"

【老倒】

《虚堂·径山后录》辨曰："老倒无端入荒草。"○《广灯》廿三（七丈）《洞山晓聪章·秘魔持杈颂》曰："藜荒老倒眼弥麻，自救无疗更持杈。"○《事苑》六（二丈）曰："老倒，当作潦倒。潦，老之貌也。"

【唠嘈】

《虚堂录·佛祖赞》（十五丈）《维摩示疾赞》曰："一生口觜唠嘈。"○《说文》八（廿八丈）《口部》曰："唠，唠呶，欢也。从口。劳声。敕交切。"○又《篇海》七（十七丈）曰："唠，敕加切，呶欢也。"○《篇海》七（十五丈）曰："嘈，财劳切，音曹声也，胡言也。又去在到切，同谱，喧也。"

【了当】

肯诺义。○《大慧武库》（卌一丈）："张无尽十九岁应举入京，经由向家。向家夜梦人报曰：'明日接相公。'云云。向曰：'秀才未娶，当以女奉洒扫。'无尽谦辞。向曰：'此行若不了当，吾亦不爽前约。'后果及第，乃娶之。"

【冷地】

《碧岩录》四（六丈）《第三十二则》："下语云：'冷地里有人觑破。'"《古钞》云："自坐处有暖气，傍处有冷气，故傍处言冷地。"

【冷笑】

《虚堂·报恩录》（十二丈）曰："当时者僧但冷笑一声，管取洞山隐身无路。"○旧解曰："冷笑，欺笑也。"

【廉纤】

《云门录》中（十八丈）曰："法身清净，一切声色尽是廉纤语话，不涉廉纤作么生是清净？"○《事苑》一（十四丈）曰："廉纤，犹检敛细微也。"○刘熙《释名》四（九丈）曰："廉，敛也，自捡敛也。"○忠曰："廉纤者，心涉微细造作也。"○《碧岩》一（十丈）："垂示曰：'恁么也得，不恁么也得，太廉纤生。'"○《韩文》九（廿七丈）《晚雨诗》曰："廉纤晚雨不能晴。"〇忠曰："此但微细义。"〇《虚堂·宝林录》（二丈）曰："一丝不挂犹涉廉纤，独脱无依未为极则。"〇《正宗赞》四《法眼宗》（四丈）《法眼赞》曰："当机声碎犹涉廉纤。"

【领览】

《韵会·感韵》（四十六丈）："览，通作揽。"又（四十八丈）："揽，鲁敢切。《说文》：撮持也。"〇《大慧书》（五十三丈）〇又《大慧法语》上（廿八丈）。〇《虚堂录》四《法语》（四丈右）。〇《会元》七（六十丈）。〇《古宿》十二（廿一丈）《子湖神力录》。〇览，又作揽。《天如录》八（卅七丈）。〇《传灯》十八（廿二丈）《镜清章》："领览。"

【领略】

《品字笺》庚（八十二丈）曰："俗以领略谓之领受。"

【笼罩】

〇《抱朴子·外篇》四（十七丈）曰："羁绁于笼罩之内。"〇《皇朝类苑》引《杨文公谈苑》曰："李文靖（沆）曰：'苟屈意妄言，即世所谓笼罩。笼罩之事，仆病未能也。'"

【儱侗】

《虚堂·兴圣录》（七丈）曰："儱儱侗侗，日用而不知。"又《新添》（二丈）："堪笑冬瓜长儱侗。"〇《续灯》五（六丈）《天衣义怀章》曰："冬瓜长儱侗，瓠子曲弯弯。"〇《事苑》四（九丈）曰："儱侗，上方[1]董切，下它孔切。未成器也。又直也。一曰长大也。"〇《字典·子·中》（廿六丈）曰："《正韵》：儱侗，直也，长大也。"〇《字汇》曰："侗，音通，无知也。《论语》：'侗而不愿。'又未成器之人曰侗。"

【儱统】

《雪窦明觉录》二（廿九丈）曰："圆光一颗儱统真如。"新刊作"儱侗"。又作"笼统"。《楞严解蒙钞》卷首二（十三丈）曰："举一即三，言三即一，亦笼统之谈耳。"〇《天经或问·序》（二丈）余扬《序》曰："上古文字简约，词旨笼统。"又作笼通：《盂兰盆经新记》下（十二丈）曰："须约大小教门以释，不可笼通。"〇《业疏》一下曰："必思审者，不得笼通。"《济缘记》一下曰："笼通，俗语无简别故。"

① 原文行首注："力，足利本。"

【楼兰】

又见四言“斩楼兰首”处。○《通鉴网目》四下（百五十二丈）《武帝元鼎二年·集览》曰：“鄯善，西域国名，都扜泥城，即楼兰国也。故城在大患鬼魅碛之东南，北近白龙堆路，去阳关千六百里。汉昭帝遣传介子往刺其王，更名其国为鄯善。事见《昭帝元凤四年》。”又五（十五丈）。○《通鉴汇编》二（四十八丈）。○《魏书·列传》九十（二丈）《西域部》。○《唐书·地理志》卅三下（十九丈）。○《文献通考》三百卅六。○《慈恩传》五（卅三丈）：“纳缚波故国即楼兰地。”

【漏逗】

《古宿》十四（廿六丈）。《赵州录》下《十二时歌》曰：“鸡鸣丑，愁见起来还漏逗。”《虚堂·宝林录》（廿一丈）举。○逸堂曰：“漏逗，无检束也。和辩土利美驮之多也。”

【卤莽】

《正宗赞》四《法眼宗》（四丈）《法眼赞》曰：“露全身万象中，尽力扶持，依然卤莽。”○《庄子》八（卅四丈）《则阳篇》曰：“长梧封人问子牢曰：‘君为政焉勿卤莽，治民焉勿灭裂。’”郭《注》八（七十三丈）曰：“卤莽灭裂，轻脱末略，不尽其分。”陆德明《音义》曰：“卤，音鲁。莽，莫古反，又如字。灭裂，犹短草也。李云谓不熟也。司马云卤莽犹粗疏也，谓浅耕稀种也，灭裂谓断其草也。”○《升庵外集》四十六（廿二丈）曰：“耕之不善曰卤莽，芸之不善曰灭裂。卤，刚卤之也，耕，刚卤之地，必加功。《吕览·耕道篇》：‘所谓强土而弱之也。’莽，草莽之地。《诗》所谓‘载芟载柞’①，乃善耕也。不治其刚卤，不芟其草莽，是曰卤莽之耕。”○《事苑》二（卄丈）曰：“莽卤，上莫补切，下郎古切，不分明皃。”○《虚堂·宝林录》（廿二丈）曰：“直至如今成莽卤。”○忠曰：“倒用卤莽，成佛法麁略也。”

【陆沈】

《莊子》八（卅三丈）《则阳篇》曰：“其口虽言，其心未尝言，方且与世违而心不屑与之俱。是陆沈者也。”○《史记》百卅六（七丈）《滑稽传》曰：“歌曰：‘陆沈于俗，避世金马门。’”

【露布】

《临济录》（卅五丈）：“路布文字。”《圆悟录》：“不立窠臼露布。”

① 原文旁注小字“九十八丈”。

○《林间》下："路布。"○《如净录》下（十丈）："露布葛藤，切忌屎沸。"○刘勰《文心雕龙》四（十四丈）《檄移篇》曰："檄者，皦也，宣露于外，皦然明白也。张仪《檄楚》，昼以尺二，明白之文，或称露布。播诸视听也。"○《封氏闻见记》（二丈）曰："露布，捷书之别名也。诸军破贼。则以帛书建诸竿上，兵部谓之露布。盖自汉已来有其名。所以名露布者，谓不封捡，露而宣布，欲四方速知，亦谓之露版者。魏武奏事云'有警急，辄露版插羽'是也。宋时沈璞[①]为盱眙太守，与臧质共拒魏军。军退，质与璞全城使自上露版。后魏韩显宗大破齐军，不作露布。臣每哂而问之，答曰：'顷闻诸将获二三驴马，皆为露布，臣每哂之。近虽仰凭威灵，得摧丑虏，擒斩不多，脱复高曳长缣，虚张功捷，尤而效之，其罪斯甚。所以敛毫卷帛，解上而已。'然则露版，古今通名也。隋文帝诏太常卿牛弘撰《宣露布仪》。闬皇九年，平陈，元帅晋王以驲上露布。兵部请依新礼，集百官及四方客使于朝堂，内史令凡有诏，在位者皆拜。宣露布讫，蹈舞者三，又拜郡县皆同。因循至今不改。近代诸露布，大折皆张皇国威，广谈帝德，动逾数千字，其能体要不烦者，鲜矣。"○《容斋四笔》十（二丈）曰："用兵获胜，则上其功状于朝，谓之露布。今博学宏词科以为一题，虽自魏晋以来有之，然竟不知所出，唯刘勰《文心雕龙》云：'露布者，盖露校不封，布诸观听也。'唐庄宗为晋王时，擒灭刘守光，命掌书记王缄草露布，缄不知故事，书之于布，遣人曳之，为议者所笑。然亦有所从来。魏高祖南伐，长史韩显宗与齐戍将力战，斩其裨将。高祖曰：'卿何为不作露布?'对曰：'顷闻将军王肃获贼二三人，驴马数匹，皆为露布，私每哂之。近虽得摧丑虏，擒斩不多，脱复高曳长缣，虚张功捷，尤而效之，其罪弥甚，臣所以敛毫卷帛，解上而已。'以是而言则用绢高悬久矣。"○《东齐记事》（五丈）。《郛》廿八。○《骆丞集》四（十五丈）陈继儒注曰："露布，人多用之，不知其始。《春秋佐期》曰：'文露沈，武露布。'宋均云：'甘露见其国，布散者，人尚武；迟重者，人尚文。'"《文心雕龙》曰："布者，露板不封，布诸视听也。"《索隐》曰："战克欲使天下闻知，乃以版书获捷之由，不封之，以明告中外。自后魏以来，乃书帛于漆竿，名为露布。后汉桓帝时，地数震，李云[②]乃露布上书。桓温北伐，袁宏作露布。洪适《文章缘起》乃谓曹洪伐马超，曹操作露布，非也。"○《十八史

① 璞：恐为"璞"或"羡"之误。四库全书本作"沈璞"，并小字注曰"一作沈羡之"。

② 云：原作"雲"，行首有标注为"云"。

略》五（卅一丈）“露布”注曰：“直书克复之事于帛，建于漆竿，露布不封，以示中外。”○《续博物志》九。○《事文别集》七（六丈）。○《王维集》五（二丈）注。○《辍耕录》十八（十五丈）。○《代醉》卅六（十二丈）。

【乱统】

《云门录》上（廿六丈）曰：“师便棒，云：‘吽！吽！正当拨破，便道请益。这般底到处但知乱统。’”○《雪峰录》上六丈曰：“菩提达磨来道：我以心传心，不立文字。且作么生是诸人心？不可乱统，即便休去。”○《玄沙广录》上（十七丈）曰：“问：‘言多与道转远，不落言句请师道？’师云：‘你又自作自受作么？’进云：‘与么，则不落言句也。’师云：‘乱统在。’”又（四十五丈）曰：“师云：‘莫乱统。’”又下（四十六丈）曰：“师云：‘你犹乱统。’”○《僧宝传》六（八丈）《法昌遇传》曰：“至北禅贤禅师。云云。又问：‘来时马大师健否？’师曰：‘健。’云：‘向汝道什么？’师曰：‘令北禅莫乱统。’”《续古宿》二《法昌章》（四丈）同此。○《联灯》十三（五丈）《芭蕉谷泉章》曰：“倚遇云：‘万法泯时全体现，君臣合处正中邪去也。’泉云：‘驴汉不会便休，乱统作什么？’”○《联灯》廿一（十六丈）《岩头章》曰：“但知着衣吃饭，屙屎送尿，随分遣时，莫乱统，诈称道者。”○《元叟端录》[1]四（十丈）曰：“僧问：云云。僧云：‘还许某甲末后赞叹一句也？’无师云：‘试乱统看！’僧拟开，可师便喝。”

M

【麻迷】

《东云颂古》（五丈）《云门颂》曰：“哑子得梦与谁说，起来相对眼麻迷。”《古尊宿》四十七。○《石溪录·偈颂》（三丈）《送金州禅人颂》曰：“磨砖大士眼瞇䁱，归去高声唤醒伊。”○《明极·建长录》（五十二丈）《除夜小参》曰：“三世诸佛口似锥，六代祖师眼麻眯。”作“䁱”。麻弥：《续灯》廿八（九丈）《颂古·门慈明圆颂》曰：“水出高源也太奇，禅人不会眼麻弥。”○《续古宿录》二《古岩录》（十丈）《真觉赞》曰：“而今冷坐眼麻眉，错认东瓜作碓觜。”盖同麻弥。○《杜工部集》十七（廿四丈）曰：“黄土污人眼易眯。”注：“眯，莫礼切。

① 元叟端录：即《元叟行端禅师语录》，又称《径山元叟端禅师语录》《慧文正辩佛日普照元叟端禅师语录》，8卷，宋元叟行端撰，门人法林等编。

《庄子》：‘秕穅眯目。’”

【埋头】

○《寒山诗》（廿五丈）曰：“痴福暂时扶，埋头作地狱。”又（廿五丈左）曰：“见好埋头爱。”又（卅三丈）：“汝谓埋头痴兀兀。”○《白莲集》[1]二（十一丈）诗曰：“埋头逐小利，没脚拖长裾。”○《大慧书》八（十四丈）《与张舍人书》：“大似埋头向东走，欲取西边物。”○《圆悟心要》下（五十一丈）曰：“埋头向前。”○《古岩璧录》（《续古宿》二）曰：“不用埋头向外求。”○《痴绝录》下《法语》（廿七丈左）。○《元叟录》[2]五（十三丈左）。○《恕中录》二（十七丈左）。○《归元直指》上（卅六丈）《慈照宗主》曰：“埋头过日，自失善利。”又下（七十四丈）：“或有埋头吃饭，而空过一生。”○《事文后集》四十三（五丈左）：“埋头缩手。”盖此缩头义。

【卖弄】

○《俗呼小录》曰：“说人之自夸曰卖弄。”（《说郛》廿一）○《国史补》上（六丈）曰：“白岑尝遇异人传发背方，其验十全。岑卖弄以求利。”○《梁书》十三（十三丈）《范云传》曰：“庸人闻其恒相卖弄。”

【卖峭】

○《虚堂·延福录》（七丈）曰：“释迦老子一生卖峭。”○忠曰：“卖峭者，商贾贵价无隐也。今言守向上，不为落草谈也。”○《正字通·寅·中》（十一丈）曰：“峭音俏，山峻拔峭绝也。”

【瞒顸】

《碧岩》四（廿七丈）《颂》曰：“花药栏莫颟顸。”○《正宗赞》二（十二丈）《风穴赞》曰：“直指事要且瞒盰。”同三《同安丕赞》亦作“瞒盰”。同四《洞山聪赞》《天台韶赞》并作“瞒顸”。○辩奴罗里瞒顸。逸堂曰：“瞒顸，无分晓。”○《虚堂录·新添》（一丈）《十身调御颂》曰：“国师答处太瞒顸。”○《字典·戌·下》（二丈）曰：“顸，《广韵》：许干切，音鼾。《玉篇》：颟顸。《广韵》：大面貌。”○《事苑》二（廿丈）曰：“瞒顸，音谩寒，大面貌。”

---

① 白莲集：10卷，唐释齐己撰。前9卷为近体，后1卷为古体。古体之后又有绝句42首，疑后人采辑附入。

② 元叟录：即《元叟行端禅师语录》，又称《径山元叟端禅师语录》《慧文正辩佛日普照元叟端禅师语录》，8卷，宋元叟行端撰，门人法林等编。

【毛病】

《虚堂·报恩录》（廿丈）曰："人间四百四病，病病有药，唯有毛病难医。"〇《雪岩录》上（卅丈）、又（五十五丈）并曰："八万四千毛病。"〇忠曰："可知毛病，八万四千毛窍病也。"〇《江湖集》上《西岩病翁颂》曰："八万四千毛窍里，如来禅与祖师禅。"云云。〇《智度论》五十九（十四丈）曰："般若波罗蜜能除八万四千病根，此八万四千皆从四病起：一贪、二瞋、三痴、四三毒等分。"〇《大休录·赞》（八丈）。〇《大应录》下（卅三丈）偈曰："众生毛病几多般。"〇《增续传灯》一（廾一丈）《石鼓希夷章·十牛图颂·四得牛颂》曰："牢把绳头莫放渠，几多毛病未曾除。"云云。

【茅广】

《碧岩》七（十二丈）《黄巢剑话》下语曰："茅广汉如麻似粟。"《古钞》[①]（廿九丈）："方语，无分晓，非精细人也。"〇《不二钞》[②]七（廿二丈）曰："福本茅作谋。"〇《虚堂录·普说》（三丈）《告香普说》曰："你且款款地，不要茅广。"〇逸堂曰："茅广，无分晓也。又迂阔也。"〇忠曰："茅与高茆之茆同义。"又三言"放慕顾"处。

【没兴】

《韵会·蒸韵》（卅五丈）曰："兴，《证韵》：许应切。《增韵》：兴，况意思也。"忠曰："没兴无意思也。"〇《大慧录》八（十五丈）"示众"举洛浦"汝家爷死"因缘，"师云：'这僧没兴死却爷，又被他人搊掌。'"〇《虚堂》一（七十三丈）《瑞岩录》曰："山僧没兴也，撞入者保社。"〇《镜堂·建仁录》（五丈）。〇《正宗赞》二（五十九丈）《应庵传》云："虎丘忌拈香云：'平生没兴，撞著者无意智老和尚。'"〇《普灯》十九（十一丈）《应庵章》。

【迷麻】

又见四言愚滞部"迷黎麻罗"。〇《广灯》廿三（七丈）《洞山聪章·秘魔持杈颂》曰："藜荒老倒眼弥麻。"迷，作"弥"。瞇瞇：《续古宿》六《或庵体录》（六丈）《颂》曰："入夜脱衣伸脚睡，五更走起眼

---

① 古钞：即《〈碧岩录〉古钞》，日本早期的《碧岩录》注释书。

② 不二钞：即《〈碧岩录〉不二钞》，《碧岩录》注释书，日本室町时期岐阳方秀（1361—1434）撰。

眯瞴。”○《镜堂[1]·禅兴录》（廿一丈）：“重九上堂曰：‘张上座房吃了，李上座醉得眯瞴。’”○《南堂欲[2]·开福录》（廿一丈）：“上堂曰：‘雪山六载眼眯麻。’”作麻。麋麻：《圆悟录》七（十丈）曰：“根本若真，正眼洞明，则七穿八穴。根本若不明，正眼若麋麻。则皮穿骨露。”○《淮南子》十（六丈）：“若眯而抚。”注：“眯，芥入目。”

【模糊】

《正宗赞》三（卅五丈）　《自得晖赞》曰：“野溪头雪正模糊。”○《韵会·虞韵》（七十二丈）曰：“模糊，漫貌。杜诗：‘驼背锦模糊。’又：‘子璋髑髅血模糊。’”○《字汇》《续字汇》《正字通》无模字。《韵瑞·虞韵》作模糊。《正字通·未·上》（五十二丈）“糊”注：“又模糊。杜甫《花卿歌》：‘子璋髑髅血模糊。’”○《字典·未·上》（七十八丈）“糊”注曰：“又模糊，漫貌。杜甫诗：‘驼背锦模糊。’”

【抹挞】

《传灯》三十（廿一丈）《杯渡一钵歌》曰：“遏喇喇闹聒聒，总是悠悠造抹挞。”○《传灯钞》作“俫倓”。曰：“或曰急速也。”山曰：“放憨痴也。”或作“抹挞”。俫音末，倓音达。《广韵》曰：“俫倓，肥貌[3]。”《玉篇》曰：“事济也。”○又三言“憨抹挞”处，狼藉义。

【懡㦬】

《事苑》一（廿二丈）曰：“上忙果切，下郎可切，惭也。”○《碧岩》五（九丈）《评》曰：“僧问淨果大师：‘鹤立孤松时如何？’果云：‘脚底下一场懡㦬。’又问：‘雪覆千山时如何？’果云：‘日出后一场懡㦬。’又问：‘会昌沙汰时，护法神向什么处去？’果云：‘三门外，两个汉一场懡㦬。’”

【莫徭】

《正宗赞》四《沩山传》。○《方语集·五言》。○《杜诗文类注》：“莫傜，村处名。天子免傜役，故名。”《梁书》卅四（九丈）《张缵传》曰：“缵为湘州刺史，州界零陵衡阳等郡有莫徭蛮者，依山险为居，历政不宾服，因此向化。”

---

① 镜堂：即《镜堂和尚语录》，又称《镜堂录》，南宋入日禅师日本临济禅镜堂派之祖镜堂觉圆撰。

② 南堂欲：即《南堂了庵禅师语录》，又称《南堂禅师语录》《了庵清欲禅师语录》，9 卷。

③ 貑：“貌”之异体。《四声篇海·豸部》《字汇补·豸部》皆以为“貑”与“貌”同。

【蓦头】

《碧岩》八（十八丈）下语曰：“恶水蓦头浇。”〇《毗柰耶杂事》卅三（七丈）曰：“以脚蓦头弃之而去。”忠曰：“是谓蹴人乎？与禅录义不同乎？”

【蓦札】

〇《古宿》卅八（四丈）《洞山初录》云：“蓦札地踏着正脉。”〇《正法眼藏》一上（一丈）。〇《如净录》上（六丈）：“冬至上堂，短长蓦札断，巧绣出鸳鸯。”〇《恕中录》三（十四丈）。〇《断桥录·行状》（三丈）。〇《虚堂录·颂古》（卅八丈）：“蓦札归来屋里坐。”

N

【那个】

忠曰：“指物辞。”〇《品字笺》壬（四丈）：“那个犹言阿谁。”

【纳款】

《虚堂·径山录》（一丈）方丈语曰：“虎头燕颔，鸟嘴鱼腮，尽向者里纳款。”忠曰：“上纳白状也。”〇《正字通·辰·下》（六丈）曰：“款，苦管切，宽上声，衷曲也，诚也。又叩也，求通也。”凡纳款款关义同。〇《字典·辰·下》（十一丈）曰：“款，又科也。今章疏言列款，谓科条列之。”忠曰：“盖以科列实情之状纳之官也。”

【猱人】

《传灯》十四（十丈）《药山章》曰：“和尚休猱人得也。”《钞》曰：“山曰：‘诳恼人之意。’”〇《字典·巳·下》（廿四丈）：“猱，奴刀切，音猺。《广韵》：猴也。”或作獿。又（五十四丈）：“獿，注：音桡。犬惊貌。《礼·乐记》：‘獿杂子女。’注：‘獿，猕猴也。’言舞者如猕猴戏也。”〇《碧岩》一（卅五丈）《第十则》：“下语曰：“陷虎之机，猱人作么？”〇《字典》“猱”为“猺”音，而“猺”字书不收。〇《俗呼小录》（四丈）曰：“淳熙江西饶州曰猺者，里俗戏相标谑憨痴之类也。猺，字书不收。”

【捏怪】

《证道歌》曰：“执指为月枉施功，根境法中虚捏怪。”《大慧书》（廿二丈）引之。〇《临济录》（七丈）曰：“好人家男女被这一般野狐精魅所著，便即捏怪。”〇《碧岩》二（一丈）《评》曰：“黄檗咄云：

‘这自了汉，吾早知捏怪，当斫汝胫。’”○忠曰：“捏怪者，好奇弄怪之义。捏弄出也。凡好奇特不思议事曰捏怪也。”○《水浒传》四十一回（十七丈）曰：“捏造谣言。”

【啮镞】

《注心赋》二（廿七丈）曰：“宗门中有啮镞句，不通问答。”○《传灯》十一（六丈）《仰山慧寂章》曰：“石头是真金铺，我者里是杂货铺，有人来觅鼠粪，我亦拈与他，来觅真金，我亦拈与他。时有僧问：‘鼠粪即不要，请和尚真金？’师云：‘啮镞拟开口，驴年亦不会！’”云云。○《正宗赞》二（卅一丈）《宝觉心赞》曰：“透佛手驴脚崄布之关，峻机啮镞。”○《中峰录》十九（十二丈）《东语西话续集》上曰：“语其疾，则啮镞犹迟；语其利，则吹毛亦钝。”右皆谓“峻机”。○《太平广记》二百廿七（三丈）曰：“隋末有督君谟，善闭目而射，志其目则中目，志其口则中口。有王灵智者，学射于君谟。以为曲尽其妙，欲射杀君谟，独擅其美。君谟制一短刀，箭来辄截之。惟有一矢，君谟张口承之。遂啮其镝而笑曰：‘汝学射三年，未教汝啮镞法。’”（出《酉阳杂俎》）”○忠曰：“《广记》引《酉阳杂俎》，今本不载。《山堂肆考征集》廿四（五丈）载此引《朝野佥载》。○又《传灯》十七（廿二丈）《疎山章》曰：“洞山门下时有啮镞之机，激扬玄奥。”是盖言紧要义。

【恁么】

《事苑》一（十丈）曰：“恁么，上当作与，么，正从幺作么。与么，指辞也。或作恁么。恁[①]，音稔，思也。恁么，审辞也。或作什么。”○《正字通·卯·上》（十七丈）。

【侬家】

呼人或自称。《正字通·子·中》（卅七丈）曰：“侬音农，俗谓我为侬。陈后主自称侬，隋炀帝亦自称侬。韩愈《泷吏诗》：‘鳄鱼大于船，牙眼怖杀侬。’又他也。古乐府有《懊侬歌》。《六书故》：‘吴人谓人侬，即人声之转，瓯人呼若能。’”○《湘山野录》中（廿三丈）：“吴人谓侬为我。”○《江湖集》上《敬之佛母堂颂》云：“绿蒲鬖鬖春风里，谁着侬家旧草鞋。”侬家，指睦州也。

① 恁：原文作“忎”，据《卍新续藏》第64册《祖庭事苑》改。

P

【拍盲】

《碧岩》一（卅三丈）第九则《评》曰："谓之太平时节，谓之无事，不是拍盲，便道无事。"○又同四（十七丈）《长沙游山评》曰："若透得，依旧山是山，水是水，各住自位，各当本体，如大拍盲人相似。"○《〈碧岩〉古钞》四（四十一丈）曰："拍盲，以手塞眼，不见物也，非生盲也。"忠曰："此解杜撰。"百盲：《南本涅槃经》八（四十二丈）曰："如百盲人，为治目故，造诣良医。"会疏曰："百，一数之圆，如言百姓。"忠曰："此解不切当，盖百极切之意。拍百音近，拍盲亦百盲之义乎。"

【劈脊】

《碧岩》二（十八丈）《评》曰："风穴拈云：'南院当時待他开口，劈脊便打，看他作么生?'"○《古宿》九（廿一丈）《石门慈照录·杜杖颂》曰："闹市若遇知音，回头擗脊便棒。"作"擗"。○《正字通·卯·中》（八十一丈）"擘"注曰："音伯，手指也。又以指裂物也。《读书通》[1] 通作䮘、副、擗、劈。"

【劈头】

《无准录》二（十七丈）曰："恶水劈头浇。"

【匹似】

《山谷诗集》十五（九丈）："但管无田过一生。"注："乐天诗：'匹如元是九江人。'"

Q

【漆桶】

忠曰："无分晓，眼黑暗也。骂无眼子词。"《传灯》十五（十丈）《投子大同章》曰："雪峰问：云云。师曰：'漆桶不快。'"○《碧岩》十（六丈左）评曰："这漆桶。"○《大慧书》（九丈左）曰："诸方桼桶辈，只为守方便，而不舍以实法指示人。"○《字汇》："桼，戚悉切，音七。木有液粘黑，可饰器物。《六书正讹》别作漆，乃水名。"○《虚堂·宝林录》（十二丈）："腊八上堂曰：'入山不深，见地不脱，引得漆

① 读书通：20 卷，明末经学家郝敬撰。

桶排头妄想不歇。'" ○又《虚堂录续辑》（三丈）："佛生日拈语曰：'有人问育王，只向他道：漆桶！少问浴佛，牢把杓子。'"

【漆突】

《临济录》（廿五丈）曰："被他问着佛法，便即杜口无词，眼似漆突、口如匾檐。"○忠曰："突，灶囱也。漆，谓黑。所谓'墨突不得黔'（止此）。今比眼睛之定不动。"○《韵会·月韵》（四十八丈）曰："突，陁骨切，灶突囱也。'墨突不得黔'，《汉书》'曲突徙薪'。"○《汉书》六十八（十五丈）。○《通鉴纲目》五（百卅五丈）曰："灶直突突者，灶窻也。"

【恰好】

《碧岩》七（十六丈）《傅大士讲经话·评》曰："恰好被志公不识好恶，却云大士讲经竟。"

【去就】

《联灯》廿九（廿二丈）曰："行者少去就。"《敕修清规》下一（五十四丈）："去就乖角。"○《邓析子·转辞篇》曰："智者寂于是非，故善恶有别。明者寂于去就，故进退无类。若智不能察是非，明不能审去就，斯谓虚妄。"（《诸子汇函》六，五十五丈）○邓析与郑子产同时人。《庄子》六（十一丈）《秋水篇》曰："言察乎安危，宁于祸福，谨于去就，莫之能害也。"○《黄石子·原始篇》曰："贤人君子，明于盛衰之道，通乎成败之数；审乎治乱之势，达乎去就之理。"（《诸子汇函》十四，一丈）○《战国策》六上（廿丈）《赵策》曰："去就之变智，者不能一。"○《淮南子》十四（十七丈）《诠言训》曰："无去无就一立其所。"○《庄子》七（五十三丈）曰："去就取与知能六者，塞道也。"○《史记》六十七（十三丈）《仲尼弟子列传》曰："淡台灭明从弟子三百人，设取予去就，名施乎诸侯。"○《文选》四十一（廿九丈）《司马子长报任少卿书》曰："仆虽怯懦，欲苟活，亦颇识去就之分矣。"又（卅九丈）。○《文选》十八（十丈）《长笛赋》曰："取予时适去就有方。"注："去就，谓节度也。"○《文选》四十四（卅一丈）《檄吴部曲文》："去就之道，各有宜也。"注："去乱就理。"○又五十五（十五丈）。○《禅林宝训音义》[①] 上（廿八丈）曰："去就，见处也，行事也。"○《史记·秦本纪》（卅六丈）（干世皇帝太史公论）曰："去就有序，变化有时。"

---

① 禅林宝训音义：明大建校。崇祯八年（1635）序刊。

R

【饶舌】

《联灯》九（二丈）《临济章》曰："檗云：'这老汉（愚大）饶舌作么生得他来？待痛与一顿。'"○《临济录·序》曰："饶舌老婆，尿床鬼子。"○《闾丘胤三隐诗集·序》曰："寒山拾得呵呵大笑云：'丰干饶舌饶舌，弥陀不识，礼我何为？'"○《类书纂要》十一（二丈）："饶舌，多言也。"○《剪灯新话》二（卅丈）注曰："饶舌，犹多言也。"○《书言故事》五（三丈）。

S

【商量】

《事苑》一（九丈）曰："商量，如商贾之量度，使不失于中平，以各得其意也。"○《困学纪闻》十九（七丈）曰："俗语皆有所本。云云。商量，出《易》'商兑'注。"○《经国大典注解·后集》下（四十六丈）曰："商量，皆度也。"

【赏劳】

《虚堂·宝林录》（五丈）："结夏小参曰：'向无星等子上，较其重轻，以凭赏劳。'"又《净慈后录》（六丈）："解夏小参曰：'及乎言荐赏劳，便如暗中取物。'"○《事苑》六（十丈）曰："赏劳：劳，郎到切，尉也。"○忠曰："赏劳者，赏功夏功劳也。劳，郎刀切。老，平声，疲也，勤也，功也。《事苑》为去声，郎到切，慰劳义，恐不知律文赏劳只见外典，赏劳字漫下义，如《国史补》云：'大出金帛赏劳。'此郎到切也。律文'五事赏劳'，见《行事钞·安居篇》及《自恣宗要篇》。"

【生受】

《僧宝正续传》一（十二丈）《泐潭帷照传》曰："达磨大师西来，直指人心，见性成佛，何曾有许多屈曲言句，教你思量生受？"○《普灯》廿五（卅一丈）《开提照》："示众曰：'是依教理行果修行，且不是教外别传。所谓教理行果，云云，然未免生受。'"○《保宁录》（卅一丈）曰："有个汉，怪复丑，眼直鼻蓝鬼。云云。直得文殊普贤，出此没彼，七纵八横，千生万受。"○《雪严录》上（五十七丈）《入室录·普说》曰："于临终时，直得前生万受，求死不得死。"又（卅八丈左）。○

又同（五十四丈）《立僧普说》曰："参禅本是安乐法门，那里有许多生生受受，劳劳攘攘？"○又同（七十四丈）《告香·普说》曰："也好恓惶，也好生受。"○《法华经》（要解）二（四十一丈）《譬喻品》偈曰："从地狱出，当隋畜生。（乃至）生受楚毒，死被瓦石。"忠曰："依《法华》此文常用生受语，即是楚毒义也。"又曰："身得才生受诸苦恼也。"《起信论》上二（卄一丈）《相续相科》曰："二生受。"《宝积经》五十七（五丈）曰："生受苦痛。"又六十六（十四丈）。《无门关》（十八丈）《不思善恶颂》："描不成兮画不就，赞不及兮休生受。"《宋志传》八（十二丈）："李毂奏曰：'万一粮道俱绝，不无生受。'"○《尧山外纪》五十三（三丈）曰："黄鲁直书赵伯充家小姬领巾云：'天气把人僝僽，落絮游丝时候。茶饭可曾炊？镜中羸得销瘦。生受，生受，更被养娘催绣。'"《三国演义》十二（十五丈）曰："见一先生，眇一目，跛一足，白藤冠，青懒衣，来与脚夫作礼，言：'你等挑担生受，贫道都替你挑一肩。'"《水浒传》二十四回（六丈）曰："那妇人双手捧一盏茶递与武松吃，武松道：'教嫂嫂生受。'"

【生疎】

《传灯》十八（卄丈）《道怤章》曰："到汝分上，因何特地生疎？"○《敕修清规》下一（十丈）《两序进退》曰："乍入丛林，诸事生疏。"又同（五十一丈）《日用轨范》云："邻单生疏，当以善言诱喻。"○《山谷诗集》十三（十七丈）《谢送银茄诗》曰："蜀人生疎不下箸。"注："生疏，盖用俗语。"○忠曰："生者，未熟也。疎，荒疎也。生疎，或居动不详细也。《韵会》：生，熟之对。"○刘仕义《新知录》（四丈）曰："贫医无仆马，举止生疎，为人诊脉，不能对，病儿服药，云疾已愈矣，则便是良医。"

【声色】

多谓言句。见四言"口头声色"处。○《古宿录》十二（十九丈）《子湖神力录》曰："师示众云：'幸自可怜生，苦死向人前讨些子声色唇吻作么？'"

【剩语】

《大慧书》（十四丈）《答李参政书》曰："纵有说，于公分上尽成剩语矣。"○《正字通·子·下》（五十九丈）曰："剩时正切音盛余也穴长也○忠曰："剩语，无用之语也。"

【失口】

《雪岩录》上（七十八丈）："忽然失口咬碎。"

【师波】

○《虚堂·育王录》（十九丈）曰："西川邓师波，东山下，左边底。"○五祖演禅师绵州巴西邓氏。○宋叶[1]《爱日斋丛抄》（十八丈）曰："林谦之诗：'惊起何波理残梦。'自注：'述梦中所见何使君，蜀人以波呼之，犹丈人也。'范氏《吴船录》记嘉州王波渡云：'蜀中称尊老者为波，又有所谓天波、月波、日波、雷波者，皆尊之称。'此王波盖王老或王翁也。宋景文尝辨之，谓当做'皤'字鲁直贬涪州别驾，自号涪皤，或其俗云。按：景文所记云蜀人谓老为皤，音波，取'皤皤黄髪'义。"○又《暖姝由笔》[2]（五丈）曰："蜀人呼长年者为波，犹言丈人也。吕东来有'惊起何波理残梦'之句，指同舍生何文举也。"

【施呈】

《贞和集》八（十一丈）《浙翁僧堂帐化士颂》曰："一片碧云都盖了，看他伎俩怎施呈。"他，蚊也。

【索性】

《会元》十八（十五丈）《性空章》云："雪窦持禅师偈曰：'咄哉！老性空刚要喂鱼[3]鳖，去不去只管向人说。'"○《天如录》一："索性放下山边水边，做一个萎萎随随无出豁汉。"又九："山僧为伱从头说破。"又："及乎出胎之后，索性认着唤作我身。"○忠曰："和语出精之义。"○《类书纂要》一"雾"注云："孔子曰：'索性拨开云雾，便观青天；着力淘尽泥沙，便见清泉。'"○《西游记》十（七丈）："劫时孪的武艺，索性与他赌一赌。"○《燕南纪谈·前》中（卅丈）曰："《五灯私考》：一山注：'索性，尽情义。又尽底义。索，尽也。'"

---

① 叶：指叶厘，字子真，号坦斋，池州青阳（今属安徽）人。宋末监司论荐，补迪功郎、本州签判。著有《爱日斋丛抄》《坦斋笔衡》等。

② 暖姝由笔：明代徐充撰。

③ 鱼：原文为"龟"，行首改为"鱼"。

T

【太煞】

《碧岩》二（十五丈）。又九（廿三丈）。

【探头】

《临济录》（二丈）曰："老和尚莫探头好。"○忠曰："此僧见师喝为探竿影草头。助辞。"○《尔雅》二（十一丈）《释言》曰："探，试也。"注："刺探尝试。"○《禅林类聚》四（四十一丈）曰："南院师便喝僧云：'老和尚莫探头好。'"又同十八（卅五丈）："圆悟云：'南泉探头大过，归宗壁立万仞。'"○《虚堂·宝林录》（三丈）曰："山僧伎俩不出，诸人探头一觑。"

【忒煞】

《余冬序录》[①]谓"甚"曰"忒煞"，煞，去声。详"泼赖"。○《代醉》："音切，知义。忒煞为大。"详"鹘仑"。○《碧岩》一（五丈）："忒煞老婆。"《不二钞》一上（廿六丈[②]）注。○又《碧岩》一（二丈左）："慈悲忒煞。"○《虚堂》一《显孝录》："和尚忒杀方便。"

【忒嚛】

《八方珠玉》中（四十一丈）。○《普灯》十四（九丈左）："汝忒嚛远在。"

【特地】

《虚堂录》五《颂古》（十九丈）曰："不须特地分疆界，万里山河似掌平。"忠云："无事上特生事也。"○《正字通·巳·下》（七丈）曰："特，又挺立曰特。《诗·秦风》：'百夫之特。'《礼·儒行》：'特立独行。'"

【剔起】

《碧岩》三（七丈）《鳖鼻蛇话颂》曰："剔起眉毛还不见。"《篇海》十六（卅四丈）曰："剔，他历切，音踢。刮也。又他计切，音替。鬄髮。"《字典·子·下》（四十六丈）曰："剔，又他计切，音剃，同剃。"《敕修清规》下一（五丈）曰："中夜剔灯。"忠曰："剔字，予《虚堂

① 余冬序录：6卷，明代何孟春撰。

② "六丈"二字漫漶不清，这里据轮廓推测。

录·报恩》（七丈）详考。剔起，有挑起意，而字书无挑义，然若剔灯炷，则亦可挑起耳。”

【提撕】

《玄沙广录》上（四十五丈）曰：“去此之外还更有提撕也无?”○《困孝纪闻》十九（八丈）曰：“提撕出《诗·抑》笺。”○《毛诗注疏》十八之一（廿四丈）：“《抑》篇曰：‘匪手携之，言示之事。匪面命之，言提其耳。’郑玄笺云：‘我非但对面语之，亲提撕其耳。’”○《字典·卯·中》（百丈）曰：“撕，《集韵》《韵会》《正韵》先齐切，并音西。提撕也。”《前汉·贾谊传》“孩提”注：“谓提撕之。”

【团栾】

《虚堂录》四（六丈）《示李新恩法语》曰：“铁团栾是个清净慈门，更无毫发许欠少。”○又作“檀栾”。《物初賸[①]语》七（三丈）：“诗云‘晓来竹径绕檀栾’。”○《宋祁笔记》（二丈）：“孙炎作反切，语本出于俚俗常言。云云。谓团曰突栾，谓精曰鲫令。云云。国朝林逋诗云：‘团栾空绕百千回。’是不晓俚人反语。逋虽变突为团，亦其谬也。”

【退款】

《虚堂·宝林录》（四十八丈）曰：“师云：‘他时不得退款。’”又《续辑》（六丈）曰：“师云：‘岂容退款。’”○忠曰：“退款者，谓始不自状，却退身后，方陈实状也。”

【脱卯】

《虚堂·宝林录》（廾五丈）曰：“僧云：‘手里鱼篮则不问，猪肉案头事作么生?’师云：‘地狱门前鬼脱卯。’”又《径山后录》（卅三丈）、《宝林》（四十六丈）：“脱身鬼子。”○忠曰：“《水浒传》卅九（廾二丈）有‘脱卯’字，为差谬之义，今不用之。”○忠曰：“凡仕官者，每日卯时入官衙书已名伺候，此云画卯，或云点。卯，应卯也。酉时亦画，若不画则为脱卯，故凡事差错失点检，谚言脱卯也。今言鬼者，人死成鬼者，已赴地狱门前，而其名籍不题已名，脱身逃去，不知所在焉。是同脱画卯事，故云脱卯也。”点卯应卯：《月令广义》廿四（十丈），《西游》一（廿八丈）。每日画卯：《水浒传》廿四（五丈），又五十一（三丈）。

---

① 賸：通“剩”。《新唐书》卷二〇一《文艺传上·杜甫传》：“残膏賸馥，沾丐后人多矣。”

《三国演义》八（廿九丈）曰："每日书画卯酉，约会同来。"点检事曰点卯。《西游记》九（四十六丈），又十四（五丈）。

【脱体】

《碧岩录》五（十四丈）《雨滴声话》云："镜清云：'出身犹可易，脱体道憔难。'"

【脱赚】

《虚堂录·佛祖讃》（九丈）《云门赞》曰："掉发睦州，脱赚灵树。"○《正字通·酉·中》（四十二丈）曰："赚，仓暗切，音暂。《六书故》：买卖误雠直多少，不当也。又俗谓相欺诳曰赚。"

W

【尾巴】

《虚堂》二（卅二丈）《宝林录》："尾巴焦黄。"○《曹源录》："思大尾巴自露。"○《松源录》上（四十六丈）："虎。云云。没尾巴。"又下（卅三丈左）。

【尾靶】

《东山外集·送琏兄之云门颂》曰："万煅炉中寻尾靶。"○《古林拾遗》（廿九丈）《竺仙评》曰："凡人曰：蛇虎等尾曰尾巴。乃正书巴蛇之巴字。平声，邦加切。而东山《送琏兄之云门偈》，押在去声韵内，字作尾靶，乃去声，必驾切。且靶者，乃是辔革，御人所把处物也。此乃大达宗师临时落笔，但以示人真正法眼，谁管谁何？"

【未在】

未在，非未有之义。

【尉迟】

虏复姓。《事苑》七。○《古宿录》十（十五丈）《承天》。○《八方珠玉》中（七十一丈）："韶山曰：'想君不是金牙作，争解弯弓射尉迟？'"

X

【溜地】

《统要续集》五（七丈）："鲁祖。云云。南泉云：'溜地驴年去。'"《会元》三（五十丈）《鲁祖章》作"他恁么驴年去"。

【溜么】

《事苑》一（十丈）曰："恁么，或作溜么。溜，音十，水貌。又音习，湤漝水貌，皆非义。”○《雪峰录》上（廿一丈）：“一等是漝么时节?”○《雪窦录》二（廿一丈）：“恰漝么?”又三（四丈左）。又（五丈左）。又《拈古》（九丈右）。○《白云录·颂古》（二丈右）。○《应庵·明果录》（六丈）○《南堂录·举古》（廿三丈）。○《广灯》九（二丈、又三丈）。《古宿录》一（十四丈）作“与么”。《广灯》十二（七丈）。○《字汇》：“漝，席入切，音习。”《篇海》：“音习，影也。又水皃。”《品字笺》《龙龛手鉴》并音习。未见与“恁”字、“与”字通义。○《续古宿》二《法眼语》：“但漝么究好?”○《智门祚录》（二丈）：“漝么则李人退身三步。”又（三丈右）。

【誓速】

《宗门统要》（卅一丈）曰：“昔有老宿，一夏已来，并不为师僧说话。有僧自叹云：‘我只么空过一夏，不敢望和尚说佛法，得闻正因二字也得。’老宿闻云：‘阇梨莫誓速。若论正因，一字也无。’”云云。○《事苑》三（十七丈）曰：“誓，音西，声振也。一曰呻叹，谓何呻叹之频速也。”○忠曰：“意逼盛音振掉也。”○《祖英集》上（九丈）《因事示众颂》曰：“石本落落玉自碌碌，古之今之一何嘶速。”

【些儿】

《诗格》六（六丈）：“些儿心事无人会。”注：“些儿，犹言些子。”○《群谈采余》一《天女》（三丈）《庐多逊诗》：“露出清光些子儿。”

Y

【邪揄】

《正宗赞》二（廿二丈）《浮山赞》曰：“三世诸佛，未许揶揄。”忠曰：“揶揄，不肯之也。今未许揶揄者，深不肯也，不横点头之语例也。”○《后汉书·列传》十（二丈）《王霸传》曰：“市人皆大笑，举手邪揄之。”注：“《说文》曰：歋歈，手相笑也。歋，音弋支反。歈音踰，又音由。此云邪揄，语轻重不同。”○《通鉴》八下（百五丈）《集览》曰：“邪揄，音耶喻。”○《世说新语补》十七（三丈）注：“晋阳秋曰：‘罗友同府人有得郡者，温（桓温）为席起别。友至尤晚，问之，友答曰：于中路逢一鬼，大见揶揄云：我只见汝送人作郡，何以不见人送汝作郡?’”○《书言故事》七（廿九丈）引之注曰：“揶揄，举手拍弄而笑。”○《正字通·辰·下》（七丈）“歈”注曰：“歋歈，舞手相弄笑也。”○《僧宝传》四（卅六丈）《西余端传》曰：“端听僧官喧至此，以手揶揄曰：‘止！’”○忠曰：“此为约免义，凡禅录耶揄多约免也。”

【性懆】

《碧岩》一（廿五丈）第七则曰：“未是性懆汉。”又《二钞》曰：“懆当做躁，则到切。《说文》：疾也。《增韵》：急进也。《释名》：燥也，如物燥则飞扬也。《论语》言未及之而言谓之躁。注：不安静也。性懆汉，灵利俊快之人也。”○《事苑》一（五丈）《云门录》：“性懆：懆，当做懆，苏到切，性踈貌。”○《传灯》十五（十丈）《投子同章》曰：“不是性懆汉。”

【性懆】

《禅林频聚》十六（十四丈）曰：“投子同禅师因雪峰问：‘一锤便成时如何？’师云：‘不是性懆汉。’”○《事苑》一（十八丈）曰：“性懆，苏到切，性粗踈皃[1]也。”又六（十二丈）曰：“性懆，苏到切，情性踈貌。”

【性燥】

《传灯》十九（十六丈）《云门偃章》曰：“不敢望你出来，性燥把老汉打一掴。”○《僧宝传》一（十丈）引《云门》作燥。○《大慧书》（七十丈左）。○忠曰：“燥，谓物干则轻扬，不如湿物泥滞也。盖性燥，零利后快也。”○《虚堂录》一（四丈）：“性燥下得一椎。”又《碧岩》（五丈左）。

【轩知】

○《碧岩》七《六十三则》曰：“轩知如此分明。”○《圆悟心要》上（廿丈左）。○《懒庵录》（十六丈）曰：“轩知这一路子。”○《或庵体录》（一丈）曰：“擘破面皮轩知大瞻。”

【旋机】

《碧岩》一（廿丈）评曰：“旋机电转真是难凑泊。”○《物不迁论》曰：“四像风驰，旋机电卷，得意毫微，虽速而不转也。”○《宗镜录》卅三（十三丈）释曰：“四像，则四时也；旋机者，北斗七星也。虽寒来暑往，斗转星移，电转风驰，刹那不住。若得意者，了于一心毫微之密旨，则见性而不动也。”

---

① 皃：“貌”之俗字。

【掩彩】

《虚堂·宝林录》（四十丈）曰："师云：'莫来掩彩我。'"○忠曰："掩藏我之光彩也。"○《续古宿录·死心新录》（五丈）："小参曰：'苦哉！苦哉！恁么行脚掩彩杀人。'"○《如净录》上（四丈）："四月八日上堂曰：'三拜起来浇恶水，谩将掩彩当殷勤。'"

【厌彩】

《虚堂·径山后绿》（卅三丈）曰："厌彩马师多少?"○忠曰："厌彩义同掩彩，掩却他威光也。"○《字典·子·下》（九十八丈）曰："厌，《正韵》与黡同。与掩藏之掩同音。《礼·大学》：'见君子而后厌然。'注：厌读为黡。厌，闭藏貌。"

【扬在】

《正宗赞》四（十六丈）《云居舜传》曰："师举鹽官犀牛扇子因缘。云云。当时若见盐官道，扇子既破，还我犀牛儿来。便向道，已扬在榼㮳堆头了也。"○忠曰："扬在者，抛掷也，抛弃物时有飘扬之势，故云扬在，或云扬下也。"

【样子】

《正字通·辰·中》（百五丈）曰："按：俗以可象者为样子。"

【要且】

忠曰："要，约也，枢要也。要且有毕竟意。"○《临济录》（四十三丈）："打即任打，要且无祖师意。"○《碧岩》二（卅丈）。○《续宿·五祖录》（七丈）："要且只说得老婆禅。"○《佛心才录》（二丈）："要且家声不坠。"○《木庵录》（二丈）："要且不会随高就下。"○《普灯》三（卅二丈）《芙蓉楷》："上堂云：'设使无舌人解语，无脚人能行，要且未能与那一人相应。'"○《虚堂》："要且无一点佛法道理污汝耳根。"○《虚堂·瑞岩录》："大道只在目前，要且目前难睹。"

【以至】

忠曰："略中间语，同'乃至'。"

【与么】

见"恁么"注。

【约下】

《虚堂录·佛祖赞》（十二丈）《圆悟赞》曰："尽情约下，置而勿论。"忠曰："一束约下，勿言论之，束之放下也。"

Z

【则个】

○《大慧书·与刘通判书》。○《大慧普说》二（廿丈右、廿二丈右）。○《雪堂拾遗录》（二丈）《俞道婆》。○《会元》十九《金陵俞道婆章》。○《宏智·小参》上（十丈）。○《别峰云录》[①]　（九丈）。○《尧山》五十一（十丈）《王观词》。○《白玉蟾》[②]　十一（廿二丈）。○《燕居笔记》八。则个：《燕南后》上（卅三丈）。[③]

【怎生】

同“作么生”。○《字汇》：“怎，子沈切。俗语辞犹‘何’也。”○《庞居士录》（五丈）：“怎生是嚬呻势？”○《八方珠玊[④]》上（五十二丈）举之作“作么生是”。○《虚堂·兴圣录》曰：“鹘眼鹰睛怎生咂嗽？”

【咤沙】

《西岩天童录》（十九丈）上堂曰：“师颂云：‘虎生三子尾咤沙，咂舌垂涎弄爪牙。’”○《古林拾遗录》（七十丈）《送明藏主之江西颂》曰：“此是西河狮子儿，咤吵出窟翻身句。”作“吵”。○忠曰：“奋迅貌乎？”

【咤呀】

《传灯》十三（八丈）《风穴沼章》曰：“个个作大师子儿，咤呀地哮吼一声，壁立千仞。”○《事苑》六（一丈）曰：“咤呀，上知加切，叱怒也；下虐牙切，啥呀，张口貌也。”○《僧宝传》一（十六丈）《风穴传》同《传灯》。

【展托】

○一山曰：“展，放行；托，把住。”《联灯》十七（十二丈）《虎丘章》曰：“凡有展托，尽落今时；不展不托，随坑落堑。”《正宗赞》二（五十九丈）《虎丘传》。

---

① 别峰云录：《续古尊宿语要》辰集有《别峰云和尚语》。

② 白玉蟾：即《白玉蟾集》，南宋道士白玉蟾撰。

③ 原文“则个：《燕南后》上（卅三丈）”草书于行中。

④ 玊：《说文解字》：“玊，朽玉也。”这里同“玉”。《金石文字辨异》：“汉西岳华山庙碑：‘玊帛之赞。’案：‘玊’即‘玉’。”

【尾㲉】

《雪窦明觉录》五（六丈）曰：“尾诉金毛师子，栴檀林下青莎里。”尾，别本作“猲”。〇《事苑》一（卅丈）：“尾㲉，注曰：尾，当作猲，陟革切。诉，色责切。猲诉，犬张耳皃，故云耳猲㲉。或音卓朔，非义。”又三（十三丈）同此。〇《续灯》廿五（十九丈）《粹珪章》曰：“眼尾诉地跳得出来。”〇《明极录①·颂·古风》（八丈）曰：“金毛尾㲉尾拖地。”

【折倒】

《古宿录》卅九（十丈）《智门录》曰：“问：‘善财入楼阁是何时节?’师云：‘末后殷勤。’进云：‘毕竟如何折倒?’师云：‘不如退后三步。’”

【折合】

《碧岩录》七（六丈）第六十三则《颂》：“下语曰：‘作什么折合?’”忠曰：“和语事乃闲远合世留也。”〇《大慧书》（卅一丈）《刘宝孝书》曰：“腊月三十日作么生折合去?”〇《洞上古辙》上（廾丈）《洞上五位颂兼中到颂》曰：“人人尽欲出常流，折合还归炭里坐。”《宗门玄鉴图》（廾八丈）《兼中到颂》注曰：“折合此方云割杀。”《虚堂·径山后录》（五十五丈）引：《洞山颂》。

【者个】

《正字通·未·中》（八十三丈）曰：“者，又此也。毛氏曰：‘凡称此个为者个，此回为者回，俗改用这，乃鱼战切，迎也。’”郭忠恕《佩觿集》曰：“迎这之这，为者回之者，其顺非有如此。”又《禅林语录》：“只这个者是佛祖意，大家在者里。即此个犹俗云这个也。”

【这底】

〇《传灯》六（十三丈）《石巩慧藏章》曰：“问：‘如何免得生死?’师云：‘用免作什么?’僧云：‘如何免得?’师云：‘这底不生死。’”

【这个】

当作“者个”。一言“遮”处笺。〇《丹铅》七（四丈）：“晋人云

① 明极录：即《佛日焰慧明极禅师（建长禅寺）语录》，又称《明极禅师语录》，2 卷，宋初元末入日禅僧明极楚俊撰。五山版有钞补。

阿堵，犹唐人曰若个，今曰这个也。”

【着忙】

《僧宝传》六（十三丈）《杨岐传》曰：“问来僧曰：‘云深路僻，高驾何来?’云云。会曰：‘一喝两喝后作么生?’曰：“看这老和尚着忙。’”○《陈后山诗集》六（廿七丈）诗曰：“胜日着忙端取怪。”注：“元稹诗：‘却着闲行是忙事，数人同傍曲江头。’着忙，盖亦俗语。《僧宝传·杨岐会禅师》。”云云。

【真诚】

《冬云颂古》（廿丈）《德山托钵云门颂》曰：“八十翁翁入场屋，真诚不是小儿戏。”《联灯》廿二（十五丈）《云居膺章》：“八十翁翁入场屋，真诚不是小儿戏。一言若差，乡関万里。”

【之逩】

《大慧书》（七十一丈）《徐显谟书》曰：“于一言一句下，直截承当，不打之绕。”○《中峰录》四下（廿六丈）《遗诫》曰：“把他三乘十二分教，乃至千七百则陈烂葛藤，及与百氏诸子，从头注解得盛水不漏，总是门外打之绕。”○忠曰：“辵字畧作之，似之字画不径直而绕，字外边自左向右，故凡言事迂曲为外边打之绕而已。”○《应庵录·示任化士法语》曰：“伶利人聊闻彻骨彻髓，何待曲录床上老比丘重迭打之绕。”○《密庵·径山录》曰：“成群作队外边打之绕。”○《普灯》十七（十八丈）《慈航朴章》曰：“牛皮鞔露柱，露柱啾啾叫。灯笼佯不知，虚明还自照。殿脊老蚩刎，闻得呵呵笑。三门侧耳听，就上打之逩。”○《普灯》廿五（卅五丈）《别峰印章》曰：“直截简径，广大明白底一段大事，诸人自打之绕，自求葛藤，遂见纷纷纭纭，曲曲屈屈，卒了不下。”○《荛山堂外纪》六十七（六丈）曰：“秦简夫赋《榖靡靡》云：‘官仓远在荞麦山，南梯直上青云间。梯危一上八九里，之字百折萦回还。’”云云。○此诗之字形曲绕，屈折也，非绕字外边之义。○《北硐录[1]·法语》曰：“外打之逩。”○又三言“打之绕”处。

【祇对】

《篇海》十九（廿三丈）曰：“衹音支，与祇同。又敬也。”○《小

---

① 北硐录：即《北硐居简禅师语录》。又称《北硐和尚语录》《北硐语录》。1卷。宋北硐居简撰，其法嗣物初大观编。宋淳祐12年（1252）序刊。

补韵会·支韵》（四十丈）曰："衹，又作秖。又《示儿编》：俗作秖。非。"○《联灯》八（四丈）《仰山章》曰："作么生秖对？"○《大惠书》（五丈）。

【只管】

《字汇》"只"注曰："俗读作质者讹。"○《虚堂录》一《瑞岩》（五丈）曰："今人只管孟八郎，道：'总是五逆人闻雷。'"又《延福录》（七丈）曰："只管依文解义。"

【只么】

《证道歌》曰："不可得中只么得。"○《虚堂录》一《报恩》（十四丈）曰："我只么空过一夏。"○《江湖集》上《雪岩号颂》："只么看来浮逼逼。"○《山谷诗集》十六（八丈）："只么情亲鱼鸟。"又九（十丈）："鸟唤花惊只么回。"《注》并引《证道歌》。○《贞和集》六（四丈）。○《正字通·丑·上》（三丈）曰："杜诗'只想竹林眠''寒[①]花只暂香'皆当读作止也。"○《品字笺》丁（二丈）："只，又俗音汁，止也。又犹但也。"

【知道】

齐云云："训知道非也。道，助辞，但是知之义耳。譬如修桥事请于朝，王命某官已告请者曰：'某知道。'言既命某官，某官可知此事也。"○《传灯》十二（卄六丈）《虎溪庵主章》。○《睦州录》："僧云：'知道和尚有此一问。'"○《碧岩》五（十八丈右）。又十（廿一丈）："天平云：'早知道错了也。'"又九（五丈）："教人知道。"○又《大惠书》（卅三丈）曰："方知懒融道。"此挟人名，故非"道"为助辞。○《断桥·净慈录》（十三丈）："知道钵盂无底。"又（十七丈）。○《无准录》四（十二丈）："教这老汉知道草里也有大虫。"○又《无准录》四（五丈）：《普说》曰："'忽然引手摸着鼻孔，便知道元来大头向下。'"○《白玉蟾》十（卅二丈）云："方知道风清月白皆显扬铅汞之机。"○《尧山外纪》四十一（十二丈）《李佳明诗》云："知道君王合钓龙。"又十八三（十丈）："自有天知道。"又九十四（十六丈）。○《江湖纪闻·后》二（十四丈）曰："如何不与我知道。"○《诗林广记·前集》六（十九丈）："无人知道荔枝来。"○《雅笑编》一（十六丈）："可知

① 寒：原文漫漶不清。

道钻不入也。”〇《无怨公案》一（十八丈）：“怕父母知道。”〇《龙舒净土文》九（四丈）：“古语云：‘人人知道有来年，家家[1]尽种来年穀。’”〇《鼓山录》（三丈）：“还知道十二分教唱不起么？”〇《圆悟录》十三（四丈）曰：“作么生知道有？”〇《醉菩提》十一（四丈）：“伱且闻一闻，自然知道。”〇《虚堂·瑞严录》（三丈）：“教诸人知道十二辈头，元有灵芝仙草。”〇《普灯十九（十五丈）《别峯印章》曰：“南泉云：‘争知道老僧来排辨如此。’”〇《中峯杂录》上（十四丈）：“示众云：‘做得纯熟时，知道纯熟。’”〇《李有古杭杂记》（六丈）曰：“可知道钻不入也。”〇《尧山外纪》八十三（十丈）：“自有天知道。”〇《皇朝类苑》六十六（六丈）曰：“要官家知道我读书来。”《玉壶清话》。〇此等皆但知义。〇又有知言之义者，二言《言诠》部笺。

【知有】

忠曰：“知有此事也。”〇《传灯》十（十四丈）《赵州章》曰：“问‘南泉知有底人向什么处休歇？’南泉云：‘山下作牛去。’”〇《虚堂·报恩录》（八丈）《拈》作“向什么处去”。

【指呼】

《碧岩》二（一丈）：“垂示曰：‘人天命脉，悉受指呼。’”〇忠曰：“以手指指示，或呼唤指挥人，皆随其差排也。”〇《虚堂·径山后录》（卅六丈）曰：“指呼凡圣，号令人天。”〇《山谷诗集》一（八丈）《咏史》诗曰：“白鸥渺蒹葭，霜鹘在指呼。”

【周遮】

《圆悟心要》上（四十七丈）曰：“相逢不拈出，举意便知有。子细点检，已是涉水拖泥，况其余周遮。”〇《无准录》四（七丈）《拈古》曰：“傅大士分科列段，已是周遮。”〇忠曰：“迂曲也。”〇《虚堂录·新添》（一丈）《李翱参药山颂》曰：“更提云水曲周遮，添得傍人眼里花。”〇《白氏文集》廿六（十四丈）《老戒诗》曰：“镢铄夸身健，周遮说话长。”《正字通》：“周遮，语多貌。”（引白氏诗）〇《广灯》廿二（九丈）《智门光祚章·法身颂》曰：“光境俱亡犹是病，何劳更在苦周遮。”〇《碧岩》四（一丈）《垂示》曰：“古人公案未免周遮。”

【捉败】

《虚堂·径山录》（六丈）曰：“伱捉败常侍，捉败临济。”〇忠曰：

① 家家：原文第二个“家”作“〻”。

“捉败，但是捉义。”

【灼然】

《睦州录》（四丈）曰：“师云：‘灼然贼来须打，客来须看。’”新撰《古宿录》六（五丈）《睦州录》。○《碧岩录》一（廿九丈）《第八则》：“下语云：‘灼然是贼识贼。’”

【卓朔】

《传灯》十六（五丈）《岩头章》曰：“问：‘不历古今时如何？’师曰：‘卓朔地。’曰：‘古今事如何？’师曰：‘任烂。’”《钞》：“一山曰：‘卓朔，惊惧貌。’”○《大慧书》（八十七丈）《鼓山书》曰：“岩头云：‘向未屙已前一觑，便眼卓朔地。’”○忠曰：“今眼卓朔者，伶利义，言向未吐露己前见得即是伶利汉也。”

【斫额】

《传灯》六（十七丈）《百丈海章》曰：“师云：‘并却咽喉唇吻，速道将来！’五峰云：‘和尚亦须并却。’师云：‘无人处斫头望汝。’”○《碧》[1]八（一丈），本则举之辩云，麻贺计远佐须。○《正宗赟》三（卅一丈）《天童珏传》曰：“僧问：‘如何是道？’曰：‘十字街头休斫额。’”○《普灯》十三（十三丈）《珏章》。○《云峰悦翠岩录》曰：“斫额望扶桑。”○《小补韵会·药韵》（五丈）：“斫，职略切。《广韵》：刀斫也。《增韵》：斩也。”○忠曰：“望高远者，加手于额，如横斫于额势，故曰斫额也。”

【酌然】

《联灯》二十（廿二丈）《洞山良价章》曰：“谒忠国师。师云：‘无情说法，该何典教？’忠云：‘酌然言不干典，非君子之所谈，岂不见华严云？’”云云。○《断桥·瑞岩录》（十一丈）曰：“小姑摘叶饲蚕，公子扬鞭走马，酌然无异。”○《虚堂·延福录》（四丈）：“举：雪窦。云云。酌然酌然。”○又同《立僧纳牌普说》（廿二丈）曰：“性敏者，多不得道；自高者，多耻下问。此酌然之理。”注云：“当作灼然，只略切，昭灼也。酌，《说文》：盛酒行觞也，非义。”

【自己】

○《六祖坛经》（七丈）《行由篇》曰明上座曰：“惠明虽在黄梅，

---

① 碧：即《碧岩录》，全称《佛果圆悟禅师碧岩录》，亦称《碧岩集》，10卷，宋代禅师圆悟克勤著。

实未省自己面目。今蒙指示，如人饮水，冷暖自知。”永平《正法眼藏》五十七（四丈）《十方章》曰：“尽十方世界是自己光明，自己者父母未生已前鼻孔也。”○《梦溪笔谈》十七（四丈）曰：“古文己字从一从亡，此乃通贯天地人，与王字义同。中则为王，或左或右则为己。僧肇曰：‘会万物为一己者，其惟圣人乎？’子曰：‘下学而上达，人不能至于此，皆自成之也。’得己之全者如此。”

【走作】

《虚堂录·立僧普说》（廿丈）曰：“一粥一饭无走作么？开单展钵无走作么？”云云。○忠曰：“意识随境奔走造作也。”○又《虚堂·净慈录》（六丈）曰：“有一个半个知因识果底，顶在额角头上，不敢妄有走作。”

【作家】

《临济录》（一丈）曰：“作家战将。”忠曰：“作家者，作者家也。家犹如衲僧家之家也。”《碧岩》颂云：“列圣丛中作者知。”○《余冬序录》[①] 四十四（十二丈）曰：“陶公（明渊）自三代而下为第一流人物，其诗文自两汉以还为第一等作家。”是“作文”“作诗”之“作”也。

【作者】

《碧岩录》第十则颂曰：“作者知机变。”又第九十二则颂曰：“列圣丛中作者知。”

【坐断】

《临济录》（七丈）曰：“取山僧见处，坐断报化佛头。”

【做大】

《篇海》四（廿四丈）曰：“做，臧祚切，音租去声，本为作字，俗作做。又子贺切，音佐，为也，作造也。”○《传灯》十五（十三丈）《投子大同章》曰：“问：‘师子是兽中之王，为什么被六尘吞？’师曰：‘不作大，无人我。’”《传灯钞》：“一山曰：‘大者，四大也。’”○忠曰：“此解误。又此话《投子录》（十四丈）载。”○又《联灯》廿一（十二丈）《投子大同章》载。○《山庵杂录》上（卅九丈）曰：“方山问僧云：‘南泉斩却猫儿时如何？’僧下语皆不契。有一仆在旁云：‘老鼠做大。’方山云：‘好一转语！不合从伱口里出。’”○《虚堂录·佛祖赞》（十二丈）《大慧赞》曰：“前无释迦，后无达磨，骂雨骂风，衹要做大。”云云。○《篇海》二

① 余冬序录：6 卷，明代何孟春撰。

十（八丈）曰："大，又唐佐切，音惰，巨也。又吐卧切，音唾，猛也，甚也。"〇忠曰："做大者，俗话为骄傲也，犹自大之大也。"〇《应庵录》（廿一丈）："从上佛祖无一念心要做大汉。"〇《鸣道集说》四（二丈）："上蔡曰：'云云。佛却不敢恁地做大。'"

四 《禅林象器笺》二言禅语考释集录

A

【暗封】

旧说曰："暗封者，暗昧选封也，不以公举而私请也。"《藏叟摘稿·跋赵大监请愚谷住法石书后》云："法石二十年间，主僧更代不一，类非本色，寺日入于坏。前守赵大监，一日集诸禅主首曰：'法石坏于暗封久矣，欲革斯弊，非得江湖名衲子不可。'某等退而举三人，愚谷元智其一也。时愚谷谢事常之芙蓉，居灵隐，为第一座，有声丛林间。守焚香拈得之，且询其出处，喜甚，亟驰书招致。寺僧咸谓：'泉取浙二千里余，如费何？'某谕之曰：'昔以暗封，今以公举，计道路费，视暗封不能十之一，何患焉？'愚谷至，众果悦服，未二年，百废具举。"《日工集》云："府君欲付以天龙，而东归兴切也。赴三会忌斋，与等持物先和会退建仁事云：'余日者闻诸山新命，暗封已定，而以南禅、天龙未动，且期今日忌斋烧香，欲告退。'先曰：'可也。'"

B

【八朔】

《镜堂圆禅师建仁录》："八月旦上堂云：'扶桑八月初一，古谓天中佳节，各祈妖怪潜踪，皆愿口舌消灭云云。'"忠曰："八朔为天中节，盖日本传习耶。"《月令广义》云："道书正月一日，天中节会之辰，献寿之日。"又云："提要录五月五日午时为天中节。"《汉制考》云："《法言》：膢腊。注：膢，八月旦也，今河东俗，奉以为大节，祭祀先人也。"杨子《法言·问道篇》注：光曰："膢，落侯切。"《月令广义》云："《音义》：冀州北，八月朔作饮食为膢，俗曰膢腊。"忠曰："八朔膢之说，如此着矣。然《公事根源》云‘八朔风俗，此事更无本说。止此’何耶？”

【把帐】

《敕修清规·请丧司职事》云：“圣僧侍者把帐。”又《估唱单式》云：“把帐执事人、两序典丧，各书名佥押。”又《知客》云：“遇亡僧，同侍者把帐。”又《亡僧板帐式》云：“把帐侍者某押，知客某押。”《幻住清规·亡僧板帐式》云：“把帐押。”旧说曰：“把帐者，造帐历也。”《三国演义》云：“曹操唤典韦就中军帐房外安歇，提调把帐亲军二百余人，非奉呼唤，不许辄入。”忠曰：“依此，非账簿之帐，而帐帷也。把者，把守、把断义。盖把守帐帷，不滥通外人也。犹言守把关隘也。”《云盖本禅师录·上堂》云：“释迦老子横眠竖卧，楼至如来把却三门。”《孤树裒谈》云：“今南京孝陵城西门之内，有吴孙权墓在焉。当时筑城者，奏欲去之，太祖曰：‘孙权亦一汉子也，宜留以把门。’遂不得毁。”

【把针】

《佛果击节录》云：“岩头担锄头行脚，到处只做园头；雪峰担笊篱、木杓行脚，到处作典座；钦山将熨斗、剪刀、针线行脚，到处与人做衣。到个所住处，三人互为宾主，作小参，举公案，钦山承当不得，后来却到洞山契证，法嗣洞山。”《贞和集·龙岩庐山东林十题把针颂》云：“豆花和雨落缤纷，络纬催寒彻夜闻。不费机梭衣不尽，白绵山顶自牵云。”清拙和云：“千山黄落正纷纷，月下村砧远近闻。寒衲一条重补缀，自怜剪破半溪云。”

【不审】

忠曰：“不审，礼话也。其义见《僧史略》，须与‘珍重’交看。《困学纪闻》云：‘不审，出《韩诗外传》。’（止此）此但原语本据，不必拘礼话。”《敕修清规·训童行》云：“参头入方丈请住持出就坐，参头进前插香，退身归位，缓声喝云：‘参。’众低声同云：‘不审。’齐礼三拜。”又《寮元》云：“每日粥罢，乃至茶头喝云：‘不审。’大众和南。”《僧史略》云：“如比丘相见，曲躬合掌，口曰不审者何？此三业归仰也，曲躬合掌，身也；发言不审，口也。心若不生崇重，岂能动身口乎？谓之问讯。其或卑问尊，则不审少病少恼，起居轻利不？上慰下，则不审无病恼，乞食易得，住处无恶伴，水陆无细虫不？后人省其辞，止曰不审也，大如歇后语乎。”旧说曰：“单言不审，犹是歇语。日本禅林但合掌低头，而不审二字亦不唱，毋乃太简乎？”已下略举事证。《临济玄禅师录》云：

“麻谷拽师下座，麻谷却坐。师近前云：‘不审。’”《云门偃禅师录·室中语要》云：“举夹山语云：‘百草头上荐取老僧。’师合掌云：‘不审，不审。’”

C

【草饭】

忠曰：“草饭者，粗饭也。”《史记·陈丞相世家》云：“更以恶草具进楚使。”注：“草，粗也。”《战国策》云：“左右以君贱之也，食以草具。”注：“草，不精也；具，馔具。正曰草菜也。”《陈平传》：“恶草具。”注：“去肴肉。”《敕修清规·请立僧首座》云：“方丈备草饭，请特为汤药石。”

【草贺】

旧说曰：“草贺者，小贺也。”或曰：“草贺，权贺也。”忠曰：“入院草贺者，草草先贺也。草，略也。谓入寺次后礼繁，故且省略五侍、沙弥、喝食行者等三拜，其受全贺在开堂下座之后。”《论语·宪问篇》云：“裨谌草创之。”朱注：“草，略也。”《敕修清规·入院》云：“住持起身，知事全班进列，上首插香。乃至诸山及头首、勤旧进前插香，草贺毕，客头行者喝云：‘请诸山、两班勤旧就座献汤。’”

【草疏】

忠曰：“疏语多四六成之，而间有散文者，此名草疏。”《禅月集·上新定宋使君诗》云：“水迭山层擎草疏，砧清月苦立霜风。”已下略录古今草疏。九峰韶禅师请大觉住育王疏；圆庵作竺芳住道场江湖疏；见《圆庵集》。又作惟初住雪窦诸山疏；见《圆庵集》。又作岱宗住中竺京刹疏；见《圆庵集》。笑隐欣禅师请虚谷住径山江湖疏；见《蒲室集》。清拙澄禅师请明蒙山住圣福山门疏；见《清拙录》。又请梦窗住建仁疏；见《清拙录》。《袁中郎集》多草疏。又有以诗准疏宣读者。义堂《日工集》云：“建长中山入寺，以余所寄禅诗拟疏，付西藏主令读。拈云：‘镡津语脉，筠溪词源，华衮之赠，感佩何言？’盖日本以诗准疏读者，始于此。”

【叉手】

《洪武正韵》云：“叉，手相错也。今俗呼拱手曰叉手。”《事林广记》载王日休速成法云：“叉手法，小儿六岁入学，先教叉手，以左手紧把右手，其左手小指则向右手腕，右手皆直其四指，以左手大指向上。如以右手掩其胸，不得着胸，须令稍离，方为叉手法也。”《敕修清规·装包》云：“途中云水相逢，彼此叉手朝揖而过。”《十诵律》云：“民大居士从座起，叉手合掌白佛言：‘世尊！愿佛及僧受我舍宿。’佛默然许之。”《佛说方等般泥洹经》曰：“佛告阿难：‘汝为空无菩萨自西方乐园世界来者。叉十指，说是偈言：其雄根为寂定，空无出大光明。我为勇猛叉手，为师子大吼礼云云。’佛告阿难：‘汝用是叉手功德，我般泥洹已后六月中，当独作佛，天上天下人皆当稽首向汝作礼云云。如来今现在，若泥洹后，以直心无谀谄之意，一心叉手向说法者，诸佛天中天，皆当授其决，及少功德者，皆当具足得是法，何况乐喜无瑕秽者？’”忠曰：“须知此经所谓叉手者，舍妄心收归一真法界者，故其功德如经所说。”《后汉书·马援传》云：“岂有知其无成，而但萎腇咋舌叉手从族乎？”《传灯录·南泉愿禅师章》云：“有僧问讯，叉手而立，师云：‘太俗生！’其僧便合掌。师云：‘太僧生！’”忠曰：“合掌，西竺之法。叉手，本中华古法，为俗礼，故南泉以为太俗生。”旧说曰：“凡进退法，进前叉手，退后合掌，是其通式也。”

【衩袒】

衩衣又言衩袒。《康熙字典》云：“袒，音但，《仪礼》注：袒，左免衣也。”《备用清规·日用清规》云：“古云：衩袒不许登殿，草履莫践法堂。”《日用轨范》云：“古云：衩袒登混，草履游山，莫践法堂，回互耆旧。”《群谈采余·清逸类》云：“清晨烧香，食罢，便可岸巾衩袒。”旧说曰：“义堂信和尚曾观唐画人形，屏开衣衿于背后，曰：此所谓衩袒也。谓胸前襟迫吭，似叉字，亦有袒容，故曰衩袒，乃懒放之貌。俗言钱持颈，盖悬钱于颈者，屏襟以肤受，防损衣也。”

【差拨】

忠曰：“又作差发，差役人发命令也。”《品字笺》云：“差，初皆切，差遣役使也。”《篇海类编》云：“拨，转之也，发也。”《敕修清规·直岁》云：“差拨使令，赏罚惟当。”又《亡僧·送亡》云：“库司预分付监作行者辨柴化亡，差拨行仆。”《禅苑清规·亡僧》云：“库司知事预前差拨行者。”《宋史·食货志》云：“必无肯就招者，势须差拨。”《敕修清规》卷首圣旨云：“不拣甚么，差发休当。”

【差单】

旧说曰：“差单者，差帐也。”《敕修清规·圣节》云：“每日堂司行者将轮差僧簿，须预先一日请住持、头首、众僧各书双字名，佥押，量众多少，依戒具写差单，排定日分，周而复始。”差单式云：用白纸书。

【差定】

《丛林盛事》云：“混融然有小师大骥者，淳熙间，住衢之灵曜，时朝廷方行役法，二浙江淮处并差定，骥乃纠率衢、婺、处三州僧尼道士，造朝免之。今天下僧由此获安，不为国家之差役者，盖骥之力耶!”《宋史·食货志》云：“收租，掌纳官吏以限外欠数，差定其罚。”又云：“铜钱，阑出江南塞外及南蕃诸国，差定其法，至二贯者徒一年，五贯以上弃市，募告者赏之。”《经国大典注解》云：“差定：差，择也，言差任也；定，安也。”

【忏悔】

《敕修清规·沙弥得度》云：“戒师云：‘汝今至诚随我忏悔。’举云：‘我昔所造诸恶业，皆由无始贪瞋痴，从身口意之所生，一切我今皆忏悔。’”《华严经疏清凉钞》云：“忏者，梵云忏磨，此云请忍；悔，即此方体是恶作，猒先过失，求请三宝忍受悔过。单云悔者，非是六释，合二即是依主。”《根本说一切有部毗柰耶音释》云：“言忏摩者，此方正译当乞容恕，容忍收谢义也。若触误前人，欲乞欢喜者，皆云忏摩。无问大小，咸同此说。若悔罪者，本云阿钵底提舍那。阿钵底是罪，提舍那是说，应云说罪。云忏悔者，忏是西音，悔是东语，不当请恕，复非说罪，诚无由致。”《毗奈耶杂事义净注》云：“忏谢，所言忏者，梵云忏摩，是谓容恕义，后人加悔，唤为忏悔，此即与说罪义不同也。”义净言“后人加悔”，不然，经律中皆有忏悔字。《四分律·毘尼增一法》云：“佛告比丘言：‘汝自忏悔，于我法中能至诚如法忏悔者，便得增益。汝忏悔应生猒离心，汝比丘至诚如法忏悔，我为受之。’”《合部金光明经·忏悔品》云：“愿当受我诚心忏悔，令我恐惧悉得消除。”

【朝参】

早朝参禅也。《禅门规式》云：“阖院大众，朝参夕聚。”《僧史略·别立禅居章》云：“有朝参暮请之礼，随石磬、木鱼为节度。”忠曰：“禅林朝参于粥罢。”《普灯录·杨岐会禅师章》云：“一日当参，粥罢久之，不闻挝鼓。师问行者：‘今日当参，何不击鼓?’云：‘和尚慈明出未归。’师径往婆处，见明执爨，婆煮粥。师曰：‘和尚今日当参，大众久待，何以不归?’明曰：‘你下得一转语即归，下不得，各自东西。’师以笠子盖头上，行数步，明大喜，遂与同归。”忠曰：“当参者，当五参之日也。”

忠曰："世礼言朝参者，盖入朝参谒义。"见"五参上堂"处。《杜工部集·重过何氏诗》云："颇怪朝参懒，应耽野趣长。"《皇明通纪集略·弘治纪》云："今朝参外，不得一睹天颜。"

【朝立】

忠曰："立为敬，'揖坐'处详说。朝立者，向佛祖及灵位立也。"《校定清规·迁化遗书》云："住持升座，乃至下座，诣灵位前朝立。"

【朝坐】

忠曰："朝坐者，面于前人坐也，与朝立之朝同义。譬如新命辞众茶汤，东序、西序同面于新命坐是也。"《敕修清规·新命辞众上堂茶汤》云："中敷高座向内，首座向外，摄居主位，西堂、勤旧分手光伴，东、西序两边朝坐。"

【䞋资】

䞋金也。《敕修清规·管待专使》云："知事预禀住持，议专使、宣疏帖人䞋资轻重，方丈备贴䞋，须令合节。"

【承准】

《敕修清规·谢挂搭·回礼榜》云："客头行者某承准。"忠曰："承受堂头命，而依准其所命也。"《居家必用》云："承受纳其事也。"又云："准，法则也。"

【持钵】

忠曰："乞食于城市曰持钵。"《续灯录·拈古门》云："临济持钵到一婆子门前云：'家常。'婆子开门云：'太无厌生。'济云：'饭犹未曾得，何责人无厌？'婆子闭却门。"《传灯录·风穴沼禅师章》云："师初见南院，不礼拜，便问曰：'入门须辨主，端的请师分。'乃至南院曰：'三十年住持，今日被黄面浙子上门罗织。'师曰：'和尚大似持钵不得，诈道不饥。'"又《漳州罗汉和尚章》云："始于关南常禅师拳下悟旨，乃为歌曰：'咸通七载初参道，乃至从兹蹬蹬以碣碣，直至如今常快活。只闻肚里饱膨脝，更不东西去持钵。'"《普灯录·怀玉用宣首座章》云："一日，自临川持钵归，值泐潭景祥晚参，有云：'一叶飘空便见秋，法身须透闹啾啾。'宣闻领旨。"《大慧武库》云："叶县省和尚，严冷枯淡。浮山远参。乃至省一日见远独于旅邸前立，乃云：'此是院门房廊，你在此住许多时，曾还租钱否？'令计所欠追取，远无难色，持钵于市，化钱还之。"《密庵杰禅师录·示殊禅人法语》云："回观此山，食指既多，常住不给，不忍坐视，发心为众持钵。余嘉其志不凡，临行欲语，故书此以赠之。”《曹源生禅师录·送闻兄持钵偈》云：“闻声悟道鸟投笼，秖么无闻道未充。利剑拂开悭吝穴，全身辊入是非丛。脚头脚尾无虚弃，山北山南有路通。一笑归来能事毕，真金百炼见全功。”《金刚般若经》云：“尔时，世尊食时着衣持钵，入舍卫大城乞食。于其城中，次第乞已，还至本处。”《首楞严经》云：“阿难！汝常二时众中持钵，其间或遇酥酪醍醐，名为上味。于意云何？此味为复生于空中？生于舌中？为生食中？”广说。《广弘明集·沈约述僧设会论》云：“出家之人，本资行乞，戒律昺然，无许自立厨帐并畜净人者也。今既取足寺内，行乞事断，或有持钵到门，便呼为僧徒鄙事下劣。既是众所鄙耻，莫复行乞。悠悠后进，求理者寡，便谓乞食之业不可复行。白净王子，转轮之贵，持钵行诣，以福施者，岂不及千载之外凡庸沙门，躬命仆竖，自营口腹者乎？”

【敕黄】

《敕修清规·书记》云：“古之名宿多奉朝廷征召，及名山大刹凡奉圣旨敕黄，住持者具谢表，示寂有遗表，或所赐所问，俱奉表进。而住持专柄大法，无事文字，特请书记以职之。”《山堂肆考》云：“唐太宗用黄麻纸写诏敕文，故杜诗：紫诏仍兼绾，黄麻似六经。唐玄宗别置学士院掌内命，凡拜免将相，皆用白麻。注云：黄麻，诏纸用黄蘗染成，取其辟蠹也。似六经者，谓诏诰之词浑厚如六经之文也。”《野客丛书》云：“敕，旧用白纸，唐高宗上元间，以施行之制既为永式，白纸多蠹，遂改用黄。除拜将相制书用黄麻纸，其或学士制不自中书出，故独用白麻纸，所以有黄麻、白麻之异也。”又见“经单”处、“圣节黄榜”处。

【吹嘘】

忠曰：“日本禅林，赞成某禅士，称扬于主人，而请其许达，是曰吹嘘。《联灯会要·睦州陈尊宿》：‘指临济参黄檗，接云门嗣雪峰，皆师之力也。止此’此即吹嘘榜样也。”《魏志·郑浑传》云：“浑兄泰，字公业，对董卓十事曰：‘孔公绪能清谈高论，嘘枯吹生。’”《杜工部集·赠献纳起居田舍人澄诗》云：“扬雄更有河东赋，唯待吹嘘送上天。”又《谒文公上方诗》云：“愿闻第一义，回向心地初。金篦刮眼膜，价重百车渠。无生有汲引，兹理傥吹嘘。”《山谷诗集·东观读未见书诗》云：“诸生起孤贱，天子自吹嘘。”

D

【达嚫】

《增壹阿含经》云："是时迦叶从佛受教，往至梵志妇舍已，就座而坐。是时彼婆罗门妇便供办肴馔，种种饮食，以奉迦叶。是时迦叶即受食，欲度人故，而向彼人说此哒嚫：'祠祀火为上，众书颂为最，王为人中尊，众流海为上，众星月为首，照明日为先，四维及上下，于诸方域境，天与世间人，佛为最尊上，欲求其福者，当归于三佛。'是时彼梵志妇闻此语已，即欢喜踊跃，乃至得法眼净。"又《增壹阿含经》云："世尊告尸婆罗曰：'汝今可受此长者百千两金，使蒙其福。此是宿缘之业，可受其报。'尸婆罗对曰：'如是，世尊！'是时尊者尸婆罗即时而说哒嚫：'施衣及余物，欲求其福德，往至天世人，五欲自娱乐。从天至人中，度有无疑难，涅盘无为处，诸佛之所乐。施惠无难者，蒙此获福佑，当起慈惠心，作福无有懈。'"《悲华经》云："太子不眴，供养如来及比丘僧竟三月已，所奉达嚫八万四千金龙头璎。"音释云："达嚫，梵语也，此云檀施。嚫，初槿切。"《罗摩伽经》云："如来为一切众生说功德哒嚫三轮，化度一切众生。"玄应《众经音义》云："达嚫，差覲切，案《尊婆须蜜论》亦作檀嚫，此云财施。解言报施之法，名曰达嚫。导引福地，亦名达嚫。复次，割意所爱，成彼施度，于今所益，义是檀嚫。又《西域记》云：'正言达嚫拏，或云驮器尼，以用右手受他施，为其生福故，从之立名也。'"《释氏要览》云："梵语达嚫拏，此云财施，今略达拏，但云嚫。《五分律》云：'食后施衣物，名达嚫。'《转轮五道经》云：'转经不得倩人，乃至斋食以达嚫为常法，得福。'"《翻译名义集》云："达嚫，字或从手。《西域记》：'正云达嚫拏者，古也，或云驮器尼，以用右手受人所施，为其生福故。'"《行事钞·讣请设则篇》云："大嚫法，《五分》：'食后施衣物，名为哒嚫也。'"《资持记》云："达嚫、大嚫，梵言少异，亦云檀嚫，此翻财施，谓报施之法，名曰达嚫。文约施衣，准应不局。世谓以财衬食，故名嚫者，不识华梵，又召说法为施财者，并非。问：为召施物？为目说法？答：据名召物，今谓行施之时，必为说法；因名说法，以为达嚫。准理，具云达嚫说法，事义方全。问：此与咒愿何别？答：约事似同，究义须别。咒愿则别陈所为，达嚫则通为说法。今或营斋，事须双用。"《玉耶经》云："佛告玉耶：'当信布施常得其福，后世当复生长者家。’玉耶言：‘诺。’佛饭毕讫，达嚫咒愿：‘五十善神拥护汝身。’”《四分律》云：“佛言：‘不应食已默然而出，应为檀越说大赚，乃至为说一偈。若为利故施，此利必当得；若为乐故施，后必得快乐。’时人人皆说。佛言：‘应令上座说，若上座不能说，应语能者说。’”愚丘宗禅师答洪庆善问嚫金本据。见“祭供类·斋僧”处。

【打饭】

《鹤林玉露》云：“陆象山家人，计口打饭。”欧阳修《归田录》云：“今世俗言语之讹，而举世君子、小人皆同其缪者，惟打字尔。打，丁雅反。其义本谓‘考击’，故人相殴，以物相击，皆谓之打，而工造金银器，亦谓之打可矣，盖有槌檛作击之义也。至于造舟车者，曰打船、打车，网鱼曰打鱼，汲水曰打水，役夫饷饭曰打饭，兵士给衣粮曰打衣粮，从者执伞曰打伞，以糊粘纸曰打粘，以丈尺量地曰打量，举手试眼之昏明曰打试。至于名儒硕学，语皆如此，触事皆谓之打，而偏检字书，了无此语。丁雅反者。其义主考击之打，自音谪疑当作滴。耿，以字学言之，打字，从手，从丁。丁又击物之声，故音谪耿为是，不知因何转为丁雅也。”《俗呼小录》云：“俗牵连之辞，如指其人至某人物及某物，皆曰打。丁晋公诗所谓‘赤洪厓打白洪厓’是也。”

【打给】

忠曰：“送食于别处曰打给。打义，‘饮啖类·打饭’处笺。”《日用轨范》云：“木鱼响，不得入堂，或令行者取钵堂外坐，或归众寮打给。”《禅苑清规·库头》云：“如遇打给，即时应副。”又《延寿堂主》云：“堂中所用柴炭米面，油盐酱菜，茶汤药饵，姜枣乌梅，什物家事，皆系堂主缘化。如其无力，唯米面油炭就常住打给。”又云：“有处病僧在堂，并上文历，以凭库司打给并请斋嚫。”

【迨夜】

物故次夜，同大夜。《备用清规·对灵小参》云：“迨夜，法堂面真设座，对灵小参。”注：迨夜者，乃宿夜。忠曰：“迨明日荼毘之夜也。《诗经·匏有苦叶篇》云：‘士如归妻，迨冰未泮。’”

【旦望】

《敕修清规·住持日用》云：“凡旦望，侍者隔宿禀住持云：‘来晨祝圣上堂。’”《幻住清规》云：“一年十二月，遇初一、十五是谓朔望，须就粥前讽大悲咒祝圣。”《兴禅护国论》云：“报恩，谓每月朔日，奉为今上皇帝讲《般若经》；十五日，奉为先皇讲《大涅盘经》。有祈请句。”忠曰：“旦望礼仪，亦是随世俗焉。”《居家必用》云：“朔望，《广州记》：‘尉陀立朝台，朔望升拜。’名此始也。”杜氏《通典》云：“大唐永徽二年八月二十九日下诏：来月一日，太极殿受朝。此后每五日一度太极殿视事，朔望朝即为恒式。”旦谓朔日。忠曰：“清规朔日、十五日为旦望，或言月旦、月望。见‘四斋日’处。而韵书无朔曰旦之训。按《西京杂记》云：‘月之旦为朔，车之辀亦谓之朔，名齐实异。止此’又《后汉书》：‘许劭论乡党人物，每月辄更其品题，故汝南俗有月旦评焉。止此’《月令广义·每月令》载此，以系初一日，可证月旦为月朔也。又叶隆礼《辽志·岁时杂记》，题正旦，其中记正月一日事。”望谓十五日。《品字笺》云：“望，《说文》：‘月满。与日相望，如朝君也。从臣、从月、从壬。壬，朝廷也。’徐曰：‘假借作望。《增韵》：今经典通作望。’”

【导师】

忠曰：“观音忏法式，有导师、香华、自归三职，其导师谓表白者。”《僧史略》云：“导师之名而含二义。若《法华经》中，商人白导师言，此即引路指迷也。若唱导之师，此即表白也。故宋衡阳王镇江陵，因斋会无有导师，请昙光为导。及明帝设会，见光唱导，称善，敕赐三衣瓶钵焉。”《法华经·涌出品》云：“是四菩萨，于其众中最为上首唱导之师。”《补注》云：“启发法门名之为唱，引接物机名之为导。”又禅史称唱导之师者，谓唱教法，导引有情之义。今援一二。《广灯录·百丈海禅师章》云：“仰山云：‘百丈得大机，黄檗得大用，余者尽是唱导之师。’”《传灯录·兴化奬禅师章》云：“师谓克宾维那曰：‘汝不久当为唱道之师。’”详“维那”处。

【煅发】

焚得度人之发也。《断桥伦禅师录·新化炉煅发佛事》云：“‘铜头铁额，马颔驴腮，倒顺刬除千万万，零星收拾几堆堆。作者出手，炉韝新开，从前毛病到此一时灰，红个、白个、青个、紫个、赤个。’以火打圆相云：‘尽从者个流出来。’”《应庵华禅师蒋山录·焚众僧发佛事》云：“拈火把云：‘一呼善来，须发自落，积累既多，无处安着，普请大众，把火烧却。且道烧却后如何？不用拨灰求舍利，无边顶相放毫光。’”《长翁净禅师录·煅发上堂》云：“活刬群牛脑后毛，风吹日炙转腥臊，不堪狼藉熏天地，罪恶重将业火烧。恁么见得，切忌死灰寻舍利，臭烟蓬浡焰头高。”

E

【恩度】

忠曰："盖特恩赐度者为恩度。"张无尽《东林善法堂记》云："以弼恩度而为上首。"

F

【法盖】

忠曰："法盖者，葫芦顶，绣罗三檐大伞。新住持入院，行者执而覆之。"《水浒传》云："梁中书出阶前，坐定交椅，左右祗候两行，唤打伞的，撑开那把银葫芦顶，茶褐罗三檐凉伞来。盖定在梁中书背后。"忠曰："禅林法盖之制正是也。"《增壹阿含经》云："世尊受须摩提女请，至满富城。广说乃至是时梵天王在如来右，释提桓因在如来左，手执拂，密迹金刚力士在如来后，手执金刚杵，毗沙门天王手执七宝之盖处虚空中，在如来上，恐有尘土坌如来身。"忠曰："盖之用在防尘秽，此文可为证。"《释氏要览》云："律云跋难陀比丘持大盖行，似今凉伞也。诸居士遥见，谓是官人，皆避道。及近，元是比丘，乃讥嫌之。佛乃制戒，不应持大盖，若天雨即听。"

【法鼓】

旧说曰："法堂设二鼓，其东北角者为法鼓，西北角者为茶鼓。"《敕修清规·法器章》云："法鼓，凡住持上堂、小参、普说、入室，并击之。击鼓之法：上堂时，三通，先轻敲鼓磔三下，然后重手徐徐击之，使其紧慢相参，轻重相应，音声和畅，起复连环，隐隐轰轰，若春雷之震蛰。第一通延声长击，少歇，转第二通，连声稍促，更不歇声就转第三通，一向缠声击之，候住持登座毕，方歇声，双椎连打三下。小参一通，普说五下，入室三下，皆当缓击。"忠曰："缠声者，一大二小相交长击，则如绳缠木，一显一隐之状，故言缠也。然昧者妄改作缓，大失意义。"《续灯录·偈颂门·甘露舒禅师法鼓颂》云："一击隆隆徧九垓，云奔雨骤尽趋来，须知不是寻常韵，惺得人天醉眼开。"

【法眷】

法中眷属曰法眷，或同办道者，总名法眷。如《敕修清规·亡僧·入塔》云"乡曲、法眷同收骨"是也。《敕修清规·尊宿迁化·祭次》：

“乡人，次有法眷。”又《游方参请》云：“侍者详询来由，或乡人、法眷，办事分明。”忠曰：“详问住持人同乡人否，住持人法眷否也。”

【讽经】

《敕修清规·祈祷》云：“鸣钟集众讽经。”《南禅规式·夏中罚不赴讽经者法》云：“签书众僧双字名实筒，每日勤行时，堂司行者置签筒于佛前。讽经毕，住持指筒，堂司行者取筒振掉三，而至住持前，维那出班，至住持右边，住持抽签度之，维那接之，呼所书名三度，若无答者，则知不赴，乃以签度听叫不赴人上方丈乞签。若懈及数回，则住持小片纸书罚金式，贴佛殿柱：罚金壹片，懈者纳之方丈。”

G

【伽蓝】

慧苑《华严音义》云：“僧伽蓝，具云僧伽罗摩。言僧者，众也；伽罗摩者，园也。或云众所乐住处也。”忠曰：法堂、佛殿、山门、厨库、僧堂、浴室、西净为七堂伽蓝，未知何据，各有表相。如图：厨库左手浴室左脚法堂头佛殿心山门阴僧堂右手西净右脚《止观辅行》云：“如大经云：头为殿堂。”《摩诃僧祇律》云：“厕屋不得在东、在北，应在南、在西。”忠曰：“此图净所在西南，则合《僧祇律》说。”

【钩纽】

忠曰：“今时禅林例代钩以环，代纽以绦。”《释氏要览》云：“钩纽，《僧祇》云纽绁。《集要》云：‘前面为钩，背上名纽。’先无此物，因佛制尼师坛安左臂衣下，则肩上无镇，衣不整齐，乞食时，被风吹落，佛遂许安钩纽。佛制：‘一切金银宝物不得安钩纽上，惟许牙骨、香木之属。’”《四分律》云：“舍利弗入白衣舍，患风吹割截衣堕肩。诸比丘白佛，佛言：‘听角头安钩纽。’”《毗奈耶杂事》云：“佛在室罗伐城，时有苾刍入城乞食，上衣堕落，置钵于地，整理上衣，居士婆罗门见已生嫌。佛言：‘为护衣，应安帢纽，于肩上安帢，胸前缀纽。纽有三种：一、如蘡薁子；二、如葵子；三、如棠梨子。应于缘后四指安帢，应重作帖，以锥钻穴，帢出其内，系作双帢，其纽可在胸前缘边缀之。迭衣三襵，是安帢纽处。’”音释：蘡，伊盈切。薁，于六切。蘡薁，草名。旧说曰：“观唐王摩诘画僧形，其袈裟无绦环。盖唐时僧犹不用绦环。绦者，五代时始有；环者，宋朝始有。”

【鼓磉】

《敕修清规》云："轻敲鼓磉。"见"法鼓"处。忠曰："现见戛鼓两耳，而磉，韵书但有柱础之训，与今全无交涉。余窃按：磉当作顙或𩕄，音近讹写耳。鼓顙者，即鼓额也。引《楞严》证之。"《楞严经》云："因名身体，如腰鼓顙。"《解蒙》云："《熏闻》云：顙或作𩕄。《埤苍》云：鼓框也。《补遗》：顙，息朗切，额也。𩕄，桑朗切，鼓匡也。《字书》：鼓材也。"《字汇》云："框，音瓦。《博雅》：鼓𩕄谓之框。"《篇海》云："𩕄，苏郎切，音顙，鼓匡木。《玉篇》：鼓材。"《莹山清规》云："戌时，打钟三会，终后，库前打鼓三会，先以鼓槌拟鼓唇三下，后以左槌小打，以右槌大打，缓声三打，又以左槌小打，以右槌连打。如此三打后，自缓至紧为一会，如前三会终，又拟鼓唇三下。一打名为一更，打版为一点。"

【故住】

京师伊藤儒门弟，览妙心祖堂牌，语一僧云："现存可称前住，迁化后可称故住也。"忠曰："此言是也。明极俊和尚东院主入祖堂语云：'故我瑞云堂上旸谷院主云云。'"《文苑英华·权德舆马祖塔铭》云："唐故洪州开元寺石门道一禅师塔铭云云。"然古名德有迁化，人称前住者。清拙和尚石梁入祖堂语云："前住当山第二十二代石梁和尚大禅师云云。"

【罣罳】

旧说曰："罣罳，遮背后板屏，在椅子后者。"《篇海类编》云："罣，古画切，音卦，罣碍也。"或曰："罣罳即法被也。"忠曰："此盖依苏鹗以罘罳为网之义，然今禅林称罣罳者，只是木屏耳。"《敕修清规·告香》云："至日，侍者令客头于寝堂或法堂铺设罣罳椅子。"又《四节秉拂》云："堂司行者排办法座，左手敷罣罳，设住持位。"忠曰："敷者，排辨也，《品字笺》云：俗以排列谓之铺设。非铺展义。"又曰："韵书小说但释罘罳，今且录之。"《小补韵会》云："《说文》：罘罳，屏也，从网，思声。《博雅》：罘罳谓之屏。又汉未央宫东阙罘罳灾，师古曰：罘罳，连阙曲阁也，以覆重刻垣墉之处，其形罘罳。然《释名》罘，复也；罳，思也。言臣将入请事，于此复思也。通作思。《汉·五行志》：罘，思。又《考工记》宫隅、城隅、阙门皆有之。《礼记·明堂位》注疏云：以诸文参之，则桴思小楼也。唐苏鹗曰：汉师古注，《释名》所释罘罳二说皆误。按罘罳从网是形，不思是声。罘，浮也；罳，丝也。谓织丝之文，轻疏浮虚之貌，盖宫殿檐户之间也。唐文宗实录‘甘露之变，出殿北门，裂断罘罳而去’、温庭筠补陈武帝书‘罘罳昼卷，阊阖晨开’，皆非曲阁屏障之意。相如子虚赋‘罘网弥山’，此亦谓罗鸟之网，即罘罳为网不谬矣。”宋马缟《中华古今注》云：“罘罳屏，屏之遗象也，塾门外之舍也。臣来朝君，至门外，当就舍，更详其所应应对之事也。塾之者言塾也，行至门内屏外，复应思惟也。罘罳，复思也。汉西京罘罳，合板为之，亦筑土为之，每门阙殿舍皆有焉，如今郡国厅前亦树之也。”陈继儒《枕谭》云：“段成式云：士林多称雀网为罘罳，其误如此。按《汉书》罘罳，屏也，复也。臣朝君，至屏所奏之事于下。又按刘熙《释名》曰：罘罳在外门。罘，复也。臣将入请事，于此复重思也。今之照墙也。”忠曰：“罘罳，板屏，而在厅前。今禅林罣罳亦板屏，制似罘罳，虽在椅后，亦受罳之名。”

H

【函柜】

见“经柜”处。旧说曰：“函柜，僧堂之众贮衣服等之器也。”《禅苑清规·装包中挂搭》云：“如堂中有函柜，即收行李安函柜中锁之，笠子、拄杖归寮。如堂中无函柜，收行李赴寮。”《日用轨范》云：“粥前、斋前、放参后，不得开函柜。如有急切，白主事人，寮中白寮主，僧堂白圣僧侍者。”《人天宝鉴》云：“德山密禅师会下有一禅者，用工甚锐，看狗子无佛性话，久无所入。一日，忽见狗头如日轮之大，张口欲食之，禅者畏，避席而走。邻人问其故，禅者具陈，遂白德山，山曰：‘不必怖矣，但痛加精彩，待渠开口，撞入里许便了。’禅者依教坐，至中夜，狗复见前，禅者以头极力一撞，则在函柜中，于是燿然契悟。后出世文殊，道法大振，即真禅师也。”

【汗衫】

《日用轨范·开浴》云：“取出浴具，放一边，解上衣。”忠曰：“中华人上下二衣，上衣如此方羽蔽，为汗衫，又名中单。下衣如此方前垂，是名裙也。”《慈受深禅师慧林录》：“寿春府檀越就天清寺散千僧汗衫，升座云：‘娘生裤子，脱体皆空。赵州布衫，更无样度。袖头打领，腋下剜襟，自然缝罅难寻，直是针锋不露。然虽如是，说食终不饱，着衣方免寒。争似者个衫子，是檀越段时升向清净心中，流出布施。诸人正当恁么时一句作么生道？’良久，云：‘一片信心清似水，满天和气暖如春。’”

《广灯录·林溪彻禅师章》云："问：'如何是祖师西来意?'师云：'着体汗衫。'"《事文类聚》引炙毂子云："燕朝，兖冕有白纱，中单有明衣，皆汗衫之象，以行祭接神。至汉与项羽交战，汗透中单，改名汗衫，贵贱通服。"

【喝参】

喝参者唱参，盖报某伺候在此之义也。《品字笺》云："参，趋承也，晋谒也。"《敕修清规·训童行》云："凡旦望五参上堂罢，参头行者令喝食行者报各局务，行堂前挂牌报众。昏钟鸣，行堂前鸣板三下集众。行者先佛殿，次祖堂、僧堂前、前堂寮喝参。方上寝堂排立，参头入方丈，请住持出就坐。参头进前插香，退身归位，缓声喝云：'参。'众低声同云：'不审。'齐礼三拜。"又《为行者普说》云："侍者烧香请法，参头领众雁立，插香，喝参三拜。"《传灯录·瑞鹿先禅师章》云："黄昏唱礼了，僧堂前喝参；僧堂前喝参了，主事处喝参；主事处喝参了，和尚处问讯。"沙弥亦喝参。《传灯录·赵州谂禅师章》云："师闻沙弥喝参，向侍者云：'教伊去。'侍者乃教去，沙弥便珍重去。师云：'沙弥得入门，侍者在门外。'"祖忌有喝参。《敕修清规·达磨忌》云："维那举楞严咒毕，回向云云。次参头领众行者排列喝参，礼拜讽经。"忠曰："准事生也。"

【喝火】

忠曰："巡寮警火，言喝火，所谓照顾火烛也。见'呗器类·火铃'处。"《备用清规·日用清规》云："喝火过，放禅。"《开福宁和尚录》偈颂云："夜深闻喝火号声，故经云：'即时观其音声，而得解脱。'偈曰：'火号更深喝道来，普门关捩一时开，圆通大士呵呵笑，不是峨嵋与五台。'"

【胡跪】

《敕修清规·沙弥得度》云："引请阇梨至戒师前，大展三拜，胡跪合掌。"《归敬仪》云："言胡跪者，胡人敬相，此方所无，存其本缘，故云胡也。或作胡跽者，捡诸字书，跽即天竺国屈膝之相也。俗礼云：授立不跪，跪谓屈膝，俗所讳之。凡有所授，膝须起立。"《通真记》"授立不跪"，文出《曲礼》。俗所讳者，由是受刑之状故。刘熙《释名·释姿容》云："跪，危也，两膝隐地，体危倪也。跽，忌也，见所敬忌，不敢自安也。"《文献通考》云："朱文公熹白鹿礼殿塑像说曰：'古人之坐者，两膝着地，因反其蹠，而坐于其上，正如今之胡跪者。'"《琅邪代醉编》

云："古者席地而坐，即今之跪也，故《礼记》称跪皆曰坐。以愚意观之，跪则两膝用力，坐则臀近于肱。"《宾退录》云："《庄子》云：'跪坐而进之。'则跪与坐似有小异处。疑跪有危义，故两膝着地，伸腰及股，而势危者为跪。两膝着地，以尻着蹠而稍安者为坐也。"

【斛食】

忠曰："施食法，方木函堆盛饭食，备三界万灵牌前，此即斛食也。"《汉书·律历志》云："斛者，角斗，平多少之量也。"《敕修清规·月分须知》云："七月盂兰盆会，预率众财，办斛食供养。"《释氏要览》云："若比丘各自备一斛食施者，即依《焦面大士经》施与饿鬼也。"《佛祖统纪》云："六道斛，《净名经》云：'以一食施一切，言一切则全收六道。供养诸佛及众贤圣，然后可食。'南岳《随自意三昧》云：'凡得食，应云：此食色香味，上供十方佛，中奉诸贤圣，下及六道品，等施无差别。'天台《观心食法》：'鸣钟后，敛手供养一体三宝，次出生饭，称施六道。'此皆等供十界，即是今人施六道，修水陆供之明证也。述曰：妙乐云：'世人设六道者，是梁武见江东多淫祀，杀生命，祭邪鬼。乃以相似佛法，权宜替之。'此盖荆溪一往以祭祀恶法对佛法论之，将以止天下之杀，故未论十界等供之义。《焰口经》：'令供养三宝，即是四圣；供婆罗门仙，即是人道；供焰口众，即是鬼道。'余四道虽不备，盖是当时赴机未普，故经文隐略耳。若大乘行人，圆观法界，则当依《净名经》中义。若慈云谓鬼道得食，余五道不得者，此等意亦是用《婆沙论》云：'若因祭祀，唯鬼神得之，余趣不可尽得。'此是约人世祭祀言之耳。若依出世法，用平等心，修无碍供，则当仰观净名、南岳、天台三处之文，则理无不在。今有营小斛曰散洒者，或一巨斛者，或至四十九斛者，皆所以等供六道群品也。可不信哉?"阿难斛食缘，见"丧荐类·施食法"处。

【互跪】

《归敬仪》云："言互跪者，左右两膝交互跪地。此谓有所启请，悔过授受之仪也。佛法顺右，即以右膝拄地，右髅在空，右指拄地；又左膝上戴，左指拄地，使三处翘翘，曲身前就，故得心有专志，请悔方极。此谓心随其身，行慢失矣。"忠曰："三处者，右膝、右指、左指。此三拄地，余皆在空也。"《释氏要览》云："互跪，天竺之仪也。谓左右两膝互跪着地故，释子皆右膝。若言胡跪，音讹也。"《文献通考》云："跪与坐，又自有少异处。疑跪有危义，故两跪着地，伸腰及股，而势危者为跪。两膝着地，以尻着蹠而稍安者为坐也。"《宋史·卫肤敏传》云："肤敏使金，及受书，欲令双跪。肤敏曰：'双跪乃北朝礼，安可令南朝人行之哉?'争辨逾时，卒单跪以受。"又见"礼拜"处。

【花亭】

《敕修清规·佛降诞》云："至日，库司严设花亭，中置佛降生像，于香汤盆内安二小杓。"忠曰："造小亭，以红白众花交覆，学甍瓦之样，宝盖垂旛，亦皆累葩萼巧成之，名为花亭。"义堂《日工集》云："本寺时住南禅。每至佛生之辰，纪纲预命沙喝装花亭。一时沙喝、行力俱走山野，采众色草花，而教朱甍碧瓦之样，拟华鬘旛盖之庄严，各争优劣，遂及斗诤。虽似敬重供养，实末世荒本勤末之所致也。于是余舍私赀，命工新造花亭，五色彩画，金碧光耀，缯盖幢旛，宝珠璎珞，不假生华，凡所可有者悉备焉。乃归之常住，以充每岁浴佛之设矣。自是诸刹皆仿此。"

【化疏】

忠曰："凡丛林化米、化炭等，皆造疏，化主赍之去，一展示其意，二证非假窃也。"已下略录诽僧好化。笑隐《蒲室集·与友人书》云："不肖多与士大夫交，尝闻其言与僧往来，每惧其袖中有物，便杀风景，谓其持疏也。故五年于此修造，已十成七八，忍贫自力，未尝妄造人门，颇似倔强。"云栖《竹窗三笔》云："有道者告予曰：'我辈冠簪，公等剃削。夫剃削者，应离世绝俗，柰何接踵于长途，广行募化者，罕遇道流而恒见缁辈也。有手持缘簿，如土地神前之判官者；有鱼击相应，高歌唱和，而谈说因缘，如瞽师者；有扛抬菩萨像、神像，而鼓乐喧填，赞劝舍施，如歌郎者；有持半片铜铙，而鼓以竹箸，如小儿戏者；有整衣执香，沿途礼拜，挨家逐户，如里甲抄排门册者。清修法门，或者有玷乎！'予无以应。"

【化坛】

涅槃台又名化坛。《幻住庵清规》云："默持经咒，送至化坛。"又云："公界与乡人往化人坛上收骨。"

【化炭】

云峰悦禅师在翠岩化炭，见"职位类·堂司"处。《如净和尚录·化炭偈》云："一刀两段没商量，透出无明大火坑。再入死灰烹得活，岁寒声价转峥嵘。"

【化盐】

《杂毒海·少室和尚化盐偈》云：“逆浪堆中淘汰出，大炉鞴里衮将来，遍身洁白谁能比？点着须教百味回。”忠曰：“凡化斋、化浴、化灯、化柴、化姜、化茶、化席、化钟等，有所阙乏，无不抄化，不胜枚举，载在集录。”

【话则】

《丹铅总录》云：“佛书以一条为一则，洪景卢《容斋随笔》、史绳祖《学斋占毕》用之。”《品字笺》云：“则，法则。凡制度品式之有法者，皆曰则。”《祖庭事苑》云：“宗门因缘不言一节一段，而言一则者，盖则以制字，从贝、从刀。贝，人所宝也；刀，人所利也。所发之语，若刀之制物，以有则也，故人皆宝之，以为终身之利焉。是知谓一则者，不无深意也。”忠曰：“佛祖说话可为学者法则，故言话则。又言话几则，不必用《事苑》凿说矣。”

J

【疾书】

顿写亦曰疾书。忠曰：“疾书《法华》则表猛利行。又《大品般若经》云：‘若欲书是般若波罗蜜时，应当疾书。（止此）’此是恐魔障故也。然疾书文字亦有据。”

【忌日】

《释氏要览》云：“二月十五日，佛涅盘日，天下僧俗有营会供养，即忌日之事也。俗礼，君子有终身之孝，忌日之谓也。又谓不乐之日，不饮乐故。或云讳日，或云远日。远日，犹滥《曲礼》丧事先远日。释子师亡，可称归寂之日，盖释氏无忌讳故。”《首楞严经》云：“时波斯匿王为其父王讳日营斋。”《长水疏》云：“先王崩日，忌讳之辰，故云讳日。讳忌也，以忌举吉事，讳避其名。”

【记室】

书记又名记室。《大慧年谱》云：“师三十八岁，居天宁记室。”

【犍椎】

《敕修清规·维那》云：“《十诵律》云：‘以僧坊中无人知时打犍椎，乃至众乱时，无人弹压等，佛令立维那。’”忠曰：“须知丛林鸣器，维那掌之。”《玄应经音义》云：“犍椎，直追切，经中或作犍遲。案梵本臂吒犍椎，臂吒此云打，犍椎此云所打之木，或檀或桐，此无正翻，以彼无钟磬故也。但椎、稚相滥，所以为误已久也。”《释氏要览》云：“《五分律》云：‘随有瓦木铜铁鸣者，皆名犍稚。’《经音疏》云：‘犍，虔音；稚，直利切，此云击木声。’《五分》：‘比丘问：以何木作犍稚？佛言：除漆树，余木鸣者，听作。’《智论》云：‘迦叶于须弥山顶挝铜犍稚。’《增一经》云阿难升讲堂击犍稚者，此名如来信鼓也。今详律，但是钟、磬、石板、木板、木鱼、砧槌，有声能集众者，皆名犍稚也。”《业疏》云：“犍槌者，梵本《声论》云犍巨寒切。地，此云磬，亦曰钟也，乃金石二物耳。故《五分》云：随鸣者作之，意取闻声来集，召僧法也。”《行事钞·集僧通局篇》云：“出要律仪引声论翻犍巨寒反。稚，音地。此名磬也，亦名为钟。”《资持记》云：“若诸律论，并作犍槌，或作犍椎，如字而呼，乃是梵言讹转，唯独《声论》正其音耳，今须音槌为地。又《羯磨疏》中直云犍地，未见稚字呼为地也。后世无知，因兹一误。至于钞文前后以及一宗祖教，凡犍槌字，并改为稚，直呼为地。请寻古本写钞及大藏经律考之，方知其谬。但以稚、椎相滥，容致妄改，今须依律论并作犍槌。至呼召时，自从《声论》。或作椎亦尔，世有不识梵语，云是钟之槌及砧槌等，此又不足议也。若准《尼钞》云：‘西传云，时至应臂吒犍槌。臂吒，此云打；犍槌，此云所打之木，或用檀桐木等。彼无钟磬，故多打木集人。’此则与今全乖，不可和会，且依《钞疏》，钟磬翻之谓金石二物也。应法师《经音义》，大同《尼钞》。然祇桓图中多明钟磬，而云彼无者，或恐少耳。《音义》又云：旧经云犍迟，亦梵言讹转，宜作稚，直致反。明知稚字不呼为地，此迷久矣，故为辨之。”《正字通》云：“椎，俗作槌、锤。”忠曰：“元照意，须字从艹木之木，而其音地也。”《大比丘三千威仪》云：“揵稚有五事：一者常会时；二者旦食时；三者昼饭时；四者暮投盘时；五者一切无常。复有七法：一者县官；二者大火；三者大水；四者盗贼；五者会沙弥；六者会优婆塞；七者呼私儿。当复知十二时揵椎：常会时，先从小起，稍至大，大下击二十，稍小二十一下，小小十下，复大三下；旦食大下八；昼食一通；投盘亦一通；无常者，随视时；县官、水火、盗贼亦随时；会沙弥三下；会优婆塞二下；呼私儿一下。持一通，至比丘揵稚无后音。”《教乘法数》图，五事七法：七法易知，今略之。一、常会时：说四羯磨，讲法等集，五十四下谓之一通。二、旦食时：八下，即小食时也。三、昼食时：同上一通，即中食时。四、暮投盘时：同上一通，如今昏钟。投盘，疑是梵语。五、无常：多少随时，谓人临终闻钟声生善。《马鸣菩萨传》云："比丘鸣揵椎，外道即问：'今日何故打此木耶？'"

【煎点】

《敕修清规·受嗣法人煎点》云："若法嗣到寺煎点，令带行知事到库司会计营辨合用钱物送纳。"又《游方参请》云："参头云：'某等重承煎点，特此拜谢。'"又《方丈特为新挂搭茶》云："特为人谢茶云：'某等此日重蒙煎点，特此拜谢。'"忠曰："煎点者，谓煎熬煎熟食物，以点于心也。"《正字通》云："煎，音笺，熬也。《方言》：'有汁而干之曰煎。'今俗凡以水煮物亦曰煎。"旧说曰："煎点者，但是谓点煎茶也。然日本以点心为煎点，非也。纵有点心，亦以茶为本。谓若请人进唯茶，则太简，故先进点心，次进茶矣。点心本为茶，故称点心为煎点，失辞。"《五灯会元·芙蓉楷禅师章》云："新到相见，茶汤而已，更不煎点。"详"米汤"处。忠曰："凡进茶汤时，可有煎食、果糍等之供，吃毕，方进茶汤矣。茶汤外，别有煎点，以《芙蓉章》可为证焉。故旧说言但点煎茶为煎点者，非也。"

【笺香】

《大鉴清规·末后事仪》云："龛内满安笺香。"忠曰："恐讹线香。"

【拣话】

《五位显诀》中有别拣语是也。《传灯录·瑞鹿先禅师章》云："师有时云：'大凡参学佛法，未必学问话是参学，未必学拣话是参学，未必学代语是参学，未必学别语是参学，未必学捻破经论中奇特言语是参学，未必捻破诸祖师奇特言语是参学。若也于如是等参学，任你七通八达，于佛法中侻无个实见处，唤作干慧之徒。'"

【检子】

《校定清规·侍者职事》云："凡上堂及法语，当随即编录，预呈检子，臻志书写。"《正字通》云："检，程式。今俗谓文书稿为检子。"

【建盏】

忠曰："中华建安所造茶盏，此方学制者皆亦名建盏。"宋蔡襄《茶录》云："茶色白，宜黑盏。建安所造者，绀黑，纹如兔毫，其杯微厚，熁之，久热难冷，最为要用。出他处者，或薄或色紫皆不及也。其青白盏，斗试自不用。"《约翁俭禅师录·次西涧和尚谢太守惠建盏韵颂》云：

“提起玻璨已再三，分明垂钓在深潭。舌头若具通方眼，一啜方回苦口甘。”

【渐写】

以数日书《法华》也。《竺仙仙禅师净妙录·足利殿观心公周年忌升座》云：“同音诵持秘密伽陁，并其顿书、渐书《妙法华经》云云。”愚中及禅师《丱余集》：“开光禅门拈香云：‘沼田居住某，预为先考某大祥忌辰追荐，渐写《法华经》二部。’”

【江湖】

《敕修清规·开山历代祖忌》云：“或乡人，或江湖举咒。”又《尊宿迁化·祭次》：“蒙堂次有江湖。”《庄子·大宗师》云：“泉涸，鱼相与处于陆，相呴以湿，相濡以沫，不如相忘于江湖。”忠曰：“江湖，二水名也。《文选·注》。今言江湖者，江外湖边，本是隐沦士所处，如《莲社高贤传》周续之曰‘心驰魏阙者，以江湖为桎梏’，骆宾王序曰‘廊庙与江湖齐致’，范希文记曰‘既而动星象归江湖’是也。故禅士之散处名山大刹之外，江上湖边，此为江湖人。或不出世为名山大刹住持者，聚会在一处，亦为江湖众也。然相传以江西马祖、湖南石头，往来憧憧，为解此说，浸染学家肺肠，可浣濯之难矣。此方禅林江湖疏题名，曰平沙某、远浦某等，亦足粗知其字义。如《传灯录·石头章》云：‘江西主大寂，湖南主石头，往来憧憧，并凑二大士之门矣。止此’则二祖师之法席盛昌，非今隐沦义也。”又见“文疏类·江湖疏”处。

【降重】

《敕修清规·迎待尊宿》云：“请客侍者具状诣客位，禀云：‘方丈拜请和尚今晚就寝堂特为献汤，伏望慈悲降重。’”旧说曰：“请和尚则言降重，请首座则言光降，盖分尊卑也。”忠曰：“按库司头首特为新挂搭茶云：‘众慈同垂降重。’《敕修》。故降重语不局请和尚也。”《品字笺》云：“重，物之不轻者也。又慎重、厚重、迟重、持重，皆不轻举妄动之意。《论语》：‘君子不重则不威。’”

【交承】

交代亦曰交承。承，继也。《康熙字典》云：“承，继也。《诗·小雅》：‘如松柏之茂，无不尔或承。’《疏》：‘新故相承，无雕落也。’”《物初剩语·净慈请无极诸山疏》云：“先与东寺交承于凤城南畔。”《虚堂愚禅师录》有芝峰交承惠茶偈。官人交代亦曰交承。《鲁应龙括异志》

云："当湖酒库有四圣庙，在炊淘之后，立祠以来，阅岁滋久，前后交承，祀之奉之甚谨。每一任初到，则上两幡；既解印，则复两幡，酬神之庇，以为定例。"

【交代】

新职者与旧职者相代也。《困学纪闻》云："交代，出《盖宽饶传》。"《敕修清规·两序进退》云："与旧人交代，互转身，对触礼一拜，送旧人出。"

【交点】

忠曰："相共交参点检也。"《敕修清规·寮主副寮》云："交点本寮什物。"又《圣僧侍者》云："朝夕交点被位，中夜剔灯。"忠曰："寮主共副寮点捡，圣僧侍者共被位主点捡，故云交点也。"

【久住】

《云门偃禅师录》云："示众云：'你等诸人每日上来下去，问讯即不无，若过水时，将什么过？'有久住僧对云：'步。'师深喜之。"又云："问新到：'甚处过夏？'云：'云盖。'师云：'多少人？'僧云：'七十人。'师云：'你为什么不在数？'代云：'恐久住瞋。'"《玄沙备禅师广录》云："师见三人新到，打鼓三下，却归方丈；僧具威仪了，却去打鼓三下，却归堂内。久住来白师云：'新到轻欺和尚法席云云。'"

【旧住】

久住又作旧住。《无明性和尚尊相录》有旧住至上堂。《石溪月和尚报恩录》有谢首座旧住上堂。《法华经·如来神力品》云："尔时，世尊于文殊师利等无量百千万亿旧住娑婆世界菩萨摩诃萨，乃至一切众前，现大神力，出广长舌云云。"《五分律》云："若旧住比丘闻上座客比丘游行人间，当来至此，应修饰房舍，乃至应出门迎云云。"

【举哀】

《敕修清规·尊宿迁化》云："主丧白云：'堂头和尚归寂，理合举哀。'举佛事罢，举哀三声，大众同哭，小师列幕下哀泣。"大清曰："理合举哀者，非谓举哀佛事。佛事毕，唱哀哀哀三声，此为举哀也。"《圆悟勤禅师录》有为佛眼和尚举哀佛事，语尾云："要知末后句分明，普请大众齐声举。"乃云："哀！哀！"《东渐清规》云："东福定山和尚辞世偈尾书云：'烦堂头和尚举哀。'时住持性海和尚为举哀佛事。论者曰：'定山意谓下火，但忌火言，故为举哀，而性海不谕本意，可憾！'"已下略录外书举哀。《梁书·明山宾传》云："山宾卒，昭明太子为举哀，赙钱十万，布百匹，并使舍人三颙监护丧事。"又《夏侯亶传》："亶卒于州镇，高祖闻之，即日素服举哀。"

【具位】

具载位名，言具位也。《敕修清规·迎待尊宿请汤状》尾云："年月日具位状。"《文选》任彦升撰《宣德皇后令》云："宣德皇后敬问具位。"注：济曰："具位，谓在位百官也。"

K

【开具】

忠曰："具者，详举物数列记也。"《正字通》云："具者，物数可目见，故从目；物具可收持以克用，故从廾，会事物兼备意。"《敕修清规·亡僧板帐式》云："开具内几贯文云云。"《江湖纪闻》云："苏州张烈卿孙，剥庐于桷角，得板尺余，篆书云此屋某年某月某日毁，某人买去某间，某人买去某料，该得价钱若干，开具甚悉。造屋时，都料尚在，其孙问之，但云当造屋时，有贫子求役，月余告去，酬价不受，人皆异之。由今思之，必此人所为。"《东都事略·徽宗本纪》曰："宣和七年诏曰：有司凡有侵渔蠹耗之事，理宜裁抑，应不急之务，无名之费，令讲议司条具以闻。"

【开炉】

《敕修清规·月分须知》云："十月初一日开炉，方丈大相看。"又见"职位类·炉头"处。《僧宝传·法昌遇禅师传》云："法昌在分宁之北，千峰万壑，古屋数间，遇至止，安乐之，火种刀耕。衲子时有至者，皆不堪其枯淡，坐此成单丁。开炉日，辄以一力挝鼓，升座曰：'法昌今日开炉，行脚僧无一个，唯有十八高人，缄口围炉打坐，不是规矩严难，免见诸人话堕。直饶口似秤槌，未免灯笼勘破，不知道绝功勋，安用修因证果？'喝一喝，云：'但能一念回心，即脱二乘羁锁。'"

【开启】

初开法事之场也。《敕修清规·圣节》云："预于某月某日启建金刚无量寿道场一月日，逐日轮僧上殿，披阅金文，今辰开启。"

【开山】

《文字禅·云庵真净和尚行状》云："丞相舒王，舍第为寺，以延师为开山第一祖。又以神宗皇帝问安汤药之赐，崇成之，是谓报宁。"《蒲室集》有《当湖新建福源寺请林平山开山杭诸山疏》。《贞和集·古田寄集庆开山偈》云："如意来尸释梵宫，雨花狼藉湿春风。自惭老矣无灵骨，日在深云听讲钟。"

【开室】

忠曰："开室即入室也，言开室令众人参也。犹如公孙弘开东合，延贤人之开矣。"《敕修清规》云："住持入院后，为众告香，然后开室。"详"告香"处。又《入室》云："遇开室时，粥前侍者令客头行者僧堂前诸寮挂入室牌。"《偃溪录》："新人入门，例有开室、告香二事。"详"告香"处。《虚堂愚和尚录·灵隐立僧普说》云："旦夕必为诸公开室相见。"

【客司】

客司者，知客寮也。若呼人为客司，则知客是也。《敕修清规·知客》云："官员、尊宿相过者，引上相见，仍照管安下去处。如以次人客，只就客司相款。"《密庵杰禅师录·小参》云："佛眼，五祖会中，在客司，因夜坐拨火，忽然猛省。"应庵华禅师《蒋山录》载之，作充知客。

【客司】

忠曰："知客之人居处言客司，见'殿堂类·客司'处。故亦呼知客为客司。"《敕修清规·圣节》云："堂僧，堂司给由；暂到，客司给由。"

【客位】

忠曰："宾客及新命安息室也，旦过外别设焉。《敕修清规·游方参请》初叙住持旦过回礼。又云：'住持遇名胜相看，就送客位回礼。止此'可知旦过之外有客位也。若一则同回礼，何别举之？谓旦过之外别设客寮，若名胜，则送客寮也。"《敕修清规·迎待尊宿》云："汤罢，两序勤旧同送客位。"《拈八方珠玉集》云："宝盖来访渐源，源卷却帘子，在方丈内坐；盖乃下却帘子，却归客位。"《明极俊和尚语要》云："大慧会中，有一尼僧来参，送归方丈客位歇云云。"

【空盏】

旧说曰："不盛茶汤之盏曰空盏，非器通名。"《敕修清规·大挂搭归堂》云："寮主相接入门，对触礼一拜，叙寒温毕，分手坐，献空盏。"

【叩首】

永平元和尚云："凡礼拜，以头叩地，或至血出，此名顿首拜。"

【库子】

副寺寮行者，属副寺，造单具收支者。见"副寺"处。又见前"地客”处，及“杂行类·公差”处。或曰《禅苑清规》所谓当库行者是也。见“库司行者”处。

L

【老郎】

《敕修清规·开堂祝寿》云：“次直厅、轿番、庄甲、作头、老郎、人仆参拜。”又《尊宿迁化·祭次》：“轿番次有老郎。”旧解云：“老郎者，力者之上首，所谓兄部也。”

【老宿】

《敕修清规·尊宿迁化·祭次》：“勤旧之外，有老宿，次前资。”《临济录》云：“有一老宿参师，未曾人事，便问：‘礼拜即是？不礼拜即是云云。’”

【轮差】

旧说曰：“轮差，轮番也。”忠曰：“自上位差，次第到下位，复还及上位，若车轮环转，故云轮差。”《正字通》云：“差，又皆韵，音钗，使也。唐宣宗诏，每役事，委令轮差。”《敕修清规·圣节》云：“轮差僧簿，依戒次，各书双字名。”又《祈祷》云：“轮僧十员、廿员，或三五十员，分作几引，接续讽诵。”《雪峰存禅师录·规制》云：“众中或有老者、病者，不任自取索，即差了事童行终始看侍。如无童行，轮差沙弥；如无沙弥，轮差大僧始终看侍，无至违越。”《宋史·食货志》云：“轮差壮丁。”忠曰：“轮差音训，今得《正字通》，不复费辨。古解圣节轮差者曰：‘差，叉宜切，次也。今谓戒腊次第也。’若如所解，则雪峰轮差亦若何通？至唐诏、宋志，皆在俗事，岂有戒腊次第哉？可笑！”

【轮番】

《罗湖野录》云：“雁山能仁元禅师，居连江县福严庵，揭偈于伽蓝祠曰：‘小庵小舍小丛林，土地何须八九人。若解轮番来打供，免教碎作一堆尘。’”《护法录·朴隐禅师塔铭序》云：“皇明龙兴，诏天下名桑门，建会钟阜，升济幽灵，轮番说戒。”《宋史·兵志》云：“枪手，自十一月至二月，月轮一番阅习，凡三日一试，择其技优者先遣之。”《辍耕录》云：“汴梁宫人绝句曰：‘殿前轮直罢，偷去赌金钗。怕见黄昏月，殷勤上玉阶。’”

【罗斋】

忠曰：“罗，犹如罗欲之罗也。《品字笺》云：‘包罗，若网罗之无不包。’今罗斋，乞食于四方，无遗余之义。”《破庵先禅师录》：“上堂，举普化大悲院里有斋，云：‘者风颠汉，不妨令人疑着。及至被人穷诘将来，却只道得个罗斋打供，也似熟处难忘。’又举临济同普化赴斋踢倒饭床因缘云：‘世谛门中，罗斋打供则无可不可，若是少室门风，未梦见在。’”北硐简禅师散知识会颂云：“朝来灵隐罗斋去，添得从前满面惭。”详“报祷类·知识会”处。有作啰者，韵书不见义。《冷斋夜话》云：“予往临川景德寺，与谢无逸辈升阁，得禅月所画十八应真像甚奇，而失第五轴。予口占嘲之曰：‘十八声闻解埵根，少丛林汉乱山门，不知何处啰斋去，不见云堂第五尊云云。’”有作逻者，《字汇》：“逻，巡也。止此。”有次第乞食义。《月江印和尚录·罗汉赞》云：“不为自己逻斋供，只要众生破吝悭。”《山庵杂录》云：“杭下天竺凤山仪法师，教门少有龃龉，必整理之。高丽驸马渖王被旨礼宝陁观音，过杭，就明庆寺设斋云云。师后至，竟趋座上问王曰：‘今日斋会为何？’王曰：‘斋诸山。’师曰：‘大王既言斋诸山，主人今无位，而王自处尊位，诸山列两庑，至有席地而坐者，与逻斋何异？于礼恐不然。’王闻之，惶愧请谢，即下法座。”《贞和集·葛无怀谢少林蒲鞋偈》云：“四棱踏地老无怀，正好重新买草鞋，成现送来虽着了，诸方无处可逻斋。”《普庵肃禅师录·训行童》云：“三家村里逻茶汤，十字街头觅饭吃。”又《示小师圆契语》云：“向野狐口边逻呰骨头，吃了又东觑西觑。”

M

【满散】

忠曰：“凡建会行法事毕，临散场讽诵曰满散。”见“咒心”处。

【毛头】

日本《月庵光禅师录·志杲毛头请自赞》云：“三尺吹毛，当面提起，杲日照天，清风匝地。”又《宗聃毛头请自赞》云：“利剑高提，杀佛杀祖。死中得活是寻常，空手谁击涂毒鼓？”忠曰：“毛头未详，盖净人毛发者，净发待诏类乎！”净发待诏，见灵山《业识图》。

【门派】

忠曰：“宗派同门者。”《清拙澄禅师录·示讷侍者法语》云：“吾观此方学者不得其正者，以其局于门派。为学之士，唯守其家传之业，不能广入作家炉鞴。”

【门送】

《清拙澄禅师录·晚参》云："庞居士因辞药山，山命十人禅客门送。"

【默擯】

即梵坛也，详于彼。忠曰："《僧祇律·杂诵跋渠法》中有舍不语羯磨法，恐繁不录。大抵悔前过，随顺五事。比丘事、比丘尼事、眷属事、羯磨事、王事。一一如法学教律，知罪相者应与舍。"

【某甲】

《正字通》云："某以代名，凡未知主名，与不敢斥名者，皆以某代之。《礼》：'天王某甫。'语某在斯是也。今书传凡自称不书名亦曰某。"忠曰："某召事物辞，甲以十干分人也，可言某甲、某乙、某丙等。文字出《周礼·注》。"《困学纪闻》云："某甲，出《周礼·职内·注》。"《周礼·职内·注》云："某月某日某甲，诏书出某物若干给某官某事。"《祖庭事苑》云："某甲：某，如甘在木上，指其实也，然犹未足以定其名；甲，次第之言，亦犹某甲某乙也。"《辍耕录》云："有部民某甲与某乙鬭殴云云。"旧说曰："凡书某甲两字者，可知双字名；书某一字者，可知单字名。然不必如此，如臣僧某，《敕修清规·圣节上堂》。岂单字名而可哉？必须双字名。"忠曰："《敕修清规·迁化·下遗书》书云：'令某驰送。'又《请名德首座榜》云：'侍司某。'（止此）此等岂复单字名耶?"

【目子】

忠曰："凡人名或事条等，其数多而不可谙记者，列写其品目于片纸，以备遗忘，此名目子。"《敕修清规·入院·当晚小参》云："提纲毕，叙谢，行者秉烛，侍者呈目子，庶得详尽。"忠曰："《清规》上文云：'或有相送官客，诸山留宿者，逐一条列，预用呈禀。'（止此）今所呈目子，列其名者。"《敕修清规·两序进退》云："住持以择定人名目子并西堂勤旧，令客头行者请粥罢会茶。"又《挂钵时请知事》云："维那至住持前问讯侧立，住持付所请人名目子。"忠曰："又丛林请入牌祖堂等语于住持人，其孝子详录其入牌祖师屋里缘语等，呈之住持，以充造语之用，此亦云目子矣。又请禅师号等于朝廷时，列书其祖师行状、缘语等，呈之内记，以备造文之资，此亦云目子矣。故目子之名广焉。"

N

【逆修】

《灌顶随愿往生十方净土普广菩萨所问经》云："普广菩萨白佛言：'若四辈男女善解法戒，知身如幻，精勤修习，行菩提道，未终之时，逆修三七，然灯续明，悬杂《高丽藏》作缯。幡盖，请召众僧转诵尊经，修诸福业，得福多不？'佛言：'普广！其福无量，不可度量，随心所愿，获其果实。'"云栖《正讹集》云："世人未死，先作七七小祥、大祥经忏道场，名曰预修，此讹也。言预修者，令人趁色身尚在，早自修持，莫待临渴掘井，逼饿灾田也。且请他课诵，孰若自我修之之为胜乎？然肯破悭囊而作佛事，良愈于不为者。此理或通，高明之士自不应尔。"忠曰："逆修说，出乎《随愿往生经》，袾宏以为俗传而剥其妄，恣作胸臆论矣。袾宏不远考《往生经》尚可原之，何不近览《佛祖统纪》《释氏要览》所载哉？所谓《随愿往生经》在《灌顶经》第十一卷。又经三七，《统纪》、《要览》讹写作生七。寂照堂《谷响集》云：'生七者，谓累七斋也。止此'从讹文，无所辨，亦是不阅本经之过也。"《竺仙仙禅师真如录·为征夷大将军仁山大居士预修拈香》云："奉佛弟子征夷大将军，乙巳本命，当于今岁谨发善念，预修功课，于昨三月二十七日以为初七。至于七七已过，百日复满，当于今月初六日为一周忌，乃倩画工图绘大势至菩萨圣像一尊，命僧顿书《妙法华经》一部及仁山大居士亲手躬书，特命比丘某，拈此信香供养尽虚空界一切三宝云云。"《愚中及和尚年谱》云："应永十六年己丑八月十七日，师示微疾。先是相公请预修佛事，涓取廿四日，知事因师不安，屡乞前日营辨。师云：'相公涓取某日，老僧行脚有何妨乎？'廿四日设大会斋，诸般佛事毕，自书香语付持实速归京师，持实迫入灭时到而不忍去。日将晡，师知持实未去，叱曰：'老僧行脚，决在明日。预修者，延寿之善也。这回以庆而复命，岂可兼凶而闻乎？速去！速去！'"

【尿阏】

《续宗门统要》云："明招谦禅师到招庆。乃至招云：'是你诸人一时缚作一束，倒卓向尿阏下，来日相见。'"《正字通》云："凡士民所居，门内曰阏。"《统要》作踦。《正字通》云："踦，俗字。"《禅苑瑶林》作阏，今从之。

P

【盘袱】

忠曰："盘与袱二物也，盘上铺小袱，盛疏印等物。"《敕修清规·圣节》云："维那书疏，带行仆捧盘袱、炉、烛、香合上方丈，请住持佥疏。"又《受法衣》云："以盘袱托呈法衣、信物。"又《山门特为新命茶汤》云："库司仍具请状，备盘袱、炉、烛诣方丈，插香拜请。"又《大挂搭归堂》云："堂司行者用盘袱托度牒。"

【陪禅】

陪禅同伴禅义。旧说曰："住持烧香、巡堂之次，入僧堂陪众之禅坐少时，以励众，故曰陪禅也。住持已是得法人，非是为自修行坐禅于僧堂而已。"又道话曰陪禅，盖讹名也。《愚中及和尚年谱》云："应永十三年丙戌，师八十四岁。尼松岩兴造含晖为师塔所，师一冬宴安于此，檀施甚厚，普施众僧，轮次斋会，禅坐道话，曰陪禅，曰夜话。"

【陪贴】

忠曰："本饭本菜外，陪增贴附也。"《正字通》云："贴，音帖，依附。又增益赠人，又粘置。"《敕修清规·尊宿迁化》云："计会所遗衣钵多少，默作三分：一分准丧司孝服、讽经灯烛之费；一分归常住陪贴供养；一分俵大众看经并佛事、板帐等用。"

Q

【耆旧】

《敕修清规·日用轨范》云："古云：袒祖登混，草履游山，莫践法堂，回互耆旧。"《校定清规·参前特为新旧人汤》云："请西堂或大耆旧一人相伴。"《备用清规·交代茶》云："随令茶头请两班耆旧光伴。"《华严经·离世间品》云："见有耆旧，久修行人，不起逢迎，不肯承事，是慢业。"《增壹阿含经》云："是时，世尊住尼拘类树下成佛未久，将千弟子是皆耆旧宿长。"千弟子者，优留比迦叶弟子五百人，江迦叶弟子三百人，伽耶迦叶弟子二百人。《毗尼母论》云："从无腊乃至九腊，是名下座；从十腊至十九腊，是名中座；从二十腊至四十九腊，是名上座。过五十腊已上，国王、长者、出家人所重，是名耆旧长宿。"又"上座"处引《行事钞》。《阿毗达磨集异门足论》云："诸有生年尊长耆旧，是谓生年上座。”详于“上座”。王充《论衡·卜筮篇》云：“夫蓍之为言耆也，龟之为言旧也。明狐疑之事，当问耆旧也。”晋习凿齿作《襄阳耆旧传》。《杜工部集·赠别郑炼赴襄阳诗》云：“为于耆旧内，试觅姓庞人。”

【乞食】

见“持钵”“托钵”处。《佛祖统纪》云：“《善见论》：‘梵语分卫，此云乞食。’《宝云经》：‘凡乞食，为四分：一奉同梵行，一与穷乞，一与鬼神，一分自食。’《法集经》：‘行乞食者，破一切憍慢。’《十二头陁经》：‘食有三种：一、受请食；二、众僧食；三、常乞食。前二食起诸陋因缘。若得请，便言我有德；若不请，则嫌恨彼，或自鄙薄，是贪法，则能遮道。共僧食者，常随众法，断事摈人，料理僧事，心则散乱，妨废行道。有如是恼乱，应受乞食法。’”

【起单】

忠曰：“会里僧辞去某寺曰起单，言起其单位也。”又详“请假”处。《敕修清规·月分须知》云：“八月，本色衲子未遽起单。”《碧岩录》云：“则监院说：‘丙丁童子来求火。’法眼云：‘监院果然错会了也。’则不愤，便起单渡江去云云。”《密庵杰禅师录》云：“应庵一日喝恭上座云：‘你常在此作什么？’恭烦恼，打并起单。”

【起骨】

《敕修清规·尊宿灵骨入塔》云：“鸣钟众集，都寺上香毕，请起骨佛事。送至塔所，请入塔佛事。”

【起龛】

《敕修清规·亡僧·送亡》云：“维那出烧香，请起龛佛事。举毕，行者鸣钹，抬龛出山门首。若奠茶汤转龛，龛则向里，安排香几，首座领众两行排立，维那炷香请佛事，候举佛事而行。”《山庵杂录》云：“天童西岩和尚，蜀人。南游徧参，至径山见无准，机语相投，容入室，欲授藏主职，或者以力攘之。次日，为亡僧讷侍者起龛，怯众，一辞不吐。无准即令维那请惠侍者起龛，惠至龛前，连唤讷侍者者三，人亦以为怯，乃曰：‘三唤不譍，果然是讷，顶门放出辽天鹘。’无准黜或者，而以惠侍者代其职，惠侍者即师也。”

【启请】

忠曰：“凡讽经前，奉请佛菩萨，此为启请。”《敕修清规·楞严会》云：“白佛宣疏毕，楞严头喝，楞严众和。”忠曰：“喝楞严者，即启请也，谓楞严会上诸菩萨之梵音是也。《备用清规》作佛菩萨。”《备用清规·楞严会》云：“楞严头喝楞严会上佛菩萨三声，众和。”《东渐清规·楞严会》云：“维那归位，向佛宣疏毕，行者鸣磬，楞严头举启请，众和。”忠曰：“《莹山清规》作启唱，讹矣。”

【契书】

入院后，询问契书、什物。详“砧基簿”处。忠曰：“契书，和俗所谓手形也。田产等买收之证状，或无尽财等证文也。”《正字通》云：“契，约也，今谓之券。”

【迁化】

《联灯会要·百丈海禅师章》野狐因缘云：“师令维那白槌云：‘食罢送亡僧。’众皆怪讶云：‘又无人迁化，何得送亡僧？’”《临济玄禅师录》云：“普化绕街市，叫云：‘我往东门迁化去云云。’”《玄沙备禅师广录》云：“雪峰举：‘神楚阇梨问我：亡僧迁化向什么处去？我向伊道：如冰归水。’师云：‘是即是，某不与么道。’峰云：‘你作么生？’师云：‘如水归水。’”《释氏要览》云：“释氏死，谓涅盘、圆寂、归真、归寂、灭度、迁化、顺世，皆一义也，随便称之，盖异俗也。”忠曰：“迁化者，谓迁移化灭也。其实可通在家，《要览》且从世之偏称而已。然或设义曰：尊宿出世，能事毕，迁化度事于他方世界也。如《涅盘经》说：‘如来见阎浮众生受大苦，说甘露法药疗治已，复至他方有烦恼毒箭处，示现作佛，疗其病。’略钞。又唐慧持临终曰：‘吾欲往他方教化。’《续高僧传》。又佛眼寂，圆悟上堂云：‘此方缘尽，他方显化；此界身死，他界出现。’《圆悟录》。明极讣至，竺仙上堂云：‘前月二十七日，明极和尚与三世如来把手共行，转化他国而去。’《净智录》。是迁于化之义，余谓非也。亡僧已言迁化，固非出世尊宿，何化度事之有？故可知迁化之目，通出世、未出世，出家、在家矣。”《前汉书·外戚传》云：“李夫人卒，武帝自作赋曰云云，忽迁化而不反兮，魄放逸以飞扬。”《文选·魏文帝〈典论·论文〉》云：“日月游于上，体貌衰于下，忽然与万物迁化，斯亦志士之大痛也。”《华严传记·樊玄智传》云：“人见龛内有光，怪往观之，乃见居士久从迁化。”忠曰：“此三事，并在家之死言迁化，则此目不必局释氏矣。”

【前住】

忠曰：“退某寺在东堂者，此称前住。”《枯崖漫录·双杉元禅师上丞相书》云："景德灵隐禅寺前堂首座，前住持嘉兴府天宁寺僧中元，谨熏沐献书枢使大丞相国公云云。"

【桥枕】

忠曰："桥枕，日本名折枕者，其制两小板内安细木柱，两头有机，令可开阖。开则柱斜，撑起板，一左一右任安头；折则小柱卧填两板凹处，太便于收藏。"《敕修清规·大坐参》中再请禅云："'更深住持出，闻首座开枕响，众方偃息。'（止此）乃开枕以备卧用也。"《祖庭事苑》说，见"枕子"处。

【勤旧】

《敕修清规·圣节》云："坐堂，西堂、勤旧、蒙堂、诸寮并外堂坐。"旧说云："东序都寺退职者曰勤旧。盖知事勤山门世务，故曰勤；已退职，故曰旧也。"《敕修清规·都监寺》云："所在单寮勤旧不满五六人。"又《两序进退》云："近来诸方大小勤旧，动至百数，仆役倍之。脱欢丞相额定岁请知事员数，正为此也。"忠曰："此等语，皆可以证知事退职者曰勤旧矣。"又有侍者退职曰勤旧，有藏主退职曰勤旧，有书状退职曰勤旧。忠曰："勤旧不止称东序退职，而西序退职亦称勤旧。故《敕修清规·方丈小坐汤》云：'第二座分四出：头首一出，知事二出，西序勤旧三出，东序勤旧四出。'（止此）故知勤旧名通东西序。"又须与"单寮"及"前资"合看。

【请益】

《传灯录·禅门规式》云："除入室请益，任学者勤怠，或上或下，不拘常准。"《敕修清规·请益》云："凡欲请益者，先禀侍者，通覆住持。乃至如允所请，定钟后，诣侍司，候方丈，秉烛装香，侍者引入住持前，问讯，插香，大展九拜。乃至肃恭侧立，谛听垂诲毕，进前插香，大展九拜，谓之谢因缘。免则触礼，次诣侍司致谢。"《论语·子路篇》云："子路问政，子曰：'先之，劳之。'请益，曰：'无倦。'"疏："请益者，子路嫌其少，故更请益之。"《礼记·曲礼》云："侍坐于先生，先生问焉，终则对，请业则起，请益则起。"注："尊师重道也。起，若今抠衣前请也。益，谓受说不了，欲师更明说之。引《论语》。"忠曰："有所已与，更复请余分，言请益。禅家借儒典字，以命入室请法也。"《碧岩录》云："久参先德，有见而未透，透而未明，谓之请益。若是见得透请益，却要语句上周旋，无有疑滞。久参请益，与贼过梯，其实此事不在言句上。”又云门倒一说话评云：“这僧不妨是个作家，解恁么问头边，谓之请益。”《僧宝传·佛印元禅师传》云：“尝谓众曰：‘昔云门说法如云雨，绝不喜人记录其语。见必骂逐曰：汝口不用，反记吾语，异时裨贩我去。今室中对机录，皆香林明教以纸为衣，随所闻即书之。后世学者渔猎文字语言，正如吹网欲满，非愚即狂。’时江浙丛林尚以文字为禅，谓之请益，故元以是讽之。”《祖庭事苑·法英序》云：“睦庵卿上人曰：‘曩游丛林，窃见大宗师升堂、入室之外，复许学者记诵，所谓云门、雪窦诸家禅录，出众举之，而为演说其缘，谓之请益。’”忠曰：“此是江浙丛林所谓请益也。”《联灯会要·洞山价禅师章》云：“师问忠国师无情说法。后到沩山，沩云：‘我这里也有些子。’便以拂子点一点。师辞沩山，直造云岩，请益前话，岩云：‘不见《弥陀经》云：水鸟树林悉皆念佛念法。’师因有省。”《八方珠玉集》云：“金峰和尚上堂，至晚，有僧请益云：‘和尚今日垂语，有僧出问，为什么不答？’峰云：‘大似失钱遭罪。’”《雪岩钦禅师录·普说》云：“移单过净慈挂搭，怀香诣方丈请益。”

【请折】

旧说曰：“请，受食也。折，《韵会》：‘毁弃也。’请折者，舍所受饭羹等余残也。”《日用轨范》云：“随量受食，不得请折。”

【庆忏】

《禅苑清规·看藏经》云：“如施主于看经了日，设斋供庆忏，更须读。”《应庵华禅师录》云：“檀越张子明装佛庆忏，请小参。”《如净和尚录》云：“新起妙严，庆忏升座。”忠曰：“《碧岩录》云：‘长庆云：大似因斋庆赞。’（止此）即作赞，恐作忏者讹，然诸录多作忏。”

【磬折】

《史记·滑稽传》云：“西门豹簪笔磬折。”注：“磬折，谓曲体揖之，若石磬之形曲折也。磬，一片黑石，凡十二片，树在虡上击之，其形皆中曲，垂两头，言人腰侧倾也。”《后汉书·马援传》云：“公孙述警跸就车，磬折而入。”注：“磬折者，屈身如磬之曲折，敬也。”《礼记·曲礼》云：“立则磬折。”疏：偻折如磬之背，故云磬折也。《韩诗外传》云：“立则磬折，拱则抱鼓。”《艺圃球琅·威仪篇》云：“立以磬折，坐必抱鼓。”注：磬折，鞠躬也。抱鼓，手拱也。《庄子·渔父篇》云：“夫子曲要磬折。”《孝经援神契》云：“孔子作《孝经》，使七十二子向北辰磬折。”

【曲录】

《五祖演禅师录》云："上堂云：'行者不报来打鼓，曲彔木头上不免将错就错。参！'"《碧岩录》评龙牙参临济话云："他致个问端，不妨要见他曲彔木床上老汉，亦要明自己一段大事。"《普灯录·应庵华禅师章》云："虎丘忌日，拈香曰：'平生没兴，撞着这无意智老和尚，做尽伎俩，凑泊不得。从此卸却干戈，随分着衣吃饭。二十年来，坐曲彔木，悬羊头，卖狗肉，知他有甚凭据？虽然，一年一度烧香日，千古令人恨转深。'"《虚堂愚和尚录·示如足首座法语》云："以平等大心待四方衲子，方可据曲彔床。"《雪岩钦禅师录·普说》云："凡遇五参，见曲彔床上个汉，胡说乱道，何不也历在耳根？"《篇海类编》云："彔，卢谷切，音禄，刻木也。"《正字通》云："《说文》：彔，别为部，刻木彔彔也，象形。以篆形推之，与彑别，旧本附彑部，非。"忠曰："曲彔，盖刻木屈曲貌。今交椅制曲彔然，故异名曲彔木，遂省木，单称曲彔也。"又有作曲录者，依音同讹写。《碧岩录》云："古人行脚，徧历丛林，直以此事为念，要辨他曲录木床上老和尚具眼不具眼。"又有作曲䫀者，亦依音同讹。《续灯录·兴化仁岳章》云："问：'如何是和尚家风？'师云：'曲䫀禅床。'"又《上方日益章》："上堂云：'五叶芬芳，千灯续焰，向曲䫀木里唱二作三。'"《五灯会元》作彔。《晦庵光状元录》云："行到汝州叶县，被一阵业风吹上首山曲䫀木床上，见个老和尚云云。"

【曲木】

忠曰："曲彔木床也。"《云门偃禅师录》云："上堂云：'诸方老秃奴，曲木禅床上坐地，求名求利，问佛答佛，问祖答祖，屙屎送尿也，三家村里老婆传口令相似，识个什么好恶？总似这般底，水也难消！'"《祖英集·送胜因长老》偈云："韶阳间出多慷慨，权要雄雄曾绝待，曲木据位知几何，利刀剪却令人爱。"

【曲盆】

忠曰："大圆盆，盛茶盏数个，日本禅林此名曲盆。凡特为之外，用此器行茶盏也。"

【裙子】

《释氏要览》云："裙，此方之名，周文王制也。《西域记》云：'泥缚些那，唐言裙。'些字，桑个切。《根本百一羯磨》云：'梵语泥伐散那，唐言裙。'诸律旧译，或云涅盘僧，或云泥洹僧，或译为内衣，或云圌衣。圌，音船，即贮米圆器，似圌而无盖，盖取圆义。”《西域记》说，详“偏衫”处。《行事钞·二衣总别篇》云：“《十诵》：‘作时，着小泥洹僧。’《三千》云：‘泥洹着法：一、不持下着上；二、使四边等；三、襞头近左面；四、结带于右面；五、当三绕不垂两头。’”《南海寄归传》云：“准如律说，尼有五衣：一、僧伽知；二、嗢呾罗僧伽；三、安呾婆娑；四、僧脚崎；五、裙。四衣仪轨与大僧不殊，唯裙片有别处。梵云俱苏洛迦，译为篅衣，以其两头缝合，形如小篅也，长四肘，宽二肘，上可盖脐，下至踝上四指。着时入内，抬使过脐，各蹙两边，双排摩脊。系绦之法，量与僧同，胸腋之间，迴无击抹。”《行事钞》云：“《十诵》云：‘泥洹僧破，应权作俱修罗若软体，比丘揩蹲破，下开五寸许，应受之。’此似裙周缝合。《五分》：‘有着俱修罗衣者，俗人诃言：何异我等着贯头衣？便不许着之。’”《资持记》云：“俱修罗，《经音义》云：‘此翻为圌，像其衣形，而立名也。谓如圌鄣。’若准注文，即周圆缝合而无两头，名俱修罗耳。《五分》俗呵，则知俱修本同俗服，故并权开。贯头衣，古云南海人开衫窦着之，穿头先出，次出两袖，谓之贯头。”

R

【人定】

亥时也。宝志歌，见前“寅旦”处。《经国大典注解》云：“人定罢漏：人定，初更三点，禁人行；罢漏，五更三点，放人行。”《敕修清规·钟》云：“人定时，一十八下。”《白氏文集·人定诗》云：“人定月胧明，香消枕簟清。”

【人力】

力者也。《通鉴纲目·宋文帝元嘉元年》云：“台官众力。”《集览》：“力，谓仆从也。”《俗事考》云：“俗语人力，见《北史》。”《敕修清规·知浴》云：“第四通，人力入浴。”《罗湖野录》云：“玉泉皓禅师，有示众曰：‘一夜雨霶烹，打倒蒲萄棚，知事、头首、行者、人力，拄底拄，撑底撑，撑撑拄拄到天明，依旧可怜生。’”

【人仆】

《敕修清规·尊宿迁化·祭次》有方丈人仆。又见“老郎”。

【人氏】

《敕修清规·大挂搭归堂榜式》云：“挂搭一僧，某甲上座，某州人氏，某戒。”干宝《搜神记》云：“汉时有杜兰香者，自称南康人氏。”《尧山堂外纪》云：“唐权龙褒，夏日侍皇太子宴，献诗云：‘严霜白皓皓，明月赤团团。’或曰：‘岂是夏景？’答曰：‘趁韵而已。’太子援笔讥之曰：‘龙褒才子，秦州人氏。明月昼耀，严霜夏起。如此诗章，趁韵而已。’”忠曰：“人氏又作人事。盖事与氏音通，假借而已。人事义多，详‘礼则类’。作氏为正。”《传灯录·虎溪庵主章》云：“有僧问：‘和尚何处人事？’师云：‘陇西人。’”《法华举和尚录》云：“天使牛太保入寺，师云：‘天使甚处人事？’使云：‘东京城里人。’”《大慧武库》云：“湛堂准和尚初参真净，净云：‘甚处人事？’准云：‘兴元府。’”又云：“真净和尚小参云：‘人人有个生缘，那个是上座生缘？便道某是某州人事，是何言欤？’”《普灯录·佛海远禅师章》云：“老僧本贯眉州眉山县人事。”《西岩慧和尚东林录》拈睦州偷果话云：“陈尊宿将谓是睦州生缘，元来却是普州人事。”又《法语》云：“西岩老汉是蓬州人事了也。”

S

【撒骨】

忠曰：“盖入骨撒土也。”《北硐简禅师录》有陆氏孺人撒骨佛事。

【撒土】

旧说曰：“撒土者，全身入塔行之。或曰盆内铺纸，盛土呈之，佛事人接之，作撒土势；或曰以米、钱、土三物，撒之地上，即是入塔佛事也；或曰古者有执锹子行之者。吁！唐土固不可有之，可笑！”《敕修清规·尊宿全身入塔》云：“候掩圹一切毕备，然后请撒土佛事，迎真回寝堂供养。”

【声喏】

《敕修清规·迎待尊宿》云：“侍者烧香，行者问讯，仆从声喏。”忠曰：“本寺仆从，要中尊宿之使用，故唱喏敬揖，相随侍也。”《品字笺》云：“喏，尔者切，敬言也。俗以长揖呼为作揖，又转而谓之唱喏。永言之谓唱喏，敬词也，言人于作揖时，必有喃喃之辞，以将其敬，故不仅曰作揖，而直谓之唱喏耳。”又唱注云：“古人谓长揖为唱喏，唱，声之长，喏，辞之敬也。”《正字通》曰：“喏，尔者切，音惹。俗谓长揖曰唱喏。旧注音社，非。《余冬序录》曰：‘揖，相传曰唱喏，或古人相揖作此声。唱喏者，引气之声也。’宋人记《卤庭事实》云：‘揖不声名曰哑揖，不如是，则为不知礼法，众所嗤笑。契丹人置手胸前，亦不声，谓之相揖，宋人以为怪。宋以前，中国揖皆作声，今日承元之后，揖不作声久矣，而其名唱喏犹存。官府升堂，公坐舆皂排衙，独引声称揖，岂非唱喏之谓与？此固自有本也。’又《六书故》：‘喏，应声也。古无此字，疑即诺字。’《六书统·言部》：‘诺，奴各切。古文从若从口，作喏，篆作。’据二说，诺，喏同，俗音惹。或曰今舆皂无称揖者，伏地叩首而起，《序录》说非。”周祈《名义考》云：“唱喏，喏音惹。《左传》：使训群驺知礼。注：驺，喏，喝声也。喏，《玉篇》：敬言也。喝，诃也。贵者将出，唱使避已，故曰唱喏，亦曰鸣驺，即《孟子》行辟人也。今俗谓揖曰唱喏，不可晓。”《老学庵笔记》云：“古所谓揖，但举手而已。今所谓喏，乃始于江左诸王。方其时，惟王氏子弟为之。故支道林入东见王子猷兄弟还，人问诸王何如，答曰：‘见一群白项乌，但闻哑哑声。’即今喏也。”忠曰：“此说大异《余冬序录》。”《广灯录·洞山聪禅师章》云：“上堂云：‘闻鼓声来到法堂上，佛法向什么处去也？还有人道得么？莫是去来叉手当胸，唱一声喏，东边却过西边，是么云云。’”《皇朝类苑》云：“英宗即位，赦天下，皆加恩。荆南所给缣帛皆故恶，军士睨之，扬言不肯受赐，偶语纷纷不已。时张师正为钤辖，呼将卒前曰：‘朝廷非次之恩，州郡固无预备，今帑中所有止如此，汝辈不肯拜赐，将何为也？必欲反，则非杀我不可。’遂掷剑于庭下，披胸示之。群校茫然自失，遽声喏，受赐而去。”（《东轩笔录》）

T

【檀那】

《南海寄归传》云：“梵云陁那钵底，译为施主。陁那是施，钵底是主。而云檀越者，本非正译。略去那字，取上陁音，转名为檀，更加越字，意道由行檀舍自，可越渡贫穷。妙释虽然，终乖正本。旧云达赊者，讹也。”《资持记》云：“檀越亦云檀那，并讹略也。义净三藏云：‘具云陀那钵底，此翻施主。’”

【檀越】

《敕修清规·普说》云：“有檀越特请者，有住持为众开示者，则登法座。”《首楞严经》云：“阿难心中初求最后檀越以为斋主。”《长水疏》：“檀越，此云施者。”《翻译名义集》云：“称檀越者，檀即施也，此人行施，越贫穷海。”又见“檀那”处。《祖庭事苑》云：“檀那，此云施者；越，谓度越彼岸。”忠曰：“或越为汉语，或兼越为梵语，以余观之，两字为梵语者近是。”又唐时安、秀诸师对天子称檀越。见“贫道”处。

【探水】

忠曰：“拄杖下头可二尺，别存小枝，挠缠绕本干，向下，名为探水。盖路行遇水，则先下杖验之，水到小枝上下，而量其深浅，然后敢渡，故名探水。《碧岩录》云‘玉将火试，金将石试，剑将毛试，水将杖试。止此’是也。然《事苑》云：‘以杖尾细怯，遂存小枝。’见‘拄杖’处。依此，只为护细弱也，无复探水之用。”已下略录拄杖探水因缘。《赵州谂禅师录》云：“师一日将拄杖上茱萸法堂上，东西来去，萸云：‘作什么?’师云：‘探水。’萸云：‘我者里一滴也无，探个什么?’师将杖子倚壁便下去。”《洞山初禅师录》云：“问：‘如何是洞山圆镜?’师云：‘人将语试，水将杖试。’”《续灯录·天衣在和禅师嗣雪窦明觉章》云：“问：‘祖祖相传传祖印，师今得法嗣何人?’师云：‘人将语试，水将杖探。’”希叟昙禅师《五宗赞·永明智觉禅师赞》云：“迅瀑千寻，不停纤粟，探水杖痕深。”《虚堂愚禅师净慈后录》：“举赵州断却命话，云：‘赵州过头杖子到处探水，当时者僧若与本分草料，管取别甑炊香。’”《古林茂禅师拾遗录·送敬上人》偈云：“参方须具参方眼，法战须谙法战机。探水乌藤好牢把，莫同赵老到茱萸。”

【叹佛】

忠曰：“同白佛。或俪语一联，或四句偈，叹佛功德也。祝圣回向首，巍巍金相，堂堂觉皇是也。”《敕修清规·景命四斋日祝赞》云：“维那举楞严咒，唱药师号，叹佛毕，回向。”《续酉阳杂俎》云：“平康坊菩提寺，李右座林甫，每至生日，常转请此寺僧就宅设斋。有僧乙尝叹佛，施鞍一具，卖之，材直七万。又僧广有声名，口经数年，次当叹佛，因极祝右座功德，冀获厚赊。斋毕，帘下出彩篚，香罗帕籍一物，如朽钉，长数寸。僧归失望，遂携至西市，示于商胡，惊曰：‘此宝骨也，直一千万。’”忠曰：“依此，叹佛之目，来尚矣。”

【叹经】

《敕修清规·旦望藏殿祝赞》：“回向云：‘大圆照中，有华藏海，功超造化，道绝名言，三光电卷而实相涵，六合雷奔而湛然寂。’”解者曰：

"此是叹经也。"

【叹灵】

旧说曰："亡俗回向首语言叹灵，净极光通达，寂照含虚空是也。"忠曰："叹佛、叹真，其义自存矣。如亡俗，则不可例佛祖以叹其德也。唯修善凭佛德，而拔济其灵耳，何用叹灵德？故如施食法回向首语曰：'佛身充满于法界，普现一切群生前。'岂是叹亡灵德者哉？故予谓叹灵之目，杜撰也。"

【叹真】

即白真也。旧说曰："祖师回向首语言叹真，谓宝明空海，湛死生漩澓之波是也。"

【提点】

忠曰："提振点起其事，令无壅滞也。"《敕修清规·下遗书》云："侍者一一提点。"《备用清规·衣钵之职》云："方丈一应礼节，究心提点。"又职名有提点，见"职位类"。

【提调】

《敕修清规·寮主副寮》云："提调香灯茶汤。"又《方丈特为新旧两序汤》云："仍提调送旧人粥饭三日。"又《尊宿出丧》云："库司、丧司相关，提调丧仪。"又《月分须知》云："六月入伏，堂司提调晒荐。"忠曰："日本禅林，撰入院同门疏，同门众中，一人干蛊，率众告谕，成之，及疏后列众名，其人在最末，此谓提调人。提调者，提起其事，调辨之也。"《冥枢会要》卷尾云："提调锓梓，万寿耆旧比丘慧朗。"《宋史》卷头列修史人名云："提调官光禄大夫、中书平章政事臣纳麟等。"《经国大典注解》云："提调，提举也，调和也。言举一司之事而调和之也。"

【提纲】

说法曰提纲，提起宗旨大纲而说。又曰提要，万庵曰"古人上堂，提大法纲要"见"钓语"处。是也。《敕修清规·开堂》云："住持垂语问答，提纲。"又见"叙谢"处。《睦州踪禅师录》云："问：'佛法大意，请师提纲。'师云：'拈将来，与你提纲。'"《广灯录·汾州善昭禅师章》云："师因北地寒，僧众难立，云：'且住小参候春暖。'不经旬日，忽有一僧，两耳带环，手持金锡，来到方丈，云：'和尚何得住却小参？众中自有不惮寒暑为佛法者，堂中见有六人是法器。'言讫而退，不知处所。师却小参，乃成一颂：'胡僧金锡光，请法照汾阳。六人成大器，今我为提纲。’” 又《普安道禅师章·提纲商量颂》云：“若欲正提纲，直须大地荒。欲来冲雪刃，不免碎锋铓。” 又《桃园朗禅师章》云：“若是唱道门风，权且强名；若论祖宗提纲，直下难为开口。”《雪岩钦禅师录》有干会节提纲。《杜工部诗集·石犀行》云：“安得壮士提天纲，再平水土犀奔茫。” 已下略录论提纲体裁。忠曰：“古德语录，上堂提纲，有押韵，有不押韵，有用偈颂，其体不一定。本无挂唇齿法，何有拘章句式？旧说曰：‘提纲拈提不用押韵，只据自家所见，宣发道蕴，滔滔地说将去为妙。’” 大慧示钴、远二禅人法语云：“近世前辈老衲皆已化去，正宗日益淡薄，丛林日益雕弊，邪法日益增炽，裨贩之流各各自谓得上人法，以无义语，绮饰言词，砌斗排迭，哀糅佛祖教乘，累句荐出，谓之秘密心要。魔魅凡庸，幻惑无识，称有道之士者，如麻似粟。末世光明种子，未具择法眼，遭其邪毒入其心腹者，不可胜数，致使后生晚学，随例骨董。临济和尚曰：‘有一般秃兵，向教乘中取意度商量，成于句义，如把屎块子口中含了，却吐与别人。’ 呜呼！如来正法眼藏，达磨单传之宗，如以一丝引千钧之石，安得此老复出，为后进针膏肓而起废疾乎？”《清拙澄禅师录·晚参》云：“只如马祖、百丈、黄檗、临济、德山、云门诸大老宿，不得已为人开口，莫不直截指示根源，河倾海涌，汗漫无际，又何曾撰述言词，逐句下语，张王李赵为人注解来？末代大法浇醨，无此大模范、大力量，弄出小巧禅道，制作奇言妙语，攒花簇锦，风月烟云，对句押韵，如作诗一般，当知此是做禅非说禅也。说禅早是不中，况禅可做乎？使佛祖正法眼藏流为戏论，法道下衰，莫甚乎是！若是大丈夫汉，争肯咂啖这般野狐涎唾？”《竺仙仙禅师南禅录》为二品太夫人普说，判玉泉皓开堂，两言君不见，云：“是又岂可与念语录，习答问，制造提纲，对以四六，藻绘文词，以悦时流者，同日语哉？”《永觉寱言》云：“少室心印，岂落文彩？古人聊为接引之计，始挂唇吻，然皆浑朴简真，刻的示人，非夸会逞能，外饰观美而已也。后世即大不然，雕章琢句，攒花簇锦，极意变弄，各竞新奇，岂独淫巧之意，乖衲僧之本色！而理因辞晦，道以言丧，欲其一言半句之下触发灵机，不亦难乎？”《元叟端禅师录·答慈云珏长老书》云：“上堂提唱，务在单提个事，开悟人天。前则马祖、百丈、德山、临济，后则大慧、应庵，纵横波辩，直达心源，得大自在，无出曹溪卢祖，皆可为法。”

【听叫】

忠曰：“侍住持左右，听其叫呼，受使令者。”《敕修清规·亡僧·板帐式》云："方丈听叫捧香合。"

【听教】

义堂《日工集》云："中华禅院，每夜坐禅罢，随意就于诸寮而夜话，商量古今事，谓之听教。今日本不然，是以兄弟见闻局于册子上，而不通方。"

【通覆】

忠曰："白事通达其意也。"《敕修清规·汤药侍者》云："或暂缺侍者，客至通覆。"又《游方参请》云："到侍司通覆，诣方丈礼拜。"

【荼毘】

《释氏要览》云："阇维，或云荼毗，或耶维、阇毗。正梵云阇鼻多，此云焚烧。"荼毘，又作荼毘。《升庵外集》云："荼即古荼字也。《周诗》记荼苦，《春秋》书齐荼，《汉志》书荼陵。颜师古、陆德明虽已转入荼音，而未易字文也。至陆羽《荼经》、玉川《荼歌》、赵赞《荼禁》，以后遂以荼易荼。"戒环《法华经要解》云："佛设火化之法，在己则显三昧之力，播熏练之功，故化火自焚，舍利迸透。在人则掩臭腐之秽，免蝼蚁之食，使其魄不滞，其神清升。而此方以卧淤脓于荒郊，埋腐骸于朽壤为是，且以火化为不忍，方其穴地负土，全体而坑之，为可忍耶？二皆出于不得已耳。达者观之，一等归尽，则卧淤埋腐，不若火化之愈矣。自道观之，沈之可也，露之可也，衣薪而弃诸沟中，衮文而纳诸石椁，无不可者，奚足为焚瘗之竞？"《东都事略·太祖本纪·建隆三年》曰："三月丁亥诏曰：'王者设棺椁之品，建封树之制，所以厚人伦而一风化也。近代以来，遵用夷法，率多火葬，甚愆典礼，自今宜禁之。'"

【拖鞋】

旧说曰："拖鞋，木鞋也，浴室及西净用之。"忠曰："拖鞋，鞋名。鞋首植一小桩，上开下狭，用将指第二指插持之，拖曳而得步，故言拖鞋。"《敕修清规·知浴》云："出面盆、拖鞋、脚布。"《日用轨范·开浴》云："其所脱衣，作一袱覆转，方换拖鞋。"拖鞋，又名木舄。见"殿堂类·浴室"处。

W

【温蒲】

蒲龛又言温蒲。《江湖集·月庭忠和尚温蒲颂》云："业履人亡肉未寒，满汀柔绿带春烟。全身入草重扶起，门掩昭州二十年。”

【文历】

簿账曰文历也。《禅苑清规·退院》云：“如常住钱物、僧供之类，须与知事结绝，文历分明。及堂头公用，合行交割，亦具文历拘管，用院印印押，通知事知之。”《人天宝鉴》云：“《通明集》：‘南岳让和尚，有院主二十年管执常住，不置文历。一日，有司磨勘，囚禁在狱，乃自惟曰：我此和尚，不知是凡是圣？二十年佐助伊，今日得此苦毒之报。马祖于寺中觉知，令侍者装香，端然入定。院主于狱中忽尔心开，二十年用过钱物，一时记得，令书司口授笔写，计算无遗。’”

【问答】

忠曰：“学问师答，谓之问答。若唯属师家边，则谓之对机也。”《缁门警训·佛眼远禅师示禅人心要》云：“近世多以问答为禅家家风，不明古人事，一向逐末不反，可怪！可怪！昔人因迷而问，故问处求证入，得一言半句将为事，究明令彻去，不似如今人胡乱问，趁口答，取笑达者。”《续灯录·崇福祖印禅师章》云：“师云：‘问在答处，答在问宗，一任诸人点头。忽若问不在答处，答不在问宗，又且作么生摸揉？’乃展手云：‘无遗丝发，一时分付，请诸人各各子细观瞻，甚生门风，甚生标格。傥一念回光，千圣共彻。不历僧祇，岂劳修证？截生死河，踞祖佛位，便乃高超三界，永出四流，万德圆明，十方独步，可不同酬佛恩，共显王化？’”

【问话】

《传灯录·瑞鹿先禅师章》云：“师云：‘大凡参学佛法，未必学问话是参学。’”详“拣话”处。《广灯录·宝觉禔禅师章》云：“师云：‘今时师僧问话，印本打就，个个一般，未有一个本分问话者。看他茱萸和尚上堂道：汝诸人莫向虚空里钉橛。有僧便出来道：虚空是橛。茱萸便棒。且道者僧出来恁么道，具眼不具眼？茱萸当时便棒，且道打他什么处？大家验看。’”《缁门警训·佛眼远禅师诫问话》云：“近代问话，多招讥谤，盖缘不知伸问致疑咨请之意。后生相承，多用祝赞顺时语，并非宗乘中建立。如古人问：‘若为得出三界去？’又问：‘声色如何透得？’又问：‘此间宗乘，和尚如何言论？’并是出众当场决择。近时兄弟，进十转五转没巴鼻语，或奉在座官员，或庄严修设檀信，俱不是衲僧家气味。又抽身出众，便道数句，或时云：‘某甲则不恁么道。’又云：‘和尚何不道云云。’

夫问话者，激扬玄极也，不在多进语，三两转而已，贵得生人信，不至流荡取笑俗子也。”又见“职位类·禅客”处。

【问讯】

《祖庭事苑》云：“讯亦犹问，古之重语也。”《释氏要览》云：“《尔雅》云：‘讯，言也。’《善见论》云：‘比丘到佛所问讯云：少病少恼，安乐行否？’《僧祇律》云：‘礼拜不得如痖羊，当相问讯。’《地持论》云：‘当安慰舒颜，先语平视，和色正念，在前问讯。’”（见“礼拜”处“口礼”中）《敕修清规·圣节》云：“维那往住持前问讯，巡堂一匝，归内堂中间，问讯而出。”忠曰：“旧说谓：‘日本问讯，但合掌低头，阙不审词，太简乎。’（止此）盖见《僧祇》痖羊之诫云尔欤？然不可一定说。《清规》问讯，合掌低头，如《大鉴》说。不必叙言词。《圣节》中亦云：‘两序对出，向佛问讯上香。’（止此）《日用轨范》云：‘折袈裟了，亦当问讯而去。止此’此般岂亦出语曰不审耶？”《大鉴小清规》云：“两掌相合，但名合掌。若合掌低头敬揖，此名问讯。今此间人但合掌，名曰问讯，此亦错误传习也。”又云：“凡两掌相合，只名合掌。如十佛名时，大众合掌默念佛名，不名问讯。如揖香、揖茶，此时合掌低头揖众，此名问讯。如自己于佛前合掌低头，敬揖诸佛，此名问讯。如主宾相见，合掌相揖，此名问讯。如合掌巡堂，不名问讯巡堂。”《村寺清规》云：“事毕，或转身团栾问讯，或只就位略转面，相顾左右。和南却须以头面随手略转，相揖左右而问讯，不得但俯首，以手摇拽左右。”旧说曰：“凡问讯，但曲腰而直项，非也。须倾首，寓敬意。”《僧史略》云：“如比丘相见，曲躬合掌，口曰不审者何？此三业归仰也。曲躬合掌，身也；发言不审，口也；心若不生崇重，岂能动身口乎？谓之问讯，其或卑问尊，则不审少病少恼，起居轻利不？上慰下，则不审无病恼，乞食易得，住处无恶伴，水陆无细虫不？后人省其辞，止曰不审也，大如歇后语乎！”《智度论》云：“问曰：宝积佛一切智，何以方问讯释迦牟尼佛？答曰：诸佛法尔，知而故问。复次，大贵大贱不应相问讯，佛力等故，应相问讯。问曰：何以问少恼少病不？答曰：寒热饥渴，兵刃坠落，外病；四百四病，内病。如是二病，有身皆苦，故问少恼少患不。人虽病差，未得平复，故问兴居轻利。虽病差，能行步坐起，气力未足，不能造事携轻举重，故问气力。虽举重携轻，有贫穷恐怖，不得安乐，故问得安乐不。复次，有二种问讯法：若言少恼少患，兴居轻利，气力，是问讯身；若言安乐不，是问讯心。内外诸病，名为身病。贪、瞋、嫉妒、九十八结等，名为心病。问讯二病故，言少恼少病，兴居轻利，气力安乐不。”（《略钞》）《华严经·梵行品》云：“若语业是梵行者，梵行则是起居问讯。略说，广说（乃至）随俗说，显了说。”

【物故】

刘熙《释名》云：“汉以来，谓死为物故，言其诸物皆就朽故也。”《前汉书·苏武传》物故注云：“师古曰：‘谓死也，言其同于鬼物而故也。’一说不欲斥言，但云其所服用之物皆已故耳，而说者妄欲改物为勿，非也。”《后汉书·牟长传》物故注云：“按魏台访问物故之义，高堂隆答曰：‘闻之先师：物，无也；故，事也。言死者无复所能于事故也。’”

X

【线香】

忠曰：“或言仙香，杂抹众香，加糊粘造之，其炷烟长久，故称仙香，又云长寿香。其制纤长如线，故称线香。线又作线。”

【县疏】

《虚堂愚和尚录续辑》云：“府疏已刊前集。县疏，知府陆盘隐撰。”

【相伴】

《联灯会要·柏岩哲禅师章》云：“洞山与密师伯到，师问：‘二上座甚处来？’洞云：‘湖南来。’师云：‘观察使姓甚么？’洞云：‘不得姓。’师云：‘名甚么？’云：‘不得名。’师云：‘还理事也无？’云：‘自有廊幕在。’师云：‘还出入也无？’洞云：‘不出入。’师云：‘岂不出入？’洞拂袖而出。师次日侵晨入堂，召二上座，二人便出，师云：‘昨日老僧对上座一转语不称意，一夜不安。今请上座别转语，若惬老僧意，便开粥相伴过夏。’洞云：‘请和尚问。’师云：‘不出入。’洞云：‘太尊贵生！’师乃开粥同过夏。”《传灯录·仰山寂禅师章》云：“若说禅宗，身边要一人相伴亦无。”《敕修清规·嗣法师忌》云：“方丈客头请西堂、两序，晚间对真相伴吃汤。”外典有接伴名，且附此。《事物纪原》云：“《宋朝会要》曰：‘契丹使至，命乐黄自、康宗元诣雄州接伴，回日充送伴使。’此疑接伴之始也。”《宋史·袁韶传》云：“韶为右司郎官，接伴金使。”

【相看】

《敕修清规·月分须知》云："九月重阳日，住持上堂，许方来相看。"

【香奠】

《翰墨大全·谢送香财状》云："杖朞孙姓某，奠仪如目，右某兹者某亲，随人改易丧亡，乃蒙尊慈特赐香奠焚帛外，下诚不胜哀感之至，谨具状申谢。谨状。"《壒囊钞》云："日本俗香钱字作香奠，非也。钱，唐音近奠，故有此讹。"忠曰："香奠，字出《翰墨大全》。但香钱、香奠义意稍别。"《文献通考·郊社考》云："非时而祭曰奠。"

【香合】

《敕修清规·圣节》云："维那用黄纸书疏，带行仆捧盘袱、炉、烛、香合上方丈，请住持佥疏。"又云："知客跪进手炉，侍者跪进香合。"又《念诵》云："烧香侍者捧香合。"《三才图会·仪制类》有图。

【向火】

《日用轨范》云："寒月向火，先坐炉圈上，然后转身正坐，揖上下肩，不得弄香匙火箸，不得拨火飞灰，不得聚头说话，不得煨点心等物，不得炙鞋、焙脚、烘衣裳，不得揽起直裰露裤口，不得吐唾并弹垢腻于火内。"《传灯录·南泉愿禅师章》云："师在方丈与杉山向火次，师云：'不用指东指西，直下本分事道来。'杉山插火箸，叉手立。师云：'虽然如是，犹较王老师一线道。'"《曹山寂禅师录》云："师一日入僧堂向火，有僧曰：'今日好寒。'师曰：'须知有不寒者。'曰：'谁是不寒者？'师策火示之。僧曰：'莫道无人好。'师下火。僧曰：'某甲到这里却不会。'师曰：'日照寒潭明更明。'"《四分律》云："向火有五过失：一、令人无颜色；二、无力；三、令人眼暗；四、令多人闹集；五、多说俗事。"《僧祇律》云："佛告诸比丘：'然火有七事无利益。何等七？一者坏眼；二者坏色；三者身羸；四者衣垢坏；五者坏床褥；六者生犯戒因缘；七者增世俗言论。有此七过故，从今日后不听然火。'"《行事钞》引《僧祇》《资持记》释之云："坏色，谓面无神色。生犯戒缘，即露地然火，掘坏等戒，因而成犯。"

【行缠】

忠曰："亦名行縢，《礼记·内则》名逼，日本俗曰脚绊。"《联灯会要·云居舜禅师章》云："夜间脱袜打睡，早朝旋系行缠。"《东坡诗集·

答宝觉诗》云："芒鞋竹杖布行缠。"又《寄吴德仁诗》云："我游兰溪访清泉，已办布袜青行缠。"

【行道】

《敕修清规·藏殿祝赞》云："住持领众合掌绕藏，行道三匝，多众则一匝。"又《佛降诞》云："维那举唱浴佛偈，行道浴佛。"《幻住清规·津送》云："举楞严咒一遍，行道。"《村寺清规》云："行道尤须端谨，叉手当胸，徐行细步，瞻顾前后，须使疏密得中。或出入门户、上下阶级，皆当先举左足，须照应袈裟不得拖地，衣服领袖须当齐整。"《万善同归集》云："行道一法，西天偏重，绕百千匝，方施一拜。经云：一日一夜行道，志心报四恩，如是等人得入道疾。"又云："《南山行道仪》云：'夫行道障尽为期，无定日限。若论障尽，佛地乃亡。'"《翻译名义集》云："半行半坐，《方等》云：'旋百二十匝，却坐思惟。'《法华》云：'其人若行若立，读诵此经。'"忠曰："禅林忏摩法，楞严咒，或住立，或行道，盖是半行半坐三昧也。"

【行益】

忠曰："行者，行食也；益者，益食也。行犹付与也。"见"行香"处。《僧祇律》九十二波夜提中云："若比丘尼请一比丘食，一比丘尼共比丘坐，一比丘尼来往益食，益食比丘尼去时，比丘随一一时，得波夜提。"法显《佛国记》云："法显到于阗，僧伽蓝名瞿摩帝，是大乘寺，三千僧共犍椎食。入食堂时，威仪齐肃，次第而坐，一切寂然，器钵无声。净人益食，不得相唤，但以手指麾。"《梁高僧传·佛驮跋陀罗此云觉贤传》云："陈郡袁豹届于江陵，贤诣豹乞食，豹素不敬信，待之甚薄。未饱辞退，豹曰：'似未足，且复少留。'贤曰：'檀越施心有限，故令所设已罄。'豹即呼左右益饭，饭果尽，豹大惭愧。"《太平广记》云："张简栖见狐凭几，寻读册子，其旁有群鼠益汤茶，送果栗，皆人拱手。"右证益字为增益食物之义。《禅苑清规·赴粥饭》云："行食之法，当净人自行，僧家不得自手取食。净人行益，礼合低细，羹粥之类，不得污僧手及钵盂缘。点杓三两下，良久行之，曲身，敛闲手当胸。粥饭多少，各随僧意。"又《监院》云："非疾病官客，并当赴堂。所贵二时行益，行者齐整。"《敕修清规·知客》云："僧堂前检点行益客僧粥饭。"又《都监寺》云："斋粥二时必赴堂，则行仆行益自然整肃。"又《典座》云："训众行者循守规矩，行益普请不得怠慢。"《传灯录·瑞鹿先禅师章》

云："师有时云：'晨朝起来洗手面盥漱了，吃茶；吃茶了，佛前礼拜；佛前礼拜了，和尚主事处问讯；和尚主事处问讯了，僧堂里行益；僧堂里行益了，上堂吃粥；上堂吃粥了，归下处打睡。'"忠曰："言僧堂粥饭行益毕，自家方粥饭也。"《传灯录·夹山会禅师章》云："小师省覲，师曰：'汝蒸饭，吾着火；汝行益，吾展钵。什么处是孤负汝处?'小师从此悟入。"《续灯录·大觉琏禅师》："拈云门妙喜世界百杂碎话云：'山僧遮里，秖是维那白槌，首座施食，山僧展钵，行者行益。与么说话，一任诸方裁断。'"大慧为秦国太夫人普说云："你诸人每日上来下去，寮舍里吃茶吃汤，庄上般盐般面，僧堂里行益，长廊下择菜，后园里担粪，磨坊下推磨，当恁么时，佛眼也觑你不见。"《虚堂愚和尚录·普说》云："你看雪峰一出岭来，先买一把杓头，绾一条手巾，到处行益结缘。"《诸祖偈颂·阮中大仰山饭歌》云："维那白槌似雷吼，十声佛号慵开口。行益纔迟忿怒生，第二念中都忘了。"

【雪柳】

旧说曰："雪柳者，凡生人相别，折柳绾作环而送其行，盖寓期再还之意。如今送亡者以雪柳，亦惜别之义也，因唱圣号，投之棺上。只丧礼事素，故虽有柳名而不做青，乃截白纸象枝叶，故云雪柳。"《敕修清规·亡僧》云："堂司行者预造雪柳、幡花。"又《送亡》云："大众两两次第合掌而出，各执雪柳。"《幻住庵清规·亡僧》云："雪柳两瓶供养。"《东渐清规》云："中岩曰：'数所投棺中雪柳，知众多少，后时依数俵赊。'"《山堂肆考》云："长安东灞陵有桥，汉时送行者，多至此折柳送别。"又云："折柳亭在金陵城上，赏心亭下，宋张咏建为饯送之所。"《三体诗·张乔寄维阳故人》诗云："离别河边绾柳条，千山万水玉人遥云云。"解者曰："绾，还也，取速还之义也。"温庭筠折柳枝词云："御陌青门拂地垂，千条金缕万条丝，如今绾作同心结，赠与行人知不知?"《潜确类书》云："李白词：年年柳色，灞陵伤别。"又云："折柳赠行，折梅寄远。"见《古今注》。

【揶揄】

忠曰："揶揄，亦作歋歈、邪揄，禅录多为约免义。"《僧宝传·汾州善昭禅师传》云："时洞山、谷隐皆虚席，众议归昭，太守请择之，昭以手耶揄曰：'我长行粥饭僧，传佛心宗，非细职也。'"又《西余端禅师传》云："端听僧官宣至此，以手耶揄曰：'止。'"《后汉书·王霸传》

云："市人皆大笑，举手邪揄之。"章怀注：《说文》曰："歋瘉，手相笑也。歋，音弋支反，瘉，音踰，或音由。"此云邪揄，语轻重不同。《通鉴集览》云："邪揄，音耶喻。《说文》：'举手相笑也。'"《正字通》云："歋瘉，舞手相弄笑也。"《世说新语补》云："晋阳秋曰：'罗友同府人有得郡者，温为席起别。友至尤晚，问之，友答曰：于中路逢一鬼，大见揶揄云：我只见汝送人作郡，何以不见人送汝作郡？'"温者，桓温也。《孤树裒谈》云："蒋君廷贵应试，经行教坊，群婢夹拥，蒋不一顾。妓揶揄引其裾，蒋绝裾去，亦不怒。"

【云版】

库司大版又称云版。云章曰："版形铸作云样，故云云版。"《莹山清规》云："巳香欲了时，圣僧侍者问讯首座，是禀放禅也。即库前云版三下鸣，是称火版。"详"火版"处。《俗事考》云："宋太祖以鼓多惊寝，遂易以铁磬，此更鼓之变也。或谓之钲，即今之云板也。"《三才图会》云："云板，即今之更点击钲。《唐六典》皆击钟也。大史门有典钟，二百八十人掌击编钟，即此是也。"

Z

【趱近】

《敕修清规·圣节》云："粥罢上堂，乃至众行者列知事后，稍离远立。乃至住持至法座前，行者趱近，知事后立。"《正字通》云："趱，则板切，赞上声，逼也，走也。《六书故》：'行第相趣也。'"《品字笺》云："趱，催趱也。俗以紧行谓之趱步。"忠曰："众行者，初少离知事后者，为开住持出路，若过己背后，则成失礼。况复住持至，迎问讯，见《清规》。故退立。今住持既过前去，故进走近知事背后立，此谓趱近也。"

【暂到】

忠曰："暂时到某寺，当不久而去，故曰暂到僧。"《敕修清规·圣节》云："堂僧，堂司给由。暂到，客司给由。"又《游方参请》云："参头领众白云：'暂到相看。'"

【暂假】

请假亦曰暂假，谓暂时请假也。《敕修清规·维那》云："或有他缘，或暂假出入，将戒腊簿、假簿、堂司须知簿，亲送过客司，令摄之。"

《云卧纪谈》云："真净和尚，住宝峰日，洪明、一祖同在侍寮，祖请暂假，真净不许。及上巳日，呼俱侍行，为宝莲庄主具饭，真净题偈于壁曰：'元符二年三月三，春饼撮餤桐饭兼。真净来看信道者，洪明一祖相随参。'祖匿笑，谓同列曰：'元来老和尚以我名厕于偈，故不给假也。'"

【赞佛】

叹佛又言赞佛。《敕修清规·病僧念诵》云："排列香烛、佛像，念诵赞佛云：'水澄秋月现，恳祷福田生，惟有佛菩提，是真归仗处。'"

【珍羞】

《敕修清规·佛降诞》："上堂云：'严备香花、灯烛、茶果、珍羞以伸供养。'"《小补韵会》云："羞，膳也。一曰致滋味为羞。《周礼·享人》注疏：牛羊豖调以五味，盛之于豆，谓之羞。又食也，《礼记·月令》：'群鸟养羞。'注：'羞，谓所食也。'疏云：'若食之珍羞相似。'"又作馐，《正字通》云："馐、膳，并俗字。旧注：'音修，膳也，荐也，义与羞同，误分为二，经传本借羞。'"《李太白诗集·过汪氏别业诗》云："我来感意气，捶炰列珍羞。"

【珍重】

《敕修清规·训童行》云："屏息拱听规诲毕，又三拜，参头喝云：'珍重！'众齐低声和，问讯而退。"《僧史略》云："临去，辞曰珍重者何？此则相见既毕，情意已通，嘱曰珍重。犹言善加保重，请加自爱，好将息，宜保惜同也。"《释氏要览》云："释氏相见将退，即口云珍重，如此方俗云安置也。言珍重，即是嘱云善加保重也。若卑至于尊所，尊长命坐，及受经后去，即不云珍重，但合掌俯首，示敬也。"已下略举事证。《传灯录·瑞鹿先禅师章》云："初夜唱礼了，僧堂前喝珍重；僧堂前喝珍重了，和尚处问讯。"又《国清院奉禅师章》云："如何是出家人本分事？师曰：'早起不审，夜间珍重。'"《续灯录·香林远禅师章》云："问：'如何是平常心？'师云：'早朝不审，晚后珍重。'"《传灯录·无等禅师嗣马祖一章》云："师住武昌大寂寺，一日，大众晚参，师见人人上来师前道：'不审。'乃谓众曰：'大众适来声向什么处去也？'有一僧竖起指头。师云：'珍重！'"又《岩头豁禅师章》云："夹山会下一僧至石霜，入门便道：'不审。'石霜曰：'不必，阇梨！'僧曰：'恁么即珍重。'又到岩头，如前道不审。师曰：'嘘！'僧曰：'恁么即珍重。'方回步，师曰：'虽是后生，亦能管带。'"《续灯录·天衣怀禅师章》云：

"上堂，大众集定，云：'上来打个不审，能消万两黄金；下去打个珍重，亦消得四天下供养。若作佛法话会，滴水难消；若作无事商量，眼中着屑。且作么生即是？'良久，云：'还会么？珍重！'"忠曰："或问：已言早起不审，却晚参道不审，何也？答曰：凡上来见师主，则不拘早晚，言不审，下去则言珍重。若常随者，早起见时可言不审，夜间退时可言珍重而已。"

第四章

无著道忠禅语疑难词考释

一　啄生[1]

先看无著道忠相关考释[2]：

生饭

《敕修清规·日用轨范》云："钵刷安第二鐼子缝中，出半寸许。盛生饭不得以匙箸，出生饭不过七粒，太少为悭食。凡受食则用出生，或不受食，却不可就桶杓内撮饭出生。"旧说曰："施鬼界众生之饭，故曰生饭。出饭不可过七粒，面不可过一寸，馒及饼可指甲许。生饭不可钉请菜中，为受饭鬼与受菜鬼相争也。凡鬼中，专受生饭者，旷野鬼也；专受施饿鬼食者，面然鬼也。"或说曰："生饭者，人之生气在左掌故，先用右手拇指、中指而撮之，少点左掌，熏着生气于饭，然后置钵刷，唱偈，施与鬼子母，故曰生饭。"或曰："生字义，古德未下解，有谓生是熟之对，未下筯之新饭是生义，以供鬼也。"忠曰：人生气在左掌，未得本据。谓生者，众生也，非生熟义。佛自言出众生食，后引。何不见经文，生曲说而为难解哉？《资持记》云："施生不必多也。""出生"处引。乃出于施众生之食也。《佛祖统纪》云："出生饭，此有二缘：一者《涅槃经》令施旷野鬼，

---

① 此词和下面"吃嘹舌头"一词考释，原发表于《中国语文》2011 年第 5 期，第 472—475 页，原题为《〈禅录词语释义商补〉商补》，有改动。

② 本章以下各节同。

《毗柰耶律》令施鬼子母等。此曹本食肉啖人，佛化之，受戒不杀，乃嘱弟子随处施食。今斋堂各各出众生食是也，此唯出家人行之。二者《焰口经》托阿难为缘，令施饿鬼食。今斋堂别具小斛，于食毕，众作法施之；或各具小生斛，夜间咒施，此通道族行之。”旷野鬼缘，《涅槃经·梵行品》云：“善男子！如我一时游彼旷野聚落丛树，在其林下，有一鬼神，即名旷野，纯食肉血，多杀众生，复于其聚日食一人。善男子！我于尔时为彼鬼神广说法要，然复暴恶，愚痴无智，不受教法，我即化身为大力鬼，动其宫殿，令不安所。彼鬼于时将其眷属出其宫殿，欲来拒逆，鬼见我时，即失心念，惶怖躃地，迷闷断绝，犹如死人。我以慈悯，手摩其身，即还起坐，作如是言：‘快哉！今日还得身命，是大神王具大威德，有慈悯心，赦我愆咎。’即于我所生善信心，我即还复如来之身，复更为说种种法要，令彼鬼神受不杀戒。即于是日，旷野村中有一长者，次应当死，村人已送付彼鬼神；鬼神得已，即以施我；我既受已，便为长者更立名字，名手长者。尔时，彼鬼即白我言：‘世尊！我及眷属唯仰血肉以自存活，今已受戒，当何资立？’我即答言：‘从今当敕声闻弟子，随有修行佛法之处，悉当令其施汝饮食。’善男子！以是因缘，为诸比丘制如是戒，汝等从今常当施彼旷野鬼食。若有住处不能施者，当知是辈非我弟子，即是天魔徒党眷属。善男子！如来为欲调伏众生故，示如是种种方便，非故令彼生怖畏也。”诃利帝母缘，《鼻柰耶杂事》云：“欢喜夜叉神，生子至五百，其最小者，名曰爱儿。欢喜入王舍城，所有男女次第取食，人民痛恼，当往告佛。时诸人曰：‘此鬼啖我男女，则是恶贼，何名欢喜?’因此竞呼为诃梨底母。众往白佛，佛持钵入城，以钵覆其爱儿。母归，不见爱儿，上从天宫，下至地狱，寻觅不见。佛问言：‘汝有几子?’答言：‘五百。’佛言：‘五百失一，何甚苦恼！况他一子，汝何食之乎?’母曰：‘愿以示诲。’佛言：‘可受我戒，得见爱儿。’母曰：‘我依佛。’佛举钵，见爱儿，从佛受三归五戒。白言：‘我今与子何所食啖?’佛敕声闻弟子：‘于食次，出众生食，呼汝等名字施之。’”略钞。《佛祖统纪》云：“诃利帝，此翻恶贼。盖是鬼子母未受戒时，食王城男女，居人怨之，故作此目。”又别有阿利陁因缘，《灌顶封印大神咒经》云：“阿利陁复白佛言：‘我等鬼神，官属七百，常以精气血肉为食。今日归命于佛世尊，既授戒法，不杀物命，唯愿天尊敕诸弟子，法食之时，惠施少少饭食之余。'" 又与"出生"交看。《传灯录·杉山智坚禅师嗣马祖章》云："师吃饭次，南泉收生饭云：'生。'师云：'无生。'南泉云：'无生犹是末。'南泉行数步，师召云：'长老！长老！'南泉回头云：'怎么？'师云：'莫道是末。'"《赵州谂禅师录》云："师因见院主送生饭，鸦子见，便总飞去。师云：'鸦子儿见你为什么却飞去？'院主云：'怕某甲。'师云：'是什么话语？'师代云：'为某甲有杀心在。'"（《禅林象器笺》）

出生

忠曰：生饭亦言出生，出众生食之略言也。《行事钞·计请设则篇》云："明出众生食，或在食前唱等，得已，出之，或在食后，经论无文，随情安置。《资持记》云：'虽通前后，理合在前。准《宝云经》，乞食分四分：一与同梵行人，一与乞人，一与鬼神，一分自食。故知前出，后方自食。'《涅槃》：'因旷野鬼云云。'《四分》：'僧伽蓝中，立鬼神庙屋。'传云：'中国僧寺设鬼庙、伽蓝神庙、宾头卢庙，每至二食，皆僧家送三处食，余比丘不出。'《爱道尼经》：'令出如指甲大。'《资持记》云：'旧云晋法猛游西国，传鬼庙即旷野神，或鬼子母，今多画于门首，本为出食祭之，今人乃谓门神，讹替久矣。'《爱道》下示多少，下引《智论》鬼能变食，故不在多，恐费信施。《智论》云：'鬼神得人一口食，而千万倍出也。'《资持记》云：'以鬼有通力，变少为多，此明施生不必多也。'"《教诫律仪》云："凡欲出生粥，不得令净匙拄着净人出生器中。若着处，即须更受匙。"又云："凡所出生饼，当如一半钱大，饭不过其七粒，自余饭食亦不得多。"又云："凡所出生食，须事事如法。"又云："出生食，不得将所弃恶食物致生中。"又云："凡出生法，须安床边浅处，令净人掠取，不得自用手拈，意在护手。"忠曰：饭出生，用右指；粥出生，用匙。可按《律仪》文而知也。《释氏要览》云："今详若食是米面所成者，方可出之，或蔬茹不用，缘物类不食，翻成弃也。如《爱道经》云：'出生饼，如指甲大。'又出生偈云：'汝等鬼神众，我今施汝供，七粒遍十方，一切鬼神共。'以食出生时，默诵此偈。"孤山智圆法师《闲居编·出生图纪序》云："儒礼，食必祭其先，君子有事不忘本也。释氏之出生，具云出众生食，盖祭旷野鬼神及鬼子母。沙门用心悯异类也。不忘本，仁也；悯异类，慈也。两者同出而异名。今观后学，鲜测厥由，遂使出生事乖谨洁，于檀越家则或杂以所弃，处众堂则盘器污杂。因图其形容，纪其事迹，以示来者。且祭神如神在，享于克诚，在儒尚然，况禀佛制？今众居宜以净器聚敛，安此像前良久，施飞走鳞介之属。檀越家当于僧食毕，取其生饭，并着一器，供彼形像，然后散之。然律亦许二食时，先送食供养。《寄归传》亦云：‘复于行末安食一盘，以供诃利帝母也。’若或先供，则众僧不须各出，窃恐于时未安，今宜各出，然后聚而供之。既人别用心，则咸思佛制，庶几上士勤而行之，所谓贤者之祭，必受其福也。《涅槃》南本第十五云：‘佛游旷野聚落云云。’如前引。《寄归传》第一云：‘施主初置圣僧供，次乃行食，以奉僧众。复于行末，安食一盘，以供呵利底母。其母先身，因事发愿食王舍城所有儿童，遂受药叉身，生五百儿，日飧王城男女。佛遂藏其稚子，名爱儿云云。如前引。故西方诸寺，每于门屋处，或在食厨边，素画母形抱一儿子于膝下，或五或三，以表其像，每日于前盛陈供食。母乃四天王部众也，大丰势力，其有疾病，无儿息，飨祷焉，皆遂愿，详说如律。神州先有名鬼子母也。’今详此方佛寺皆于门壁画二神，神后一女，盖其遗像。既二俱受祭，故并画之。或有立居士像者，盖手长者也。西壁即旷野之身，东壁即佛所化者。今明受祭，唯图旷野之像焉。”《三余赘笔》云：“古人每饮食必祭，未有不祭而饮食者。今之释老食时犹祭，而士大夫乃反不行，古云：‘礼失而求之野。’此亦可见。”史绳祖《学斋占毕》云：“余尝观张横渠语云：‘曾看相国寺饭僧，因嗟叹，以为三代之礼尽在是矣。’诚哉斯言！余亦曾观成都华严阁下饭万僧，始尽得横渠之所以三叹。盖其席地而坐，不设倚卓，即古之设筵敷席也。未食先出生，盖孔子《乡党》所谓：‘疏食菜羹瓜祭，必齐如也。’朱文公注云：‘陆氏《鲁论》释瓜字作必，谓古人饮食，每种各出少许，置之豆间之地，以祭先代，始为饮食之人不忘本也。孔子虽薄物必祭，祭必敬，如齐严，此圣人之诚。’余又于《礼记》及《左传》有云：‘子曰：吾食于少施氏而饱，少施氏遇我以礼。吾祭，作而辞曰：疏食不足祭也。’古人以此为礼，今之腐儒，匪惟不能祭，见有学者行之，则指以溺佛为笑，是不曾读书也，而反使髡徒得窃吾教而坚持之。又终食之间，寂然无声，此子所谓食不语也。只此三者，非三代之礼而何？及到石室，亦看士人会饭，则攫拿如猿猱者有之，吼詈斋仆庖人者有之，打损器皿者有之，亵谈喧笑，视饭僧为有愧，匪独士也。余尝出入制总两幕，士夫会食亦犹是也，得不动横渠之叹耶？”忠曰：佛氏出生，非斆孔子乡党之行，自有旷野神、鬼子母事缘，皎在綖文。史氏唯知责腐儒不曾读书，亦自不曾读内典，妄以出生为窃儒教矣。呜呼！士大夫何物而不践三代礼乐，其会食招猿猱喧杂之讪耶？僧人何物而致使异教发礼在是之叹耶？盖儒佛之小大浅深，于此乎见，不待劳辩焉，史氏遂不少转脑。反思释迦大圣之教化，熏陶倍万于汝儒，而折其慢幢，犹轩轩有轻侮之言，实可悯哉！（《禅林象器笺》）

生盘

忠曰：撤生饭器。《禅林类聚》云：“南泉愿禅师，一日因斋次，乃自将生盘去首座前云：‘出生哙。’时杉山坚和尚为首座，乃云：‘无生。’师云：‘无生犹是未。’师才行数步，首座乃召云：‘长老！长老！’师回顾云：‘作么？’首座云：‘莫道是未。’”又生台曰生盘。《宗镜录》云：“宝坚和尚云：‘我见老鵶在生盘上回头转脑，便全体见渠法身。’”（《禅林象器笺》）

生台

忠曰：静僻人稀处设台案，聚着大众生饭，而恣禽虫啖啄，此名生台，又名生盘。见“生盘”处。《石屋珙禅师录·山居诗》云：“乌来索饭生台立，僧去化粮空钵还。”（《禅林象器笺》）

以上是无著道忠在《禅林象器笺》中对“生饭”“出生”“生盘”“生台”所作的详尽的考释，《祖堂集》中的“僧见雀儿啄生”的“生”也应该跟“生饭”“出生”“生盘”“生台”的“生”一样，都是“生饭”的意思。有不少语法研究学者，由于没有详考无著道忠的解释，将“啄生”的“生”看作唐代新生后缀，何小宛在《中国语文》2009年第3期《禅录词语释义商补》一文中认为“生”作后缀这种说法不妥，指出“啄生”应是动宾结构，这无疑是正确的。不过该文认为“啄生”义为啄食虫儿①，这仍然没有重视无著道忠的解释，应该还可以商榷。

① 何小宛：《禅录词语释义商补》，《中国语文》2009年第3期，第269—271页。

按照无著道忠的解释，禅林僧堂中，进食前为众生留出少许食物，称作“生饭”。并于“静僻人稀处设台案，聚著大众生饭，而恣禽虫啾啄”（参见上引“生饭”“生台”条）。唐宋禅录中有时详称“生饭”，有时简称“生”。如：

（1）师在南泉造第一座。南泉收生次，云：“生。”师云：“无生。”泉云：“无生犹是末。”（《祖堂集》，卷一四，杉山和尚）

（2）师吃饭次，南泉收生饭。云：“生。”师云：“无生。”南泉云：“无生犹是末。”（《景德传灯录》，卷六，据《大正新修大藏经》第51册）

（3）师问院主：“什么处来?”对云：“送生来。”师云：“鸦为什么飞去?”院主云：“怕某甲。”（《景德传灯录》，卷一〇，据《大正新修大藏经》第51册）

（4）师因见院主送生饭，鸦子见，便总飞去。师云：“鸦子儿见你为什么却飞去?”院主云：“怕某甲。”（《古尊宿语录》，卷一四，据《续藏经》第68册）

（5）贼奉肉食，师如常斋，出生毕。（《五灯会元》，卷一八，据《续藏经》第80册）

（6）昔赵州访一庵主值出生饭。（《禅林宝训》，卷三，据《大正新修大藏经》第48册）

《禅录词语释义商补》一文所举的唯一的语证“啄生鸦忆啼松枘，接果猿思啸石崖”中“生”也是指“生饭”。因为这也是一首禅诗，从题目《题宗上人旧院》就可看出，写鸦啄食虫儿，与禅理不符，佛教禅宗是反对杀生的。

《全唐诗》中“生”指“生饭”的诗句还有不少，如：

（7）开讲宫娃听，抛生禁鸟餐。（李洞《题新安国寺》，《全唐诗》，卷七二一）

（8）抛生台上日，结座履中尘。（张祜《题赠仲仪上人院》，《全唐诗》，卷五一〇）

（9）题像阁人渔浦叟，集生台鸟谢城乌。（刘乙《题建造寺》，

《全唐诗》，卷七六三）

（10）堑蚁争生食，窗经卷烧灰。（贯休《湖头别墅三首》，《全唐诗》，卷八三二）

（11）载土春栽树，抛生日餧鱼。（杜荀鹤《题战岛僧居》，《全唐诗》，卷六九一）

钱锺书早就指出了例（10）、例（11）句中的“生”就是“生饭”的意思。他在《管锥编》中说：“《五灯会元》之‘生饭’，即‘出生’‘生剩’也；贯休《湖头别墅》之二：‘堑蚁争生食’，亦其义。”① 又在《〈管锥篇〉增订》中说：“杜荀鹤《题战岛僧居》：‘载土春栽树，抛生日餧鱼。’下句即指‘出生’之饭也。”②

《祖堂集》中的“见雀儿啄生”的公案，后来也有类似故事，我们不妨比较一下：

（12）僧见雀儿啄生，问师：“为什摩得与摩忙？”师便脱鞋打地一下。僧云：“和尚打地作什摩？”师云：“趁雀儿。”（《祖堂集》，卷六，南泉和尚）

（13）王山见雀子啄生台饭，乃拍手一下，雀飞去。（《宗门拈古汇集》，卷四五，据《续藏经》第45册）

可见，《祖堂集》“啄生”的“生”指“生饭”应毫无疑义。至于为什么叫作“生饭”，亦有多种说法，或曰“生是熟之对，未下筋之新饭是生义”，或曰“出于施众生之食”等（参见无著道忠《禅林象器笺》，卷一四“生饭”条）。钱锺书说：“未食而拨出少许谓之‘生’，吾乡今语称未食而先另留者曰‘生剩饭’‘生剩菜’，以别于食后残余之‘剩饭’‘剩菜’。”③ 这种说法应该最有理据。

① 钱锺书：《管锥编》2册，中华书局1979年版，第675页。

② 钱锺书：《〈管锥编〉增订》，中华书局1982年版，第55页。

③ 钱锺书：《管锥编》2册，中华书局1979年版，第675页。

二　吃嘹舌头

坐断马祖舌头

抵马祖驰书处，为坐断舌头也。溪解“坐断马祖舌头”曰：“他来书作虚设故。”忠曰：若作虚设，则同初不驰书，殊不知日炙风吹，大有事在，溪岂梦见耶？（《虚堂录犁耕》）

舌拄上齶

逸堂曰：“说不着。”忠曰：有无说不得。忠曰：《广灯》十四（六丈）《魏府大觉法嗣镇州大悲禅师章》曰：“问：‘如何是谛实之言？’师云：‘舌拄上腭。’”（《虚堂录犁耕》）

舌拄上腭

《篇海》六（卌七丈）曰：“腭，五各切，音咢，正作‘齶’，又七（廿四丈）曰：‘齶，逆各切，音鄂，齿内上下肉。’”〇《小补韵会·药韵》（廿九丈）曰：“齶，齿断，通作腭，口中上鄂也。”〇忠曰：今可从口中上鄂义。〇《中阿含经》二十（三丈右）《念身经》曰：“修习念身，比丘者齿齿相著，舌逼上腭，以心治心，治断灭止。”〇《陀罗尼集经》一（十丈）：“作观行时（乃至）项直平视。举舌向齶以右手压左手。作般若三昧禅印。”〇《本行集经》廿四（十三丈）曰：“坐讫合口，以齿相柱，舌筑上齶，一念摄心。”〇又同卌八（八丈）：“以舌拄齶渐出息。”（《〈敕修百丈清规〉左觿》）

已后坐断天下人舌头在

逸堂曰：“可息疑者传法之实否之舌。”（《虚堂录犁耕》）

非惟坐断道吾舌头

忠曰：道吾失笑及云一等是出世云云之舌头也。（《虚堂录犁耕》）

唐宋禅录常见“吃嘹舌头”一语，《禅宗词典》“吃嘹舌头”条释云：“禅师对于问法僧徒的斥骂语。嘹：男生殖器。”[①]《唐五代语言词

① 袁宾：《禅宗词典》，湖北人民出版社 1994 年版。

典》“吃嘹舌头”条云：“挨烫的舌头，晋语 。‘嘹’，借作‘燎’。”[1] 雷汉卿《语文辞书词语释义商补》“吃嘹舌头”条云：“比喻学舌喋喋不休而言不及义。……‘吃嘹’得名于‘吉了、这种鸟似鹦鹉，善效人言。又叫‘秦吉了’。”[2] 何小宛《禅宗词语《禅录词语释义商补》认为“吃嘹”“乞嘹”“吉獠”“咭嘹”和“吉了”等实为异形同词，这无疑是正确的。不仅如此，禅籍中出现的“犵獠”“吉撩”等也是“吃嘹”的异形词。该文将“吃嘹舌头”释为“用来讥斥不明心地、只知背诵经文或公案机语的问法僧人”，认为“吃嘹”是一种能模仿人语的鸟[3]。我们以为这个解释还是可以商榷的。因为“吃嘹”在宋代的禅籍里不仅出现“舌头”前，也可出现在“舌头”后，还可以重叠，甚至前面还可加副词“不”，如：

（14）咭嘹舌头，话尽平生心事；累垂鼻孔，何妨摩触家风。（《宏智禅师广录》，卷五，据《大正新修大藏经》第48册）

（15）点头言语丁宁，摆手舌头狤獠。不狤獠，人人脚下长安道。（《宏智禅师广录》，卷四，据《大正新修大藏经》第48册）

（16）筑筑磕磕兮鼻孔累垂，哆哆和和兮舌头狤獠。（《宏智禅师广录》，卷七，据《大正新修大藏经》第48册）

（17）舌头狤獠明无骨，鼻孔累垂暗有香。（《宏智禅师广录》，卷八，据《大正新修大藏经》第48册）

（18）僧问云门大师：“如何是超佛越祖之谈？”门云：“胡饼。”师云：“云门老子能施设，胡饼佛祖俱超越。哆哆和和两片皮，狤狤獠獠三寸舌。不是特地展家风，也非投机应时节。生铁铸成无孔锤，忒团圞兮难下楔。诸禅德，且道：天童今日是下楔不下楔？明眼人辨取。”（《宏智禅师广录》，卷四，据《大正新修大藏经》第48册）

“狤獠”同“咭嘹”一样都是“吃嘹”的异文。“狤”与“吃”中古声母相同，都是“见”母，又都是入声字，韵母也相近，前者为“屑”

① 江蓝生、曹广顺主编：《唐五代语言词典》，上海教育出版社1997年版。

② 雷汉卿：《语文辞书词语释义商补》，《汉语史研究集刊》第十三辑，巴蜀书社2010年版。

③ 何小宛：《禅录词语释义商补》，《中国语文》2009年第3期，第269—271页。

部，后者为“迄”部。以上例句中的“猎獠”或放在“舌头”二字之前，或重叠，或加副词“不”修饰，均不能解释为“一种能模仿人语的鸟”。所以，“咭嘹”或“猎獠”的释义应该另求新解。宋代睦庵善卿在《祖庭事苑》对《云门录》一章中的“咭嘹”做的解释值得我们重视：

(19) 吉嘹：下音料。北人方言，合音为字。吉嘹，言缴。缴，纠戾也。缴其舌，犹缩却舌头也。如呼窟笼为孔，窟駞为窠也。又或以多言为吉嘹者。岭南有鸟似鸜鸲，笼养，久则能言，南人谓之吉嘹。开元初，广州献之，言音雄重如丈夫，委曲识人情性，非鹦鹉、鸜鸲之比。云门居岭南，亦恐用此意。(《祖庭事苑》，卷一，据《续藏经》第64册)

睦庵善卿所看到的《云门录》版本，“吃嘹”写作“吉嘹”。从善卿的解释可以看出，“吉嘹”在宋代时就已经是一个难解之词了，睦庵善卿颇为谨慎，他为我们保留了两种解释，其中一种就是《禅录词语释义商补》一文对“吃嘹”的解释，说吉嘹是一种鸟。这种解释也曾被18世纪的日本学者桂洲道伦（1714—1794）等编的《诸录俗语解》采用[①]。这个解释最大的问题是缺乏广泛性，它解释不了唐宋禅录中不少含有“吃嘹”或“吃嘹”的异形词的句子。睦庵善卿显然是不怎么赞同此说，所以把这种解释放到后面，并用“又或”“亦恐”等词表达模棱两可的态度。他认同的是，“吉嘹”为“缴”的分音词，“缴其舌”即“吉嘹舌头”，意即“缩却舌头”。《祖庭事苑》是我国最早的一部禅宗词典，它的作者睦庵善卿本人也是禅僧，又离《云门录》成书时间不远，他的理解无疑是有一定道理的。从例（14）至例（18）中“咭嘹”或“猎獠”多与“累垂”对应来看，睦庵善卿的“缩却舌头”之说是站得住脚的。而且有不少地方的方言事实可以证明。陕西、山西、内蒙古、河北、河南等地方方言都把物体弯曲翘卷叫作“吉嘹”，大部分地方志或方言志都写作“圪料”。如王克明说，陕北话里“不平整，弯曲，两头儿翘起，就叫作‘吉

① 参见桂洲道伦、湛堂令椿撰，芳泽胜弘编注《诸录俗语解》，禅文化研究所，1999年。

獠'，音若'葛聊'"[①]。侯精一、温端政[②]、邢向东[③]等人都认为"圪料"是"翘"的分音词，李蓝[④]则认为"圪料"是"跷"的分音词。睦庵善卿说"咭嘹"是"缴"的分音词。"圪"与"吃"都是入声字，都是舌根音，"料"与"嘹"同音，所以"圪料"也同样可以看成"吃嘹"的异形词。

我们再回到"吃嘹舌头"的最早出处唐云门文偃撰、宋守坚编的《云门匡真禅师广录》，该书中"吃嘹舌头"共有4处：

(20) 问："如何是教意？"师云："吃嘹舌头，更将一问来！"(《云门匡真禅师广录》，卷上，据《大正新修大藏经》第47册)

(21) 问："承古有言：一尘遍含一切尘。如何是一尘？"师云："吃嘹舌头，更将一问来！"(《云门匡真禅师广录》，卷上，据《大正新修大藏经》第47册)

(22) 问："生死根源即不问，如何是目前三昧？"师云："吃嘹舌头三千里！"(《云门匡真禅师广录》，卷上，据《大正新修大藏经》第47册)

(23) 僧问："如何是转处实能幽？"师云："吃嘹舌头，老僧倒走三千里！"(《云门匡真禅师广录》卷中，据《大正新修大藏经》第47册)

以上4例中的"吃嘹舌头"都是云门禅师回答僧徒问法时的答语，基本句式只有两种，一是"吃嘹舌头，更将一问来"，二是"吃嘹舌头三千里"。在唐宋其他禅录里"吃嘹舌头"或作"乞嘹舌头""咭嘹舌头""吉嘹舌头""吉獠舌头"等，基本上也都是这两种句式。如：

(24) 进云："两头俱坐断，八面起清风。"师云："吃嘹舌头三

① 王克明：《听见古代——陕北话里的文化遗产》，中华书局2007年版，第228页。

② 侯精一、温端政：《山西方言调查研究报告》，山西高校联合出版社1993年版，第75页。

③ 邢向东：《神木方言研究》，中华书局2002年版，第264页。

④ 李蓝：《方言比较、区域方言史与方言分区——以晋语分音词和福州切脚词为例》，《方言》第1期，第41—59页。

千里!"(《大慧普觉禅师再住径山能仁禅院语录》，卷六，据《大正新修大藏经》第47册)

(25) 问："承古有言：一尘遍含一切尘。如何是一尘?"师云："乞嚓舌头，更将一问来!"(《古尊宿语录》，卷四〇，据《续藏经》第15册)

(26) 进云："斩钉截铁本分宗师，眹兆未分请师速道。"师云："咭嚓舌头三千里。"(《圆悟佛果禅师语录》，卷九，据《大正新修大藏经》第47册)

(27) 问："如何是鹿苑一路?"师曰："吉嚓舌头问将来。"(《景德传灯录》，卷一三，据《大正新修大藏经》第51册)

(28) 上堂："普贤行，文殊智，补陁岩上清风起。瞎驴趁队过新罗，吉獠舌头三千里。"(《古尊宿语录》，卷四〇，据《续藏经》第68册)

"吃嚓舌头，更将一问来"这类句式，在唐宋禅录里又作"缩却舌头，致将一问来"或"倒转舌头，答我一问来"，显见其意义相近之处。如：

(29) 僧问："离四句，绝百非，请师道。"师云："缩却舌头，致将一问来。"(《佛海瞎堂禅师广录》卷一，据《续藏经》第69册)

(30) 如何是最初一灯? 或道：山河大地，日月星辰，此正是他影子。向光未发已前，倒转舌头，答我一问来。(《石溪和尚语录》，卷上，据《续藏经》第71册)

(31) 喝一喝，则日照天临；打一棒，乃云行雨施。拈却面前案山子。倒转舌头，试为我道一句看! 若道不得，三十年后莫道见鸿福来。(《嘉泰普灯录》，卷一五，据《续藏经》第79册)

(32) 拈云："缩却舌头，别举来看!"(《真歇清了禅师语录》，据《续藏经》第71册)

《祖堂集》类似的句式作"并却咽喉唇吻，速道将来"，如：

(33) 师索大颠曰："并却咽喉唇吻，速道将来。"对曰："无这个。"(《祖堂集》，卷四，石头和尚)

(34) 问："并却咽喉唇吻，请师道!"师曰："汝只要我道不得。"(《祖堂集》，卷六，投子和尚)

(35) 师垂语云："并却咽喉唇吻，速道将来。"有人云："学人道不得，却请师道。"(《祖堂集》，卷一四，百丈和尚)

《景德传灯录》类似的句式又作"不涉唇锋，问将来"，如：

(36) 问："不涉唇锋，乞师指示。"师曰："不涉唇锋，问将来。"(《景德传灯录》，卷二〇，据《大正新修大藏经》第51册)

可见，"吃嘹舌头"其实就是禅录中常见的"缩却舌头"，意义类似于"并却咽喉唇吻""不涉唇锋"。禅宗理论核心就是不立文字，它强调以心传心，见性成佛，超离言辞知解。所以，"吃嘹舌头，更将一问来"是禅师批评问法僧人拘泥于言语知解，并希望禅人能有截断语言障碍、见性成佛的问头来。《祖堂集》卷一〇，镜清和尚："又问：'只如从上祖德岂不是以心传心?'峰云：'是。兼不立文字语句。'师曰：'只如不立文字语句，师如何传?'峰良久。遂礼谢起，峰云：'更问我一传，可不好?'对云：'就和尚请一传问头。'"可资参照。

第二种句式，"吃嘹舌头三千里"或"吃嘹舌头，老僧倒走三千里"(《密菴语录》作"咭嘹舌头，老僧倒退三千里")在唐宋禅录里比较接近的，如：

(37) 垂示云："坐断天下人舌头，直得无出气处，倒退三千里，是衲僧气宇。"(《佛果圜悟禅师碧岩录》卷九，据《大正藏》第48册)

"三千里"或"倒走(退)三千里"，唐宋禅录中常用，比喻禅家的机锋锐不可当(参《佛学大辞典》及《佛光大辞典》"倒退三千"条)。禅法直指人心，参禅者当截断一切言语情识，令人无理路可循，畏之而退。所以，"吃嘹舌头三千里"是说截断一切言语情识、直指人心的机锋，锐不可当。正所谓："一种机截众流，透过祖师关，若是明眼人，已透过三千里。"（《圆悟佛果禅师语录》，卷六，据《大正新修大藏经》第47册）"吃嘹舌头，老僧倒走三千里"则更进一步，意思是说，参禅者若能截断言语，本分相见，就连老僧这样的宗师也得退让三千里。

三　云居子[1]

木楒子

《本草纲目》不载。忠曰：和俗言牟俱鲁志者，是也。其字木楒子楒字似楼，讹作鲁音尔，此类不一。（《〈敕修百丈清规〉左觽》）

△看他老汉（至）断贯索

忠曰：老汉，指黄檗。断贯索者一句语，乃次"来来去去"语也，以比贯钱索之断截者。（《虚堂录犁耕》）

△用不着底断贯

忠曰：断贯索也。《字汇》："以缗穿钱曰贯。"（此止）今断索不任穿钱，谓无用处也，抑下是事。○逸堂曰：断贯索者，无用处义。（《虚堂录犁耕》）

断贯索头（《送僧入浙》（东岩月和尚）：林间拾得几苔钱，便觉今年胜去年。断贯索头穿就了，送君去买浙江船。）

贯索，贯穿钱索绳也。《增韵》："以缗穿钱曰贯。"○《虚堂录》："以二千年前用不着底断贯，穿天下衲僧鼻孔。"○三四句，者里穷贫，故以所拾苔钱，穿绳与汝送行，充买浙江船之顾也。以无一物之钱赠此颂。四句一意也。（《江湖风月集解》）

《大慧录》卷九："本仁将一穿云居子换却天下人眼睛，却被这僧将一条断贯索，不动干戈穿却鼻孔。"（据《大正藏》第47册）雷汉卿《禅籍方俗词研究》附录禅籍疑难语词"待问录"有"穿云居子"条[2]，估

① 此词和下面"君子可八""搀撑"和"钝膀状元"等语词考释，原发表于《语言研究》2013年第3期，第12—14页，原题为《唐宋禅录疑难语词考释四则》，略有改动。

② 雷汉卿：《禅籍方俗词研究》，巴蜀出版社2010年版，第634页。

计是把“穿”看成动词，应该有误。从上引例句，“一穿云居子”跟“一条断贯索”对应，可知“一穿”与“一条”一样是数量值。《正字通·穴部》：“穿，去声，与串通。”《广韵·谏韵》“串，穿也。”“穿”作量词，宋代亦常见，如《祖庭事苑》卷三：“赵州从谂俗寿一百二十岁。尝有人问：‘师年多少?’师云：‘一穿数珠数不足。’”（据《续藏经》第64册）又如《罗湖野录》上：“一穿数珠尘又重，拈来百八不相谩。”（据《续藏经》第83册）所以，“一穿云居子”在《宗门拈古汇集》卷三一（《续藏经》第66册）和《宗鉴法林》卷六四（《续藏经》第66册）就直接引作“一串云居子”。

上引《大慧录》卷九的例句，在同书卷二则作：“我能以木槵子换天下人眼睛，殊不知被不孝之子将断贯索穿却鼻孔。”（《大正藏》第47册）在更早的禅籍《云门匡真禅师广录》卷二中，嘉兴藏本作“将木患子换却你眼睛”（《嘉兴藏》第24册），大正藏本作“将木槵子换却尔眼睛”（《大正藏》第47册）。宋代禅籍《碧岩录》卷八（《大正藏》第48册）、《拈八方珠玉集》上（《续藏经》第67册）、《古尊宿语录》卷一六（《续藏经》第68册）、《续刊古尊宿语要》第六集（《续藏经》第68册）、《嘉泰普灯录》卷一五（《续藏经》第79册）、《五灯会元》卷一四（《续藏经》第80册）等也都是“将木槵子”换人眼睛。可见，“云居子”义同于“木槵子”。

“木槵子”，又作“木患子”“木栾子”等，本是一种生长在高山上的乔木，果实呈球形、黑色、光亮、坚硬，因在《木槵子经》中佛陀曾教导波流离王贯串木槵子作念珠，遂使得后世的佛教徒均喜用木槵子来制造佛珠。中国至迟在初唐就开始用木槵子制作念珠。《续高僧传》卷二〇：“穿诸木栾子以为数法，遗诸四众，教其称念。”（《大正藏》第50册）所以念珠也称作“木槵子”。“木槵子”有多种异名。《本草纲目·木部》“无患子”条：

> 释名：桓（《拾遗》）、木患子（《纲目》）、噤娄（《拾遗》）、肥珠子（《纲目》）、油珠子（《纲目》）、菩提子（《纲目》）、鬼见愁。藏器曰：桓、患字，声讹也。崔豹《古今注》云：昔有神巫曰瑶眊，能符劾百鬼，以此木为棒，棒杀之。世人相传以此木为器用，以厌鬼魅，故号曰无患。人又讹为木患也。时珍曰：俗名为鬼见愁，道家禳

解方中用之，缘此义也，释家取为数珠，故谓之菩提子。与薏苡同名。《纂文》言其木名卢鬼木。山人呼为肥珠子、油珠子，因其实如肥油而子圆如珠也。

集解：藏器曰：无患子，高山大树也。子黑如漆珠。《博物志》云：桓叶似榉柳叶。核坚正黑如瑿，可作香缨及浣垢。宗奭曰：今释子取为念珠，以紫红色、小者佳。入药亦少。西洛亦有之。时珍曰：生高山中。树甚高硕，枝叶皆如椿，特其叶对生。五六月开白花。结实大如弹丸，状如银杏及苦楝子，生青熟黄，老则纹皱。黄时肥如油炸之形，味辛气膻且硬，其蒂下有二小子相粘承之。实中一核，坚黑似肥皂荚之核，而正圆如珠。壳中有仁如榛子仁，亦辛膻，可炒食。十月采实，煮熟去核，捣和麦面或豆面作澡药，去垢同于肥皂，用洗真珠甚妙。《山海经》云：秩周之山，其木多桓。郭璞注云：叶似柳，皮黄不错，子似楝，着酒中饮之，辟恶气，浣之去垢，核坚正。即此也。今武当山中所出鬼见愁，亦是树荚之子，其形正如刀豆子而色褐，彼人亦以穿数珠。别又是一物，非无患也。

大约是因为“木槵子”生长在高山上的缘故，所以木槵子也称为“云居子”。“云居”依字义，可解为“居于云上”，极言其高。宋黄庭坚《鄂州南楼书事》诗云：“南楼盘礴三百尺，天上云居不足言。”任渊注曰：“江南谚曰：‘天上云居，地下归宗。’盖云居在山之绝顶。”① 江西的云居山，原名欧山，因其“山势雄伟高峨，常为云雾萦绕”②，唐朝改称云居山，该山至今仍是木槵子的重要产地。

四　君子可八

君子可八

《云门录》中（廿六丈）曰：“作么生是入乡随俗底句？代云：君子可八。”〇《联灯》十三（十五丈）《侍郎杨亿章》曰：“先谒广慧

① 转引自《汉语大词典》第11册第642页“云居”条。

② 古道：《禅之旅》，陕西师范大学出版社2007年版，第12页。

琏禅师，遂问：‘布鼓当轩击，谁是知音者?’琏云：‘来风深辨。’公云：‘禅客相逢，只弹指也。’琏云：‘君子可八。’杨云：‘诺诺。’琏云：‘今日太赚侍郎。’”〇《会元》十二《杨亿章》少异。〇《罗湖》（四十七丈）。〇《会元》十八（六十一丈）《慈航朴章》曰：“德山入门便棒，临济入门便喝。云云。遂喝一喝，卓柱杖一下，云：‘敢问诸人是生是杀?’良久云：‘君子可八。’”〇《南堂本觉录》（五十一丈）曰：“一喝分宾主，照用一时行。乃喝一喝云：‘是宾是主，是照是用?’又喝一喝，是非已去了。一喝没交涉，否极泰来，君子可八。”〇《续古宿》四《别峯珍语》曰：“在首座寮，受鼓山请，拈帖云：‘青氈本属吾家，日用何曾欠阙? 要识里许清规，除是君子可八。’”〇又同六《别峯云语》（十丈）曰：“俱胝一指临济四喝遂以佛子划云师今一时与诸人划断了也且道划断后如何君子可八。”〇《北涧录·佛祖赞》（五丈）《东山赞》曰：“棚八啰扎，君子可八，附子同乡一样辣。”云云。〇《元亨释书》六（十五丈）《兀庵宁传》曰：“在无锡径山偃溪访及宁撾鼓上堂。云云。只如国一禅师，经过梁溪，蓦将泗州大圣鼻孔一捏，直得无处出气，为复压良为贱，为复神通游戏? 良久云：君子可八。”〇忠曾获绝海津和尚亲笔《禅林对机语》一册，其卷有《方语集》。其“君子可八”注云：‘君子可知。又伶俐人也，晓得底便知，知底便知。’”〇又一本《方语集》曰：“《普灯钞》：‘八字，朴借音也。君子可淳朴之义也。”〇忠又按《类书纂要》七《解忘八》曰：“言人入于花柳之业者，其心已忘却孝弟忠信礼义廉耻之八字矣。”忠曰：今君子反此，故八是孝弟忠信礼义廉耻，君子可于此，故云君子可八也。〇忠一时问齐云师，云云：“君子可八者，君子可知之义也。中华福州乡谈，不知言不八。八即知义也。予《帐中秘》下卷。”〇《禅林方语》四言云：“君子可八，晓得底便知。又理会不得。”（《葛藤语笺》）

《建中靖国续灯录》卷六净土鉴韶禅师：“问：‘承师有言，君子可八，意旨如何?’师云：‘披衣入市去，剃发上山来。’”（《续藏经》第78册）又《联灯会要》卷一三：“公云：‘禅客相逢，只弹指也。’琏云：‘君子可八。’杨云：‘诺诺。’琏云：‘今日太赚侍郎。’”（《续藏经》第79册）句子“君子可八”语颇为难解，日本《五灯拔萃》解释说：“方语也。注云：知底知。又云：脱得底知。言君子如八字，两边打开也。"[①] 无著道忠《葛藤语笺》曰："忠又按《类书纂要》七，解'忘八'曰：言人入于花柳之业者，其心已忘却孝、弟、忠、信、礼、义、廉、耻之八字矣。忠曰：今君子反之，故八是孝、弟、忠、信、礼、义、廉、耻，君子可于此，故云君子可八也。忠一时问齐云师，云云：'君子可八者，君子可知之义也。中华福州乡谈，不知言不八，八即知义。'"[②] 桂洲道伦等编的《诸录俗语解》亦采用八是"孝、弟、忠、信、礼、义、廉、耻"说[③]。日本《句双葛藤钞》解释为优秀的人做事做到八九分程度，而不会做到十分的程度。[④] 众说纷纭，莫衷一是。

按：例句中"君子可八"在四库全书本《五灯会元》《罗湖野录》皆作"君子可入"[⑤]。较早的用例应该出自云门文偃之口，大正藏《云门匡真禅师广录》卷中："或云：'作么生是入乡随俗底句？'代云：'君子可八。'"（《大正藏》第47册）嘉兴藏《云门匡真禅师语录》卷三："云：'作么生是入乡随俗底句？'代云：'君子可入。'"（《嘉兴藏》第24册）《嘉泰普灯录》卷二三也作"君子可入"（《续藏经》第79册）。

"君子可入"据文义应是君子可以进入。禅录有时也用此本义。如《观涛奇禅师语录》卷一："三门，泼天门户，原无阶级，就路还家，君子可入，卓拄杖便进。"（《嘉兴藏》第36册）又《俞昭禅师语录》卷一："山门无门之门，阿谁篆额看得分明？君子可入。"（《续藏经》第71册）

禅宗多用"君子可入"来比喻有道禅僧可以就此悟入。上引《联灯会要》卷一三的例句，杨亿说"禅客相逢只弹指也"，语出唐贯休《书石壁禅居屋壁》诗句"禅客相逢只弹指，此心能有几人知"[⑥]，是说禅宗不

---

① 《五灯拔萃》是《五灯会元》的注释书，是日本室町期的手写本。作者不详。书中引用最多的是中国宋代入日禅僧一山一宁（1247—1317）的注释。除此之外，还有宋代入日禅僧大休正念（1215—1289）、入宋日僧约翁德俭（1244—1320）的注释。该书对禅录难解俗语、谚语的注释非常珍贵。其原本保存在日本京都大德寺龙光院。

② 无著道忠：《葛藤语笺》，日本禅文化研究所，1992年，第172—173页。

③ 桂洲道伦、湛堂令椿撰，芳泽胜弘编注：《诸录俗语解》，禅文化研究所，1999年。

④ 《句双葛藤钞》，日本室町时代到江户初期的禅录解释书，元禄5年（1692）版，花园大学国际禅学研究所藏。原文为日文解释。

⑤ 分别参见金沛霖《四库全书子部精要》页1115、1135页。天津古籍出版社和中国世界语出版社联合1998年出版。

⑥ 《全唐诗》第8册，第4224页。

立文字，以心传心，能够心心相印的禅客能有几人？广慧禅师琏回答“君子可入”，意即有道禅僧能够心心相印，就此悟入。《云门匡真禅师语录》卷三：“云：‘作么生是入乡随俗底句？’代云：‘君子可入。’”“入乡随俗”本指到什么地方，就随从什么地方的风俗习惯。禅宗比喻万法归一，但不同门派仍有自己的风格、特色，进入哪一个门派学法修道，就要随从那一门派的门风，其目的都是启发学人悟道。所以说有道禅僧可以就此悟入的言句，就是“入乡随俗底句”。

五　搀撑

△好机锋

忠曰：石火电光顿机也。（《大慧普觉禅师书栲栳珠》）

《圆悟录》卷一九：“列圣风规初不放过，拟跨铁牛蓦头印破。卢陂当断却沈吟，电转星飞活被擒。喝下搀撑同霹雳，三玄戈甲振丛林。”（《大正藏》第47册）此处“搀撑”应为“搀抢”（“抢”又写作“枪”）。《玉篇》：“抢，初庚切，搀抢，妖星也。又七良切。撑，丑庚切，撑拄。又丑孟切。”又“枪”在《重修广韵》“楚庚切”下第二字，释曰：“欃枪，祆星。”“撑”在“丑庚切”下第二字，释曰：“拨也。又撑柱也。”《祖庭事苑》卷六：“搀抢，上楚御切，下初庚切。”（《续藏经》第64册）《金光明经文句文句记会本》卷二：“搀抢：搀音谗，抢音撑。搀抢，妖星也。”（《续藏经》第20册）李白《李太白全集》：“欃枪扫河洛。”注：“枪音撑，与搀抢同。”① 所以，“搀撑”应为“搀抢”音近而混。

“喝下搀抢同霹雳”意思是“吆喝一声，扫除搀抢，势如霹雳”。“搀抢”，彗星名，古人以搀抢为妖星，主兵祸。禅宗用来比喻阻碍学人悟入的迟疑、杂念等魔障。“喝”是禅家尤其是临济宗常用的应机、示机方式，泛指迅烈的禅机施设。正所谓“德山棒剪除狂寇，临济喝扫荡欃枪”（《嘉兴藏》第40册）。

其他禅籍后引作“机锋”，如《禅宗颂古联珠通集》卷三五：“列圣

① 李白：《李太白全集》，中华书局1998年版，第556页。

风规初不放过，拟跨铁牛蓦头印破。卢陂当断却沉吟，电转星飞被活擒。喝下机锋如霹雳，三玄戈甲振丛林。”（《续藏经》第65册）可能是因为“搀抢”与“机锋”（本指弓上的机牙和箭锋）一样有锐利的义素，故都可喻指禅机锋芒、迅疾敏锐的思辨语句。《史记·天官书》张守节正义：“天枪者，长数丈，两头锐，出西南方。”① “天枪”即“欃枪”。

六　钝牓状元

△放教钝

忠曰：“放者，放纵心也；教钝者，令退步做着实工夫，所谓参黄杨木禅也。（《大惠年谱》十七丈）复次此三字，应上博量要说的分晓也，博量知解伎俩也，钝之。（《大慧普觉禅师书栲栳珠》）

△钝牓状元

忠曰：“科举有龙虎榜、金榜、黄榜等目，今以‘钝榜’戏之也。钝中第一也。非及第实有。‘钝牓状元’者，但依退步工夫得悟，是即‘钝牓状元’者也。”

○《天中记》卌八（五十六丈）曰：“《科举记》：‘唐贞元八年陆贽主司，试《明水赋》《御沟新柳诗》。其人贾棱、陈羽、欧阳詹、李博、李观、冯宿、王涯、张季友、齐孝若、刘遵古、徐季同、侯继、穆贽、韩愈、李绛、温商、庾承宣、员诘、胡谅、崔群、邢册、裴光辅、万当②，是年一榜多天下孤隽伟杰之士，号‘龙虎榜’。”

○《山堂肆考·商集》卌六（一丈）载名少异。《潜确类书》五十（十九丈）曰：“唐崔绍暴卒复苏，云：‘见冥间列牓，书人姓名，将相金牓，其次银牓，州县小官并铁牓。’”

○又云：“宋人贺甲科，给驺从归第曰：‘黄牓开天上，彤驺出禁中。’”（《大慧普觉禅师书栲栳珠》）

△挖白

忠曰：《太平广记》百八十六（三丈）曰：“《卢氏杂说》：‘苗

① 中华书局编辑部编：《历代天文律历等志汇编》，中华书局1976年版，第30页。

② 当：原文无，据洪兴祖《韩子年谱》引《科名记》补。

晋卿典选，御史中丞张倚男奭参选，晋卿以倚子思悦附之。考等第凡六十四人，奭在其首。苏考蕴者为蓟令，乃以选事告禄山。禄山奏之，玄宗乃集登科人于花萼楼前重试，升第者十无一二。奭手持试纸，竟日不下一字。时人谓之拽白。上大怒，贬倚。敕曰：庭闱之间，不能训子；选调之际，乃以托人天下为戏谈。晋卿贬安康。'"

旧解"挖白"，及第时剪白纸掩恶文，谓之拖白。又研银薄，勾下恶文，谓之银案。见《太平广记》（上此）。直是杜撰。《广记》贡举部、铨选部无此事耳。

《事物纪原》三（四十六丈）曰："天宝元年，冬选，六十四人判入等。时御史中丞张倚男奭判入高等。有下第者尝为蓟令，以其事白于安禄山，禄山奏之，来年正月，玄宗御勤政楼亲重试，唯十二人比类稍优，张奭不措一辞，时人谓之曳白，即托白是也。"

曳白又言挖白，见于《纪原》，又《通鉴·质实》。

《通鉴纲目》四十三（百四十七丈）《唐玄宗天宝二年》曰："李林甫领吏部尚书，日在政府。选事悉委侍郎宋遥苗晋卿。时选人集者，以为万计，遥、晋卿以御史中丞张倚得幸于上，擢其子，奭为首。禄山言于上，上召入面试之，奭手持试纸，终不成一字，时人人谓之曳白。于是三人皆坐贬。"《质实》："曳白：曳音裔，引也，一字不能书，惟对白纸直视，故号曳白。又云即拖白是也。"

《通鉴全书》不载此事。《事文别集》一（十一丈）引《通鉴》。

《韩昌黎集》二（廿九丈）《荅张彻诗》曰："泉绅拖修白，石剑攒高青。"

忠曰：歇世智才觉自为痴钝汉，退步工夫虽是好事，然毕世守钝，无契证分，一生空过，不得言真个那一句，亦不是也，故怕之也。(《大慧普觉禅师书栲栳珠》)

△一笑

忠曰：上来事迹戏言故，以一笑二字结。(《大慧普觉禅师书栲栳珠》)

《大慧录》卷二八《答宗直阁》："老汉教士大夫放教钝，便是这个道理也。作钝牓状元亦不恶，只怕拖白耳！一笑。"（《大正藏》第47册）此例大正藏本《大慧普觉禅师书》作"钝牓状元"，《指月录》卷三一引作“钝榜状元”。可见“钝膀状元”即“钝榜状元”或“钝牓状元”。“榜”“牓”常混作“膀”。又如《景德传灯录》卷二三：“僧问：‘如何是和尚家风?’师曰：‘与天下人作榜样。’”明本作“榜”，大正藏本作“膀”（《大正藏》第51册），《五灯会元》卷一五引作“牓”（《续藏经》第80册）。

无著道忠《大慧普觉禅师书栲栳珠》云：“科举有龙虎榜、金榜、黄榜等目，今以‘钝榜’戏之也。钝中第一也。非及第实有。‘钝牓状元’者，但依退步工夫得悟，是即‘钝牓状元’者也。”①无著道忠的理解应该没多大问题，但其所谓“依退步工夫得悟”，于文义仍有欠妥之处。

我们认为，“钝榜状元”顾名思义就是痴钝榜中第一，这从前面的“放教钝”一语可以推测得出来，“放教钝”即“放钝”，就是装痴钝的意思，“放”“教”系同义连用。又《定慧明光佛顶国师语录》卷三《庞居士云心空及第归》：“选佛场中忆郄诜，鼻根通处桂花新。黠儿悉是遭拖白，钝榜状元能几人。”（《大正藏》第81册）“钝榜”亦是与“黠儿”对言。

禅宗主张不立文字，直指人心，见性成佛，因而伶牙俐齿，拟议寻思，都是禅宗所反对的。参禅者只有灭尽妄念，形如枯木，心若痴狗，才能明见真性，达到禅悟境界。静、筠二禅师《祖堂集》卷一六，南泉和尚：“近日禅师太多生，觅一个痴钝底不可得。”同书卷一〇，长庆和尚：“雪峰云：‘不用一日三度五度上来，但知山里燎火底树橦子相似，息却身心，远则十年，中则七年，近则三年，必有来由。’”②《断际心要》：“只如个痴狗相似，见物动处便吠，风吹草木也不别。”（《大正藏》第48册）所以，禅宗用“钝榜状元”比喻灭尽妄念，内心空明，顿悟真性的禅僧。所以，“钝榜状元”其实就类似“选佛状元”或“心空及第”。有诗为证：

选官顶甲居士已夺高标，选佛状元毕竟难辞钝榜。（《朝宗禅师语录》卷一〇，据《嘉兴藏》第34册）

何故宏开选佛场，心空便作状元郎。（《千岩禅师语录》卷一，

① 无著道忠：《大慧普觉禅师书栲栳珠》，龙华院藏，1729年。

② 静、筠：《祖堂集》，日本花园大学影印大字本，1994年，第587、401页。

据《嘉兴藏》第32册）

十方同聚会，个个学无为。此是选佛场，心空及第归。（《圆悟佛果禅师语录》卷八，据《大正藏》第47册）

七　里①

△微细流注

忠曰：《宗镜录》五十七（九丈）曰："言流注者，唯目第八，三相（生住灭）微隐，种现不断，名为流注。"

○《楞伽经》一（廿丈）曰："诸识有二种生住灭，非思量所知。诸识有二种生，谓流注生及相生（二种住、二种灭云云）。"泐注："识蕴于内，念念相续，如水流注，未始暂停也。"

○忠曰：《起信论》上二（九丈）曰："以远离微细念故得见心性，心即常住，名究竟觉。"疏："业识动念，念中最细，名微细念。"（《〈虚堂录〉犁耕》）

△真常流注

忠曰：《宝镜三昧》曰："宗通趣极，真常流注，外寂中摇，系狗伏鼠，先圣悲之，为法檀度。"

○忠曰：《宗镜录》五十七（九丈）曰："《楞伽经》泐注一（廿丈）云：大慧菩萨摩诃萨曰：佛言世尊诸识有几重生住灭？佛告大慧：识有二重生住灭，非思量所知，谓流注生住灭，相生住灭。古释云：言流注者，唯目第八，三相微隐，种现不断，名为流注。由无明缘，初起业识，故说为生，相绩长劫，故名为住，到金刚定，等觉一念，断本无明，名流注灭。"

○忠曰：今真常流注，乃流注住也。

○忠曰：《大慧普说》二（二丈）《育王山入院当晚普说》曰："一问一答，且要血脉不断（乃至）今夜与诸人举一两则问话底样子。"僧问："灵云混沌未分时如何？"答云："露柱怀胎。"僧云：

① 此词和下面"个""著"等词考释，原发表于《语言科学》2012年第4期，第432—435页，原题为《〈祖堂集〉语法问题考辨数则》，略有改动。

"分后如何?"答云:"犹如片云点太清，看他作家见作家，自然箭锋相拄。"又问:"只如太清还受点也无?"灵云不对。古人识法者惧，若是如今杜撰禅和，便道:"长老被我问得口哑。"这僧既领略这话，又问:"恁么则含生不来也?"又不对。此两个不答，最毒害，更过如一棒一喝。又问:"直得纯清绝点时如何?"答曰:"犹是真常流注。"僧云:"如何是真常流注?"(乃至)"打破镜来相见。"(《〈虚堂录〉犁耕》)

《祖堂集》卷一八，仰山和尚，第688页[①]:"(沩山)又云:'汝三生中，汝今在何生?实向我说看。'仰山云:'想生、相生，仰山今时早已淡泊也。今正在流注里。'"其中"今正在流注里"，曹广顺在《近代汉语助词》一书中引此例作"今正流注里"，漏一"在"字，视"里"为语气词，不过曹文又说:"《祖堂集》中'在'用例较多，'里'仅此一见，同时此例文义也不太明白，是否为语气助词，还在疑似之间。"[②] 徐晶凝在《情态表达与时体表达的互相渗透——兼谈语气助词的范围确定》一文中，不加怀疑地直接引作了语气词[③]。

毫无疑问，此处的"里"是否是语气词，理解"流注"的意义最为关键。如果我们能确定这里的"流注"是动词，那么句末"里"就应该是语气词；如果"流注"是名词，那么句末"里"就应该是方位名词。问句"汝三生中，汝今在何生"，"在"是动词，"在何生"意思是"在三生中的哪一生"，"三生"即沩山灵祐为接引学人证得大圆镜智，达到自由无碍之境地而设的三种机法，即"想生""相生""流注生"("想生"，指主观思维，意谓能思之心散乱；"相生"，指所缘之境，即客观世界；"流注生"，意谓微细之烦恼尘垢不断生起)，[④] 所以答句的"在"也应是动词，"流注"是"在"的宾语，是"流注生"所省，无疑就是名词，那句末"里"就不可能是语气词，只能是方位名词了。禅宗认为，要证得圆明之镜智，达到自在之境地，需要远离、否定，乃至直视而伏断

---

① 括号内的数字为日本花园大学1994年影印的大字本《祖堂集》的页码。

② 曹广顺:《近代汉语助词》，语文出版社1995年版，第17页。

③ 徐晶凝:《情态表达与时体表达的互相渗透——兼谈语气助词的范围确定》，《汉语学习》2008年第1期，第28—36页。

④ 参见慈怡主编《佛光大辞典》"沩山三种生"条，佛光文化事业有限公司1988年版。

“三生”，正如《佛果圆悟禅师碧岩录》卷八所说：“相生执碍，想生妄想，流注生则逐妄流转。若到无功用地，犹在流注相中，须是出得第三流注生相，方始快活自在。”仰山和尚认为自己已经远离了“想生”“相生”，但还没有出离“流注生”。

八　个

△住个小院

忠曰：小院指兴圣。个者，一个也。在报恩而指彼兴圣，故非。指物言个，乃一个小院也。(《虚堂录犂耕》)

《祖堂集》卷九，九峰和尚，第355页：“尽乾坤都来是你当人个体，向什处安眼耳鼻舌?”曹广顺在论文《说助词“个”》[①] 中、曹广顺在著作《近代汉语助词》[②] 中，石毓智、李讷在《汉语发展史上结构助词的兴替——论“的”的语法化历程》[③] 中，赵日新在论文《说“个”》[④] 中都认为这里的“个”以及《祖堂集》“早个相见”“分明个底”“绵密个”都已经演变为结构助词。曹广顺、梁银锋、龙国富在《〈祖堂集〉语法研究》中认为：将这些“个”，“全部看作结构助词还不太典型”，“‘分明个底’，如果‘个’相当于‘底’，那后面怎么又有一个‘底’呢?”“‘早个相见’恐怕还不能译为‘早底相见’。可见‘个’和‘底’的功能还是有区别的。不过，鉴于宋代以后反映南方方言的文献中确已有很多‘个’演变为结构助词，故不排除《祖堂集》中个别‘个’有演变为结构助词的趋势。如大家举下例作为‘个’已是结构助词的例证：尽乾坤都来是你当人个体，向什处安眼耳鼻舌?‘是你当人个体’是‘X个NP’形式，可以理解为‘是你当人底体’，‘个’相当于‘底’，如果此例没

① 曹广顺：《说助词“个”》，《古汉语研究》1994年第4期，第28—32页、第48页。

② 曹广顺：《近代汉语助词》，语文出版社1995年版，第175页。

③ 石毓智、李讷：《汉语发展史上结构助词的兴替——论“的”的语法化历程》，《中国社会科学》1998年第6期，第165—180页。

④ 赵日新：《说“个”》，《语言教学与研究》1999年第2期，第36—52页。

有颠倒之误或衍字，把‘个’看作结构助词应该没有问题。”①

应该说曹广顺、梁银锋、龙国富的《〈祖堂集〉语法研究》上的看法是比较谨慎的，但我们认为“是你当人个体”的“个”仍然不能看作结构助词，尽管此例应该可以确定“没有颠倒之误或衍字”，因为《景德传灯录》《五灯会元》等禅录也都作“是汝当人个体”。这里的“个”应该还是一个量词，只不过其前面的数词“一”脱落了而已。

禅录常用“尽乾坤是一个 NP”句式，“尽”与“一个”对举，表示整个世界都包容于一个具体事物之中，每一个个体都是一个自足的世界，自性平等，万法一如，天下万物并无大小之分别。如：

尽乾坤大地只是一个自己。(《佛果圜悟禅师碧岩录》卷四，《大正藏》第 48 册第 178 页)

尽乾坤星辰日月，尽大地草木丛林，都作一个出入游戏之场。(《续开古尊宿语要集》卷三，《卍续藏》第 68 册第 403 页)

尽乾坤大地是一个棋局。(《天岸升禅师语录》卷四，《嘉兴藏》第 26 册第 678 页)

尽乾坤世界总是一个无字。(《岳旭禅师语录》卷一，《嘉兴藏》第 38 册第 502 页)

量词“个”前面的数词“一”往往脱落变成“尽乾坤是个 NP”，如：

尽乾坤大地是个热铁团。(《嘉泰普灯录》卷八，《卍续藏》第 79 册第 339 页)

尽乾坤是个屋。(《云门匡真禅师广录》卷三，《大正藏》第 47 册第 567 页)

尽乾坤是个解脱门。(《明觉禅师语录》卷二，《大正藏》第 47 册第 682 页)

尽乾坤大地只是个真实人体。(《圆悟佛果禅师语录》卷一三，《大正藏》第 47 册第 772 页)

---

① 曹广顺、梁银峰、龙国富：《〈祖堂集〉语法研究》，河南大学出版社 2011 年版，第 91 页。

尽乾坤都来是个眼。(《景德传灯录》卷一〇，《大正藏》第51册第279页)

尽乾坤大地都卢是个主人公。(《真歇清了禅师语录》卷二，《卍续藏》第71册第782页)

尽乾坤大地是个槌。(《建中靖国续灯录》卷五，《卍续藏》第78册第667页)

尽乾坤刹海都卢是个自己。(《圆悟佛果禅师语录》卷八，《大正藏》第47册第748页)

“一个”前面也可以增加一个名词或代词“X”变成“尽乾坤是X一个NP”句式，如：

尽乾坤世界是你一个眼睛。(《普庵印肃禅师语录》卷一，《卍续藏》第69册第372页)

盖十方是当人一个清净法身。(《净土生无生论亲闻记》卷二，《卍续藏》第61册第862页)

穷天地亘古今即是当人一个自性。(《五灯会元》卷一六，《卍续藏》第80册第342页)

“尽乾坤是X一个NP”句式中“个”前的数词“一”也仍然常脱落作“尽乾坤是X个NP”，如：

遍界当人个坐具。(《不会禅师语录》卷八，《嘉兴藏》第32册第360页)

尽乾坤都来是汝当人个自体。(《禅林僧宝传》卷五，《卍续藏》第79册第502页)

三千世界都来是汝个自己。(《指月录》卷一〇，《卍续藏》第83册第511页)

尽乾坤大地都来是汝当人个体。(《景德传灯录》卷一六，《大正藏》第51册第329页)

“尽乾坤是一个NP”句式脱落“一”变成“尽乾坤是个NP”时，

“个”绝对不会被看成结构助词，如“尽乾坤都来是个眼”不可能理解为“尽乾坤都来是底眼”。同样，“尽乾坤是X一个NP”句式中“一”变作“尽乾坤是X个NP”，增加一个“X”也并没有改变“个”量词性质，尽管“尽乾坤大地都来是汝当人个体”，把“个”替换成“底”也通，但“三千世界都来是汝个自己”，把“个”改成“底”就不通了。而且“是X个NP”禅录也写作“是个X+NP”，如“直得尽虚空遍法界都卢是个当人正体”（《百愚禅师语录》卷一三，《嘉兴藏》第36册第676页），这里的“个”也无论如何不能替换为结构助词“底”。

有意思的是，这类句式中的其他量词前面“一”也有脱落的现象，如：

尽乾坤都卢是沙门一只眼。（《圆悟佛果禅师语录》卷三，《大正藏》第47册第725页）

尽乾坤是学人一只眼。（《万松老人评唱天童觉和尚颂古从容庵录》卷一，《大正藏》第48册第229页）

尽大地是当人只眼。（《北京楚林禅师语录》卷四，《嘉兴藏》第37册第544页）

“尽大地是当人只眼”中的“只”也可以替换为“底”，但似乎没有人将“只”理解为结构助词，所以，换个量词变成“尽大地是当人个眼”，“个”也毫无理由就变成结构助词了。

总之，“尽乾坤是X个NP”只是“尽乾坤是X一个NP”脱落数词“一”而已，原来的数量词“一个”的意义，由量词“个”充当。“一个”或“个”与“尽”对应，突出万法如一，宇宙法性与个体自性并无分别的禅宗理念，如果将“X个NP”中的“个”理解为结构助词，这种对比强调的色彩就体现不出了。

九　有时

△孤峰顶上

忠曰：孤危峭峻处。（《虚堂录犁耕》）

《祖堂集》卷四，药山和尚："选得幽居惬野情，终年□□□□□。有时直上孤峰顶，月下披云笑一声。"曹广顺、梁银峰、龙国富在《〈祖堂集〉语法研究》中研究《祖堂集》表不定时的时间副词"有时"时，仅引这一例，并说："只有1例'有时'似是表示不定时的时间副词，但因文句残缺，且是赞颂，不能断定。"①

引例文句残缺处较多，的确给我们理解文句带来了很大的麻烦，不过《宋高僧传》《景德传灯录》《五灯会元》等引用没有残缺，可资参照。仅看诗偈，"有时"似乎解释为"有一次"或者"有时候"都可以，如果联系此诗偈前面的背景材料来看，则只能解释为"有一次"。《祖堂集》详文如下：

> 师因一□□□上□□□□夜而大笑一声，澧阳东来去□□九十□□□人其夜同闻笑声，尽曰："是东家声来。"□□□□□□□东推，直至药山。徒众曰："夜闻和尚山顶□□。"李相公赞曰："选得幽居惬野情，终年□□□□□。有时直上孤峰顶，月下披云笑一声。"

《祖堂集》的背景材料也有不少脱落的地方，联系《宋高僧传》《景德传灯录》《五灯会元》等，其意应该还是比较清楚的：

> 一夜明月，陟彼崔嵬，大笑一声，声应澧阳东九十许里，其夜澧阳人皆闻其声，尽云是东家。明辰展转寻问，迭互推寻，直至药山。徒众云："昨夜和尚山顶大笑是欤?"翱……又偈："选得幽居惬野情，终年无送亦无迎。有时直上孤峰顶，月下披云笑一声。"（《宋高僧传》卷一七，《大正藏》第50册第816页）
>
> 师一夜登山经行，忽云开见月大笑一声，应澧阳东九十许里，居民尽谓东家。明晨迭相推问，直至药山。徒众云："昨夜和尚山顶大笑。"李翱再赠诗曰："选得幽居惬野情，终年无送亦无迎。有时直上孤峯顶，月下披云笑一声。"（《景德传灯录》卷一四，《大正藏》

① 曹广顺、梁银峰、龙国富：《〈祖堂集〉语法研究》，河南大学出版社2011年版，第130页。

第 51 册第 312 页）

师一夜登山经行，忽云开见月，大啸一声，应澧阳东九十里许。居民尽谓东家。明晨迭相推问，直至药山。徒众曰："昨夜和尚山顶大啸。"李赠诗曰："选得幽居惬野情，终年无送亦无迎。有时直上孤峰顶，月下披云啸一声。"（《五灯会元》卷五，《卍续藏》第 80 册第 109 页）

这则公案是说药山惟俨禅师有一夜，在登山途中，忽然云开见月，于是大笑一声，遍于澧阳东九十余里，居民均闻其声。朗州刺史李翱因此赠诗就是这则公案的纪实，"有时直上孤峰顶，月下披云笑一声"指的就是"一夜明月，陟彼崔嵬""一夜登山""昨夜和尚山顶大笑""昨夜和尚山顶大啸"，所以"有时"对应于"一夜""昨夜"，仍然是"有一次"的意思，应该不是表示不定时的时间副词。

十 著

△丁钉著

《传灯》《宗门统要》并作"钉钉著"。

○又《传灯》八（十丈）《南泉章》曰："师云：'汝道空中一片云，为复钉钉住，为复藤缆著？'"又作"钉钉"。

○忠曰：《正字通·子·上》（三丈）"丁"注曰："别作钉。"（云云）又曰："按钉借丁义通，分丁钉为二，非。"

○又《字典·戌·上》（三丈）"钉"注曰："《山海经》有'钉灵之国'。注：吴任臣云：钉灵，今丁灵国，又名丁令，亦作丁零。"

○忠曰：丁与钉通，言以钉而钉著也。非得非不得。（《虚堂录犁耕》）

△曹溪何在

忠曰：代帝也。言已非钉钉，非悬挂，正与么时，六祖在那里也。

○逸堂曰："云横秦岭家何在之意。"（《虚堂录犁耕》）

鞔更鼓（九峰升和尚）：烂木头边钉钉着、死牛皮有活机关。须弥槌子轻拈出、撼动一天星斗寒。

鞔更鼓：丛林鸣更点。点用版，鞔用鼓，今改鞔也。〇鞔，《韵会·寒韵》："覆也。"

烂木头边：烂木，言鼓腔也。钉钉著，上钉平声，下钉去声。死牛皮，死字映下活字。一句鞔鼓也，展牛皮，钉个边也，此活机关也。欲鸣未鸣，故曰活机关也。（《江湖风月集解》）

《祖堂集》卷三，慧忠国师，第114页："师定坐次，肃宗问：'师得何法？'师曰：'陛下见空中一片云不？'皇帝曰：'见。'师曰：'钉钉著？悬挂著？'"许多学者都视"钉钉著，悬挂著"中的"著"为典型的持续体标志，如太田辰夫[①]、曹广顺[②]、袁宾[③]、向熹[④]、刘坚、江蓝生[⑤]、俞光中[⑥]、曹广顺、梁银峰、龙国富[⑦]等，这几乎成了学界公认的看法。其实这里还是动补结构，"著"与"住"同，表示动作的结果。《景德传灯录》《五灯会元》等就写作"住"，如：

师曰："汝道空中一片云，为复钉钉住，为复藤缆著？"（《景德传灯录》卷八，《大正藏》第51册第258页；《五灯会元》卷三，《卍续藏》第80册第74页）

"著""住"前面可以加"不"字，更容易看出其为动补结构，表示动作的结果。如：

---

① 太田辰夫著，江蓝生、白维国译：《汉语史通考》，重庆出版社1991年版，第126页。

② 曹广顺：《〈祖堂集〉中的"底（地）""却（了）""著"》，《中国语文》1986年第3期，第192—202页。

③ 袁宾：《近代汉语概论》，上海教育出版社1992年版，第206页。

④ 向熹：《简明汉语史》下册，高等教育出版社1993年版，第188页。

⑤ 刘坚、江蓝生、白国维等：《近代汉语虚词研究》，语文出版社1992年版，第99页。

⑥ 俞光中：《动词后的"着"及其早期历史考察》，胡竹安、杨耐思、蒋绍愚等编《近代汉语研究》，商务印书馆1992年版，第332页。

⑦ 曹广顺、梁银峰、龙国富：《〈祖堂集〉语法研究》，河南大学出版社2011年版，第209页。

此事如空中一片云，钉钉不住，藤缆不著。(《内绍种禅师语录》卷二，《嘉兴藏》第34册第417页)

《虚堂录》“钉钉著”作“丁钉著”。无著道忠《虚堂录犁耕》曰：“丁与钉通，言以钉而钉著也。”[1]“悬挂著”意即用丝、藤等系住，义同“藤缆著”。《大乘本生心地观经浅注》卷二：“以无垢缯系顶者，乃菩萨之供物也。‘缯’谓缯纩，即紬帛绫罗之类；‘无垢’即白色；‘系’谓悬挂，即如素帛，或为幢幡，或为宝盖。”(《卍续藏》第20册第941页)《汉语大字典》：“缆，拴，系。”“钉钉著，悬挂著”是慧忠禅师描绘禅法的公案，意思是说禅法就如空中一片云，既不是被钉子钉住了，也不是用绳子系住了，而是自由自在、任运逍遥、随意东西，没有被任何东西束缚住。禅法一切现成、一切具足，只有摆脱一切情尘欲累，了无牵挂，无事而为，把持自然之心，才能真正体悟禅法。

《江湖风月集·九峰升禅师·鞔更鼓偈》：“烂木头边钉钉著，死牛皮有活机关。须弥槌子轻拈出，撼动一天星斗寒。”无著道忠注曰：“钉钉著，上钉平声，下钉去声。”[2]《句双葛藤钞》作“烂木头边一钉著”[3]。其中“著”的意义，亦可资参考。

同样，张美兰认为此处“著”为句末语气词，也依然理解有误[4]。

又《祖堂集》卷一九，陈和尚：“问著宗门中事，有什摩难道？恰问著老僧鼻孔。头上漫漫，脚下底漫漫，教家唤作什摩？”“恰问著老僧鼻孔”，曹广顺、梁银峰、龙国富的《〈祖堂集〉语法研究》标点作“恰问著。老僧鼻孔头上漫漫”[5]，王兴才《汉语词汇语法化和语法词汇研究》也是如此[6]。张美兰《〈祖堂集〉语法研究》只引了后半句作“老僧鼻孔上漫漫”，脱一“头”字[7]。这样断句应该是有问题的。因为《古尊宿语

① 无著道忠：《虚堂录犁耕》，禅文化研究所1990年版，第672页。

② 参见无著道忠《江湖风月集解》，龙华院藏手稿本。

③ 《句双葛藤钞》，日本室町时代到江户初期的禅录解释书，元禄5年（1692）版，花园大学国际禅学研究所藏。

④ 张美兰：《〈祖堂集〉校注》，商务印书馆2009年版，第95页。

⑤ 曹广顺、梁银峰、龙国富：《〈祖堂集〉语法研究》，河南大学出版社2011年版，第209页。

⑥ 王兴才：《汉语词汇语法化和语法词汇研究》，人民出版社2009年版，第49页。

⑦ 张美兰：《〈祖堂集〉语法研究》，商务印书馆2003年版，第346页。

录》卷六引作："师云：'问著宗门事'有什么难道？恰问著老僧鼻孔。你头上漫漫，脚下漫漫，教家唤作什么？"（《卍续藏》第68册第35页）倘在"恰问著"处点断，后面又没法读通了。禅语常用"鼻孔"比喻领悟禅法的着手处、关键处，"恰问著老僧鼻孔"意即正好问到了老僧的领悟禅法的关键。此处的"著"的用法未见有人解释，其实也可以解释为"住""到"，也是表动作结果的动词。

十一　雪仲[1]

△高山流水（至）知音

忠曰：已下诫学者今知去就也。高山流水系师家，知音系学者，言学者若得遇善知识，能具行脚眼，闻其深妙说知，是真正知识。高挂钵囊，拗折拄杖，随从参禅焉。譬如伯牙善弹琴，为高山流水趣，则钟子期能知其音也。〇伯牙事前一《报恩录》（十丈左）详笺。

知音：忠曰：世言知音，必引伯牙钟子期。伯牙鼓琴，钟子期善听。出于《列子》五（十二丈）《汤问篇》。又出于《吕氏春秋》十四（四丈）。《韩诗外传》九（二丈）并无知音语。

〇忠曰：《文选》四十一（十三丈）《司马子长报任少卿书》注曰："铣曰：钟子期，古之知音者。伯牙善鼓琴，钟期知其妙。钟期既死，则无人知音，故不复鼓琴矣。"

〇钟子期言知音，仅出此注，而知音字出《吕览》。

〇忠曰：《吕氏春秋》十一（十丈）曰："晋平公铸为大钟，使工听之，皆以为调矣。师旷曰：'不调，请更铸之。'平公曰：'工皆以为调矣。'师旷曰：'后世有知音者，将知钟之不调也，臣窃为君耻之。'至于师涓而果知钟之不调也。是师旷欲善调钟，以为后世之知音者也。"

〇虽有知音字，非知心之义。(《〈虚堂录〉犁耕》)

"雪仲"一语见于《祖堂集》，如：

---

① 本语词及下文的"气道""垸鸣声""绵卷子""屎里""指唱""未学"原发表于《汉语史学报》2016年第16辑，原题为《〈祖堂集〉疑难语词考校商补》，有改动。

问：“雪仲久思，为什摩相见无辞？”师云：“道且凭目击，知音复是谁？”（《祖堂集》卷一二，禾山和尚，第465页）①

“雪仲”，张华径改为“雪中”，并校注曰：“中：原本作‘仲’。”②孙昌武、衣川贤次、西口芳男校注曰：“‘仲’‘中’通。”③张美兰校注曰：“‘仲’疑为‘中’字。”④恐皆未明此话头的出典。

从答语“道且凭目击”就明显可以看出此处是以孔子见温伯雪子的典故为禅宗话头。该典故语出《庄子·田子方》：“仲尼见之而不言。子路曰：‘吾子欲见温伯雪子久矣，见之而不言，何邪？’仲尼曰：‘若夫人者，目击而道存矣，亦不可以容声矣。’”⑤成语“目击道存”就来源于此。“雪仲久思”正对应“吾子欲见温伯雪子久矣”，“相见无辞”正对应“见之而不言”。禅宗不立文字，以心传心，禅师交流，目光相接，便心有灵犀，悟禅解道，正如孔子见温伯雪子一样，目击道存，不在言说。唐宋禅录常拈提这一典故，仅在《祖堂集》就有多处⑥。

所以，“雪仲”无疑是指温伯雪子和孔仲尼，系分取二人名字中的一字简称而成。《祖堂集》人名简称常不固定，“曹山”可简称为“曹”，也可以简称为“山”；“洞山”可简称为“洞”，也可以简称为“山”⑦。可能是由于“雪”“仲”这两个简称有点特别，所以至今尚无校本正确出注。

---

① 括号内的数字为日本花园大学1994年影印的大字本《祖堂集》的页码。

② 张华点校：《祖堂集》，中州古籍出版社2001年版，第421页。

③ 孙昌武、衣川贤次、西口芳男点校：《祖堂集》，中华书局2007年版，第560页。

④ 张美兰：《〈祖堂集〉校注》，商务印书馆2010年版，第329页。

⑤ 《庄子集解》，中华书局1978年版。

⑥ 如《祖堂集》卷八，云居和尚：“效赤水以求珠，踵温生之目击。”卷一〇，长庆和尚：“目击道存，不在言说。”卷一三，招庆和尚：“古人相见，目击道存。今时如何相见？”卷一三，福先招庆和尚：“夫子相见则且置，和尚作摩生相见？”

⑦ 如《祖堂集》卷八，神山和尚：“曹山问僧：‘作摩生是大地一齐火发？’对曰：‘近不得。’曹云：‘近不得是火也，与摩时还存得寸丝也无？’对曰：‘若有寸丝则不成大火。’”此处“曹山”简称为“曹”。卷一四，茗溪和尚：“僧云：‘一切众生，还有此病也无？’曹山云：‘人人尽有。’僧云：‘一切众生，为什摩不病？’山云：‘众生若病，则非众生。’”此处“曹山”简称为“山”。卷一九，香严和尚：“洞山却低头后云：‘实与摩也无？’对云：‘实与摩。’洞云：‘若也实与摩，斫头也无罪过。’”此处“洞山”简称为“洞”。《祖堂集》卷一九，香严和尚：“洞山问僧：‘离什摩处来？’对云：‘离香严来。’山云：‘有什摩佛法因缘？’对云：‘佛法因缘即多，只是爱说三等照。’山云：‘举看。’”此处“洞山”简称为“山”。

十二 气道

△山僧今夜（至）线道

忠曰：山僧若据本意，则如此虚头辈，三十棒趁出院可也。暂咬定牙关而忍之，放一线道而容纳之也。”

〇忠曰：此上堂有四种人：一愚痴小根，二举得头是才知非底，三毁于佛不入众数超脱衲子，四青山绿水安居禁足虚妄汉。(《〈虚堂录〉犁耕》)

△方便

忠曰：《传灯》九（廿丈）《大荐福寺弘辩禅师章》曰：“方便者，隐实覆相，权巧之门也。被接中下，曲施诱迪，谓之方便。”

又后《白云章》笺。(《五家正宗赞助桀》)

△方便

忠曰：《华严大疏》五（五十四丈）曰：“方便者，即善巧也。方谓方法，便谓便宜。”（忠云：《事苑》五丈十引此为演义，文非也）

〇又前《临济传》笺》。(《五家正宗赞助桀》)

△达磨不阶（乃至）心源

《前汉书》八十七下（九丈）《扬雄传·解难》曰：“不阶浮云翼疾风。”

方便《华严疏》五（五十四丈）：“方便者，即善巧也。方谓方法，便谓便宜。”又后上二（十二丈）、下一（四十四丈）笺。

〇永明《注心赋》一（一丈）曰：“此土初祖达磨大师云：以心传心，不立文字。又云：直指人心，见性成佛。亦云：默传心印，代代相承，迄至今日。”

〇《血脉论》曰：“前佛后佛以心传心，不立文字。”（《〈敕修百丈清规〉左觿》）

《祖堂集》中“气道”一词，共出现了三处，如：

师初出世时，未具方便，不得稳便，因此不说法。过得两年后，忽然回心向徒弟曰："我闻湖南石霜是作家知识。我一百来少师中，岂无灵利者？谁去彼中，勤学彼中气道，转来密救老汉？"（《祖堂集》卷一九，径山和尚，第712页）

便上沩山，具陈前事，并发明偈子呈似和尚。便上堂，令堂维那呈似大众，大众总贺。唯有仰山，出外未归。仰山归后，沩山向仰山说前件因缘，兼把偈子见似仰山。仰山见了，贺一切后，向和尚说："虽则与摩发明，和尚还验得他也无？"沩山云："不验他。"仰山便去香严处，贺喜一切后，便问："前头则有如是次第了也。然虽如此，不息众人疑。""作摩生疑？""将谓预造，师兄已是发明了也，别是气道造道将来。"香严便造偈对曰："去年未是贫，今年始是贫；去年无卓锥之地，今年锥亦无。"仰山云："师兄在知有如来禅，且不知有祖师禅。"（《祖堂集》卷一九，香严和尚，第701页）

其僧才得个问头，眼泪落。洞山云："哭作什摩？"对云："启和尚，末代后生，伏蒙和尚垂方便。得这个气道，一则喜不自胜，二则恋和尚法席，所以与摩泪下。"（《祖堂集》卷一九，香严和尚，第704—705页）

张华："气道似指一种禅悟的境界。"① 孙昌武、衣川贤次、西口芳男："气道：疑为'举道'之伪，以'气'与'举'俗字'炁''炁'相混致误。"② 衣川贤次对此还作了颇为详尽的考释。③

"气道"为"禅悟的境界"似乎与文意不符；为"举道"之伪，《祖堂集》中三见皆伪，也有点可疑，且"举道"用作名词，唐宋禅籍及外典皆未见有用例。其实"气道"一词先秦就有，如《黄帝内经·灵枢》第十八篇："壮者之气血盛，其肌肉滑，气道通。"④ 本指精气运行之通道。隋唐禅录中也见"气道"此用法。如：

① 静、筠僧编，张华点校：《祖堂集》，中州古籍出版社2001年版，第617页。

② 静、筠僧编，孙昌武、衣川贤次、西口芳男点校：《祖堂集》，中华书局2007年版，第829页。

③ 参见中华书局2007年孙昌武等人点校本《祖堂集》第933—954页附录二《关于祖堂集的校理》一文。

④ 《黄帝内经》，吉林人民出版社2005年版。

一观入息至于气灭，二观出息止至于鼻端，三观息长短若身不安。心多散乱，则出入息俱短。若身安心静，则出入息俱长。四息遍身者。形心既安，则气道无壅，如似饮气既统遍身中。（《释禅波罗蜜次第法门》卷七，据《大正藏》第46册）

二者欲令众生识知自业障有轻重。云何得知？由教住心观日。初欲住心时，教令跏趺正坐，右脚着左髀上与外齐，左足安右髀上与外齐，左手安右手上，令身正直，合口齿勿相近，舌柱上咢为令咽喉及鼻中气道宣通故。（《观无量寿佛经疏》卷三，据《大正藏》第37册）

禅法固密难入，不立文字，直指人心，见性成佛，但禅师慈悲为怀，以方便法门，打开一个通道，施以言句教说，引导学人领悟佛法真谛，让学人有路可循。所以，禅宗用“气道”来比喻方便法门、方便语句。下面的例句亦可以看出：

黄檗和尚语云：“天下老和尚一气道在我者里，要放你也在我这里，要不放你也在我这里。”僧便问：“如何是一气道？”师云：“量才补职。”僧云：“如何是不放一气道？”师云：“伏惟尚飨。”（《古尊宿语录》卷六，据《续藏经》第68册）

黄檗一日举手作捏势。云：“天下老和尚总在者里，我若放一线道，从汝七纵八横；若不放过，不消一捏。”僧问：“放一线道时如何？”檗云：“七纵八横。”又问：“不放过不消一捏时如何？”檗云：“普。”（《云门匡真禅师广录》卷中，据《大正新修大藏经》第47册）

问：“如何是放一线道？”师云？“量才补职。”又问：“如何是不放一线道？”师云：“伏惟尚飨。”（《景德传灯录》卷一二，据《大正新修大藏经》第47册）

僧问睦州：“如何是展演之言？”师云：“量才补职。”僧云：“如何是不展演之言？”师云：“伏惟尚飨。”（《大慧普觉禅师语录》卷三，据《大正新修大藏经》第47册）

四例中的“气道”“线道”“展演之言”可以互相替换，知其应为同义语。“线道”指禅家接引学人时施以言句教说的方便法门（参《禅宗大词典》“放一线道”“开一线道”“通一线道”条）[1]，“展演之言”即宣展敷衍之言，亦即方便法门的语句。毫无疑问，“气道”的意思也应如此。

《祖堂集》三例，第一例“勤学彼中气道”意即勤学石霜和尚那里方便语句，看石霜门下是如何问答商量的；第二例“别是气道造道将来”，《联灯会要》卷八作“更别说看”（据《续藏经》第79册），《祖庭事苑》卷一作“别更说看”（据《续藏经》第64册），意为仰山和尚希望香严和尚发明新的偈子，亦即希望香严道出有别于其初“发明偈子”的方便语句。第三例“得这个气道”，即前面提到的“才得个问头”，也是指方便语句。以上三例“气道”的“方便语句”意，其实在上下文也都有诸如“未具方便”“垂方便”“知有如来禅，且不知有祖师禅”（如来禅，仅滞于义解名相；祖师禅主张以心印心，见性成佛。参《佛光大辞典》“如来禅”“祖师禅”条）[2] 等语提示。在禅宗看来，一切言句教说都是方便法门，都只是迫不得已的权宜教说，所以《碧岩录》说：“为初机后学，未明心地，未见本性，不得已而立个方便语句。如祖师西来，单传心印，直指人心，见性成佛，那里如此葛藤？须是斩断语言，格外见谛，透脱得去。”（据《大正新修大藏经》第48册）

十三　𡱁沸（𡱁沸）

△热盌鸣声

《正字通·午·中》（四十一丈）曰：“盌，乌卷切，剜上声。《说文》：小盂。（云云）俗作椀。”

〇忠曰：《碧岩集》八（廿丈）《第七十九则》曰：“举：僧问投子：‘一切声是佛声，是否？’投子云：‘是。’僧云：‘和尚莫𡱁沸碗鸣声。’投子便打。”

〇忠曰：热盌鸣声，如耶须御器盛热汤，有志利志利声，徒有鸣

① 袁宾、康健：《禅宗大词典》，崇文书局2010年版。

② 兹怡：《佛光大辞典》，佛光文化事业有限公司1988年版。

声而无义无用而已。今以此喻抑下大小乘经。

〇旧解云：汤盛碗有声，是非真沸，故以喻不实义。忠曰：此义非也。若又如说，则《碧岩》“冢沸”又如何取义？（《大慧普觉禅师书栲栳珠》）

△沸屎

《俱舍颂疏·世间品四》曰：“十六增者，八捺落迦，四面门外，各有四所。一煻煨增……二屎粪增。谓此增内，屎粪泥满于其中。多有娘矩咤虫，嘴利如针，身白头黑。有情游彼，皆为此虫钻皮破骨，咂食其髓。”今“沸屎”谓此也。（《五家正宗赞助桀》）

屎沸坑

骂人为粪所也。（《禅林方语》）

“冢沸”在唐宋禅录里出现频率很高。“冢”又作“冢”，音义无别。“冢沸”更多的时候常跟“碗鸣声”连在一起，有时也单用。

单用作“冢沸”“沸冢”“碗鸣”，或作“碗鸣声”“冢沸声”：

问：“幽鸟语喃喃，辞云入乱峰时如何？”曰：“暗写愁肠寄与谁？”云：“恁么则不离当处常湛然，觅即知君不可见？”曰：“莫冢沸。”（《嘉泰普灯录》卷十八，据《续藏经》第79册）

云门示众云：“三乘十二分教，达磨西来，放过即不可，若不放过，不消一喝。”雪窦举了一喝。复云：“好喝。大众若要鼻孔辽天，辩取这一喝。”师拈云：“唱高和寡，则不无二古德；检点将来，当甚冢沸声？”（《兀庵普宁禅师语录》卷一，据《续藏经》第71册）

谷山问秀溪：“声色纯真时如何？”曰：“椀鸣作么？”（《嘉泰普灯录》卷二十六，据《续藏经》第79册）

问：“进者不明，请师一拨。”师云：“近前来，与汝拨。”学云：“谢和尚指示。”师云：“碗鸣声作么？”（《古尊宿语录》卷三十七，据《续藏经》第68册）

释迦干屎橛，达磨老臭秃。一人曲说直，一人直说曲。彼此大丈夫，肯受尔沸冢。（《大慧普觉禅师住江西云门菴语录》卷七，据《大正藏》第47册）

连用作“屎沸碗鸣”“屎沸碗鸣声”“盌鸣屎沸”或“屎沸”与“碗鸣”互文。如：

咄一喝，如金刚王宝剑；屎厕筹一喝，如踞地狮子；窟里老鼠一喝，如探竿影草；钓虾蟆汉一喝，不作一喝用，髑髅前魍魉，今夜清凉，恁么唤作医死马；纵然活去者一喝，争免个屎沸椀鸣声？（《如净和尚语录》卷下，据《大正藏》第48册）

世间所贵者，和氏之璧、隋侯之珠，金山唤作驴屎马粪；出世间所贵者，真如解脱、菩提涅槃，金山唤作屎沸碗鸣。（《五灯会元》卷十五，据《续藏经》第80册）

倒施逆用，独掇单提。乌飞兔走，虎骤龙驰。晷运推移兮日南长至，布裩不洗兮无来换替。从教撒土抛沙，自在盌鸣屎沸。我今稽首楼至如来，揭谛揭谛波罗揭谛。（《佛海瞎堂禅师语录》卷四，据《续藏经》第69册）

一切声是佛声，从他认我碗鸣；尘言归第一义，自要看渠屎沸。（《禅宗颂古联珠通集》，据《续藏经》第65册））

根据以上的例句，我们可以推测出“屎沸”的大致意义。首先，“屎沸”和“碗鸣声”都是对别人言论或佛教义理的批评与指责，常用在表禁止的否定副词“莫”等后面，有劝诫或阻止别人发出如是言说的意思；也常在主观评价性的动词短语后面，有时省略主观评价性的动词短语，都有被看作一种不好的或没价值的意见的意思；用于疑问句中，“屎沸”和“碗鸣声”或在“甚”“甚么”等词后，都语含否定，前者是说不是什么好说法或教理，后者则是说不要发如此议论。可见“屎沸”或“碗鸣声”的意思有点接近于“胡说”“瞎说”“无稽之谈”的意思。其次，“屎沸”或“碗鸣声”又常一些跟粗俗的詈词用在一起，而且说话人、听话人似乎都比较反感，情绪激动并伴有偏激的动作。

师曰：“片月难明，非关天地。”头曰：“莫屎沸。”便作掀禅床势。(《五灯会元》卷五，据《续藏经》第80册)

师才见便问：“大众，有人道得第一句即留取。”如是再问。时有僧出云：“某甲咨和尚。”师便喝云：“莫屎沸。”便将龛子烧却。

（《联灯会要》卷二〇，据《续藏经》第 21 册）

僧问投子："一切声是佛声，是否？"投子云："是。"僧云："和尚莫豚沸碗鸣声。"投子便打。（《碧岩录》卷八，据《大正藏》第 48 册））

禅师说完此类骂语"便作掀禅床势"或"便将龛子烧却"，或便要惩戒说话人。可见"豚沸"和"碗鸣声"显然是粗俗的骂语。

以上是通过描写"豚沸"或"碗鸣声"在唐宋禅录里的用法状况，来推知其在禅录中的大致意义，还不能算是精确的解释。要弄清其准确的含义，还必须弄清其来龙去脉。这并不是一件容易的事。中日古今不少僧人及学者都为之做出过努力，力图给出准确的解释，可至今都尚无确解。

先看"豚沸"的意义。北宋睦庵善卿所著的中国古代最早的禅宗词典《祖庭事苑》只解释了"豚"的音义为"丁木切，尾下孔"。[①] 14 世纪初日本五山禅僧岐阳方秀《碧岩录不二抄》[②] 以及晚些时候的大智实统《碧岩录种电抄》（元文 4 年即 1739 年刊本）[③] 也同样只解释了"豚"的音义。一直到现代日本学者古贺英彦才在其《禅语词典》一书中才对"豚沸"一词作出全面的解释，他认为"豚沸"是拟声词，指热水喷出的卟叽卟叽的声音，比喻无意义的声音。（原文为："プップッと湯気がふき出す音の擬音語。無機物が出す無意味な音。"）[④] 古贺英彦完全抛开了"豚沸"的字面意思，又没说明假借，完全套用我们在下文将提到的无著道忠对"热盌鸣声"的解释，因此他的解释很难让人相信。中国现代学者也对"豚沸"一词进行了讨论。滕志贤认为"豚沸"为"蜩沸"之借，意思是形容声音嘈杂喧闹[⑤]。但"豚沸"多是对他人言论或佛教义理的评议，并无喧闹的情状。刘瑞明因此把"豚沸"解释为"放屁"[⑥]，这一解释应该是至今为止最切词义句义的一种解释。遗憾的是，他没有解释"沸"，仅据"豚"为"肛门"的意思就做出了"豚沸"意为"放屁"的

① 睦庵善卿：《祖庭事苑》，佛光出版社 1994 年版，第 196 页。

② 岐阳方秀：《禅语辞书类聚·碧岩录不二抄》，禅文化研究所，1993 年，第 247 页。

③ 大智实统：《碧岩录种电抄》，东京：禅文化研究所，1991 年，第 39 页。

④ 古贺英彦：《禅语词典》，东京：思文阁出版，第 352 页。

⑤ 滕志贤：《〈五灯会元〉词语考释》，《俗语言研究》1995 年，第 2 辑，第 36—37 页。

⑥ 刘瑞明：《禅籍词语校释的再讨论》，《俗语言研究》1996 年，第 3 辑，第 152—164 页。

解释。所以，我们仍有必要探讨“尿沸”的来源。

“尿沸”的“尿”是“肛门”的意思，除了滕志贤理解为假借、古贺英彦未加注解外，其他研究者都持此观点。禅典绝大部分都用“尿”“尿”这两个都有“肛门”意思字来表示“尿沸”，肯定不是随意的。我们仔细地对照纸本和电子本《大正新修大藏经》和《卍新纂续藏经》也只发现两处例外，这两处例外都出现在《续刊古尊宿语要》里。一处作“豚沸”，另一处作“屎沸”：

如来禅，祖师意。绝承当，只这是。破草鞋，汗臭气。热盌鸣，驴豚沸。也大奇，不思议。分明在目前，今古应无坠。佛灭二千年，比丘少惭愧。喝一喝。（《续刊古尊宿语要》卷六，据《续藏经》第68册）

僧问投子：“一切声是佛声，是否？”子云：“是。”僧云：“和尚莫屎沸盌鸣声。”子便打。（《续刊古尊宿语要》卷六，据《续藏经》第68册）

其实，“豚”也是肛门的意思。《广韵·屋韵》：“豚，尾下窍也。”《集韵·屋韵》：“豚，《博雅》：‘臀也。’或作尿。”《龙龛手鉴·尸部》：“尿，俗；启今。”《玉篇·尸部》：“启，俗豚字。”而“屎沸”正提示了“尿”的排泄功能，“屎”是“尿”的排泄物，这给我们提供了“尿沸”确切含义的重要线索。“沸”字从未见有人进行解释，不知是认为其意义过于浅显，不值得解释，还是意义过于复杂，难以解释。其实“沸”字的意义颇为关键，不能避而不谈。《汉语大词典》中，“沸”有十个义项，分别是：①泉涌貌；②液体烧滚的状态；③把水烧开；④指汆、烫；⑤沸水，烧开的水；⑥喧腾，喧嚣；⑦谓名声很响，影响很大；⑧杂乱，纷乱；⑨泗；⑩通“孵”。初看起来，每个义项似乎都太不合适。我们以为“尿沸”应与“口沸”“舌沸”构词理据相同。

“口沸”出自《韩诗外传》卷九：“小人之论也，专意自是，言人之非，瞋目搤腕，疾言喷喷，口沸目赤。”[①]“口沸目赤”，《汉语大词典》

① 中华文化复兴运动推行委员会、国立编译馆中华丛书编审委员会主编，赖炎元注译：《韩诗外传今注今译》，商务印书馆1979年版，第398页。

有收，解释为："谓口沫横飞，眼睛发红。形容人情绪激动，声色俱厉的神态。"这应该是最为权威的解释。虽然没有解释"口沸"或"沸"，但"口沸"或"沸"的意义已经隐含其中。不少成语词典收有"口沸目赤"一词，其中也不乏大胆地解释了"口沸"或"沸"的，尽管它们对该成语整个的意思解释没什么问题，但对"口沸"或"沸"的解释却大有问题。如李一华、吕德中编的《汉语成语词典》解释"口沸目赤"："形容人情绪激劝，声色俱厉的神态。口沸：嘴巴像滚开的沸水那样不断翻滚。"[①] 程志强等编的《中华成语大词典》则释曰："口沸：嘴巴像沸腾的开水翻滚。目赤：眼睛红了。说话多而急，眼睛都红了。形容说话时情绪激动声色俱厉的样子。"[②] 萧灼如编的《汉语成语组群词典》："沸、赤：比喻烧、热。形容因情绪激动，声音脸色都变得很严厉的样子。"[③] 伍宗文等编的《新世纪汉语成语词典》："沸，沸腾。赤：发红。形容十分激动，声色俱厉。"[④] 这些解释由于不明"沸"义，弄得连释语本身都变得不伦不类，让人没法理解。只有俞长江、张念安、王书良主编的《中华典故全书》解释得比较合理："沸，水翻涌的样子。口沸，口沫横飞的样子。形容人情绪激动。"[⑤] 赖炎元注译的《韩诗外传今注今译》释"口沸"为"口水外喷"更为准确[⑥]。可见，这里的"沸"还可以进一步解释为"飞洒"或"喷溅"等。《集韵·勿韵》"𣳚，洒也。或作沸。"唐李白《望庐山瀑布》："飞珠散轻霞，流沫沸穹石。"《古今小说·晏平仲二桃杀三士》："臣国中人呵气如云，沸汗如雨，行者摩肩，立者并迹。"其中"沸"都有"洒"的意思。

"舌沸"唐宋禅录里用得很多：

上堂："心生法灭，性起情亡。这里悟去捏怪，有甚么难？"举

① 李一华、吕德中：《汉语成语词典》，四川辞书出版社1985年版，第464页。

② 程志强：《中华成语大词典》，中国大百科全书出版社2003年版，第427页。

③ 萧灼如：《汉语成语组群词典》，青岛海洋大学出版社1995年版，第350页。

④ 伍宗文：《新世纪汉语成语词典》，四川辞书出版社2006年版，第433页。

⑤ 俞长江、张念安、王书良：《中华典故全书》，中国国际广播出版社1994年版，第375页。

⑥ 中华文化复兴运动推行委员会、国立编译馆中华丛书编审委员会主编，赖炎元注译：《韩诗外传今注今译》，商务印书馆1979年版，第398页。

起拂子云："看看，观音弥勒普贤文殊，尽向径山拂子头上聚头打葛藤。若也放开，从教口劳舌沸；若也把住，不消一击。"以拂子击禅床。下座。(《大慧普觉禅师住径山能仁禅院语录》卷二，据《大正藏》第47册)

上堂："口罗舌沸，千唤万唤，露柱因甚么不回头?"良久曰："美食不中饱人喫。"便下座。(《五灯会元》卷一五，据《续藏经》第80册)

只如钦上座，今夜恁么口唠舌沸，说七道八，且道还出得这一笑也无？若谓出不得，未免亦是西天九十六种之数；若谓出得，其奈有傍观眼在。(《雪岩和尚语录》卷二，据《续藏经》第70册)

"口罗舌沸""口劳舌沸"或"舌沸"实为一词。宋陆游《老学庵笔记》卷六说："四方之音有讹者，则一韵尽讹。如闽人讹高字，则谓高为歌，谓劳为罗。"① "罗""劳""唠"方言音同。"口劳舌沸"在禅典中用频很高，但至今仍只见袁宾师的《宋语言词典》有释："形容费尽口舌。"② 这一解释非常精当，虽然没解释"沸"的意思，但"沸"的意义已隐含其中，"舌沸"应该也是口沫飞洒的意思。

"口沸""舌沸"有口沫飞洒的意思，由此应该也可以推出"尿沸"有"肛门里面的东西洒飞出来"的意思，也就是"撒屎放屁"的意思。我们前文提到，宋代师明的《续刊古尊宿语要》将"尿沸"写成"屎沸"，很大原因估计也是"尿沸"的"撒屎"的意义在抄录或刻写者潜意识里起作用的结果。"肛门"一词在粤语地区都读作近似"屎沸"的音，一些地方志和方言志里记录为"屎勿""屎忽""屎屙""屎朏""屎窟"等，清宣统辛亥年《东莞县志》："臀谓朏臀，又谓之屎朏。"（这里"臀"和"屎"亦可替换，这与"尿沸"写成"屎沸"颇有点类似）③ 而如今的网友却多写成"屎沸"（比例仅低于"屎忽"），无疑也是因为肛

① 陆游：《老学庵笔记》，中华书局1979年版，第77—78页。

② 袁宾：《宋语言词典》，上海教育出版社1997年版，第167页。

③ 参见《汉语方言大词典》第4504—4509页。"肛门"一词在粤语中都读作近似"屎沸"的音。珠海前山读作［si^{13} $fɐt^{55}$］，中山石岐读作［si^{213-21} $fɐt^{55}$］，信宜读作［si^{213-21} $fɐt^{55}$］，阳江读作［$ʃi^{21}$ $fɐt^{26}$］，澳门读作［si^{13} $fɐt^{32}$］，广州读作［$ʃi^{35}$ $fɐt^{55}$］，佛山读作［si^{35} $fɐt^{55}$］，番禺读作［si^{35} $fɐt^{55}$］，新会读作［si^{45} $fæt^{55}$］。

门是撒屎放屁的地方。

唐宋禅录里也有用“撒屎放屁”表示比较虚的意义，类似于“屎沸”的用法的：

因我得礼你，莫放屁撒屎。带累天下人，错认自家底。（蒙菴聪）。（《禅宗颂古联珠通集》卷三一，据《续藏经》第65册）

这也证明了“屎沸”由“肛门撒屎放屁”而来是有语言事实依据的。可能是因为“放屁”比“撒屎”更随意，且撒屎还可以做肥料，放屁毫无用处，所以“屎沸”才固定为“放屁”的意思。

十四　垸鸣声

△热盌鸣声

《正字通・午・中》（四十一丈）曰：“盌，乌卷切，剜上声。《说文》：小盂。（云云）俗作椀。”

〇忠曰：《碧岩集》八（廿丈）《第七十九则》曰：“举：僧问投子：‘一切声是佛声，是否？’投子云：‘是。’僧云：‘和尚莫屎沸碗鸣声。’投子便打。”

〇忠曰：热盌鸣声，如耶须御器盛热汤，有志利志利声，徒有鸣声而无义无用而已。今以此喻抑下大小乘经。

〇旧解云：汤盛碗有声，是非真沸，故以喻不实义。忠曰：此义非也。若又如说，则《碧岩》“屎沸”又如何取义？（《大慧普觉禅师书栲栳珠》）

盌脱丘

〇《普灯》四（廿三丈）：“椀脱丘。”〇《联灯》十七（十丈）。〇《尧山外纪》廿三（九丈）曰：“则天革命，举人不试皆与官，家至御史、评事、拾遗、补阙者，不可胜数。张鷟为谣曰：‘补阙连车载，拾遗平斗量。把推侍御史，椀脱校书郎。’”〇《通鉴纲目》四十一（百廿一丈）：“欋椎侍御史，盌脱校书郎。”〇《大慧普说》四（卅四丈）：“盌脱坵。”〇《别峰云录》（三丈）。（《葛藤

语笺》)

椀跶丘

《传灯》十四（十五丈）。《传灯钞》有一山说。〇《会元》五（廿一丈）。〇《续古宿·星懒庵录》（十六丈）。又《别峰珍录》。〇又《星大慧录》（四丈）："盌跶坵。"(《葛藤语笺》)

椀脱籂

《竺仙净妙录》（十一丈）。(《葛藤语笺》)

埦墶丘

《破庵秀峰录》（八丈）："当甚埦垯丘。"(《葛藤语笺》)

《祖堂集》出现二例"垸鸣声"，如：

僧拈问："漳南既是千圣，为什摩不识？"答曰："千圣是什摩垸鸣声！"(《祖堂集》卷四，石头和尚，第150页)

问："目瞪口呿底人来，师如何击发？"师云："何处有与摩人？"学人云："如今则无，忽有如何？"师云："待有则得。"进曰："终不道和尚不为人。"师云："莫垸鸣声。"(《祖堂集》卷一三，招庆和尚，第485—486页)

"垸"为"碗"的俗字，这应该毫无疑义，《祖堂集》"碗"皆写作"垸"，在敦煌文献里"宛"旁字和"完"旁字也是常通用[①]。关于"碗鸣声"的解释，至少在无著道忠（1653—1744）时代就存在着争议。无著道忠在其著作《大慧普觉禅师书栲栳珠》中解释"三乘十二分教是甚么热盌鸣声"里的"热盌鸣声"时云："热盌鸣声，如耶须御器盛热汤，有志利志利声，徒有鸣声而无义无用而已。今以此喻抑下大小乘经。旧解云：汤盛碗有声，是非真沸，故以喻不实义。忠曰：此义非也。若又如说，则《碧岩》'㞘沸'又如何取义？"[②] 古贺英彦的《禅语词典》采用

① 如P. 2299《太子成道经》："见一人劣瘦至甚，药椀在于头边。"P. 3757《燕子赋》："不问好恶，拔拳即杈。左推右耸，耳掴䫌。""椀""剜"分别为"椀""剜"。

② 无著道忠：《大慧普觉禅师书栲栳珠》，龙华院藏，1729年，第37页。

的就是无著道忠的解释[①]。项楚将“碗鸣声”解释为：“鬼物之声。鬼物取食，不见形影，但闻碗鸣也。后因以指恶声。禅宗话头则以指可厌恶之事物。”[②] 江蓝生、曹广顺编著的《唐五代语言词典》也沿用此说法[③]。刘瑞明则认为：“‘碗鸣’也就是‘瓶鸣’，也就是‘半瓶子咣当’。”[④] 无著道忠之前或同时代的铁崖道空（1626—1702）的《临济录撮要钞》[⑤]、耕云子元禄 11 年（1698）刊本的《临济录摘叶抄》[⑥]、宽永 7 年（1630）刊本的《临济录钞》[⑦]、古帆周信（1570—1641）的《临济录密参请益录》[⑧]、承応 3 年（1654）刊本的《临济录夹山钞》[⑨] 以及万安英种（1591—1654）的《临济录万安抄》[⑩] 等都解释了《临济录》中“许多秃子在这里觅什么碗”中的“碗”，它们大多解释为“闲家具”“无用处之谓”等。桂洲道伦（1714—1794）等的《诸录俗语解》释“了个什么碗”云：“碗，无意义；什么碗，犹曰什么事。”[⑪] 大智实统《碧岩录种电抄》（元文 4 年即 1739 年刊本）对“碗”的解释也大同小异。诸如此类的解释尽管都没有解释“碗鸣声”，但已经把其中的关键字解释清楚了。“碗”是“闲家具”“无用处之谓”“无意义”，那“碗鸣声”当然就

---

① 古贺英彦：《禅语词典》，思文阁出版社 1992 年版，第 498 页。古贺英彦《禅语词典》释“碗鸣声”为：“湯をついだときに碗が立てる無機的な音。無意味な発言に喻える。”即认为“碗鸣声”是水倒入碗中的声音，指无意义、无聊的声音。

② 项楚：《王梵志诗校注》，上海古籍出版社 1991 年版，第 613 页。

③ 江蓝生、曹广顺：《唐五代语言词典》，上海教育出版社 1997 年版，第 60 页。《唐五代语言词典》释曰：“碗鸣声：鬼取物之声。盖鬼取食物不见其形，唯闻碗磕碰声。泛指恶声，又引申指讨厌之物，鬼东西。”

④ 刘瑞明：《禅籍词语校释的再讨论》，《俗语言研究》1996 年第 3 辑，第 152—164 页。刘瑞明依据唐杨莱儿《答小子弟》：“黄口小儿口莫凭，逡巡看取第三名。孝廉持水添瓶子，莫向街头乱碗鸣。”中的“孝廉持水添瓶子”一句断定：“‘碗鸣’也就是‘瓶鸣’，也就是‘半瓶子咣当’。”

⑤ 铁崖道空：《临济录撮要钞》，花园大学国际禅学研究所藏，1691 年，第 38 页。

⑥ 耕云子：《临济录摘叶抄》，花园大学国际禅学研究所藏，1698 年，第 26 页。

⑦ 无名氏：《临济录钞》，花园大学国际禅学研究所藏，1630 年，第 24 页。

⑧ 古帆周信：《临济录密参请益录》，花园大学国际禅学研究所藏写本。

⑨ 无名氏：《临济录夹山钞》，花园大学国际禅学研究所藏，1654 年，第 26 页。

⑩ 万安英种：《临济录万安抄》，花园大学国际禅学研究藏，1632 年，第 47 页。

⑪ 桂洲道伦、湛堂令椿撰，芳泽胜弘编注：《诸录俗语解》，禅文化研究所，1999 年，第 10 页。

是闲家具的声音或无用处、无意义的声音了。这样的解释应该都是比较准确地理解了文意，但若追根寻底，为什么“碗”是“闲家具”或“无用之物”就不得其解了。

比较起来，项楚和《唐五代语言词典》的解释更有道理，他们认为“碗鸣声”指可厌恶之事物，无疑是正确的，这有大量的禅宗文献材料可资证明，而且“碗鸣声”在唐宋禅录是个高频词，从其多与“㞘沸”连用也可以证明（㞘即肛门，《广韵》：“豚，尾下窍也。或作㞘，俗作启。”）①。唯一感到遗憾的是，项楚没有文献确证“碗鸣声”来源于“鬼物之声”。所以“碗鸣声”如何引申出“可厌恶之事物”还有待进一步的证明。

下面的引文似乎能给我们提供一些线索：

> 或大语高声，出言无度；不敬上中下座，婆罗门聚会无殊；碗钵作声，食毕先起；去就乖角，僧体全无；起坐忪诸，动他心念。不存些些轨则、小小威仪，将何束敛后昆？（《禅门诸祖师偈颂·沩山大圆禅师警策》，据《续藏经》第66册）

这是唐代沩仰宗初祖沩山灵祐禅师（771—853）在《沩山警策》提到的禅林“轨则”或“威仪”，其中就有重要的一条：不能“碗钵作声”。个中原因，宋僧释守遂《沩山警策注》有解释：

> 椀是唐言，钵是梵语，具云钵多罗。此方云应量器。若作声则饿鬼咽中火起。（《沩山警策注》，据《续藏经》第63册）

原来“碗钵作声”会使“饿鬼咽中火起”，从而招来饿鬼。明释道霈的对《沩山警策》的注释还有进一步解释：

> 碗钵作声者，不念饿鬼苦也。食毕先起者，忽大众也。（《佛祖

---

① 唐宋禅录中，“碗鸣声”多与“㞘沸”连用，如《如净和尚语录》卷下：“况复今日更来者里，胡喝乱喝，是甚么㞘沸椀鸣声?”又如《五灯会元》卷五：“问：‘一切声是佛声，是不?’师曰：‘是。’曰：‘和尚莫㞘沸盌鸣声。’”刘瑞明认为，“㞘沸”即“放屁”，是对无价值的议论的否定、轻蔑。

三经指南·沩山警策指南》卷下，据《续藏经》第37册）

“碗钵作声”招来饿鬼，这是不顾念饿鬼的苦处的表现。清初书玉大师《沙弥要略述义》有更为详细的解释。他对明代莲池大师著《沙弥律仪要略》中的“饿鬼闻碗钵声，则咽中火起，故午食尚宜寂静，况过午乎”释曰：

饿鬼者，饥渴所逼曰饿，希求名鬼，谓彼饿鬼。恒从他人希求饮食，以活性命。由昔悭贪，不行布施，故堕饿鬼中。咽小如针，腹大如鼓，常为饥渴所逼也。世尊在祇桓精舍，定中遥见地狱饿鬼咽中火起，遍铁围城。问知其故，谓人间碗钵作声。故佛大慈，诫诸弟子，凡于食时，应当寂静，不得碗钵作声也。然午前尚宜寂静，况午后正当鬼食之时，岂忍碗钵作声。而令彼等闻声火起，受烧然之苦邪。盖饿鬼因中，侵夺众食，以自活命。令众饥恼，谓在碗钵上造业故，即于碗钵上受报也。（《沙弥律仪要略述义》卷上，据《续藏经》第60册）

饿鬼“咽细如针，腹大如鼓”，永远都吃不饱。听到“碗钵作声”就“咽中火起”，就得忍受“烧然之苦”。佛家慈悲为怀，当然不容忍“碗钵作声”而招来饿鬼，所以将其当作恶声或可厌恶的事情而严加禁止。

“碗钵作声”会招来饿鬼，这种思想来源颇早，东晋人译的佛经里已经有“侧钵括取饭”以防发声的戒律了。因为当时的翻译趋于简单，我们不妨结合后人的注解来看：

问：“比丘食饭欲尽，得侧钵括取饭不？”答：“得。”（《佛说目连问戒律中五百轻重事经》卷下，据《大正新修大藏经》第24册）

问：“（若）比丘食饭欲尽，得侧钵括取饭不？”

答：“得（比丘持钵，当宜平正。食尽侧括，恐失威仪，故问。佛言不妨，故云得。律中但不得作声，令饿鬼咽中火起，慎之，犹当细行——《持钵可离问》第五）。”（《佛说目连问戒律中五百轻重事经略解》卷下，据《续藏经》第44册）

只要不“碗钵作声”，食尽侧括，失点威仪，佛家也是允许的，可见佛家对“碗钵作声”是多么的反感。

中国民间至今仍有不准小孩吃饭敲碗的习俗，特别是在夜晚敲碗，更是不能容忍的。受佛教影响的其他民族也有类似习俗。如黎族人就不准用筷子敲碗，认为稍有违反，鬼便会溜进家闯祸①。日本人吃饭时禁忌敲饭碗，他们认为敲碗声会招来饿鬼②。

所以，“碗鸣声”极有可能就源于佛教禅规里的“碗钵作声”，因为“碗钵作声”会招来饿鬼，所以引申指可厌恶的事物。至于为何只用“碗鸣声”而不用“钵鸣声”，原因也很简单：“钵”“碗”无别，但“钵”是译音，碗是华语，碗更常用。《沩山警策注》说：“椀是唐言，钵是梵语，具云钵多罗。此方云应量器。”（据《续藏经》第63册）又《盂兰盆经折中疏科》云：“盆即是器，器即是盆，华梵义一，不必纷更，如东土用碗，西域用钵，或盆，或盏，但可盛食，以供三宝者，即是耳。”（据《续藏经》第63册）

以下二例都出自《林野奇禅师语录》，恐可以算是“碗鸣声”源于“碗钵作声”更显豁的证据：

如未明得，等闲拈匙把箸，切忌热碗鸣声。（卷一，据《嘉兴大藏经》第26册）

如未委悉，二时吃粥吃饭，切忌碗钵作声。（卷一，据《嘉兴大藏经》第26册）

十五　绵卷子

△收骨以绵裹

古解曰：初抄劄衣钵时留收骨绵子（五十七丈），正为今用也。（《〈敕修百丈清规〉左觿》）

△收骨绵子

① 马倡仪：《中国灵魂信仰》，上海文艺出版社2000年版，第98页。

② 李振澜、王树英：《外国风俗事典》，四川辞书出版社1989年版，第118页。

忠曰：荼毘之后收骨时以裹骨植也。（《〈敕修百丈清规〉左觿》）

△非绵蕞野外之礼

《史记》九十九（六丈）《叔孙通传》曰：“高帝悉去秦苛仪法，为简易。群臣饮酒争功醉，或妄呼，拔剑击柱。高帝患之。叔孙通说说上曰：‘臣愿征鲁诸生与臣弟子共起朝仪。’（云云）遂与所征三十人西，及上左右为学者与其弟子百余人绵蕞习之。”注：“绵蕞，徐广曰：表位标准，音子外反。骃案如淳曰：置设棉索，为习肄处。蕞谓以茅剪树地为纂位。春秋传曰‘置茅蕝’也。《索隐》曰：韦昭云：引绳为绵，立表为蕞。音兹会反。贾逵云：束茅以表位为蕝。又《纂文》云：蕝，今之纂字。包恺：音即允反，又音纂。”

忠曰：二句言此是直就殿堂所行礼仪，而非野外习礼之类。（《〈敕修百丈清规〉左觿》）

《祖堂集》里“绵卷子”一词，也颇为难解，如：

又时，侍者请和尚吃药食。师曰：“不吃。”进曰：“为什摩不吃？”师曰：“消他不得。”进曰：“什摩人消得？”师曰：“不犯优婆夷者。”进曰：“和尚为什摩消他不得？”师拈起绵卷子曰：“争奈这个何？”（《祖堂集》卷四，药山和尚，第177—178页）

“绵卷子”，冯淑仪将其跟“信子”“经案子”“偈子”“册子”归为文书类[①]，恐非，应该是棉线卷轴。绵，《玉篇·糸部》：“绵，与緜同。”《玉篇·糸部》：“緜，新絮也。”《广韵·仙韵》：“緜，精曰丝，粗曰絮。”这在佛经或禅录也颇常见，如：

柔软想者，谓由此想于身发起柔软胜解，或如绵囊或如毛毳或如熟练。（《瑜伽师地论》卷三三，据《大正藏》第30册）

恁么不恁么，犹是红绵袄子。贴肉汗衫。衲僧到这里，个个着骨

① 冯淑仪：《〈敦煌变文集〉和〈祖堂集〉词缀研究》，见宋绍年《汉语史论文集》，武汉出版社2002年版，第179页。

粘皮，难为透脱。(《续古尊宿语要》卷一，据《续藏经》第68册)

上堂：三界无法，何处求心。风生虎啸，雾起龙吟。泥中有刺，绵里有针。华鸟隔墙相唤甚，十分春事到家林。(《宏智禅师广录》卷四，据《大正藏》第48册)

五祖为人，如绵里一柄刀相似，才拶着便将咽喉一刺刺杀尔去也。若是真净，脚上著也，即脚上杀尔；手上著也，即手上杀尔；咽喉上著也，即咽喉上杀尔。(《大慧普觉禅师宗门武库》卷一，据《大正藏》第47册)

卷，卷成圆筒状的东西。《淮南子·兵略训》："鼓不振尘，旗不解卷。"① 南朝梁元帝《金楼子·杂记上》："有人读书握卷而辄睡者。梁朝有名士呼书卷为黄妳，此盖见其美神养性如妳媪也。"② 子，后缀。卷子即卷轴。唐宋禅录例子如：

师与道吾说："茗溪上世为节察来。"吾曰："和尚上世曾为什么？"师曰："我痿痿羸羸且恁么过时。"吾曰："凭何如此？"师曰："我不曾展他书卷。"(石霜别云："书卷不曾展。")(《景德传灯录》卷一四，《大正藏》第51册)

示众云：灵机独耀，智鉴洞然。瞬目扬眉，已彰痕迹。拈槌竖拂，岂免阶梯。悟之者，心超数量，语默皆如，左放右收，都无依赖；迷之者，头头作解，取舍有心，纵饶尽得那边，未免这边碍着。所以道，衲僧家，说个解粘去缚，拔楔抽钉，已是犯锋伤手，更言体之与用，正之与偏，恰似三家村里教书郎，未念得一本太公家教，便道：文章赛过李白杜甫。诸禅德，伊家自有同风，不要展他书卷。(《联灯会要》卷二九，据《续藏经》第79册)

唯是一心，本卷未舒，皆同一际，终无异旨有隔前宗，都谓迷情妄兴取舍，唯见纸墨文字，嫌卷轴多，但执寂默无言，欣为省要，皆是迷心徇境，背觉合尘。(《宗镜录》卷一，据《大正藏》第48册)

还有丝发大物解盖覆得么？还有丝发许间隔么？向阿那里抄？向

---

① 《淮南子》，中华书局2009年版。

② 《金楼子》，中华书局1985年版。

阿那里写？诸和尚，与么显露，与么聊要，何不直下承当取？又更刺头，入他言句里，意识中学，有甚么交涉？不见道，意为贼，识为浪，走作驰求，终无歇分。若自不具眼，就人拣辨。卷子里抄，策子里写。假饶百千万句，龙宫海藏，一时吞纳，尽是他人，不干自己事。(《联灯会要》卷二四，据《续藏经》第79册)

上述例中的"卷""卷轴""卷子"皆同义。最后一例，"卷子"与"策子"互文，"策子"是连数页而成册，"卷子""卷轴"是长单页而成卷。同理，"绵卷子"是单根长棉线缠成卷。《祖堂集》这则公案的"绵卷子"，在宋代慧霞《洞山五位显诀》则引作"针线卷子"可以证明。如：

有问药山："请和尚吃药食。"山云："不吃。"云："为什么不吃？"山云："消他底不得。"云："还有能消得底也无？"山云："有。"云："是什么人？"山云："不抱优婆夷者。"云："和尚为什么消他底不得？"山拈起针线卷子云："争奈者个何？"（补曰：学论优婆夷者，取处尘不染之意，言随染大悲大行。）(《重编曹洞五位显诀》卷一，据《续藏经》第63册)

可见，"绵卷子"义同"针线卷子"，即棉线卷轴。不过，这种针线卷轴应该不同于佛经禅录中所见的"绵囊""针线囊"。"绵囊""针线囊"应该就是现在的针线包。如：

柔软想者，谓由此想于身发起柔软胜解，或如绵囊或如毛毳或如熟练。(《瑜伽师地论》卷三三，《大正藏》第30册)

我持粪扫衣来已八十年，亦无起贡高想，亦未曾忆受居士衣，未曾割截作衣，未曾倩他比丘作衣，未曾用针缝衣，未曾持针线囊乃至一缕。(《法苑珠林》卷四六，据《大正藏》第53册)

"绵卷子"应该是类似于元王祯《农书》所记载的"木绵卷筳"。元王祯《农书》："木绵卷筳：淮民用蓟黍梢茎，取其长而滑。今他处多用无节竹条代之。其法：先将绵毳，条于几上，以此筳卷而扞之遂成绵筒。

随手抽筵。每筒牵纺，易为匀细，卷筵之效也。诗云：折得修筵卷毳茸，就凭莹滑脱圆筒。作绵匠具虽多巧，独有天然造物功。”①《三才图会》所引大同小异，并附图如下②：

今湘方言仍把棉线卷轴叫“棉卷子”或“纱卷子”。

十六　屎里

△便不打鼓笛

忠曰：犹言不作此舞乐也。

〇忠曰：《联灯》廿八（卌八丈）《净因道楷章》曰：“杨次公问师：‘相别得几年?’师云：‘七年。’公云：‘七年。’‘参禅来，学道来?’师云：‘不打这鼓笛。’”（《〈虚堂录〉犁耕》）

△也是太平人

忠曰：言虽不作此舞乐，亦是太平世人也。

〇忠窃谓：虽然与么，若不打鼓笛，争知太平人耶。（《〈虚堂录〉犁耕》）

“屎里”一词见于《祖堂集》，如：

因高僧冲雨上堂，药山笑曰：“汝来也?”高僧曰：“屎里。”药山云：“可杀湿。”高僧云：“不打与摩鼓笛。”云岩云：“皮也无，打什摩鼓!”师云：“骨也无，打什摩皮?”药山曰：“大好曲调。”

① 《农书》，中华书局1956年版。

② 《三才图会》，江苏广陵古籍刻印社1987年版。

(《祖堂集》卷五,《道吾和尚》, 第 207 页)①

“屎里”一词颇为难解,《禅籍俗语言研究会报》第 4 号列为“待质事项”。目前对此词作出考释的,唯有王锳先生。不过,王锳据《集韵·禡韵》“髈,股间也,或作屎”,释“屎里”为“两股之间”,② 于文义似乎尚未解释圆通。按“屎里”,《虚堂集》引作“窊里”,如:

举高沙弥住庵,一日归来值雨。(教休不肯休。)药山云:“甚么处来?”(不消诈问!)弥云:“窊里来。”(我岂不知?)山云:“可杀湿!”(便恁么来。)弥云:“不打这鼓笛。”(似有魂灵。)云岩云:“皮也无,打甚么鼓?”(承虚接响。)道吾云:“鼓也无,打甚么皮?”(接响承虚。)山云:“一场好曲调。”(没孔笛逢毡拍板。阿谁肯助采声来?)(《林泉老人评唱丹霞淳禅师颂古虚堂集》卷二,据《续藏经》第 67 册)

“屎”,《集韵》:“枯化切。”“窊”,《集韵》:“乌化切。”二字韵同声近。“屎”,溪母;“窊”,影母,牙喉音容易相混。汉藏语系亲属中的同源词的词根声母影母溪母多对应,汉语借词,溪母影母对译的情况也颇为常见。宋人《资治通鉴释文》也有影母溪母混切现象③。谐声字中影母溪母互谐的更多。韩语中不少影母溪母汉字读音都是同一声母,如影母“欧”“鸥”“瓯”“殴”跟溪母“抠”“区”“彄”“岖”“驱”“躯”等字,在韩语里都对应为一个声母 ku。可见,“屎”应该是“窊”字音近而混。“窊”,慧琳《一切经音义》注引《韵诠》云:“下湿地也。”药山问高沙弥从什么地方来,高沙弥说是从低洼处来。药山是明知故问,所以在《祖堂集》《景德传灯录》《五灯会元》等禅录中药山的问都是招呼问“汝来也”“尔来也”或“你来也”。如:

---

① 括号内的页码为日本花园大学 1994 年影印的大字本《祖堂集》的页码。下引《祖堂集》同。

② 王锳认为例句本意言两股间均湿透,但话尚未说完,药山便接着发问,“可杀”或作“可煞”,为疑问词,犹可是、可否。(参《敦煌文献语言词典》185 页“可煞”条)故标点应为:“高僧曰:‘屎里……’药山云:‘可杀湿。’”

③ 陆华:《〈资治通鉴释文〉音切反映的宋代音系——声类的讨论》,《柳州师专学报》2004 年第 3 期,第 35—37、53 页。

师住庵后，雨里来相看。药云："尔来也？"师曰："是。"药云："可杀湿！"师曰："不打遮个鼓笛。"云岩云："皮也无，打什么鼓？"道吾云："鼓也无，打什么皮？"药云："今日大好曲调。"（《景德传灯录》卷一四，据《大正藏》第51册）

师住庵后，一日归来值雨。山曰："你来也？"师曰："是。"山曰："可煞湿！"师曰："不打这个鼓笛。"云岩曰："皮也无，打甚么鼓？"道吾曰："鼓也无，打甚么皮？"山曰："今日大好一场曲调。"（《五灯会元》卷五，据《续藏经》第80册）

对这种招呼问，《景德传灯录》《五灯会元》等禅录中，高沙弥都是以"是"来回答。而《祖堂集》中高沙弥的回答，则故意违背合作原则的量的准则，提供了多余信息："我是从低洼的泥水地里走来的。"高沙弥本想借此炫耀此行不易，但却因此留下了"拖泥带水"的话柄。药山接着说"可杀湿"，意思是"太湿了"（可杀，程度副词，太），正是语带双关地批评高沙弥的"拖泥带水"。后人针对此公案"可杀湿"句有诗注云"来也煞湿，带水拖泥"（《隐元禅师语录》卷一〇，据《续藏经》第27册），可以为证。禅宗"唯务单传直指，不喜带水拖泥"（《嘉泰普灯录》卷二五，据《续藏经》第79册），示机应机要干脆爽利，切忌老婆心切，陷于言辞义理。所以，"屎里"为"窊里"之误，从上下文语境和禅僧接引学人的方式看，也是颇为合理的。

从现有材料看，"汝来也"之类的招呼问可能最早见于《祖堂集》。《虚堂集》引作"甚么处来"，这为我们探讨这类招呼问的来源提供了线索。"甚么处来"是禅录中最常见的一个话头，禅僧常借这样的话头来勘验学人的根机与因缘。最初是真的想通过此问，了解学人曾云游了哪些地方，拜访过什么人，承嗣了谁的家风，以检验学人与自己是否投缘。后来只是想勘验机缘，明明知道对方从哪里来，也会明知故问。这样，问处所的特指问"甚么处来"，逐渐变成"汝来也"之类的招呼问。

十七 指唱

△洞上之宗

悟本大师，盛化豫章高安之洞。(前《洞山章》详笺。)

○《五灯会元》十三（四丈）《洞山良价章》曰：“唐大中末于新丰山接诱学徒，厥后盛化豫章高安之洞山，权开五位善接三根，(云云）又得曹山深明的旨，(云云）由是洞上玄风播于天下，故诸方宗匠，咸共推尊之曰：‘曹洞宗。’”

○《禅林类聚》十九（卅七丈）曰：“云严晟禅师。僧问：‘二十年在百丈巾瓶，为甚么心灯不续。’师云：‘头上宝华冠。’僧云：‘头上，宝华冠意旨如何?’师云：‘大唐天子及冥王。’后僧举问九峰虔禅师：‘大唐天子及冥王意旨如何?’虔云：‘却忆洞上之言。’”

○忠曰：《首山錄》(古宿八，廿二丈）曰：“石门遣使驰开堂书至，师乃集众于法堂上，使才近前人事，师约住云：‘是洞上宗乘，是雪岭家风?’”云云。(《五家〈正宗赞〉助桀》)

△初秋（至）无寸草处去

《联灯》二十（廿二丈)《洞山良价章》曰：“示众云：‘秋初夏末，东去西去，直须向万里无寸草处去始得。’良久云：‘祇如万里无寸草处，作么生去?’后有举似石霜。霜云：‘出门便是草。’‘大唐国里能有几人?’”(《〈虚堂录〉犁耕》)

△机感相投（至）中

《传灯》十五（十六丈)《庆诸章》曰：“师闻之乃曰：‘出门便是草。’僧举似洞山，洞山曰：‘大唐国内能有几人?’”

○忠曰：机感，二师之机投也。寰中，谓世界也。

○忠曰：《品字笺》丙曰：“寰宇，宇宙之别称。”(《〈虚堂录〉犁耕》)

△出门便是草

石霜代语。(《〈虚堂录〉犁耕》)

《祖堂集》中有“指唱”一词，如：

师年三十五而止石霜，更不他游。为洞上指唱，避不获，乃旌法寺。（《祖堂集》卷六，《石霜和尚》，第318页）

“指唱”未见任何词典解释，故有论者不明词义，在“指”“唱”之间断句。认为全句意思是：“为了洞达更高的宗旨，唱说回避众人的话却不能做到，于是建立法寺说法。”[①] 这里起码弄错了好几个词的意义：第一，“为”不是“为了”的意思，而是“因为”的意思。第二，“洞上”并非“洞山上等的”之意，而是指曹洞宗，《佛光大辞典》“洞上”条释曰：“乃洞山良价禅师所倡导之禅宗，亦用以指曹洞宗。因相对于末师末流而言，故称洞上。”[②] 第三，“避”释为“回避”也不妥，而是隐居的意思。《中文大辞典》：避，“隐遁也。《后汉书·郅恽传》：‘避地教授。’注：‘避地，谓隐遁也。’”[③] 而“指唱”实是一个词，二字之间是不能断开的。

“指唱”，“弹指唱善”或“弹指唱萨”之省，“唱萨”与“唱善”同，称赞、赞扬的意思。唐玄应《一切经音义》卷十六：“唱萨，此言讹也，正言娑度。此译云善哉。”（据《大藏经》第54册）《佛光大辞典》“善哉”条：“梵语 sâdhu，巴利语同。音译作沙度、娑度、萨。为契合我意之称叹语。又作好、善、善成、胜、完、正。”[④] 《高僧传》卷一三：“每夕讽咏，辄闻闇中有弹指唱萨之声。”（据《大藏经》第50册）《续高僧传》卷二三：“尝读最（元魏高僧昙无最）之所撰《大乘义章》，每弹指唱善，翻为梵字，寄传大夏，彼方读者皆东向礼之为圣人矣。”（同上）

“为洞上指唱，避不获，乃旌法寺”的意思是：“因为曹洞宗僧人的称赞，石霜庆诸禅师再也没法隐居下去，这才建寺说法。”事实也确实是这样，庆诸禅师于道吾禅师那里悟道以后，有相当一段时间混俗于长沙浏阳陶家坊一带，过着隐修的生活，后因为洞山良价禅师座下有位僧人向洞山举庆诸禅师“出门便是草”一语，大获洞山称赞，这才开始开法接众。这个历史事实，不少禅籍都有记载。如《历代编年释氏通鉴》卷一〇：“石霜庆诸禅师，初参沩山，次参道吾悟旨，即隐浏阳陶家坊。因僧旋洞

① 李艳琴：《中华本〈祖堂集〉点校辨正》，《暨南学报》2011年第1期，第113—117页。

② 兹怡：《佛光大辞典》，佛光文化事业有限公司1988年版，第3867页。

③ 中文大辞典编纂委员会：《中文大辞典》，中国文化研究所1974年，第240页。

④ 兹怡：《佛光大辞典》，佛光文化事业有限公司1988年版，第4885页。

山，举师‘出门便是草语’，洞山惊曰：‘浏阳有古佛耶!’自是僧多依之，乃成法席，号霜华山。”（据《续藏经》第76册）又如《林泉老人评唱投子青和尚颂古空谷集》卷一：“（石霜庆诸禅师）后避世混俗于浏阳陶家坊，朝游夕处，人莫能识。后因答洞山‘秋初夏末万里无寸草处去’，云‘出门便是草之语’，深蒙称许，享大因缘。开法后……”（据《续藏经》第67册）

十八　未学

△初心菩萨

忠曰：初发心人也。（《大慧普觉禅师书栲栳珠》）

△苟念念不退初心

言不退屈初发心时之志也。往往初心似勇进，不久退惰，故功不成也。（《大慧普觉禅师书栲栳珠》）

《祖堂集》底本中的："末学"，实是"未学"所误，如：

汝所行道，勿轻未学。此人回志，便获菩提，初心菩萨，与佛功等。（卷二《慧可大师》，第106页）

"未学"，《祖堂集》各校本皆据底本中作"末学"，唯孙昌武、衣川贤次、西口芳男点校的中华书局本《祖堂集》据《宝林传》改成"未学"。但仍有学者认为中华书局本恰恰是将正确的改错了①。所以，此词颇有考辨的必要。

其实，"勿轻未学"是有出典的。著名的佛教译经人，三国时支谦翻译的《维摩诘经》卷下记载："佛告诸菩萨言：……'学法不懈，说教不忘，供事佛劝，所生不恐，具受不慢，不轻未学，不为尘埃，守真化生，欣乐受决。'"（据《大藏经》第14册）另一位著名的佛教译经人，姚秦时期鸠摩罗什翻译的《维摩诘所说经》卷三云："佛告诸菩萨言：'……

① 李艳琴：《中华本〈祖堂集〉点校辨正》，《暨南学报》2011年第1期，第113—117页。

不轻未学，敬学如佛。'"（同上）后秦释僧肇《注维摩诘经》卷九注曰："未学当学，所以不轻；已学当成，故敬如佛。"（据《大藏经》第38册）"未学"与"已学"对举，为"末学"的可能性几乎没有。又《维摩诘所说经》卷三："时维摩诘问众菩萨言：'诸仁者！谁能致彼佛饭？'以文殊师利威神力故，咸皆默然。维摩诘言：'仁此大众，无乃可耻？'文殊师利曰：'如佛所言，勿轻未学。'"（据《大藏经》第14册）《注维摩诘经》卷九"勿轻未学"下注曰："进始学也。"（据《大藏经》第38册）《维摩经义记》卷四说得更清楚："进于始行，学则便得，故不可轻也。"该书同卷"未学"又写作"勿学"（据《大藏经》第85册）。

查"未学"的梵文原词作 aśikṣita，指"尚未学成者"[①]。所以"未学"完全可以顾名思义，即未经学习、未有深学或尚未学成的意思，本指初入圣道的菩萨[②]。有的译经作"未学菩萨"。元魏瞿昙般若流支译《不必定入定入印经》："心不轻蔑未学菩萨。"（据《大藏经》第15册）唐代义净译《入定不定印经》："于未学菩萨不起慢心。"（同上）"勿轻未学"本是佛祖告诫诸菩萨的修行准则，所以文殊菩萨看到维摩诘出言不逊，要他记住佛祖所说的话，不要轻视这些"未学"。后比喻未成就道业的新学以及所有尚未学道修行之人[③]。慧能《金刚经解义》："心轻未学，此非清净心也。自性常生智慧，行平等慈下心，恭敬一切众生，是修行人清净心也。"（据《续藏经》第24册）《祖堂集》此处是菩提达摩传法慧可后的叮嘱，无疑也是暗引佛祖之言，要慧可一心弘法，普度众生，不要轻蔑"未学"，对未成道业及所有尚未学成道业之人都要行恭敬平等慈爱之心。达摩紧接着说："此人回志，便获菩提；初心菩萨，与佛功等。"这应该是对"勿轻未学"进一步解释，意思是说这些"未学"，一旦"回志"，发心修行，同样能成佛作祖。其中的"回志"即"转志"，"初心"指初发心而未经深行者[④]，可以说又是对"未学"作的注脚。这一切都与指"浅薄之人"的"末学"关系不大。《宝林传》是《祖堂集》的一个重要范本，"未""末"形体又极为相似，在敦煌文献中二字形似致讹颇为常见，所以将底本中的"末学"改回"未学"应该是依据充分，合情合理。

---

① 黄宝生：《梵汉对勘维摩诘所说经》，中国社会科学出版社2011年版，第277页。

② 姜子夫：《维摩诘经》，大众文艺出版社2005年版，第176页。

③ 朱瑞玟：《佛家妙语》，团结出版社2007年版，第149页。

④ 兹怡：《佛光大辞典》，佛光文化事业有限公司1988年版，第2789页。

十九　卢獦[1]

△一百三十八地狱

《通途》说一百三十六地狱。谓八大地狱各有十六隔子大小通为百卅六。

○《正法念处经》八《地狱品》说大叫唤地狱独有十八处，余七大狱皆十六处。依此为一百三十八地狱。(《风流袋》)

△地狱

八大地狱各有十六隔子，故都一百三十六地狱。○是寻常所说性相，然按《正法念处经》八（十六丈）："大叫唤地狱有十八异处。"依此有一百三十八地狱。(《风流袋》)

死獦狚地

○《大慧书·曾侍郎书》（六丈）曰："教人死獦狚地休去歇去。"○《韵会·月韻（四十四丈）》曰："獦，古达切。獦狚，獸名。《集韵》或作猲。"○《韵会·翰韵》曰："狚，得案切。獦狚，兽名，似狼而赤。"《山海经》云："北号山有兽，如狼，赤眉鼠目，名曰獦狚。"又《旱韵》："当旱切。"《曷韵》："当割切。俱义同。"○《正字通·巳·下》（廿一丈）曰："狚，《韵会》：獦狚，兽名。《山海经》作獦狚。郭璞曰：'獦狚狡兽，或狼其体。'据此说，狚狚音义别，然无确证，不足信。或传写狚為狚。"云云。○《山海经》四（十丈）曰："又东次四经之首曰北号之山。云云。有兽焉，其状如狼，赤眉鼠目，其音如豚，名曰獦狚（葛苴二音），是食人。"○忠曰："死獦狚地，未得其义证。盖此兽欺人，诈为死，令人近，遂博而食人。今喻偷心不死也。"(《葛藤语笺》)

村獦獠

忠曰：村，村野也，卑鄙之稱，抑下六祖也。

○《坛经》(二丈)《行由》第一曰："五祖言：'汝是岭南人又

---

[1] 此词和下文"沸屎"考释，原发表于《汉语史研究集刊》2015年第20辑，第200—208页，原题为《汉译佛典中两个地狱名释义辨正》，略有改动。

是獦獠，若为堪作佛？’慧能曰：‘人虽有南北，佛性本无南北。獦獠身与和尚不同，佛性有何差别？’”

〇獦獠：忠曰：《正字通·巳·下》（卅六丈）曰：獦，俗猲字。又（廿九）丈曰：猲，《尔雅》：短喙谓之猲。獢，孙愐：许竭切。

〇《小补韵会·月韵》（四十四丈）曰：“猲，许竭切，短喙犬。”又《本韵》：“居竭切，虏别号。”（《五家正宗赞助桀》）

“卢獦”一词不见于《望月佛教大辞典》《佛光大辞典》、丁福保的《佛学大辞典》、任继愈的《佛教大辞典》等大型的佛教辞典，大型语文辞典《中文大辞典》《国语辞典》也未见收录。《汉语大词典》收有该词，释曰：“佛教语。指地狱中用以惩治罪人的猛兽。明徐复祚《一文钱》第三出：‘我闻闭财之人，要入卢獦地狱，久之当作饿鬼’明徐复祚《一文钱》第六出：‘止因尘缘未尽，谪降下方，竟被铜臭昏迷，几入卢獦地狱。’”[①] 另《中国古代名物大典》收有“卢獦地狱”一语，释曰：“佛教所称的由一种状似狼狗的猛兽惩治罪人的地狱。”[②] 举例也同《汉语大词典》。无疑二书的解释都是分释“卢獦”二字而来的。卢，猎犬也。《诗·齐风·卢令》：“卢令令，其人美且仁。”毛传：“卢，田犬。”汉刘向《说苑·善说》：“韩氏之卢，天下疾狗也。”獦，獦狚也。《玉篇·犬部》：“獦，獦狚，兽名。”《广韵》：“獦，獦狚，兽名，似狼而赤，出《山海经》。”仅从二书所引的的例句来看，似乎没什么问题。可是让人难以理解的是，二书都说“卢獦”是佛教语，却偏偏不引汉译佛经里的例句。

其实，“卢獦”一词最早见于西晋的汉译佛经，比《汉语大词典》所引的例句早一千多年。如：

佛告比丘：有大铁围山，更复有第二大铁围山，中间窈窈冥冥，其日月大尊神光明不能及照。其中有八大泥犁，一泥犁者，有十六部。第一大泥犁名想，第二大泥犁名黑耳，第三大泥犁名僧干，第四大泥犁名卢獦，第五大泥犁名嗷嚾，第六大泥犁名烧炙，第七大泥犁

① 汉语大词典编委会：《汉语大词典》，汉语大词典出版社 2001 年版，第 1471 页。

② 华夫：《中国古代名物大典》，济南出版社 1993 年版，第 713 页。

名釜煮，第八大泥犁名阿鼻摩呵。（西晋法立、法炬译《大楼炭经》卷二，据《大正藏》第1册，第283页）

“卢獦”又写成“卢猎”，“獦”“猎”通用：

若有谤毁而不信者，六万岁中在于卢猎泥犁受罪。（元魏天竺三藏吉迦夜译《佛说称扬诸佛功德经》卷上，据《大正藏》第14册，第89页）

又作“卢腊”。如：

今于此身，业报已尽。却后七日，身坏命终，当生卢腊地狱。（北凉天竺沙门浮陀跋摩共道泰等译《阿毘昙毘婆沙论》卷五一，据《大正藏》第28册，第377页）

汉译佛经对“卢獦”这一地狱描述颇为简单，但仍然能大致看出它是怎样一个地狱：

佛告王曰：堕于卢獦地狱之中，数千万岁受众苦痛，从地狱中出当堕饿鬼，昼夜饥渴身常火燃，百千万岁初不曾闻水谷之名。王闻佛说心惊毛竖，悲泣哽咽不能自胜。（失译人名今附东晋录《佛说菩萨本行经》卷上，据《大正藏》第3册，第109页）

堕于此地狱之人，痛苦不堪、饥渴难忍，《汉语大词典》所引明徐复祚《一文钱》“要入卢獦地狱，久之当作饿鬼”无疑就来源于此。

佛经里所有提到此地狱的地方，都没涉及什么猛兽，看来《汉语大词典》《中国古代名物大典》等是望文生义了。疑为梁代僧宝唱所作《翻梵语》下面两条，给我们提供一条“卢獦”为译音字的线索：

卢腊地狱，应云卢罗婆，译曰可畏声也。

摩呵卢獦地狱，译曰大动。（《翻梵语》卷七，据《大正藏》第54册，第1033页）

“摩诃卢獦地狱”见于北凉天竺三藏昙无谶译的《悲华经》：

> 所说炙地狱、摩诃卢獦地狱、逼迫地狱、黑绳地狱、想地狱，及种种畜生、饿鬼、贫穷、夜叉、拘盘、荼毗、舍遮、阿修罗、迦楼罗等，皆亦如是。（北凉天竺三藏昙无谶译《悲华经》卷七，据《大正藏》第3册，第212页）

《悲华经》是今存的梵文佛典中较为完整的数十部经典之一，上引经文的梵文为：evaṁ santāpane mahāraurave saṅghāte kālasūtre saṁjīvane, evaṁ nā nāvidhā tiryagyonirvācyāḥ, evaṁ yamaloke vaktavyaḥ, evaṁ yakṣadāridre vaktavyaṁ, evaṁ kumbhāṇḍapiśācāsuragaruḍā vācyāḥ。[①] 对应于“摩诃卢獦地狱”的梵文原文是 mahāraurave，“摩诃”是词根 mahā 的译音，巨大的意思，“卢獦”是梵语 raurava 的译音，叫唤的意思，巴利语作 roruva。隋天竺三藏阇那崛多等译的《起世经》译为“呼呼婆”，唐不空《蕤呬耶经》译为“噜罗婆”，唐玄奘《阿毗达磨大毗婆沙论》意译为“嘷叫地狱”，东晋罽宾三藏瞿昙僧伽提婆《增壹阿含经》意译为“啼哭地狱”、唐义净《根本说一切有部尼陀那》意译为“号叫地狱”。后秦弘始年佛陀耶舍共竺佛念《长阿含经》译为“叫唤地狱”，并对此地狱描述甚详：

> 佛告比丘：叫唤大地狱有十六小地狱，周匝围绕，各各纵广五百由旬。何故名为叫唤地狱？其诸狱卒捉彼罪人掷大镬中，热汤涌沸，煮彼罪人，号咷叫唤，苦痛辛酸，万毒并至，余罪未毕，故使不死，故名叫唤地狱。（后秦佛陀耶舍共竺佛念译《佛说长阿含经》卷第十九，据《大正藏》第1册）

综上所述，我们对“卢獦”可以作出这样的解释：卢獦，佛教地狱名，梵语 raurava 的译音，又译作“噜罗婆”“呼呼婆”等，意译作“啼哭”“号叫”“嘷叫”“叫唤”等。佛经谓堕于此地狱之人，痛苦不堪，号泣叫唤，故名。

---

① 网上有《大乘悲分陀利经》中梵对照本。参见 http://www2.fodian.net/Blog/AllSection.aspx? ID = AS00000450。

二十　沸屎

△沸屎

《俱舍颂疏·世间品四》曰："十六增者，八捺落迦，四面门外，各有四所。一煻煨增……二屎粪增。谓此增内，屎粪泥满于其中。多有娘矩咤虫，嘴利如针，身白头黑。有情游彼，皆为此虫钻皮破骨，咂食其髓。"今"沸屎"谓此也。(《五家正宗赞助桀》)

屎沸坑

骂人为粪所也。(《禅林方语》)

汉译佛典里多次出现的"沸屎地狱""沸屎"或"沸屎地狱"于大型语文辞书未收。唐代知玄在《慈悲水忏法》卷下《随闻录》对"沸屎"有解释：

沸屎，滚沸之屎。气热且臭，苦恼迷闷。由其生平以公威势力富贵逼人。既受臭名，又气闷报。(《慈悲水忏法》卷下，据《续藏经》第74册，第715页)

明代佛教辞书《三藏法数》释"沸屎地狱"曰：

沸屎地狱，谓沸屎铁丸，自然满前，驱逼罪人，使抱铁丸，烧其身手；复使撮着口中，从咽至腹，通彻下过，无不燋烂。有铁觜虫，唼肉达髓，苦毒无量，久受苦已，方出此狱，复到铁钉地狱。（据《永乐北藏》第182册）

《佛光大辞典》解释说：

沸屎地狱，指以沸屎苛治罪人之地狱。……据《观佛三昧海经》卷五载，此地狱上有铁网，纵广八十由旬，有十八铁城；每一铁城十八鬲，一一鬲中有四壁，皆有百亿万之剑树。地如刀刃，刃厚三尺，刃上有百千蒺梨，又蒺梨与剑树间有无数铁虫，每一铁虫有百千头，一头有百千嘴，一嘴头皆有百千虮（蛔）虫，口吐热屎，沸如融铜，遍布铁城之内。①

无疑，目前的解释都视“沸”为“热滚”的意思，这和《汉语大词典》“沸”的第二个义项“液体烧滚的状态”接近②。

不过我们还是怀疑这种解释的可靠性，怀疑的原因是我们在研究的过程中发现了“沸屎”来源上的可靠线索。因为我们解释词语，不只是简单地看它内容描述什么，更重要的是探求其来源，才有可能避免望文生义。就如“胡言乱语”一词，如果我们只是从内容入手，当然就会很轻易地得出“胡”是“胡乱”的意思，若要寻根究底，就会发现它是从“胡言汉语”变化发展而来，“胡”指的是“胡人”③。“沸屎”一词，也同样值得我们做这样的寻根究底的工作。

“沸屎”这类词语来源于佛经，是通过汉译佛经翻译过来的，既然如此，那么弄清其含义最好的办法就是“把它同梵语、巴利语等经典、或者其他译者的译语比较对照”④。“沸屎”的梵文原文是 kuNapa⑤，《梵文、泰米尔语、巴列维语词典》（*Sanskrit*，*Tamiland Pahlavi Dictionaries*）释为 adeadbody（死尸）或 dung（粪屎）等⑥。出现于称友（Yaśomitra）的梵文著作《俱舍释》中的 kuNapa，日本学者山田龙城引获原云来注译作“尸粪，死尸园”⑦。“沸屎地狱”在中阿含经系巴利文经典《天使经》（*Devadūtasutta*）原文为 Gūthaniraya，我们查阅了马来西亚大马比丘提供的网上免费下载的《巴汉词典》，词根 Gūtha 意为“排泄物，粪，大便”，niraya 意为“地狱”。中阿含经系《天使经》，前秦时期北印度人僧伽提婆译为“粪屎大地狱”。长阿含经系《起世经》共有四种汉译本，除了西

① 慈怡：《佛光大辞典》，佛光出版社 1988 年版，第 3332 页。

② 《汉语大词典》中，“沸”有十个义项，分别是：1. 泉涌貌；2. 液体烧滚的状态；3. 把水烧开；4. 指汆、烫；5. 沸水，烧开的水；6. 喧腾，喧嚣；7. 谓名声很响，影响很大；8. 杂乱，纷乱；9. 泗；10. 通“孵”。

③ 袁宾：《近代汉语概论》，上海教育出版社 1992 年版，第 102 页。

④ 辛屿静志：《汉译佛典的语言研究》，《俗语言研究》第 5 期，1998 年，第 47—57 页。

⑤ 宋一夫：《大藏经索引》（第二册），吉林文史出版社 1987 年版，第 160 页。

⑥ 在线查询地址：http：//webapps. uni-koeln. de/tamil/。

⑦ 山田龙城著，许洋主译：《梵语佛典导论》，华宇出版社 1988 年版，第 323 页。

晋沙门法立与法炬两人合译的《大楼炭经》，因为译笔趋简，未见有译之外，其他三种译法微异。北印度迦湿弥罗国的沙门佛陀耶舍和竺佛念两人共同翻译《世纪经》译为“沸屎地狱”，隋朝时北天竺沙门阇那崛多所译《起世经》译为“粪屎尼地狱”，隋朝时天竺沙门达摩笈多所译的《起因经本经》译为“粪屎泥地狱”。我们查看了日本平安时代表现中国隋代的阇那崛多译《起世经》中的十六小地狱的“词书”配画的地狱草纸，发现其“词书”上写的则是“屎粪所”①。英译佛经多将“沸屎地狱”翻译为 excrement hell 或 hell of excrement（粪屎地狱）。显然，这里“沸屎”之“沸”与“热滚”的意思没什么联系，它对应的是“粪”，“沸屎”就是“粪屎”。

以上的“沸屎”“粪屎”是指地狱名。18 世纪的禅学大家日本僧人无著道忠还解释了“沸屎”另一意义，即作虫名。无著道忠在其著作《五家正宗赞助桀》对《五家正宗赞》“赞之者拔舌泥犁，毁之者洋铜沸屎”一句注云：

《俱舍颂疏·世间品四》曰：“十六增者，八捺落迦，四面门外，各有四所。一煻煨增……二屎粪增。谓此增内，屎粪泥满于其中。多有娘矩咤虫，嘴利如针，身白头黑。有情游彼，皆为此虫钻皮破骨，咂食其髓。”今“沸屎”谓此也。②

无独有偶，无著道忠所解释的“沸屎”在唐释玄应《一切经音义》的注释中叫“粪屎虫”。《一切经音义》云：

> 娘矩咤，女良反，下俱禹反。此云粪屎虫。有觜如针，亦名针口虫。穿骨食髓者也。（《一切经音义》卷七〇，据《大正藏》第 54 册，第 765 页）

---

① 此画卷在明治时代是由东京的大圣院所藏，经由神奈川的原家收藏而后归为国有，与东京国立博物馆收藏的“地狱草纸”（曾为冈山的安住院收藏）并列为六道绘中的名作。画卷由“词书”（词书指画卷中为了说明画中情景所添加的文字）与画所组成的六段，加上仅留下画的一段，合计七段所构成，表现的是中国隋代的阇那崛多译《起世经》中的十六小地狱。下面网址有其扫描的图片。http：//www. emuseum. jp/cgi/bunsyutu. cgi？SyoID = 1&ID = w002&SubID = s001。

② 无著道忠：《五家正宗赞助桀》（附索引），禅文化研究所，1991 年，第 20 页。

“娘矩咤虫”是梵文 nyańkuţa 的译音[1]，《梵和大辞典》释为“汉译［虫の名］粪屎虫，针口虫，虫嘴快利者。音写娘矩咤（虫）。”[2] 无著对“沸屎虫”的解释以及《一切经音义》对“粪屎虫”的解释足以看出“沸屎”与“粪屎”没什么区别。在无著道忠另一著作《禅林方语》表达得更为明确：“屎沸坑，骂人为粪所也。”[3]

《说文》云：“沸，毕沸，滥泉。”从“沸”的本义为“毕沸（泉涌貌）”来看，“沸”似乎很难与“粪”产生意义上的联系，所以极有可能“沸”“粪”是通假借用。“沸”“粪”中古音同属非母，声母相同；“沸”中古韵母属微部，“粪”属文部，微文对转。上古文部和微部就是同类，《周礼·冢宰》假“匪”为“分”，《易林》以“悲”协“门”，现在方言里文部和微部字文白异读的现象也颇为常见，如山东博山方言“门”文读 mẽ˥，白读 mei˥；本文读 pẽ˥，白读 pei˥；闷文读 mẽɹ，白读 meiɹ；忿文读 fẽɹ，白读 feiɹ；们文读 mẽɹ，白读 mei˥。江蓝生据此在《说“么”与“们”同源》一文中证明近代汉语表复数“每”和“门”组的音转而同源的关系[4]。该文收入《著名中年语言学家自选集·江蓝生卷》中时，作者又补记了河东话［ei］分属北京话［ei］和［ən］的不少例子[5]。大量的语言事实应该足以证明中古汉语“沸”“粪”通假借用在语音上是没有问题的。方言里不少地区仍把“粪”叫作“肥”。如闽语把“粪”就叫作“肥”，“粪坑”叫作“肥缸”“肥池”“肥桶”等；四川谚语“烧香不怕路途远，舔肥不怕勾子深”，这里的“勾子”指臀部，“肥”就是粪，也就是屎。“肥”和“沸”在普通话和不少方言里都声韵相同，可能是因为“肥”和“粪”存在意义上的联系，所以方言里都记作“肥”。

所以，我们认为汉译佛典里“沸屎”其实就是“粪屎”，“沸”与“粪”通假通用，“沸屎”的“沸”并非是“热滚”的意思。

---

① 宋一夫：《大藏经索引》（第二册），吉林文史出版社 1987 年版，第 31 页。

② 荻原云来：《汉译对照梵和大辞典》，新文丰出版社 1979 年版，第 716 页。

③ 无著道忠：《禅林方语》，《禅语辞书类聚》，禅文化研究所，1991 年，第 8 页。

④ 江蓝生：《说“么”与“们”同源》，《中国语文》1995 年第 3 期，第 180—190 页。

⑤ 江蓝生：《说“么”与“们”同源》，《著名中年语言学家自选集·江蓝生卷》，安徽教育出版社 2002 年版，第 21—22 页。

二十一 好不著便[①]

△今生不著便

忠曰：愦一生涯修行不得便空也。其不得便之狀，如下所云，皆被同行带累也。(《五家正宗赞助桀》)

樵屋（四明象潭泳和尚《樵屋》：枯者是兮荣者是，一刀两断没商量。尽情收得归家去，半掩柴扉春昼长。)

樵屋：别号。杂毒海为虚舟之作。

枯者是兮：《联灯》十九（九丈）《药山章》、《会元》五、《传灯》不载、《虚堂》三（卅八丈）拈："药山俨禅师与道吾云岩游山，见两株树，一荣一枯。师问云岩：'枯者是？荣者是？'云：'荣者是。'师云：'与么，则酉然一切处光明灿烂去。'又问道吾，吾云：'枯者是。'师云：'与么，则酉然一切处放教枯淡去。'高沙弥来，师又问高，高云：'枯者从他自枯，荣者从他自荣。'山回顾云岩道吾云：'不是不是。'"〇第一句拶，第二句答话。不管荣枯、真俗、出世不出世，一刀截断，绝计较商量，一刀两断处是樵端的。商量：商贾定物之精粗、定价之多少也。宗门以比理论佛法也。又《事苑》："如商贾之量度，使不失于中平，以各得其意也。"(《江湖风月集解》)

关于"好不"肯定式出现的时间，袁宾发表了《近代汉语"好不"考》[②]和《"好不"续考》[③]两篇论文，认为是明代下半叶即16世纪；何金松则认为"至迟在十四世纪元代口语中便已产生"[④]；曹澂明认为何金松所举例证皆为元曲宾白，皆为明代人所加[⑤]；曹小云认为金朝灭亡

① 此语和下文"也好……也好"考释，原发表于《汉语史学报》2015年第15辑，第199—204页，原题为《近代汉语几个语法问题考辨》，略有改动。

② 袁宾：《近代汉语"好不"考》，《中国语文》1984年第3期。

③ 袁宾：《"好不"续考》，《中国语文》1987年第2期。

④ 何金松：《肯定式"好不"产生的时代》，《中国语文》1990年第5期。

⑤ 曹澂明：《〈肯定式"好不"产生的时代〉质疑》，《中国语文》1992年第1期。

(1234)之前成书的《五代史平话》中已有肯定式“好不”用例出现[①];孟庆章认为“南宋末年即公元十三世纪时已经出现”[②]。经过众多学者的考察,“好不”肯定式出现的时间最早追溯到了南宋末年。不过,最近何小宛指出孟文两例中“归好不知行路难”中根本不存在“好不”一词,应读作“归好、不知行路难”,并认为孟文另一例“好不著便”的“好不”也不是肯定式用法[③]。“南宋末年”之说,又引起了怀疑。我们认为“好不”肯定式用法出现于南宋末年还是可以确证的。不妨先看孟庆章所举的“好不著便”例:

遂宁府香山尼佛通禅师,因诵莲经有省。往见石门,乃曰:“成都吃不得也,遂宁吃不得也。”门拈拄杖打出,通忽悟曰:“荣者自荣,谢者自谢。秋露春风,好不著便。”门拂袖归方丈,师亦不顾而出。由此道俗景从,得法者众。(《五灯会元》卷一四,尼佛通禅师)

首先,何文认为“不著便”是个唐代口语词,并举多例为证,似乎不承认“不著便”是“著便”的否定用法,恐怕不符合客观事实。唐宋文献中诸如“今日著便”“为什么著便”“异同著便”“彼此著便”“一时著便”“各自著便”的例子颇为多见。如:

师一日从方丈出,有僧过拄杖与师,师接得却过与僧,僧无语。师云:“我今日著便。”僧云:“和尚为什么著便?”师云:“我拾得口吃饭。”(《云门匡真禅师广录》卷下,据《大正藏》第47册)

师上堂,良久,云:“总似今日,彼此著便,彼此不著便?还辨得么?若辨得,目视云霄;若辨不得,一日了一日。久立,珍重!”(《天圣广灯录卷》卷二五,据《续藏经》第78册)

师以拂子击之,复曰:“更有问话者么?如无,彼此著便。”(《五灯会元》卷一四,投子义青禅师)

首白槌了,师乃云:“便与么观得,一时著便;若论玄微,见与

① 曹小云:《〈五代史平话〉中已有肯定式“好不”用例》,《中国语文》1996年第1期。

② 孟庆章:《“好不”肯定式出现时间新证》,《中国语文》1996年第2期。

③ 何小宛:《禅录词语释义商补》,《中国语文》2009年第3期。

不见一时觳瞎。”（《古尊宿语录》卷一九，据《续藏经》第68册）

上堂：“我于先师一掌下，伎俩俱尽，觅个开口处不可得。如今还有恁么快活不彻底汉么？若无，衔铁负鞍，各自著便。”（《五灯会元》卷一四，真歇清了禅师）

日本室町时期的手写本《五灯拔萃》注曰：“著便，言若非透彻，却堕异类中，得其便宜也。”[①]《唐五代语言词典》[②]《汉语大词典订补》[③]《禅籍方俗词研究》[④]都立有“著便”条。“不著便”是“著便”的否定用法应该没什么疑问。

其次，何文认为佛通禅师的悟道偈“大意谓悟者乃自心悟；自心以外的种种修行门径（用‘秋露春风’为喻），都是很不契合禅法的”，其将草木“荣谢”这一自然更替现象理解为正面的“心悟”，却将同是自然更替现象的“秋露春风”理解为反面的“自心以外的种种修行门径”，似乎让人难以理解。

其实“荣者自荣，谢者自谢”是拈提唐代药山惟俨禅师的一则公案：

道吾、云岩侍立次，师指按山上枯荣二树问道吾曰：“枯者是，荣者是?”吾曰：“荣者是。”师曰：“灼然一切处光明灿烂去。”又问云岩：“枯者是，荣者是?”岩曰：“枯者是。”师曰：“灼然一切处放教枯淡去。”高沙弥忽至，师曰：“枯者是，荣者是?”弥曰：“枯者从他枯，荣者从他荣。”（《五灯会元》卷五，药山惟俨禅师）

显然，其表达的意思是要顺应自然，应时应节，万事随缘。这在后世拈颂中表达得更明白，有诗为证：

---

① 《五灯拔萃》是《五灯会元》的注释书，是日本室町时期的手写本。书中引用最多的是中国宋代入日禅僧一山一宁（1247—1317）的注释。除此之外，还有宋代入日禅僧大休正念（1215—1289）、入宋日僧约翁德俭（1244—1320）的注释。该书对禅录难解俗语、谚语的注释非常珍贵。其原本保存在日本京都大德寺龙光院。

② 江蓝生、曹广顺：《唐五代语言词典》，上海教育出版社1997年版，第459页。

③ 汉语大词典编纂处：《汉语大词典订补》，上海辞书出版社2010年版，第1069页。

④ 雷汉卿：《禅籍方俗词研究》，巴蜀书社2010年版，第444页。

云岩寂寂无窠臼，灿烂宗风是道吾。深信高禅知此意，闲行闲坐任荣枯。（《禅宗颂古联珠通集》卷一四，据《续藏经》第65册）

万缘放下任枯荣，应节随时物外情。（《普明香严禅师语录》卷一，据《嘉兴藏》第38册）

跟草木“枯荣”相关联的“秋露春风”则比喻时节因缘成熟。如：

如春风秋露，时节因缘，自然成熟，不可强也。（《宗统编年》卷二三，据《续藏经》第86册）

不仅如此，禅录中“春”“秋”相连的短语都有比喻时节因缘成熟的意思。如：

春松秋菊顺时节，盖地盖天现镜空。（《永平元和尚颂古》，据《大正藏》第82册）

时节因缘谁爱憎，春松秋菊任腾腾。（《义云和尚语录》卷上，据《大正藏》第82册）

如春兰秋菊，社燕宾鸿等，各因其时。（《华严原人论解》卷上，据《续藏经》第58册）

忽然一日时节到来，或遇因缘触发，心目方得开悟。古云：“是花各有开时节，春兰秋菊不同途。”（《皇明名僧辑略》卷一，据《续藏经》第86册）

春兰秋菊不失其时，岸柳江梅各得其所。（《云溪偎亭挺禅师语录》卷一六，据《嘉兴藏》第33册）

南宗禅强调顿悟，时节因缘成熟，自然明心见性，直了成佛。禅录里到处都显耀着这种思想，如：

欲识佛性义，当观时节因缘，时节既至，如迷忽悟，如忘忽忆，方省己物不从他得。（《五灯会元》卷九，沩山灵佑禅师）

时节因缘到来，自然筑着磕着，喷地省去耳。（《大慧普觉禅师书》卷二五，据《大正藏》第47册）

只要时节因缘成熟，就如上面例中所说，“筑着磕着”也会悟道。佛通禅师在被石门禅师无厘头地“拈拄杖打出”中悟道，也正是这种情况。她在悟道偈中表达的正是她所领悟了禅的真谛以及悟道后的欣喜之情：原来佛法一切现成，无须刻意寻觅，只要顺应自然，万事随缘；一旦时节因缘成熟，那该多么幸运啊！“好不著便”无疑就是多么著便、很著便的意思。

蒋绍愚、曹广顺也说孟庆章文中“《五灯会元》例确像是肯定式”①，从上面的分析来看，蒋绍愚、曹广顺的推测应该是正确的。

同时代“好不”肯定式用法的其他实际例子也是存在的②，曹小云（1996）所举的13世纪初年成书的《新编五代史平话》“好不”例，其为肯定式用法，学界似乎没有异议：

> 当日刘知远与三娘子成亲之后，怎知他三娘子两个哥哥名做李洪信、李洪义的，终日肚闷，背后道：“咱爷娘得恁地无见识！将个妹妹嫁与一个事马的驱口，教咱弟兄好不羞了面皮。”

《明刻话本四种》里的《李亚仙》和《王魁》一般都认为是宋人的话本③。下面几例，无疑也是肯定式：

> 好也，你看这风流公子、大嫖客下场头，结局好受用哩！好快活

---

① 蒋绍愚、曹广顺：《近代汉语语法史研究综述》，商务印书馆2005年版，第138页。

② 感谢《汉语史学报》杂志匿名审稿专家提出再补充同时代“好不”肯定式用法的实际例子的意见。以下几例是尊匿名审稿专家意见补出，错误之处仍由本人负责。

③ 路工、谭天（《古本平话小说集》，人民文学出版社1984年版，第63页）认为《李亚仙》为宋元间话本，《王魁》为宋人话本。欧阳健和萧相恺（《宋元小说话本集》，中州古籍出版社1987年版，第344页）、欧阳代发（《话本小说史》，武汉出版社1994年版，第80页）、田汉云（《神妖怪事——中国古代神魔小说精品选》，江苏古籍出版社1996年版，第1页）、陈桂声（《话本叙录》，珠海出版社2001年版，第80、91页）、张兵（《话本小说简史》，山西人民出版社2005年版，第25、55页）都有类似观点。胡士莹（《话本小说概论》，中华书局1980年版，第332、515页）认为《王魁》为宋人话本，而《李亚仙》因其中“郑元和之名晚出”，当为明人话本。然晚出之说无据，欧阳代发说“《醉翁谈录》癸集卷一‘不负心类’即有‘李亚仙不负郑元和’，说明郑元和之名已见于宋”；欧阳健和萧相恺说“郑元和之名，高文秀杂剧《郑元和风雪打瓦罐》中已见”，都力证《李亚仙》也是宋人作品。

哩！这个所在好不贵着，郑元和费了数千银子，才买得那屋檐下安身哩！（《明刻话本四种·李亚仙》）

是日，众道士齐集在坛前，吹的吹，打的打，好不热闹。（《明刻话本四种·王魁》）

王魁父母妻儿好不凄惨。寮友闻知，都来探丧吊奠。（《明刻话本四种·王魁》）

二十二　也好……也好

△从来柳下惠

忠曰：尔为尔，我为我。（《孟子》二卷卅丈，又五卷十二丈）

〇《五祖演和尚四面山录》（《古宿》二十，五丈）："上堂。古人云：我若向伱道，即秃却我舌；若不向伱道，即哑却我口。且道还有为人处也无？四面有时拟为伱吞却，只被当门齿碍；拟为儞吐却，又为咽喉小。且道还有为人处也无？乃云：四面从来柳下惠。"

〇忠曰：《月江印禅师道场录》（七丈）曰："僧问：'如何是六丈紫磨金色之身？'师云：'切忌认奴作郎。'进云：'和尚且莫压良为贱。'师云：'山僧从来柳下惠。'"

〇忠曰：今言时节者，时节；我者，我也。个个壁立万仞。

从来柳下惠 方语云：无可无不可。忠曰：此是孔子自谓者，非柳下惠。《论语》九（廿二丈）《微子篇》曰："子曰：'不降其志，不辱其身，伯夷、叔齐与？'谓：'柳下惠、少连，降志辱身矣；言中伦，行中虑，其斯而已矣。'谓：'虞仲、夷逸，隐居放言，身中清，废中权。我则异于是，无可无不可。'"

〇依此则"降志辱身"，是柳下惠，恐方语谬注。

〇忠用"尔为尔，我为我"为"从来柳下惠"解，是正柳下惠之言也。五祖及月江虚堂所用意于是也。

〇《孟子》二（三十丈）《公孙丑》上曰："孟子曰：'柳下惠不羞污君，不辞小官。进不隐贤，必以其道。遗佚而不怨，厄穷而不悯。与乡人处，由由然不忍去也。故曰：尔为尔，我为我。虽袒裼裸裎于我侧，尔焉能浼我哉？'"（《虚堂录犁耕》）

△老僧从来柳下惠

忠曰：尔为尔，我为我。○此语前一《显孝录》（四丈左）笺。（《虚堂录犁耕》）

卢烈红把两个或多个"也好"隔开配对使用的表示无论在何种情况下都如此的句型称为"配对型'也好'"，并考察其源流①。该文认为"配对型'也好'的确切用例出现在清代中期"，我们认为这还可以商榷，因为从宋代到清初都有配对型"也好"的用例，举例如下：

闲也好，忙也好，看来总不干怀抱。（《古林清茂禅师语录》卷五，据《续藏经》第71册）

信也好，不信也好，三十年后，遇着本色道流，莫道白云门风峭峻！（《古林清茂禅师语录》卷一，据《续藏经》第71册）

诸人信也好，不信也好，三千里外遇着本色道流，辄不得道径山从来柳下惠！（《愚庵和尚语录》卷第五，据《续藏经》第71册）

现佛也好，现众生也好；现天堂也好，现地狱也好；现罗刹也好，现菩萨也好；总是者个面目。（《紫竹林颛愚衡和尚语录》卷四，据《嘉兴藏》第28册）

随人欺凌也好，委曲也好，诟骂也好，苦触也好，何必贪爱而生嗔耶？（《紫竹林颛愚衡和尚语录》卷四，据《嘉兴藏》第28册）

银碗里盛雪也好，秤锤里搋汁也好，破沙盆里炀羹也好，珠砂钵里括残也好，者个总不问你！（《嵩山野竹禅师录》卷三，据《嘉兴藏》第29册）

第一例和第二例都出自宋末元初《古林清茂禅师语录》，意思分别是：不管闲还是忙，都不会影响悟禅的心境；无论你信不信，三十年后碰到本分当行的禅僧都不要说我白云道法严厉。"白云"，古林清茂禅师初住平江府天平山白云禅寺，故自称"白云"。

第三例出自元末明初《愚庵和尚语录》，句式与第二例大同小异，意思是：无论你们信不信，三千里外遇到本分当行的禅僧就不要说我径山不

① 卢烈红：《配对型"也好"源流考》，《中国语文》2012年第1期。

顾你们。径山，愚庵和尚再住径山兴圣万寿禅寺，故自称“径山”。“从来柳下惠”，日本江户时代僧人学者无著道忠释曰：“尔为尔，我为我。”

后三例都是明末清初的例子，意思分别是：不管现出什么身相，都是这个面目，也就是禅语所说的“身心世界全是一个面目”的意思；任凭别人怎么屈辱你，你都不必贪爱而生气①；不管是银碗里盛雪，秤锤里捥汁，破沙盆里炀羹，还是珠砂钵里括残，这个都不问你。

上述6例应该都是比较典型的配对型“也好”的用例，都表示无论在哪一种情况下，其结果都一样。而且也都有一些形式上的标志：或后句有“总”字与前句呼应，或用在含有斥责语气的语段中，或用在反诘句中。卢文认为“配对型‘也好’的确切用例出现在清代中期”，有点过于谨慎。

上面的例句都出自禅宗语录，原因是禅录口语性强，许多新兴词语和新兴语法现象都最早在禅录中找到，亦可见禅宗语录，特别是唐宋时期的禅录对近代汉语研究有着特别重要的意义。

二十三　团子

△热铁团子

忠曰：纯一无杂之喻。(《虚堂录犁耕》)

(十四左) △蒲团上

忠曰：《事苑》三（廿九丈）曰：“蒲团：蒲，水艸。可以作席。”

○忠曰：坐物以蒲编造，其形团圆，故言蒲团。和俗称眠单为蒲团，大失义。(《虚堂录》犁耕)

蒲团

忠曰：坐物以蒲编造，其形团圆，故言蒲团。和俗称眠单为蒲团，大失义。

《埤雅》十八（十二丈）② 云：“蒲，水草也，似莞而褊，有脊，

① 贪爱，“即贪着爱乐五欲之境而不能出离生死轮回”。(据《佛光大辞典》“贪爱”条)

② 原文“十八（十二丈）”为右旁小字补。

生于水厓，柔滑而温，可以为席。”

《永平清规·辨道法》云：“晡时衩衣入堂，就单位出蒲团而用坐禅，未展单矣。”

忠曰：单，谓眠单，可知蒲团、眠单二物也。

《大慧杲禅师书·答曾侍郎》云：“公既与竹椅、蒲团为侣。”

《希叟昙禅师广录》三《颂》（廿四丈）[①]《禅房十事·蒲团颂》云：“百草头边荐得，何妨打块成团。直下千差坐断，无心犹隔重关。”

《联珠诗格》六（一丈）[②]注云：“蒲团，僧房坐具。东坡诗：‘后夜当独来，不烦主与宾。蒲团坐纸帐，自要观我身。’”（《禅林象器笺》）

“团子”一词见于《祖堂集》，如：

师有时把团子，向面前云：“诸佛菩萨，及入理圣人，皆从这里出。”却折破抛下，拍开胸云：“作摩生?”（《祖堂集》，第729页）

这则公案中“团子”颇难理解，该词在《汉语大词典》《现代汉语词典》中都只有一个义项，即“用米或粉等做成的圆球形食物”[③]，下文有“却折破抛下，拍开胸”，应该不是食物。

在禅录里“团子”的意思其实也不只限于食物，只要呈团状的事物甚至抽象事物汇集一起都可以称为“团子”。检索CBETA电子佛典，只有“一团子意气”“疑团子”“赤肉团子”“玉团子”“泥团子”“业识团子”“黐胶团子”“肉团子”“无明团子”“蒲团子”等组合，如：

不舍恩爱，痴迷财宝。立我争人，一团子意气。些子个违情，面青面赤，说强道弱，我不受人欺瞒，我是大丈夫儿，养妻养子。（《景德传灯录》卷三〇，据《大正藏》第51册）

所以前人疑的，即是今人疑的。今人疑的，即是疑着赵州说的。

---

① 原文“三《颂》（廿四丈）”为右旁小字补。

② 原文“六（一丈）”为右旁小字补。

③ 《汉语大词典》释为：“用米或粉等做成的球形食品。”《现代汉语词典》释为：“米或粗粮面做成的圆球形食物。”

蓦然疑团子上爆地一声，彻见那边消息去也。(《禅宗决疑集》卷一，据《大正藏》第48册)

若谓此之觉知能入之性，是从浮根而出，非关寤寐，殊不知这一个状，若莲华赤肉团子，开则明，而合则昏，寤则开，而寐则合。(《楞严经宝镜疏》卷三，《续藏经》第16册)

透脱不透脱者，虽然打破玉团子，却撒黄金在眼中，是透脱中不透脱也。(《五家宗旨纂要》卷二，据《续藏经》第65册)

自掘深坑自活埋，偷生无计怨谁来。翻身拾得泥团子，错认骊珠作宝怀。(《宗鉴法林》卷七一，据《续藏经》第66册)

今时诸方，往往不本元由，多只认目前声色，弄个业识团子，接耳交头，商量传受，以当参学。(《雪岩祖钦禅师语录》卷四，据《续藏经》第70册)

所以道，烧却医书方做得卢医扁鹊，因甚学者不参言外活意，往往说生死著生死，说禅道著禅道，说参学著参学，说佛祖著佛祖，恰似个黐胶团子东粘西惹转不干净。(《师子林天如和尚语录》卷三，据《续藏经》第70册)

和尚子吃他国王水乳，履他田地，不知修禅入定，又不附近人，只管打个肉团子作么？(《玄沙师备禅师广录》卷二，据《续藏经》第73册)

直得东西不辨，南北不分，森罗万象，乾坤大地，尽融作一个无明团子，待打个之遶来。(《祖亮启禅师语录》卷一，据《嘉兴藏》第39册)

示众：长安道上走杀多少人？绝顶草庵坐杀多少人？不走不得此事了，不坐不得此事了，未审是甚么事？若无事走个甚么？坐个甚么？虽然秖如洌上座，要行便行，要坐便坐，又作么生？待你草鞋绳断，蒲团子破却向你道。(《沩山古梅洌禅师语录》卷一，据《嘉兴藏》第39册)

上述例中“团子”都有共同的义素“呈团状的事物或抽象事物汇集”。上举《祖堂集》里的“团子”，因为“把团子”“折破抛下”“拍开胸”等上下文语境提示，显然不是抽象事物汇集的“一团子意气”“疑团子”“业识团子”“无明团子”等，根据其可以折破、拍开，又是禅师身边之物的特征，最有可能是“蒲团子”。《景德传灯录》引此则公案，“团子”作“蒲团”，应该可以进一步确证“团子”就是“蒲团子”。如：

师一日拈起蒲团示众云：“诸佛菩萨及入理圣人，皆从遮里出。”便掷下，擘胸开曰：“作么生？”众无对。（《景德传灯录》卷一二，据《大正藏》第51册）

《五灯会元》卷一、《五灯全书》卷一、《五灯严统》卷一所引，也皆同《景德传灯录》。

二十四　利娄

（一丈左）△离娄极力（至）历掌

忠曰：力者，目力也。《字汇》曰：“历，传也。”

〇《庄子》四（卅五丈）《天地篇》曰：“黄帝游乎赤水之北，登乎昆仑之丘而南望。还归，遗其玄珠。使知索之而不得，使离朱索之而不得，使吃诟索之而不得也。乃使象罔，象罔得之。黄帝曰：‘异哉，象罔乃可以得之乎？’”注：“玄珠，道也。知，知觉也。离朱，明也。吃诟，言辩也。象罔，无心也。知觉聪明，言辨皆不可以得道，必无心而后得之。”

〇忠曰：《四书考备》十一（一丈）曰：“离娄，一名朱，皇帝时人，明察秋毫，而幽室之中能辨五色，横邪曲直，一见不爽丝发也。”（《〈虚堂录〉犁耕》）

〇忠曰：临济云：求着即传远，不求远在目前（本录廿八丈）。（《〈虚堂录〉犁耕》）

△师旷（至）之明

《孟子》四（一丈）《离娄上》曰：“孟子曰：‘离娄之明，公输子之巧，不以规矩，不能成方圆；师旷之聪，不以六律，不能正五音。’”注：“离娄，古之明目者。”又曰：“师旷，晋之乐师知音者也。”

〇忠曰：《四书考备》十一（二丈）曰：“师旷，字子野，晋之乐师也。”（云云）又（十一丈）曰：“离娄，一名朱，皇帝时人，明察秋毫，而幽室之中能辨五色。”

△离娄师旷觅无踪

忠曰：师之行履非见闻所及也。

〇逸堂曰：“正中来觅之无踪。”

△离娄行处浪滔天

逸堂曰：“香严叉手机。”

〇忠曰：明处缺暗生。

〇忠曰：《广灯》十五《风穴延沼章》曰：“罔象到时光灿烂，离娄行处浪滔天。”事出《庄子》。前一《瑞岩录》（一丈左）笺。（《虚堂录》犁耕）

“利娄”也见于《祖堂集》，如：

问：“利娄相击，不侧耳者如何？”云：“哲。”（《祖堂集》卷一〇）

“利娄”一词颇为难解，《祖堂集》各种校本都无出注，唯孙昌武、衣川贤次、西口芳男点校的中华书局本径改为“离娄”，并注曰：“离娄：原作‘利娄’。”《孟子·离娄上》曰：“孟子曰：‘离娄之明，公输子之巧，不以规矩，不能成方圆。’赵岐注：‘离娄者，古之明目者。’”[①] 衣川贤次在《〈祖堂集〉异文别字校证》引《敦煌变文校注》指出的，《维摩诘经讲经文》“魔王队仗利天宫，欲恼圣人来下界”中的“离天宫”作“利天宫”为证[②]。“利娄”为“离娄”之误，我们也觉得有道理，但是“离娄”是一个人，怎么能“相击”，“离娄”是“古之明目者”，为什么说“不侧耳者”，还有为什么用“哲”回答“如何”？这一系列都必须解释清楚，不然仅凭变文里有一例“离”写作“利”的例子来证明“利娄”为“离娄”之误，是很难令人信服的。

① 静、筠僧编，孙昌武、衣川贤次、西口芳男点校：《祖堂集》，中华书局 2007 年版，第 465 页。

② 衣川贤次：《〈祖堂集〉异文别字校证——〈祖堂集〉中的音韵资料》，东洋文化研究所纪要 2010 年第 157 辑，第 191—316 页。

先看第一个问题："离娄"如何"相击"？

"离娄"，作为传说中的视力特强的人物，最早见于《孟子》。《孟子·离娄上》"离娄之明"汉代赵岐注曰："离娄，古之明目者，黄帝时人也。黄帝亡其元珠，使离朱索之，离朱即离娄也，能视，于百步之外见秋毫之末。"又作"离朱"，焦循《孟子正义》："离娄，古之明目者，黄帝时人也。黄帝亡其玄珠，使离朱索之。离朱，即离娄也，能视于百步之外，见秋毫之末。"《庄子·骈拇》："是故骈于明者，乱五色，淫文章，青黄黼黻之煌煌非乎？而离朱是已。"陆德明释文引司马彪曰："离朱，黄帝时人，百步见秋毫之末。一云见千里针锋。《孟子》作离娄。"

唐宋禅录拈提"离娄"典故非常多。如：

法师答净书曰：近览所报辛中舍人《折疑论》，词义包举，比喻超绝。璀璨眩离朱之目，铿锵骇师旷之耳。固以妙尽环中，词殚辩囿，譬玉衡之齐七政，犹溟海之统百川。焕焕乎！魏魏乎！言过视听之外，理出思议之表，足可以杜诸见之门，开得意之路者也。（《唐护法沙门法琳别传》卷一，据《大正藏》第50册）

离娄明不到，师旷听亦讹。个中识宾主，日午下星河。（《禅宗颂古联珠通集》卷二一，据《续藏经》第65册）

上堂云：暗而忽明，迸曦光于海上。断而复续，奏天乐于空中。师旷听之不闻，离娄视之不见。唯有无神通菩萨，拍拍相高，愿得东风齐著力，一时吹入我门来。击禅床。下座。（《建中靖国续灯录》卷二一，据《续藏经》第78册）

洞见其颜，拈却案山。影流心鉴，智入道环。师旷不闻，而其声自普。离朱不辨，而其色非悭。（《宏智禅师广录》卷九，据《大正藏》第48册）

今解净名等者，荆溪云：劝舍执耳，用庄周言，托兴假设，立此人名，名为罔象。意明罔象，乍可得珠，过若穷研，秪恐失宝。况复转譬，诚有所凭。言罔象得珠者，《庄子外篇》云："黄帝游乎赤水之北，登乎昆仑之丘，南望还乡，遗其玄珠。使智索之而不得，使离朱索之而不得，使喫诟索之而不得，乃使罔象罔象得之。黄帝曰：'异哉！罔象乃可以得之乎！'"说者谓绝思虑故智索不得，离声色故离朱索不得，离言辨故喫诟索不得。罔象无心义无心乃得珠。喫诟，

上枯䔍反，下苦候反，巧言也。（《维摩经略疏垂裕记》卷八，据《大正藏》第38册）

离娄不辨正色：不能辨青黄赤白，正是瞎。离娄，黄帝时人。百步外能见秋毫之末，其目甚明。黄帝游于赤水沈珠，令离朱寻之不见。令吃诟寻之亦不得，后令象罔寻之方获之。故云。象罔到时光灿烂，离娄行处浪滔天。这个高处一着，直是离娄之目亦辨他正色不得。师旷岂识玄丝：周时绛州晋景公之子。师旷，字子野（一云晋平公之乐太师也）。善别五音六律，隔山闻蚁鬭。时晋与楚争覇，师旷唯鼓琴，拨动风弦，知战楚必无功。虽然如是，雪窦道，他尚未识玄丝在。不聋却是聋底人，这个高处玄音，直是师旷亦识不得。雪窦道，我亦不作离娄，亦不作师旷。（《佛果圜悟禅师碧岩录》卷九，据《大正藏》第48册）

离朱：司马云：离朱，一名离娄，黄帝时人。百步能见秋毫之末。一云见千里针锋。(《祖庭事苑》卷二，据《续藏经》第64册)

"离娄"无疑就是最锐利的目光的象征，自然而然就可以代表目光，修辞学上，称之为借代或代称。古人以人名代物名的借代，颇为常见，如：

何以解忧？唯有杜康。(曹操《短歌行》)

蚩尤塞寒空，蹴踏崖谷滑。(杜甫《自京赴奉先县咏怀五百字》)

闲理阮咸寻旧谱，细倾白堕赋新诗。(陆游《初夏游凌氏小园》)

凌阳侯之泛滥兮，忽翱翔之焉薄。(《楚辞·九章·哀郢》)

新姑车右及门柱，粉项韩凭双扇中。（温庭筠《会昌丙寅丰岁歌》)

天边赵盾益可畏，水底武侯方醉眠。(张耒《大旱诗》)

若是有情争不哭，夜来风雨葬西施。(韩偓《哭花》)

杜康造酒，故代称酒；蚩尤弄雾，故代称雾；阮咸造月琴，故代月琴；白堕善酿酒，故代称酒；凌阳侯为波神，故代波浪；韩凭魂化鸳鸯，故代鸟；赵盾被喻为日，故代称日；武侯人称卧龙先生，故代称龙；西施是美女象征，故代称花。沈括《梦溪笔谈》卷二三："吴人多谓梅子为

‘曹公’，以其尝望梅止渴也；又谓鹅为‘右军’。以其好养鹅也。有一士人遗人醋梅与燖鹅，作书云：‘醋浸曹公一瓮，汤燖右军两只，聊备一馔。’”可见，这种以人名代物名的借代用法，古人甚至到了有点滥用的程度。

“离娄”的典故，禅林广为流传，禅僧拈提也非常多，用最锐利的目光象征的“离娄”代称目光，应该是水到渠成。所以，“离娄相击”其实就是“目光相击”。离娄一个人固然无法“相击”，但“目光相击”则就言之成理了。如：

> 鹢：三苍云：苍鹢也，善飞似雁，目相击而孕，吐而生子。其色苍白。《庄子》所谓白鹢相视，眸子不运而风化者也。盖万物以风动以风化，故《国风》取名焉。（《古今图书集成·博物汇编禽虫典》卷四五）
>
> 若人者目击而道存焉。谓目相击触已达道意。（《肇论新疏》卷三，据《大正藏》第45册）
>
> 杲日当空照大千，迷云俱尽顿超然。法王据坐目相击，赃露情真不用鞭。（《何一自禅师语录》卷二，据《嘉兴藏》第39册）

再看第二个问题：“离娄”是“古之明目者”，为什么说“不侧耳者”？

这个问题与前一问题密切相关，“离娄相击”其实是“目击”“目光相击”，这又是禅录拈提得特别多的一个用典。即我们上文“雪仲”一节中提到的“目击道存”的典故，出《庄子·田子方》：“仲尼见之而不言。子路曰：‘吾子欲见温伯雪子久矣，见之而不言，何邪？’仲尼曰：‘若夫人者，目击而道存矣，亦不可以容声矣。’”圣人相见，目光相接，便可以传道。禅宗更是强调不立文字，以心传心，禅师交流，目光相接，便心有灵犀，悟禅解道。如：

> 若僧若俗，若贵若贱，悉皆受赐其福其寿，可胜道哉！既沐光临，且宽尊抱。故我佛如来云：“夫说法者，无说无示。其听法者，无闻无得。”又闻仲尼与温伯雪，久欲相见，一日税驾相逢于途路间，彼此无言，各自回去。洎后门人问曰：“夫子久欲见温伯雪，及

乎相见，不交一谈，此乃何意?”仲尼曰：“君子相见，目击道存。”且道古人相见，目击道存，山僧今日鸣鼓升堂，特地忉忉，一场失利。(《黄龙慧南禅师语录》卷一，据《大正藏》第47册)

如有学人问忠国师：“和尚，如何是解脱心?”答：“解脱心者，本来自有。视之不见，听之不闻，搏之不得，众生日用而不知。此之是也。此乃直指，目击道存，今古常然，凡圣共有。”(《宗镜录》卷一〇〇，据《大正藏》第48册)

示众云：“声前荐得，分明鹞过新罗；句外承当，已是不快漆桶。待汝开口动舌堪作甚么？还有目击道存者么?”(《林泉老人评唱丹霞淳禅师颂古虚堂集》卷一，据《续藏经》第67册)

“目击道存”“不可以容声”“无说无示”“无闻无得”“本来自有”“听之不闻”“声前荐得”“句外承当”，所以才有“不侧耳者如何”之问。

最后看第三个问题：“不侧耳者如何”，为什么用“哲”来回答?

这个问题，其实对第二个问题的分析已经帮我们解决了。不管是孔子、温伯雪子这样的大圣人，还是禅宗历代禅师都以目击道存、不容言说、心领神会、心心相印为大智慧，所以，目相击触，无须侧耳者，无疑就是知音，就是哲人，就是充满大智慧的人。《说文》：“哲，知也。”《尔雅》：“哲，智也。”禅录里批评侧耳倾听者的公案随处可见。如：

时有僧问：“宝座先登于此日，请师一句震雷音。”师云：“徒劳侧耳。”(《明觉禅师语录》卷一，据《大正藏》第47册)

问：“不涉思量处，从上宗乘，请师直道。”师良久。僧曰：“恁么即听响之流，徒劳侧耳。”(《景德传灯录》卷二四，据《大正藏》第51册)

诸方达道者，那个是咸言上上机？承虚接响。所以道向自己胸中流出，盖天盖地。不是知音，徒劳侧耳。(《宗范》卷二，据《续藏经》第65册)

设有问如何是声不是声？但云山青水绿。如何是色不是色？犬吠驴鸣。或云和尚何得颠倒声色？便与劈脊一棒云：不是知音徒劳侧耳。(《宗门拈古汇集》卷三一，据《续藏经》第66册)

上堂云：“敲空作响，谁是知音？击物无声，徒劳侧耳。”(《建

中靖国续灯录》卷一二，据《续藏经》第78册）

问："如何是密传底心？"师良久。僧曰："恁么则徒劳侧耳也。"（《五灯会元》卷一三，据《续藏经》第80册）

胡家曲子韵出青霄，写向无孔笛中，未知谁人侧耳。（《投子义青禅师语录》卷上，据《续藏经》第71册）

僧云："有一人不会唐言、梵语来时，师还接也无？"师云："举意便知有，何劳侧耳听。"（《古尊宿语录》卷八，据《续藏经》第68册）

概括起来说，三个问题，第一个是借代问题，第二个是用典问题，第三个是禅义问题。解决了这三个问题，"利娄"为"离娄"之误应该比较容易理解了。

二十五　獦獠[①]

蛮种

忠曰：广东道韶州新州（肇庆府），本非南蛮种类，又非獦獠，况六祖是卢氏左降为新州人。然言蛮种者，託五祖獦獠之语，抑下之也。夫四夷者，东夷、南蛮、西戎、北狄也。其南蛮者，实梁汉、巴蜀、武陵、长沙、庐江郡夷是也（是盘瓠种也）。见干宝《搜神记》（十四卷二丈）又详《文献通考》三百二十八卷。又按《唐书·地理志》，岭南道诸蛮州九十二（止之），韶州新州等不与焉。（《五家正宗赞助桀》）

村獦獠

忠曰：村，村野也，卑鄙之称，抑下六祖也。

○《坛经》（二丈）《行由》第一曰："五祖言：'汝是岭南人又是獦獠，若为堪作佛？'慧能曰：'人虽有南北，佛性本无南北。獦獠身与和尚不同，佛性有何差别？'"

○獦獠：忠曰：《正字通·巳·下》（卅六丈）曰：獦，俗猲字。

① 原发表于《汉语史学报》2015年第13辑，第257—268页，原题为《"獦獠"的词义及其宗教学意义》，略有改动。

又（卄九）丈曰：猲，《尔雅》：短喙谓之猲。獢，孙愐：许竭切。

〇《小补韵会·月韵》（四十四丈）曰："猲，许竭切，短喙犬。"又《本韵》："居竭切，虏别号。"

〇《小补韵会·啸韵》（卅一丈）曰："獠或作獟獠。"又《巧韵》（四十丈）曰："獠，竹绞切，音与爪同。戎夷别名。《集韵》或作獠獠。《增韵》：都绞切，误。《皓韵》：鲁皓切。西南夷谓之獠。《集韵》或作僚，亦作獠獠。"

〇忠曰：《文献通考》三百廿八（十七丈）曰："獠盖蛮之别种。往代初出自梁益之间，自汉中达于卭笮川谷之间，所在皆有。（北自汉中西南及越嶲以来皆有之。笮，才各反。）俗不辨姓氏，又无名字，所生男女，长幼次第呼之。其丈夫称阿謩、阿改，妇人阿夷、阿等之类皆其语之次第称谓也。依树积木，以居其上，名曰干栏。干栏大小，随其家之口数。往往推一酋帅为主，亦不能远相统摄。父死则子继，若中国之党族也。"（云云。）又（十九丈）曰："石湖范氏《桂海虞衡志》曰：'獠依山林而居，无酋长版籍，蛮之荒忽无常者也。以射生食动而活，虫豸能蠕动者，皆取食。无年甲姓名，一村中推有事力者，曰郎火，余但称火。岁首以土杯十二贮水，随辰位布列，郎火祷焉。经夕，集众往观，若寅有水而卯涸，则知正月雨二月旱，自以不差。'"

〇《山谷诗集》十九（十四丈）《过洞庭青草湖诗》曰："行矣勿迟留，蕉林追獦獠。"注："时山谷赴宜州贬所岭南多蕉林，其地与夷獠相接。（云云。）五祖谓六祖曰，汝广南獦獠有甚佛性近？世本和尚作《白云端真赞》云：假饶亲见杨歧，也是湖南獦獠。"（《五家正宗赞助桀》）

"獦獠"一词首见于唐代慧能的《六祖坛经》。敦煌本《六祖坛经》记载：

弘忍和尚问惠能曰："汝何方人？来此山礼拜吾，汝今向吾边复求何物？"惠能答曰："弟子是岭南人，新州百姓，今故远来礼拜和尚，不求余物，唯求作佛。"大师遂责惠能曰："汝是岭南人，又是獦獠，若为堪作佛？"惠能答曰："人即有南北，佛性即无南北，獦獠身与和尚不同，佛性有何差别！”大师欲更共语，见左右在旁边，大师更不言，遂发遣惠能令随众作务。时有一行者，遂遣惠能于碓房，踏碓八个余月。（敦煌新本《六祖坛经》）

湮没了近千年，在21世纪初被日本学者在韩国发现的唐五代静、筠二禅师编撰的《祖堂集》也有记载：

> 不经一月余日，则到黄梅县东冯母山，礼拜五祖。五祖问：“汝从何方而来？有何所求？”惠能云：“从新州来，来求作佛。”师云：“汝岭南人，无佛性也。”对云：“人即有南北，佛性即无南北。”师曰：“新州乃猎獠，宁有佛性耶？”对曰：“如来藏性遍于蝼蚁，岂独于獦獠而无哉？”师云：“汝既有佛性，何求我意旨？”深奇其言，不复更问。自此得之心印。既承衣法，遂辞慈容。后隐四会、怀集之间，首尾四年。（《祖堂集》卷二《惠能和尚》）

“獦獠”这个词绝对是一个极为重要、极为关键的词语，因为该词不仅关系到佛教中国化的始祖慧能的身世，也关系到五祖弘忍当时对慧能的态度，而且也关联到当时重大的宗教理论问题，甚至还有可能涉及民族、民俗等重大问题，因此也引起了学界、教界的极大兴趣。

不少学者、大师都探求了“獦獠”的词义，归纳起来，起码有数十种看法。我们姑且选择数种影响比较大的观点，根据学者对“獠”字的不同解释，将前人的研究归为“泛称说”“族称说”“贱称说”三类。

第一类为泛称说，将“獠”解释为“獠人”“獠民”“夷”等。日本江户时代的无著道忠在《五家正宗赞助桀》一书中认为“獦”为短喙犬，“獠”为西南夷①。桂洲道伦等的《诸录俗语解》将“獦獠”释为：“处于岭表海外吞噬虫鼠的獠人。”② 丁福保解释为：“獦音葛，兽名。獠音聊，称西南夷之谓也。”③ 美国著名汉学家薛爱华将“獦獠”理解为岭南

① 无著道忠：《五家正宗赞助桀》（附索引），禅文化研究所，1991年。

② 桂洲道伦等的日文释义原文：“嶺表ノ左右コヮルヱヒス人也虫鼡ナトテ食フ。”

③ 丁福保：《〈六祖坛经〉笺注》，上海医学书局1922年版。

土著獠人①。方立天②、杨曾文③等也持类似的观点。潘重规认为，“獦獠”一词唯见于写本之《六祖坛经》，不见于诸史之记载，而在敦煌写卷《父母恩重经》《正名要录》等中“猎”都写成“獦”，“獦獠”就是“猎獠”，即田猎之獠夷。④张新民也认为“獦獠”当读为“猎獠”，并从獠人长期存在的猎取人头以祭祀神灵的文化习俗的角度证明“獦獠”是“猎头獠人”⑤。邓文宽⑥则认为“獦獠”是古代汉人对崇狗重狗的西南“獠”民的贬称。骆礼刚认为“獦獠”一词的本义正是“犬獠”，指崇拜祖先（犬首人身图腾）的獠民⑦。

第二类为族称说，将“獠”解释为“少数民族”。郭朋认为“獦獠”是“对携犬行猎为生的南方少数民族的侮称”⑧，冯友兰以“少数民族”四字释“獦獠”⑨。《汉语大词典》释为：“古代对南方少数民族的称呼。亦以泛指南方人。”袁宾释为：“唐代南方少数民族之称。与今南方仡佬等少数民族有渊源关系。”⑩《辞源续编》《中国禅宗大全》等都释“獦獠”为仡佬。蒙默认为獠人迟至晚唐五代尚无打猎习俗，“獦獠”不能读作“猎獠”“獦獠”应是“仡佬”的异写⑪。侯外庐认为“獠”是唐代汉人歧视岭南少数民族的称谓，很可能惠能母亲是瑶人，所以惠能说他“身与和尚不同”⑫。姜永兴撰文认为“獦獠”慧能是越族人。⑬

第三类是贱称说，将“獠”解释为侮称、骂詈语。日本学者山田孝

---

① Edward H. Schafer: The Vermilion Bird: T'ang Imagines of the South, University of California Press, 1967.

② 方立天：《魏晋南北朝佛教论丛》，中华书局1982年版。

③ 杨曾文：《唐五代禅宗史》，中国社会科学出版社1999年版。

④ 潘重规：《敦煌写本六祖坛经中的“獦獠”》，《中国文化》1994年第9期。

⑤ 张新民：《敦煌写本〈坛经〉“獦獠”辞义新解》，《贵州大学学报》1997年第3期。

⑥ 邓文宽：《敦煌吐鲁番学耕耘录》，新文丰出版公司1996年版。

⑦ 骆礼刚：《〈坛经〉中“獦獠”词义之我见》，《肇庆论丛》2007年第5期。

⑧ 郭朋：《〈坛经〉校释》，中华书局1983年版。

⑨ 冯友兰：《中国哲学史新编》（第4册），人民出版社1986年版。

⑩ 袁宾：《禅宗词典》，湖北人民出版社1994年版。

⑪ 蒙默：《〈坛经〉中“獦獠”一词的读法——与潘重规先生商榷》，《中国文化》1995年第11期。

⑫ 侯外庐：《中国思想通史》（第四卷上），人民出版社1995年版。

⑬ 姜永兴：《禅宗六祖慧能是越族人》，《广东社会科学》1987年第2期。

道将“獦獠”解释为：“相当于畜生的意思，骂人的话。”[①] 芮逸夫有多篇论文论及“獦獠”。他在1948年发表的《僚为仡佬试证》一文中认为“獠”的古读音为〔tlɔg〕，声母是个复辅音，“獦獠”“葛獠”“犵狫”“狤獠”等都同“獠”“獦”“葛”“犵”“狤”只是“獠”〔tlɔg〕的前一音素的记音符号，没有意义[②]。《六祖坛经》里的“獦獠”是“五祖贱视六祖之词，不是说六祖是‘獦獠’族。但是，这是由唐人常以‘獠’为詈南方人而来”。陈寅恪认为，“獠之一名，后来颇普遍用之，竟成轻贱南人之词”，“武曌之斥褚遂良”，“唐德宗之詈陆贽”，都是因为“二人俱为南人，遂加以獠名耳，实与种族问题无关也。”[③]《中文大辞典》释“獦獠”为“北方人鄙视南方人之语也”[④]。

上面的分类并不科学，只是为了叙述上的方便。因为学者对“獠”的解释大同小异，没有根本上的分歧：第一类泛称说与第二类族称说区别只在于前者没作进一步解释，后者进一步解释为少数民族，有的还进一步落实到某一个具体的族名，而且这两类与第三类贱称说也有交叉。

当然，我们也可以根据对“獦”字的不同解释将前人的研究分成以下三类：第一类“犬獠说”，即将“獦”解释为“犬”，如无著道忠、丁福保、郭朋、邓文宽等；第二类“猎獠说”，即将“獦”视为“猎”的俗写，如潘重规、张新民等；第三类“〇獠说”，即将“獦”视为无意义的记音音素，如芮逸夫、蒙默等。这样的分类，比按“獠”的解释分类要界限分明得多，亦可见学者对“獦獠”众说纷纭的解释中的根本区别在于对“獦”字的不同理解。

“獦”字在字典上的解释，无著道忠、丁福保等早就指出了是“短喙犬”的意思，但“短喙犬獠”却又似乎扞格难通，不辞之甚，所以无著道忠、丁福保等都并没有解释“獦”与“獠”二字连缀成文的意义，丁福保的《佛学大辞典》也不收“獦獠”一词，可见这两位大家治学的严谨。尽管郭朋、邓文宽、骆礼刚等人从历史文化的角度找到了“犬”与

① 山田孝道：《禅宗辞典》，光融馆，1915年。山田孝道的日文释义原文：“二字にて‘畜生’といふほどの意にて、人を罵る語なり。”

② 芮逸夫：《僚为仡佬试证》，《国立中央研究院历史语言研究所集刊》（第20册），商务印书馆1948年版。

③ 陈寅恪：《金明馆丛稿初编》，上海古籍出版社1980年版。

④ 《中文大辞典》编纂委员会：《中文大辞典》，中国文化研究所，1974年。

“獠”的联系，但这种联系是否是“獦獠”一词的来历就很难证明了。

“猎獠说”经过潘重规这样的大家严谨地考证，引用的材料又是文献价值极高的敦煌文献，所以“猎獠说”也有一定的可信度。不过将“獦獠”中的“獦”视为“猎”的俗写还有一些比较关键的问题无法解释清楚：

一是“獦獠”比“猎獠”出现早，出现频率也高。驹泽大学禅宗史研究会编著的《慧能研究》汇集了众多的慧能研究资料，石井本《神会语录》、敦煌本《坛经》、《宋高僧传》、兴圣寺本《坛经》、德异本《坛经》、金泽文库本《坛经》都用“獦獠”，大乘寺本《坛经》用“猎獠”①，《祖堂集》和宗宝本《坛经》“獦獠”“猎獠”同现。蓝吉富主编的《禅宗全书》也收集了非常丰富的《坛经》资料，他收集的十多种版本都用的是“獦獠”②。“猎獠”明显比“獦獠”用得少且晚出。这到底是“獦”为“猎”的俗写，还是“猎”为“獦”的俗写，恐怕很难简单判断。

二是“獦”字早见于汉代文献，古代文献中也有明显是“獦”字却写成“猎”的例子。饶宗颐（1995）在《敦煌俗字研究序》中说：“坛经獦獠一词，近时潘石禅教授举敦煌本佛乘，力证獦当为猎的俗写，不知武威汉简，《泰（大）射》猎获正作獦获。余所见建初四年简有獦君，未必果为俗体，獦字早见于汉代文献，知此类异文，非局于敦煌写本，事实更有其远源也。”在这段文字的脚注中饶宗颐又说：“又见汉熹平石经《仪礼·既夕》鬣作葛，汉简作臈，具见曷、巤通用。”饶宗颐的意思是说“獦”字早就有了，“曷”旁和“巤”旁的字本来就常通用，不能轻易断定“獦”和“猎”谁俗谁正。而且，我们也找到了明显是“獦”字却写成“猎”的例子，如《文选·潘岳〈笙赋〉》：“骈田獦攦，鲫鲸参差。”李善注：“獦攦，不齐也。獦，一本作猎。”李善的注表明这里的“獦”字别的本子也有写成“猎”字的，他选“獦”字而不选“猎”，说明在李善看来此处“獦”字本是正体。现代汉语关中方言仍有“獦攦”一词，“獦”音 gé。“獦攦”也是不平齐的意思。“常与同义词‘疙瘩’

① 驹泽大学禅宗史研究会：《慧能研究》，大修馆书店 1978 年版。

② 蓝吉富：《禅宗全书》（第 37—38 册），文殊出版社 1988 年版。

组成‘獦攞疙瘩’一词，意思不变。”① 可证李善的选择不误。又如“獦狚”，出《山海经》，本字作“獦”应无异议，但巨宋《广韵》、古逸丛书覆宋本重修《广韵》皆作“猎狚”，释为：“兽名，似狼。”宁波明州述古堂影宋钞本《集韵》、潭州宋刻本《集韵》释“狚”为：“兽名，猎亶也。”所以《颜氏家训·书证篇》所云“猎化为獦”固然不误，但《广韵·叶韵》说“獦，戎姓，俗写田猎字”也是事实。因此将“獦獠”的“獦”视为“猎”的俗写，仍然是理据不充分。

“獦”为记音音素之说经过芮逸夫的多篇文章数十万字的详细而严谨的考证，应该是很有说服力的。不过说“獦”为复辅音的前一音素的记音符号之说，还值得商榷，因为学界对古汉语有无复辅音至今仍有争论，这无疑影响了芮逸夫的观点可信度。蒙默认为“獦獠”是“仡佬”的异写，似乎有点源流倒置，因为“仡佬”一词出现的时间要晚得多，宋元才出现。

我们再回过头看“獠”的解释，前面提到三种大同小异的解释都多是从《集韵》的“西南夷谓之獠”申发而来的。这些解释应该不错，但用在慧能身上则有个最大的问题就是与六祖慧能的真实身份不相符合。据《坛经》记载：“惠能慈父，本官范阳，左降流岭南，作新州百姓。”无著道忠在《五家正宗赞助桀》一书中说：“广东道韶州新州（肇庆府），本非南蛮种类，又非獦獠，况六祖是卢氏左降为新州人。……又按《唐书·地理志》，岭南道诸蛮州九十二，韶州新州等不与焉。”② 尽管无著自己也是释“獠”为西南夷，但既然慧能、新州均与西南夷、南蛮无关，那六祖是西南夷或南方少数民族等说法就很难站得住脚了。陈寅恪、芮逸夫等人早就意识到此问题，他们说獦獠“与种族问题无关”，是“五祖贱视六祖之词”，不无道理。这从“獦獠”二字形旁以及弘忍等人说此话时的语气都可以看出：二字皆为“犬”字旁，汉字“犬”旁字多含贬义；敦煌本《坛经》指出五祖说慧能是“獦獠”时是“责惠能”，而《坛经》的其他不少版本中还有五祖言慧能“这獦獠根性大利”，童子说慧能“尔这獦獠不知”，其贱视语气非常明显。而且视“獦獠”为侮词，也是绝大部分学者的意见。所以我们的任务就是重点弄清“獦獠”究竟是怎样的

① 景尔强：《关中方言词语汇释》，陕西人民出版社2000年版。

② 无著道忠：《五家正宗赞助桀》（附索引），禅文化研究所，1991年。

“贱视六祖之词”。

这么多的大家考释了“獦獠”的词义，却至今仍无定论，这表明本文开头所引“佛性问答”公案中的“獦獠”的词义的确是难以索考了。不过，公案之外的“獦獠”的词义倒是比较显豁的。我们不妨看看下面的例子：

浊港江头梦未回，黄梅峰顶白莲开。传衣只作小儿戏，勾得新州獦獠来。(《了庵和尚语录》卷五，《续藏经》第71册)

来时有约，生处难稽。莫道无姓，还渠自知。黄梅果熟任风吹，一卷金刚成露布，惹得獦獠便授衣。(《永觉和尚广录》卷二十，《续藏经》第72册)

君不见，大藏数千卷，书藏充二酉。文章末技耳，明道为枢纽。孔子之见温伯雪，饮光一笑无何有？秀上座，獦獠叟。一是不识丁，一为文字薮。衣法是谁传不朽，雪窦百之我千之。野干鸣，狮子吼。噫！为书记者宜知之，自长老以下，皆宜知之。(《百丈清规证义记》卷六，据《续藏经》第63册)

这两个例子里的“獦獠”很明显是指六祖慧能，禅籍里类似的例子还有很多。很显然，“獦獠”指代慧能这一意义的来源途径是通过隐喻引申而来的，而指代人的隐喻又多是通过人的生理、外貌等特征实现的，“西南夷”或某少数民族等族群特征引申指代个人就比较罕见，所以《坛经》里的“獦獠”指人的生理外貌等特征的可能性极大。

下面的例句似乎能给我们进一步启示：

上堂。五峰门下，百种全无。僧床迫窄，堂供萧疏。脚下踏着底破砖头、碎瓦砾，面前撞见底王獦獠、李麻胡。恁么薄福住山，真个辜负老胡。虽然如是，更点分明。(《佛鉴禅师语录》卷二，《续藏经》第70册)

粤僧问：“涅盘心易晓，差别智难明。如何是差别智？”师云：“蜀僧嚞苴，广僧獦獠。”(《天童弘觉忞禅师语录》卷一〇，《乾隆大藏经》第155册)

宜林佛殿小，禅堂窄，来底李莽大、张獦獠，参底老实禅，做底

死工夫。(《天则禅师语录》卷一,《嘉兴藏》第 38 册)

离离奇奇，獦獦獠獠。颠酒爱吃，曹山恣情；放旷清波，喜弄船子。(《布水台集》卷一八,《嘉兴藏》第 26 册)

炜炜煌煌，焕乎其有文章；獦獦獠獠，兀尔全无孔窍。(《布水台集》卷二〇,《嘉兴藏》第 26 册)

第一例“王獦獠”与“李麻胡”对举，“破砖头、碎瓦砾”又与“王獦獠、李麻胡”对举。“麻胡”,《中文大辞典》释为：“今以形状丑驳，视不分明曰麻胡。”《汉语大词典》释为：“谓貌丑而多须者。”两书均举有宋曾慥《高斋漫录》之例：“毗陵有成郎中，宣和中为省官，貌不扬而多髭。再娶之夕，岳母陋之，曰：‘我女如菩萨，乃嫁一麻胡。’”两种辞书的解释不尽相同，但都认为是丑陋的意思。第二例“獦獠”与“藞苴”对举,“藞苴”，犹邋遢、不整洁的意思。与“蜀僧藞苴，广僧獦獠”类似的句子，宋《丛林盛事》卷一作“川僧藞苴，浙僧潇洒”(《续藏经》第 86 册)。第三例“獦獠”与“莽大”对文，“莽大”有粗鲁壮实的意思。最后两例“獦獦獠獠”分别与“离离奇奇”和“炜炜煌煌”对举，“离离奇奇”犹言歪歪斜斜，“炜炜煌煌”本为光彩绚丽的样子，这里意为洋洋洒洒，很有文采。这里的例子都可以推知“獦獠”的生理或身体特征义。“王獦獠、李麻胡”或“李莽大、张獦獠”有点类似于今人所说的王结巴、胡麻子、李胖子、张瞎子等，都以姓加生理或身体特征泛称某一类人。“獦獦獠獠”犹言结结巴巴、吞吞吐吐。

禅籍“佛性问答”公案以外出现的“獦獠”一词基本上就是以上两种意义。这两种意义都出现在《坛经》之后，肯定存在着一定的意义联系，它们要么就是其本义，要么就是其引申义。不管怎么样，都可以由此推知“獦獠”之本义。可见,“獦獠”的本义与民族、地域关系不大，应该与人的身体生理特征关系密切。我们可以想象到，慧能第一次见五祖，肯定是没有递上一张填写了个人信息的表格，可五祖一见面就说慧能是“獦獠”，慧能给五祖的第一印象最大可能应是语言、行为、外貌等特征，所以《宋高僧传》有“忍师睹能气貌不扬”语，这里的“气貌”意即气度风貌，不只是指外貌，也包括言行。

“獦獠”又可写成“猲獠”。禅籍中有不少用例，如：

孤鸾风舞玻璃镜，长鲸月驟珊瑚林。钵盂猎獠人将云，几夜春坊无碓音。（《宏智禅师广录》卷九，《大正新修大藏经》第48册）

少林之灯未续兮，洛阳人腰齐雪庭；黄梅之衣欲传兮，猎獠祖步移碓程。（《宏智禅师广录》卷九，《大正新修大藏经》第48册）

云行而用闲，电掣而机迅。猎獠人不惹尘埃，黄梅祖亲传屈眴。（《宏智禅师广录》卷九，《大正新修大藏经》第48册）

皷笼四传而至黄梅。有岭南猎獠，密传宵遁，七百僧悉皆追趂。（《月硐和尚语录》，《续藏经》第70册）

以上“猎獠”都指慧能。这个意义，禅籍多用“獦獠”表示，我们在前文已经论及。除了指慧能外，“猎獠”还有其他的用法。如：

上堂。举僧问云门大师：“如何是超佛越祖之谈？”门云：“胡饼。”师云：“云门老子能施设，胡饼佛祖俱超越。哆哆和和两片皮，猎猎獠獠三寸舌。不是特地展家风，也非投机应时节。生铁铸成无孔锤，忒团圞兮难下楔。诸禅德，且道：天童今日是下楔不下楔？明眼人辨取。”（《宏智禅师广录》卷四，《大正新修大藏经》第48册）

觉之微妙，未痕朕兆。彻造化之源，据生杀之要。至虚而独存，当明而隐照。筑筑磕磕兮鼻孔累垂，哆哆和和兮舌头猎獠。（《宏智禅师广录》卷七，《大正新修大藏经》第48册）

吃茶去语落诸方，聚首商量柄杷长。相席是渠能打令，同尘输尔解和光。舌头猎獠明无骨，鼻孔累垂暗有香。盏橐成来圆此话，侬家受用恰平常。（《宏智禅师广录》卷八，《大正新修大藏经》第48册）

觉上座有颂：“丙丁童子来求火，南海波斯鼻孔大，猎獠舌头会者难，直下而今照得破，照得破没功过。知尔被底穿，曾与同床卧。廉纤脱尽旧时疑，杯影蛇弦留再坐。”（《宏智禅师广录》卷一，《大正新修大藏经》第48册）

咭嘹舌头，话尽平生心事；累垂鼻孔，何妨摩触家风。（《宏智禅师广录》卷五，《大正新修大藏经》第48册）

“舌头猎獠”多与“鼻孔累垂”对举，“鼻孔累垂”即鼻子下垂、变长，“舌头猎獠”则就有点类似于舌头打结。“猎猎獠獠”与“哆哆和和”对举，“哆哆和和”，《从容庵录》释之为“婴儿言语不真貌”，《汉语大词典》释为“表达不清楚貌”，“狤狤獠獠”应也有类似的意思，与前文所举“獦獦獠獠”之义应该相同。“狤獠舌头”又写作“咭嘹舌头”，除此之外，禅籍还有“吃嘹舌头”“吉嘹舌头”“吉獠舌头”“犵獠舌头”“吉了舌头”“吉撩舌头”“乞嘹舌头”等多种写法。何小宛[①]和王闰吉[②]都证明了“狤獠”“咭嘹”“吃嘹”“吉嘹”“犵獠”“吉獠”“吉了”“吉撩”“乞嘹”是一组异形词，“獦”与“狤”中古都是见母，声母相同，都是入声字，韵母也相近，前者为曷部，后者为屑部，所以“獦獠”也与“狤獠”等为异形词。

“狤獠”或“咭嘹”“吃嘹”等的意思，王闰吉在《〈禅录词语释义商补〉商补》一文中作了详尽的考释，认为它们是“缴”的分音字，“狤獠舌头”“吃嘹舌头”等其实就是“缴其舌”，就是禅录中常见的“缩却舌头”[③]。宋代睦庵善卿编著的《祖庭事苑》早就做出了这样的解释：“吉嘹：下音料。北人方言，合音为字。吉嘹，言缴。缴，纠戾也。缴其舌，犹缩却舌头也。如呼窟笼为孔，窟駞为窠也。”（《祖庭事苑》卷一，《续藏经》第 64 册）今陕西、山西、内蒙古、河北、河南等地方方言都把物体弯曲翘卷叫作“吉嘹”，大部分地方志或方言志都写作“圪料”，侯精一和温端政[④]、邢向东[⑤]、李蓝[⑥]等人都认为“圪料”是“翘”或“跷”的分音词，可资证明。

我们又回到本文开头引的两段关于佛性问答的对话。五祖说慧能无佛性归于两个原因：一是岭南人，二是獦獠。这在《坛经》里用一个问题提出，即“汝是岭南人，又是獦獠，若为堪作佛”；在《祖堂集》则用两个问题提出，一是“汝岭南人，无佛性也”，二是“新州乃猎獠（‘猎’通‘獦’），宁有佛性耶”。“岭南人”和“獦獠”被认为是阻碍慧能成佛的两个重要因素，但慧能最终还是得到了五祖的传法，所以他后来也表达

① 何小宛：《禅录词语释义商补》，《中国语文》2009 年第 3 期。

② 王闰吉：《〈禅录词语释义商补〉商补》，《中国语文》2001 年第 5 期。

③ 同上。

④ 侯精一、温端政：《山西方言调查研究报告》，山西高校联合出版社 1993 年版。

⑤ 邢向东：《神木方言研究》，中华书局 2002 年版。

⑥ 李蓝：《方言比较、区域方言史与方言分区——以晋语分音词和福州切脚词为例》，《方言》2002 年第 1 期。

了对五祖抛弃偏见而传法于他的谢意。宗宝本、德异本和曹溪原本《坛经》都说："惠能生在边方，语音不正，蒙师传法，今已得悟，只合自性自度。"惠昕本（大乘寺本）、兴圣寺本《坛经》"语音不正"作"语又不正"。这里的"生在边方"对应于"岭南人"，"语音不正"或"语又不正"对应于"獦獠"，"獦獠"的意思似乎变得显豁了。慧能当时说什么语言，恐难以考证了，据专家推测他极有可能说的是粤语。正确与否，我们姑且不论，但中原人认为岭南语言难懂却是不争的事实。柳宗元《与萧翰林俛书》描述说："楚越间声音特异，鴃舌啅噪。"[①]《坛经》说慧能是"獦獠"，《祖堂集》则说"新州乃猎獠"，前者是说慧能一人语音不正，后者是说新州一个地方语音不正。所以，慧能的语音不正是属于地域上的语音特征。

唐宋时人们把语音不正称为"獠"，应该也是由此而来。《宋朝事实类苑》卷六七："关右人或作京师语音，俗谓之獠语，士大夫亦然。"同书引《青箱杂记》云："刘昌言，泉州人。先仕陈洪进为幕客，归朝，愿补校官。举进士，三上，始中第，后判审官院，未百日，为枢密副使。时有言其太骤者，太宗不听。言者不已，乃谓：'昌言，闽人，语颇獠，恐奏恐奏对间陛下难会。'太宗怒曰：'我自会得！'其笃眷如此。"[②] 又苏轼《闻正辅表兄将至以诗迎之》："几欲烹郁屈，固尝馔钩輈。舌音渐獠变，面汗尝骍羞。"[③] 无疑，这里的"獠"都是指语音不正。五祖第一次见惠能称其为"獦獠"，正与孟子贬楚人"南蛮鴃舌"、柳宗元议论南方人"鴃舌啅噪"一样，都是指责人的语音不正。

五祖弘忍的提问有可能是试探性的，也许他本人并无此偏见，但的确反映出了即便在佛教界，也长期存在着地域歧视和语言歧视。

中国的地域歧视主要是北人对南人的歧视。两汉以来，南人登上高位的寥若晨星。陆机入晋，尽管出身不凡（祖父陆逊、父亲陆抗皆三国时吴国名将），文才了得，但仍屡遭北人白眼。《世说新语·方正》载："卢志于众坐，问陆士衡：'陆逊陆抗，是君何物？'"北人卢志对南人陆机的态度很明显带着轻薄与戏弄。陆机反唇相讥，答曰："如卿于卢毓、卢

---

① （唐）柳宗元：《柳宗元集》，易新鼎点校，中国书店2000年版。

② （宋）江少虞：《宋朝事实类苑》，上海古籍出版社1981年版。

③ （宋）苏轼：《苏轼诗集》，（清）王文诰辑注，中华书局1982年版。

斑。”[①]（卢毓、卢珽分别为卢志祖父和父亲名）但就此埋下了祸根，后遭到卢志报复而死于非命。北魏《洛阳伽蓝记》时有轻视南人的话。唐代尽管政治开明，但其实行的科举制度也明显有地域歧视，长安的录取比例远远高于其他郡县，当年柳宗元给落第考生临别赠言里就有这么一句：“京兆尹岁贡秀才，常与百郡相抗。”[②] 唐代南人做上大官的更是微乎其微，比较的成功例子仅岭南人张九龄一人而已，张九龄因此常自称“岭海孤贱”。所以，鲁迅说：“北人的卑视南人，已经是一种传统。”[③]

早期的佛教也存在地域歧视现象。佛教传统的观点认为诸佛是不会生于“边地”的，只出生于“中国”，即“三千大千世界百亿日月之中心”，也就是佛教认为是天地中心的古印度，更准确地说是中印度。如：

> 又处中国不生边地者，依俗间释，唯五印度名为中国。中国之人，具正行故。余皆边地，设少具行，多不具故。佛法所传，唯中印度，名为中国。（《瑜伽师地论略纂》卷七，《大正藏》第43册）
>
> 菩萨不生边地，以其边地人多顽钝，无有根器，犹如瘂羊而不能知善与不善言说之义，是故菩萨但生中国。（《方广大庄严经》卷一，《大正藏》第3册）
>
> 迦毘罗卫国者，三千大千世界百亿日月之中心也，三世诸佛皆在彼生。（《广弘明集》卷一，《大正藏》第52册）
>
> 佛及转轮圣王，皆生中方，不生边地。（《四分律名义标释》卷七，《续藏经》第44册）
>
> 释迦牟尼佛，贤劫第四佛也。是年四月八日，示生于中天竺迦毗罗卫国，彼国乃三千世界之中，故佛生于彼也。（《释氏通鉴》卷一，《续藏经》第76册）

可见，早期佛教认为“边地”之人是不具正行，愚昧迟钝，没有根器，佛是不会生于此的。

中国佛教史上无疑也曾存在这种地域歧视，应该来自我们上面分析的

---

① （南朝宋）刘义庆：《世说新语》，（南朝梁）刘孝标注，上海古籍出版社1982年版。

② （唐）柳宗元：《柳宗元集》，易新鼎点校，中国书店2000年版。

③ 鲁迅：《花边文学》，上海联华书局1936年版。

两种原因，一是皇权统治下的北人卑视南人的传统，二是佛教传统的诸佛“不生边地”的思想。所以，即使是给慧能作传的唐代“诗佛”王维也不自觉地流露出对岭南的偏见，其在《六祖能禅师碑铭》中说：

修蛇雄虺，毒螫之气销；跳殳弯弓，猜悍之风变。畋渔悉罢，蛊酖知非，多绝膻腥，效桑门之食；悉弃罟网，袭稻田之衣。（《全唐文》卷三二七）

这里虽然是说岭南人在慧能的感召下民风的改变，但从一方面也可以看出王维心目中的岭南是一个环境恶劣、百姓猜忌凶悍、杀生吃荤、佛法不生的地方。唐代道世法师编纂的《法苑珠林》卷七〇说得更明白：“生在边地，不知忠孝仁义，不见三宝。”（《大正藏》第53册）所以当代学者杜继文、魏道儒也认为弘忍时代的确存在着成佛作祖只能籍在中原而不应是“边方”之人的传统佛教观念以及南人被排斥在“华夏”圈之外的客观现实①。

慧能初见五祖时，五祖质问慧能是“岭南人”，怎么能成佛作祖，尽管不能就此证明弘忍本人当时也有地域歧视的偏见，但至少反映出中原地区佛教对岭南等所谓“边地”人成佛作祖的怀疑，正如邢东风所说，“这种质问本身就表现了身居佛教中心地区的佛教高僧对南方信众的轻视”②。在五祖传法慧能时，慧能说：“能是南人，不堪传授佛性。”（《曹溪大师别传》卷一，《续藏经》第86册）说“佛性无南北”的慧能，其推脱之辞竟然也是这种理由。至于王维《六祖慧能禅师碑铭》说“法无中边”，无疑也是基于当时存在着“边地”人不能成佛作祖观念而特地加以强调。

所以，慧能说自己虽“生在边方”，最后还是得到了弘忍的传法，这无疑从反面透露出了“边地”之人得到传法的艰难性。五祖弘忍看到慧能的得法偈时，虽然觉得境界颇高，但却将它擦掉，也不赞赏；慧能得到衣钵后，却遭遇追杀，命若悬丝；虽然平息了追杀，但仍然不能传法，混迹于猎人中间十五年等，都显露出了南人成佛作祖之不被传统佛教观念所接受的事实。《菩提达摩南宗定是非论》：“和上云：‘有人入房内伸手取

① 杜继文、魏道儒：《中国禅宗通史》，江苏古籍出版社1993年版。

② 邢东风：《禅宗与“禅学热”》，宗教文化出版社2006年版。

袈裟。’其夜所是南北道俗并至和上房内，借问和上：‘入来者是南人北人?’和上云：‘唯见有人入来，亦不知是南人北人。’”① 僧人首先关注的是北人还是南人，这表明南北地域歧视已经根深蒂固，南宗发展起来以后也免不了反过来歧视起北人来了，当然慧能是无此偏见的，为了避免僧人产生分别心，明知是北人偷窃，也只得说“不知是南人北人”。

语言歧视在教界也是由来已久，梵语在古印度被认为是大梵天创造的“天界的语言”，是少数受传统教育的人使用的宗教语言，最初佛经的传诵还必须用梵语。所以“语音不正”也为传统的佛教观念所歧视。佛经上说：“若师与弟子，语俱不正，言归依佛，不成受三归。”（《善见律毘婆沙》卷十六，《大正新修大藏经》第24册）又说：“佛弟子中，有种种性，种种国土人，种种郡县人。言音不同，语既不正，皆坏佛正义。”（《毘尼母经》卷四，《大正藏》第24册）《佛说毘奈耶经》卷一：“若呪师等诵呪之时，言音不正，字体遗漏，口干生涩，常足謦欬，使其中间断续呪音，身不清洁，当尔之时，即被毘那夜迦得便，诸天善神不为卫护，或复遇大患疾灾难，法不成验。”（《大正藏》第18册）《毘尼母经》卷五：“六群比丘作歌音诵经叹佛，佛不听也。作者有五种过：一者于此音中自生染著，二者生人染著，三者诸天不乐，四者言音不正，五者语义不了。”（《大正藏》第24册）《法华经授手》卷七：“末世弘经，若语有不正，为祸亦甚。”（《续藏经》第32册）

慧能说自己“语音不正”，是以中原人语音为标准，是中性的说法。《坛经》里弘忍以及童子说慧能是“獦獠”，也是以中原人的语音为标准，却是贬义的说法。“语音不正”有生理原因，也有社会原因。慧能的语音不正，显然是社会原因造成的，这从《祖堂集》里说“新州乃猎獠”，说新州一个地区语音不正就可看出。社会原因包括地域原因，我们前面分析了中原人以自己为中心，把自己听起来困难的语音归结为“语音不正”，故把岭南人称为“獠”或者“獦獠”。当然，社会原因也包括经济、文化原因，出生在岭南地区，如果经济条件好、文化程度高，他就有可能学好强势的中原语音，就不会被看成语音不正了，如岭南人张九龄似乎就没有经受这种歧视。据《坛经》和其他禅籍记载，慧能，俗姓卢，祖籍河北范阳，其父名行瑫，唐武德间被流放到岭南新州。慧能父亲早逝，慧能卖

① （唐）神会：《神会和尚禅话录》，杨曾文编校，中华书局1996年版。

柴奉养母亲，生活穷困艰辛，没有条件接受文化教育，是个目不识丁的文盲，《坛经》多处提到慧能不识字。所以，说慧能是“獦獠”，虽然是就其语音不正而言的，但其实也隐含有地域、文化等方面的因素。

况且，语言歧视本来也跟地域、文化歧视密切相关，所以五祖弘忍初次见到慧能时把影响其成佛作祖的原因归为“岭南人”和“獦獠”两个因素。当然，这也并非是五祖的发明，佛经里也常将“边地”与“语音不正”等相提并论当作成佛的障碍。如：

> 若生人中，乃在边地，不生中国，不覩三尊道法之义，或复聋盲瘖痖，身形不正，不解善法、恶法之趣。（《增壹阿含经》卷四四，《大正藏》第2册）
>
> 聋盲瘖哑，诸根闭塞；生于边地，痴騃无智。（《佛说未曾有因缘经》卷上，《大正藏》第17册）
>
> 聋盲瘖痖，不值正法；恒处边地，智慧乏少。（《妙法圣念处经》卷三，《大正藏》第17册）

“聋盲瘖痖”就包括了语音不正，与之相提并论的就是“生于边地”。所以“獦獠”的词义不仅揭示了佛教传播过程中的语言歧视，而且隐含了与之相关的地域歧视以及经济文化的歧视，由此可以看出慧能对佛性问题的回答，具有树立南人宗教领袖的理论权威和争取地域平等及语言、经济文化平等地位的革命性的意义。慧能的佛性人人平等、不立语言文字的两个重大的禅宗理论也正是在打破地域、语言、经济文化偏见的基础上产生的。

“语音不正”固然是慧能的一大缺陷，但同时也是禅宗向南方蓬勃发展，深入中下阶层，使禅宗爆发出前所未有的影响力的极为有利的条件。从世界范围来看，佛教的传播是不断地由佛教中心向四周扩散，佛教在中国的传播也应如此。唐代即使可能存在着共同语，但由于历史的原因也不可能广泛地推行开来，所以佛教要向南广泛传播就不可避免地面临一个语言问题。中原人认为岭南人“语音不正”，但对岭南人来说，中原语音反而是“语音不正”，他们听不懂中原语音，而慧能的语言恰是最便于交流的语言。五祖也许早就有禅宗向南传播的想法，因为他传教的地方已经不在中国佛教的中心地带，而是稍有南移，在湖北黄梅县东山，所以五祖把佛教南传希望寄托在慧能身上，这从其临别嘱咐慧能向南传法就可隐约看出：敦煌本《坛经》说“汝去，努力将法向南”①，《神会语录》说“汝缘在岭南”②，《历代法宝记》说“佛法流过岭南”（《大正藏》第51册）。可能是五祖一直苦于没有找到一个能与南方广大的中下层交流的人，慧能的到来正好促成了这一想法的实现，所以他排除万难而传法于慧能。因此，从宗教传播学的角度来看，“獦獠”的词义的揭示，意义更为重大。

我们前面分析了，“獦獠”的词义指“语音不正”，这又与经济文化相关，“獦獠”又象征着经济水平的低下与文化程度的低下，所以“獦獠”又是贫民与文盲的代名词。六祖出身贫困，一字不识，所以一切烦琐的教义、教规，在他那里都得到了简化，不立文字，直指人心，见性成佛，中国佛教从此开辟了一条崭新的宽广的发展道路，慧能因此成为禅宗真正的创始人，标志着佛教完全意义的中国化。

综上所述，慧能既非西南夷又非南蛮，慧能说自己“语音不正”，并非让人完全听不懂，表明其说的是汉语，而不是少数民族语言，所以“獦獠”慧能是西南夷或南方少数民族等说法与客观实际不相符合。禅录中“佛性问答”公案外的“獦獠”的词义清楚地表明“獦獠”主要包括了两个义项：一是指代慧能，二是指某一身体或生理特征。大量的语言事实证明，“獦獠”及其异文“猲獠”“咭嘹”“吃嘹”“吉嘹”“吉獠”“吉了”“乞嘹”等皆为舌头扭转弯曲的意思，宋代禅宗词典《祖庭事苑》说“咭嘹”是“缴”的分音词并非向壁虚构。在《坛经》不少版本里，慧能明确地把对应于“獦獠”的话说成“语音不正”，更进一步证明了所谓舌头扭转弯曲其实就是指的“语音不正”，不过这并不是说慧能是“大舌头”，发音不清楚，而是说他的方言与中原语音有些不同，让人难以听懂，这是以生理特征的语音缺陷隐喻地域特征的语音差别。可见这里的“语音不正”也并非真正的语音缺陷，而是操强势的中原语音的人强加给岭南人的语言歧视。“语音不正”与地域、经济、文化都密切相关，所以“獦獠”的词义的揭示具有重大的宗教学意义。“獦獠”可能也有族群意义，因为区分族别一个重要标志就是语言，但这应该是后起的意义，因为总是先有某些族群的特征之后，再确定其为某一族群。

---

① （唐）慧能：《六祖坛经》（敦煌新本），杨曾文校写，上海古籍出版社1993年版。

② （唐）神会：《神会和尚禅话录》，杨曾文编校，中华书局1996年版。

参考文献

一　无著道忠著作

（一）刊本

《禅林方语》，《禅语辞书类聚》，禅文化研究所，1991 年。
《禅林象器笺》，贝叶书院，1909 年。
《禅林象器笺》，诚信书房，1963 年。
《禅林象器笺》，佛光文化事业有限公司，2012 年。
《禅林象器笺》，京都：中文出版社，1979 年。
《禅林象器笺》，中国书店，2009 年。
《禅林象器笺》，中华全国图书馆文献缩微复制中心，1996 年。
《禅林象器笺》，弥勒出版社，1982 年。
《禅林象器笺 · 援书目录》，贝叶书院，1909 年。
《禅林象器笺索引》，日本：三宝出版会，1981 年。
《敕修百丈清规左觿 · 序言》，日本：京都中文出版社，1977 年。
《大慧普觉禅师书栲栳珠》，东京：龙华院藏，1729 年。
《大宋五山图说》，见蓝吉富主编《禅宗全书》杂集部十一，台北：文殊文化有限公司，1990 年。
《佛光大藏经 · 禅藏 · 杂集部 · 禅林象器笺》，佛光出版社，1994 年。
《葛藤语笺》，东京：禅文化研究所，1992 年。
《葛藤语笺》，东京：驹泽大学禅宗辞典编纂所，1959 年。
《葛藤语笺》，日本禅文化研究所，1992 年。
《葛藤语笺 · 禅林句集辨苗》，京都：中文出版社，1979 年。
《葛藤语笺 · 禅林句集辨苗》，京都：中文出版社，1990 年。
《五家正宗赞助桀》（附索引），禅文化研究所，1991 年。

《小丛林略清规·自叙》，《大正藏》第81册。

《虚堂录犁耕》，禅文化研究所，1990年。

《正法山志》，东京：思文阁，1975年。

《正法眼藏僭评：黄檗外记》（誊写版），东京：驹泽大学禅宗辞典编纂所，1960年。

（二）写本

《〈虚堂录〉犁耕》，龙华院藏本。

《拔舌泥梨》，春光院藏本。

《禅籍事类》，春光院藏本。

《禅林句集弁苗》，春光院藏本。

《禅林象器笺》，龙华院藏本。

《禅录用语》，春光院藏本。

《禅仪外文付考》，春光院藏本。

《〈敕修百丈清规〉左觽》，龙华院藏本。

《出三藏记集》，春光院藏本。

《大藏记珠》，春光院藏本。

《大慧普觉禅师书栲栳珠》，龙华院藏本。

《对校录》，春光院藏本。

《风流袋》，鹿苑寺藏本。

《葛藤语笺》，春光院藏本。

《翰苑雅言》，春光院藏本。

《黄檗外纪》，春光院藏本。

《徽号录·宸翰勅书》，春光院藏本。

《徽号录》，春光院藏本。

《江湖风月集解》，龙华院藏本。

《临济慧照禅师语录疏瀹》，龙华院藏本。

《少林无孔笛校证》，春光院藏本。

《双冈齐云纪谈》，春光院藏本。

《盌云灵雨》，春光院藏本。

《万里砂》，春光院藏本。

《五家正宗赞助桀》，龙华院藏本。

《杂华录》，春光院藏本。

《长汀布囊》，春光院藏本。
《正法山清规》，春光院藏本。
《正济使帆》，春光院藏本。
《助词格》，春光院藏本。
《宗镜录助览》，春光院藏本。
《祖林堕薪》，春光院藏本。

二 古籍原典

《春秋左传注》，中华书局 1981 年版。
《汉书》，中华书局 1983 年版。
《淮南子》，中华书局 2009 年版。
《黄帝内经》，吉林人民出版社 2005 年版。
《金楼子》，中华书局 1985 年版。
《李太白全集》，中华书局 1998 年版。
《论语》，中华书局 1980 年版。
《孟子》，中华书局 1980 年版。
《农书》，中华书局 1956 年版。
《全上古三代秦汉三国六朝文》，中华书局 1958 年版。
《全唐诗》，中华书局 2008 年版。
《三才图会》，江苏广陵古籍刻印社 1987 年版。
《尚书》，中华书局 1980 年版。
《诗经》，中华书局 1980 年版。
《史记》，中华书局 1982 年版。
《太平经合校》，中华书局 2001 年版。
《战国策》，上海古籍出版社 1985 年版。
《庄子集解》，中华书局 1978 年版。
《古今图书集成》。
《四部丛刊》。
《四库全书》。
《永乐大典》。
《大正藏》。
《续藏经》。

《嘉兴藏》。

三　字书、辞书、工具书

《尔雅》，中华书局 1985 年版。
《方言》，中华书局 1985 年版。
《佛光大辞典》，佛光文化事业有限公司 1988 年版。
《广韵》，商务印书馆 1931 年版。
《汉语大词典》，汉语大词典出版社 2001 年版。
《汉语大词典订补》，上海辞书出版社 2010 年版。
《汉语大字典》，湖北长江出版集团、崇文书局、四川出版集团、四川辞书出版社 2010 年版。
《故训汇纂》，商务印书馆 2003 年版。
《康熙字典》，中华书局 1958 年版。
《释名》，中华书局 1985 年版。
《说文解字》，中华书局 2009 年版。
《正字通》，上海古籍出版社 1996 年版。
《中文大辞典》，中国文化研究所 1974 年。
《字汇》，上海辞书出版社 1991 年版。
程志强：《中华成语大词典》，中国大百科全书出版社 2003 年版。
凡痴居士等主编：《佛学辞书集成》，汕头大学出版社 1996 年版。
古贺英彦：《禅语词典》，思文阁 1999 年版。
江蓝生、曹广顺：《唐五代语言词典》，上海教育出版社 1997 年版。
驹泽大学禅学大辞典编纂所编：新版《禅学大辞典》，大修馆书店 1985 年版。
李一华、吕德中：《汉语成语词典》，四川辞书出版社 1985 年版。
李振澜、王树英：《外国风俗事典》，四川辞书出版社 1989 年版。
刘德有、马兴国主编：《中日文化交流事典》，辽宁教育出版社 1992 年版。
刘坚、江蓝生、白国维等：《近代汉语虚词研究》，语文出版社 1992 年版。
山田孝道：《禅宗辞典》，光融馆 1915 年版。
山田孝道：《禅宗辞典》，国书刊行会 1974 年版。

宋一夫：《大藏经索引》，吉林文史出版社 1987 年版。
孙维张主编：《佛源语词词典》，语文出版社 2007 年版。
伍宗文：《新世纪汉语成语词典》，四川辞书出版社 2006 年版。
萧灼如：《汉语成语组群词典》，青岛海洋大学出版社 1995 年版。
小野玄妙：《佛书解说大辞典》，日本：株式会社、大东出版社 1933 年版。
袁宾、康健：《禅宗大词典》，崇文书局 2010 年版。
袁宾：《禅宗词典》，湖北人民出版社 1994 年版。
袁宾：《宋语言词典》，上海教育出版社 1997 年版。

四 研究论文著作

（一）中国研究论著

《中国佛学》编委会编：《中国佛学》总第 33 期，社会科学文献出版社 2013 年版。
白化文：《试释如意》，《中国文化》1996 年第 1 期。
卞东波：《宋代诗话与诗学文献研究》，中华书局 2013 年版。
曹澂明：《〈肯定式“好不”产生的时代〉质疑》，《中国语文》1992 年第 1 期。
曹春平：《中国建筑理论钩沉》，湖北教育出版社 2004 年版。
曹广顺、梁银峰、龙国富：《〈祖堂集〉语法研究》，河南大学出版社 2011 年版。
曹广顺：《〈祖堂集〉中的“底（地）”“却（了）”“著”》，《中国语文》1986 年第 3 期。
曹广顺：《近代汉语助词》，语文出版社 1995 年版。
曹广顺：《说助词“个”》，《古汉语研究》1994 年第 4 期。
曹小云：《〈五代史平话〉中已有肯定式“好不”用例》，《中国语文》1996 年第 1 期。
陈桂声：《话本叙录》，珠海出版社 2001 年版。
陈寅恪：《金明馆丛稿初编》，上海古籍出版社 1980 年版。
邓文宽：《敦煌吐鲁番学耕耘录》，新文丰出版公司 1996 年版。
丁福保：《〈六祖坛经〉笺注》，上海医学书局 1922 年版。
杜继文、魏道儒：《中国禅宗通史》，江苏古籍出版社 1993 年版。

方广锠：《海外大藏经编辑及光电版大藏经的情况》，《藏外佛教文献》，1996 年。

方立天：《魏晋南北朝佛教论丛》，中华书局 1982 年版。

冯春田：《近代汉语语法研究》，山东教育出版社 2000 年版。

冯淑仪：《〈敦煌变文集〉和〈祖堂集〉词缀研究》，宋绍年《汉语史论文集》，武汉出版社 2002 年版。

冯友兰：《中国哲学史新编》（第 4 册），人民出版社 1986 年版。

高小方编著：《中国语言文字学史料学》，南京大学出版社 2005 年版。

古道：《禅之旅》，陕西师范大学出版社 2007 年版。

郭朋：《〈坛经〉校释》，中华书局 1983 年版。

韩天雍：《中日禅宗墨迹研究及其相关文化之考察》，中国美术学院出版社 2008 年版。

何金松：《肯定式“好不”产生的时代》，《中国语文》1990 年第 5 期。

何小宛：《禅录词语释义商补》，《中国语文》2009 年第 3 期。

侯精一、温端政：《山西方言调查研究报告》，山西高校联合出版社 1993 年版。

侯外庐：《中国思想通史》，人民出版社 1959 年版。

胡士莹：《话本小说概论》，中华书局 1980 年版。

胡适：《胡适全集》（第 26 卷），安徽教育出版社 2003 年版。

华夫：《中国古代名物大典》，济南出版社 1993 年版。

黄宝生：《梵汉对勘维摩诘所说经》，中国社会科学出版社 2011 年版。

黄启江：《南宋禅文学的历史意义》，见王宝平主编《东亚视域中的汉文学研究》，上海古籍出版社 2013 年版。

江蓝生：《说“么”与“们”同源》，《中国语文》1995 年第 3 期。

江蓝生：《说“么”与“们”同源》，《著名中年语言学家自选集·江蓝生卷》，安徽教育出版社 2002 年版。

姜永兴：《禅宗六祖慧能是越族人》，《广东社会科学》1987 年第 2 期。

姜子夫：《维摩诘经》，大众文艺出版社 2005 年版。

蒋绍愚、曹广顺：《近代汉语语法史研究综述》，商务印书馆 2005 年版。

蒋绍愚：《唐诗语言研究》，语文出版社 2008 年版。

静、筠僧编，孙昌武、衣川贤次、西口芳男点校：《祖堂集》，中华书局 2007 年版。

静、筠僧编，张华点校：《祖堂集》，中州古籍出版社 2001 年版。

赖永海主编，杨维中等著：《中国佛教百科全书·伍·仪轨卷》，上海古籍出版社 2001 年版。

蓝吉富：《禅宗全书》，文殊出版社 1988 年版。

雷汉卿：《禅籍方俗词研究》，巴蜀出版社 2010 年版。

雷汉卿：《禅籍俗成语浅论》，《语文研究》2012 年第 1 期。

雷汉卿：《禅语脞说》，《汉语史研究集刊》2011 年第 14 辑。

雷汉卿：《日本无著道忠禅学研究著作整理与研究刍议》，《汉语史研究集刊》2013 年第 16 辑。

雷汉卿：《试论禅籍方俗词的甄别——兼论汉语方俗词的甄别》，《古汉语研究》2011 年第 3 期。

雷汉卿：《语文辞书词语释义商补》，《汉语史研究集刊》第十三辑，巴蜀书社 2010 年版。

李蓝：《方言比较、区域方言史与方言分区——以晋语分音词和福州切脚词为例》，《方言》2002 年第 1 期。

李利安等：《四大菩萨与民间信仰》，上海人民出版社 2011 年版。

李铭敬：《〈冥报记〉与日本说话文学》，《早稻田大学文学研究科纪要》2000 年 2 月。

李铭敬：《〈日本灵异记〉的现报重视之编纂与〈冥报记〉》，《古代中世文学论考》2001 年第 6 集。

李铭敬：《关于知恩院本〈冥报记〉传入》，《国文学研究》2002 年第 137 集。

李铭敬：《冥报记的古抄本与传承》，《文献》2000 年。

李铭敬：《日本知恩院藏〈冥报记〉古写本的传承与著录考略——兼谈台湾故宫博物院所藏杨守敬旧持本》，《文献》2006 年第 2 期。

李铭敬：《无著道忠与〈冥报记校讹〉》，早稻田大学《中国古典研究》1999 年第 44 辑。

李清、杨和平、李敬民：《尘封的绝响——钟离国钟磬乐器研究》，苏州大学出版社 2013 年版。

李绍飞：《“杂家”话杂》，云南美术出版社 2009 年版。

李小荣：《佛教与中国文学散论》，凤凰出版社 2012 年版。

李艳琴：《中华本〈祖堂集〉点校辨正》，《暨南学报》2011 年第 1 期。

林观潮：《福建历代高僧评传·隐元隆琦禅师》，厦门大学出版社 2010 年版。

林观潮：《临济宗黄檗派与日本黄檗宗》，中国财富出版社 2013 年版。

林观潮：《无著道忠与檗僧齐云道栋的交往——以〈双冈齐云纪谈〉为中心》，《花园大学国际禅学研究所论丛》2006 年第 1 期。

林光明、蔡坤昌、林怡馨编译：《杨校敦博本六祖坛经及其英译》，嘉丰出版社 2004 年版。

刘瑞明：《禅籍词语校释的再讨论》，《俗语言研究》1996 年。

刘淑芬：《中古的佛教与社会》，上海古籍出版社 2008 年版。

刘长东：《宋代佛教政策论稿》，巴蜀书社 2005 年版。

卢烈红：《配对型“也好”源流考》，《中国语文》2012 年第 1 期。

鲁迅：《花边文学》，上海联华书局 1936 年版。

陆华：《〈资治通鉴释文〉音切反映的宋代音系——声类的讨论》，《柳州师专学报》2004 年第 3 期。

陆人龙：《型世言评注》，新华出版社 1999 年版。

陆游：《老学庵笔记》，中华书局 1979 年版。

路工、谭天：《古本平话小说集》，人民文学出版社 1984 年版。

骆礼刚：《〈坛经〉中“獦獠”词义之我见》，《肇庆论丛》2007 年第 5 期。

马倡仪：《中国灵魂信仰》，上海文艺出版社 2000 年版。

蒙默：《〈坛经〉中“獦獠”一词的读法——与潘重规先生商榷》，《中国文化》1995 年第 11 期。

孟庆章：《“好不”肯定式出现时间新证》，《中国语文》1996 年第 2 期。

睦庵善卿：《祖庭事苑》，佛光出版社 1994 年版。

（南朝宋）刘义庆：《世说新语》，（南朝梁）刘孝标注，上海古籍出版社 1982 年版。

欧阳代发：《话本小说史》，武汉出版社 1994 年版。

欧阳健、萧相恺：《宋元小说话本集》，中州古籍出版社 1987 年版。

欧阳哲生、宋广波编：《胡适研究论丛》，黑龙江教育出版社 2009 年版。

潘重规：《敦煌写本六祖坛经中的“獦獠”》，《中国文化》1994 年第 9 期。

钱锺书：《管锥编》2 册，中华书局 1979 年版。

钱锺书：《管锥编增订》，中华书局 1982 年版。

邱震强：《〈五灯会元〉释词二则》，《中国语文》2007 年第 1 期。

芮逸夫：《僚为仡佬试证》，《国立中央研究院历史语言研究所集刊》（第 20 册），商务印书馆 1948 年版。

石井修道：《关于〈正法眼藏僭评〉——以道元的大慧宗杲批判为中心》，《印度学佛教学研究》2010 年第 58 卷。

石毓智、李讷：《汉语发展史上结构助词的兴替——论“的”的语法化历程》，《中国社会科学》1998 年第 6 期。

释惟添主编：《千年古刹万福寺》，广东人民出版社 2011 年版。

释祥云：《佛教常用呗器、器物、服装简述》，佛陀教育基金会，1993 年。

（宋）江少虞：《宋朝事实类苑》，上海古籍出版社 1981 年版。

（宋）苏轼：《苏轼诗集》，（清）王文诰辑注，中华书局 1982 年版。

孙昌武、衣川贤次、西口芳男点校：《祖堂集》，中华书局 2007 年版。

（唐）慧能：《六祖坛经》（敦煌新本），杨曾文校写，上海古籍出版社 1993 年版。

（唐）柳宗元：《柳宗元集》，易新鼎点校，中国书店 2000 年版。

（唐）神会：《神会和尚禅话录》，杨曾文编校，中华书局 1996 年版。

滕志贤：《〈五灯会元〉词语考释》，《俗语言研究》1995 年。

田汉云：《神妖怪事——中国古代神魔小说精品选》，江苏古籍出版社 1996 年版。

王大伟、罗玉文：《从无著道忠〈大宋五山图说〉之〈灵隐寺图〉看禅僧的生活空间》，光泉主编：《灵隐寺与中国佛教——纪念松源崇岳禅师诞辰 880 周年》，2013 年。

王大伟：《刹柱与刹竿考论》，见觉醒主编《觉群佛学》，宗教文化出版社 2012 年版。

王大伟：《从〈大宋五山图说〉看南宋僧众生活方式》，《陕西师范大学学报》（哲学社会科学版）2015 年第 5 期。

王克明：《听见古代——陕北话里的文化遗产》，中华书局 2007 年版。

王利器：《〈金瓶梅词话〉与宝卷》，中国金瓶梅学会编：《金瓶梅研究》第 3 辑，江苏古籍出版社 1992 年版。

王闰吉：《“獦獠”的词义及其宗教学意义》，《汉语史学报》2015 年第 13 辑。

王闰吉：《〈北山录〉校释》，中国社会科学出版社 2014 年版。

王闰吉：《〈禅录词语释义商补〉商补》，《中国语文》2001 年第 5 期。

王闰吉：《汉译佛典中两个地狱名释义辨正》，《汉语史研究集刊》2015 年第 20 辑。

王闰吉：《〈祖堂集〉语法问题考辨数则》，《语言科学》2012 年第 4 期。

王闰吉：《〈祖堂集〉语言问题研究》，上海师范大学博士学位论文，2010 年。

王闰吉：《〈祖堂集〉语言问题研究》，中国社会科学出版社 2012 年版。

王闰吉：《〈北山录〉校释》，中国社会科学出版社 2014 年版。

王闰吉：《近代汉语几个语法问题考辨》，《汉语史学报》2015 年第 15 辑。

王闰吉：《〈释名〉研究与整理》，群言出版社 2005 年版。

王闰吉：《唐宋禅录疑难语词考释四则》，《语言研究》2013 年第 3 期。

王闰吉：《〈祖堂集〉疑难语词考校商补》，《汉语史学报》2016 年第 16 辑。

王兴才：《汉语词汇语法化和语法词汇研究》，人民出版社 2009

年版。

王锳：《读〈葛藤语笺〉随札》，《俗语言研究》1995 年第 2 期。

王锳：《诗词曲语辞例释》，中华书局 2005 年版。

王锳：《唐宋笔记语辞汇释》，中华书局 1990 年版。

王月清、管国兴主编：《影响中国文化的十大经典》，江苏人民出版社 2008 年版。

王仲尧：《南宋佛教制度文化研究》，商务印书馆 2012 年版。

王仲尧：《南宋寺院敕差住持制度论略》，见《觉群》编辑委员会编《觉群佛学》，宗教文化出版社 2009 年版。

文远记录，张子开点校：《赵州录》，中州古籍出版社 2001 年版。

向熹：《简明汉语史》下册，高等教育出版社 1993 年版。

项楚：《王梵志诗校注》，上海古籍出版社 1991 年版。

邢东风：《禅宗与“禅学热”》，宗教文化出版社 2006 年版。

邢向东：《神木方言研究》，中华书局 2002 年版。

徐晶凝：《情态表达与时体表达的互相渗透——兼谈语气助词的范围确定》，《汉语学习》2008 年第 1 期。

徐时仪：《白话俗语词研究的百年历程》，《文献》2000 年第 1 期。

徐时仪：《古白话词汇研究论稿》，上海教育出版社 2000 年版。

许金生：《日本园林与中国文化》，上海人民出版社 2007 年版。

许威汉主编：《汉语词汇学导论》（修订版），北京大学出版社 2008 年版。

扬之水：《桑奇三塔——西天佛国的世俗情味》，生活·读书·新知三联书店 2012 年版。

扬之水著：《终朝采蓝：古名物寻微》，生活·读书·新知三联书店 2008 年版。

杨曾文：《唐五代禅宗史》，中国社会科学出版社 1999 年版。

杨锋兵：《禅学研究径路初探》，线装书局 2010 年版。

杨琳：《七夕节的起源》，见王元化主编《学术集林》卷 15，上海远东出版社 1999 年版。

俞光中：《动词后的“着”及其早期历史考察》，胡竹安、杨耐思、蒋绍愚等编：《近代汉语研究》，商务印书馆 1992 年版。

俞长江、张念安、王书良：《中华典故全书》，中国国际广播出版社

1994 年版。

袁宾：《“好不”续考》，《中国语文》1987 年第 2 期。

袁宾：《禅宗语言“啰啰哩”考（外五题）》，见吴言生主编《中国禅学》第 1 卷，中华书局 2002 年版。

袁宾：《二十世纪的近代汉语研究》，书海出版社 2002 年版。

袁宾：《近代汉语“好不”考》，《中国语文》1984 年第 3 期。

袁宾：《近代汉语概论》，上海教育出版社 1992 年版。

詹绪左：《〈祖堂集〉词语研究》，上海师范大学 2006 年版。

詹绪左：《禅籍疑难词语考》，《汉语史研究集刊》2014 年第 18 辑。

张兵：《话本小说简史》，山西人民出版社 2005 年版。

张伯伟：《域外汉籍研究入门》，复旦大学出版社 2012 年版。

张伯伟编校：《稀见本宋人诗话四种》，江苏古籍出版社 2002 年版。

张华点校：《祖堂集》，中州古籍出版社 2001 年版。

张家成：《神圣与世俗——文化旅游视域中的东南佛国》，浙江大学出版社 2012 年版。

张美兰：《〈祖堂集〉校注》，商务印书馆 2009 年版。

张美兰：《〈祖堂集〉语法研究》，商务印书馆 2003 年版。

张美兰：《〈五灯会元〉词语二则》，《古汉语研究》1997 年第 4 期。

张美兰：《〈祖堂集〉校注》，商务印书馆 2010 年版。

张美兰：《近代汉语语言研究》，天津教育出版社 2001 年版。

张如安：《南宋宁波文化史》，浙江大学出版社 2013 年版。

张新民：《敦煌写本〈坛经〉“獦獠”辞义新解》，《贵州大学学报》1997 年第 3 期。

张勇：《傅大士研究》，巴蜀书社 2000 年版。

赵福莲：《傅大士评传》，上海人民出版社 2012 年版。

赵日新：《说“个”》，《语言教学与研究》1999 年第 2 期。

中国社会科学院语言研究所《历史语言学研究》编辑部编：《历史语言学研究》（第 3 辑），商务印书馆 2010 年版。

中国训诂学会主编：《训诂论丛》（第 2 辑），文史哲 1997 年。

中华书局编辑部编：《历代天文律历等志汇编》，中华书局 1976 年版。

中华文化复兴运动推行委员会、国立编译馆中华丛书编审委员会主编，赖炎元注译：《韩诗外传今注今译》，商务印书馆 1979 年版。

中华文化复兴运动推行委员会、国立编译馆中华丛书编审委员会主编，赖炎元注译：《韩诗外传今注今译》，商务印书馆 1979 年版。

周裕锴：《禅宗语言研究入门》，复旦大学出版社 2009 年版。

朱瑞玟：《佛家妙语》，团结出版社 2007 年版。

（二）日韩研究论著

《俗语言研究》编辑部整理：《无著道忠撰〈盌云灵雨〉抄》，《俗语言研究》第 4 期，1997 年。

太田辰夫著，江蓝生、白维国译：《汉语史通考》，重庆出版社 1991 年版。

临济著，慧然编，入矢义高译注：《临济录》，岩波书店 1991 年版。

田中知佐子：《关于传入日本的中国神像——镰仓建长寺伽蓝神像》，见李淞主编《道教美术新论——第一届道教美术史国际研讨会论文集》，山东美术出版社 2008 年版。

铁崖道空：《〈临济录〉撮要钞》，东京：花园大学国际禅学研究所藏，1691 年。

万安英种：《〈临济录〉万安抄》，东京：花园大学国际禅学研究所藏，1632 年。

无名氏：《〈临济录〉钞》，东京：花园大学国际禅学研究所藏，1630 年。

无名氏：《〈临济录〉夹山钞》，东京：花园大学国际禅学研究所藏，1654 年。

村田无道：《无著道忠禅师》，见《禅林象器笺·附录》，贝叶书院 1909 年版。

柳田圣山：《无著道忠的学问》，《禅学研究》1966 年第 55 卷。

柳田圣山：《无著道忠的学术贡献》，董志翘译，《俗语言研究》（日本）创刊号，1993 年。

南川宗谦：《无著禅师的思想》，《禅学研究》1931 年第 16 期。

片山晴贤：《无著道忠编纂的语录辞书》（1），《驹泽短期大学研究纪要》1990 年第 18 期。

片山晴贤：《无著道忠编纂的语录辞书——龙华院藏〈助字品汇〉（翻字）》（2），《驹泽短期大学研究纪要》1992 年第 20 期。

平野宗净：《无著道忠——现代禅学的指标》，《禅文化》1973 年第 70 卷。

歧阳方秀：《禅语辞书类聚・碧岩录不二抄》，东京：禅文化研究所 1993 年版。

入矢义高：《无著道忠的禅学》，《空花集》，日本：思文阁 1992 年版。

入矢义高监修、古贺英彦编著：《禅语辞典》，日本：思文阁 1999 年版。

入矢义高著，邢东风译：《无著道忠的禅学》，《佛学研究》1998 年。

入矢义高撰，蔡毅、刘建译：《禅语散论——“干屎橛” “麻三斤”》，《俗语言研究》1995 年第 2 期。

入矢义高撰，蔡毅译：《禅语谈片》，《俗语言研究》1996 年第 3 期。

山内舜雄：《〈禅林象器笺〉与〈敕修百丈清规左觿〉有关坐禅术语的注释》，《驹泽大学佛教学部研究纪要》，1997 年 29 号。

山田龙城著，许洋主译：《梵语佛典导论》，华宇出版社 1988 年版。

松本文三郎：《佛教艺术及其人物》，日本：同文馆 1923 年版。

松本文三郎：《先德的芳躅》，日本：创元社 1944 年版。

冲本克己、奈良康明、丸山勇：《禅的世界》，日本：东京书籍 2007 年版。

冲本克己：《西村惠信〈禅林象器笺抄释〉》，《花园大学文学部研究纪要》1995 年第 27 期。

川上孤山：《妙心寺史》，日本：妙心寺派教务本所，1921 年。

村田无道：《无著道忠禅师》，见《禅林象器笺・附录》，贝叶书院 1909 年版。

大本山妙心寺编：《妙心寺六百年史》，日本：大法会局 1935 年版。

大石守雄：《〈敕修百丈清规左觿〉研究》，《日本佛教学会年报》1958 年第 23 期。

大石守雄：《清规研究》，《禅学研究》1964 年第 54 期。

大智实统：《碧岩录种电抄》，东京：禅文化研究所，1991 年。

荻须纯道：《关山慧玄禅师遗诫》，《禅学研究》1956 年第 46 期。

荻原云来：《汉译对照梵和大辞典》，新文丰出版社 1979 年版。

饭田利行：《葛藤语笺考》，《东洋学研究》1956 年第 12 期。

饭田利行:《学圣无著道忠》,日本:青梧堂 1942 年版。

耕云子:《临济录摘叶抄》,东京:花园大学国际禅学研究所藏,1698 年。

古帆周信:《临济录密参请益录》,东京:花园大学国际禅学研究所藏写本。

桂洲道伦、湛堂令椿撰,芳泽胜弘编注:《诸录俗语解》,禅文化研究所 1999 年版。

国史大辞典编集委员会编集:《国史大辞典》日本:吉川弘文馆 1987 年版。

横山文纲:《近世禅林墨迹特色》,《禅学研究》1966 年第 54 期。

吉田道兴:《无著道忠笔〈永平禅寺三祖行业记〉的翻刻·绍介》,《曹洞宗研究》1992 年第 34 卷。

金子奈央:《关于中国诸清规中的罚则》,《东京大学宗教学年报》2012 年第 30 期。

近藤良一:《无著道忠校讹〈释氏要览〉〈祖庭事苑〉〈名义集〉》,见《近思学报·史料与研究》,2007 年。

镜岛元隆:《无著道忠与洞门的交涉》,《印度学佛教学研究》1960 年第 16 期。

驹泽大学禅宗史研究会:《慧能研究》,大修馆书店 1978 年版。

堀祥岳:《〈禅林象器笺〉写本调查事始》,《教学研究纪要》2014 年第 12 号。

梁晓虹、徐時仪、陈五云:《佛经音义与汉语词汇研究》,商务印书馆 2005 年版。

梁晓虹:《"句双纸(禅林句集)"与日本近代禅学》,《中国禅学》中华书局 2004 年第 3 卷。

梁晓虹:《佛教与汉语史研究——以日本资料为中心》,上海古籍出版社 2008 年版。

梁晓虹:《近代汉语后缀"子"考察之一——"子"附于量词后》,《学术界》(文学·语学编),2003 年第 73 号。

梁晓虹:《灵雨除病——读无著道忠〈盌云灵雨〉》,《纪要—言语·文学编》2001 年第 33 卷。

梁晓虹:《日本中世禅语辞书与汉语熟语研究》,《禅与人间佛教学术研讨会论文集》，佛光山文教基金会，2007 年。

梁晓虹：《试论无著道忠对近代汉语虚词研究的贡献》，《佛教与汉语史研究——以日本资料为中心》，上海古籍出版社 2008 年版。

吾妻重二：《国际研讨会——东亚世界与儒教》，东方书店 2005 年版。

西村惠信：《禅林象器笺抄释》，梅荫禅寺 1993 年版。

小林良幸：《无著道忠撰述〈黄檗外记〉的翻刻》，《花园大学国际禅学研究所论丛》2012 年第 7 期。

筱原寿雄：《关于无著道忠的学问——以〈葛藤语笺〉解题为主》，《宗学研究》1960 年第 2 期。

篠原寿雄：《〈临济录〉旧训批判——读〈临济录〉札记之二》，《禅学研究》1952 年第 43 期。

篠原寿雄：《有关〈临济录〉的新见解——读〈临济录〉札记之一》，《禅学研究》1951 年第 42 期。

辛屿静志：《汉译佛典的语言研究》，《俗语言研究》1998 年第 5 期。

伊藤俊彦：《〈永平正法眼藏〉对大慧的心性批判——与无著道忠〈正法眼藏僣评〉说心说性章的关系》，《曹洞宗研究》1964 年第 6 期。

竹贯元胜：《隐元和无著道忠》（1），《禅文化》1996 年第 59 卷。

竹贯元胜：《隐元和无著道忠》（2），《禅文化》1996 年第 59 卷。

椎名宏雄：《少室六门与达磨三论》，《宗教研究》1976 年第 230 期。

佐佐木章格：《日本曹洞宗与大権修理菩萨》，《曹洞宗宗学研究所纪要》1988 年第 1 期。

（三）欧美研究论著

Annuaire du College de France, 59th year, 1959 – 1960, p. 435. Reprinted in Paul Demiéville's Choix d'études sinologiques (1929 – 1970). Leiden: B. J. Brill, 1973.

Carl Bielefeldt: Dogen's manuals of Zen meditation, University of California Press, 1988.

Diane E. Riggs: Fukudenkai: Sewing the Buddha's Robe in Contemporary Japanese Buddhist Practice, Japanese Journal of Religious Studies, Vol. 31, No. 2, (2004).

EdwardH. Schafer: The Vermilion Bird: T'ang Imagines of the South, University of California Press, 1967.

Huang, Yi-hsun: Chan Master Xuedou and His Remarks on Old Cases in the Record of Master Xuedou at Dongting: A Preliminary Study, Chung-Hwa Buddhist Journal, n. 22 (2009. 07).

John Jorgensen: Mujaku and his family, Annual Report of the Institute for Zen Studies, 2008 (29).

John Jorgensen: Mujaku Dochu (1653 - 1744) and Seventeenth-Century Chinese Buddhist Scholarship, East Asian History, 2006/2007 (32/33).

John Jorgensen: Zen scholarship: Mujaku Dochu and His Contemporaries, Annual Report of the Institute for Zen Studies, 2004 (27).

Ken-ichi Takashima & Jiang Shaoyu:《Meaning and Form: Essays in Pre-Modern Chinese Grammar/意义与形式——古代汉语语法论文集》, LINCOM Studies in Asian Lingui stics 55 Published by LINCOM GmbH, 2004.

Michel Mohr: Japanese Zen Schools and the Transition to Meiji: A Plurality of Responses in the Nineteenth Century, Japanese Journal of Religious Studies, Vol. 25, No. 1/2 (Spring, 1998).

Michel Mohr: Zen Buddhism during the Tokugawa Period: The Challenge to Go beyond Sectarian Consciousness, Japanese Journal of Religious Studies, Vol. 21, No. 4 (Dec., 1994).

R. Djamouri:《古汉语语法论文集》, Centre de Recherches Linguistiques sur l' Asie Orientale, Paris, 2001.

Urs App: Chan/Zen's Greatest Encyclopaedist Mujaku Dōchū (1653 - 1744), Cahiers d'Extrême-Asie Année, 1987 (3).

后　记

本书是我获立的2011年度教育部人文社会科学基金项目《无著道忠禅语考释集录与研究》（11YJA740089）的终期成果。之所以选择这一课题，与我2007—2010年攻读博士学位期间受袁宾老师的影响密切相关。袁老师是研究禅宗语言的大家，我有幸跟随他身边参与编撰了《禅宗大词典》《〈祖堂集〉词典》，在袁老师指导下，撰写了博士论文《〈祖堂集〉语言问题研究》，因而也喜欢上了禅语研究，并从袁老师那里复印了大量的无著道忠禅语研究资料。在此，对袁老师的辛勤指导与帮助，表示衷心的感谢！

为了更好地完成课题，2013年我到浙江大学汉语史研究中心方一新老师身边访学了一年。方老师是我十分景仰的汉语史研究大家，其严谨治学、不断创新的态度，对我影响极大。方老师对我的研究课题也作了精心的指导，使我受益匪浅。在此，对方老师的精心指导与无私帮助，表示由衷的感谢！

写作过程中得到了日本南山大学梁晓虹老师、四川大学雷汉卿老师的帮助与指导。我每碰到自己解决不了的问题，都用QQ请教梁老师，梁老师都不辞辛劳、不厌其烦，尽心尽力地帮我解决。雷老师2015年在日本讲学，其时我恰好需要无著道忠著作《庯峭余录》资料，雷老师不辞辛苦亲自到花园大学为我拍照扫描资料。梁老师、雷老师都是鼎鼎有名的禅语研究专家，如此关心帮助后辈，令我十分感动。在此，十分真诚地道一句：谢谢梁老师！谢谢雷老师！

无著道忠的《葛藤语笺》《禅林象器笺》《虚堂录犁耕》《五家正宗赞助桀》《大慧普觉禅师书栲栳珠》《江湖风月集解》《〈敕修百丈清规〉左觿》《风流袋》《禅语词典》《葛藤语笺》《临济慧照禅师语录疏瀹》等著作，日本其他学者禅语考释著作《临济录撮要钞》《临济录夹山钞》

《五灯拔萃》《禅语辞典》等，我们都做了文本输入工作，其中《葛藤语笺》《五灯拔萃》作了校注、《禅语辞典》作了中文翻译，正联系出版中。这些工作得到了我的学生的帮助，还有丽水学院日语老师王诗婼、陈缪、贾军芹等人的合作与帮助。谢谢大家！

书中的部分成果已经在《中国语文》《语言研究》《语言科学》《汉语史学报》《汉语史研究集刊》等刊物上发表，各个刊物的匿名审稿专家都提出了许多宝贵的修改意见，在此，也谨向这些默默付出的专家们深表谢意！

丽水学院　王闰吉

2016年元旦